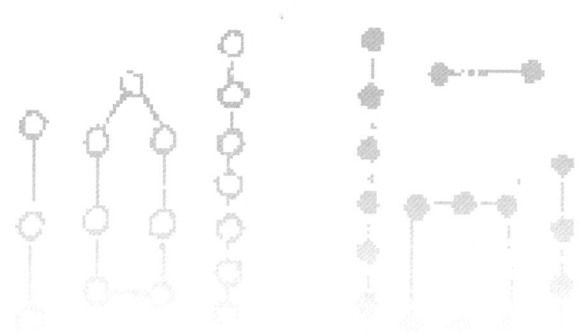

应天老师讲周易

孔应天 付艳云 著

当代中国出版社
Contemporary China Publishing House

图书在版编目（CIP）数据

应天老师讲周易 / 孔应天 , 付艳云著 . –– 北京：
当代中国出版社 , 2024.9
ISBN 978-7-5154-1215-3

Ⅰ . ①应… Ⅱ . ①孔… ②付… Ⅲ . ①《周易》—研
究 Ⅳ . ① B221.5

中国版本图书馆 CIP 数据核字 (2022) 第 138542 号

出 版 人 　王 　茵
责任编辑 　姜楷杰
责任校对 　贾云华 　康 　莹
印刷监制 　刘艳平
封面设计 　宋 　涛
出版发行 　当代中国出版社
地 　 　 址 　北京市地安门西大街旌勇里 8 号
网 　 　 址 　http://www.ddzg.net
邮政编码 　100009
编 辑 部 　（010）66572264
市 场 部 　（010）66572281 　66572157
印 　 　 刷 　中国电影出版社印刷厂
开 　 　 本 　787 毫米 ×1092 毫米 　1/16
印 　 　 张 　30.5 印张 　1 插页 　450 千字
版 　 　 次 　2024 年 9 月第 1 版
印 　 　 次 　2024 年 9 月第 1 次印刷
定 　 　 价 　128.00 元

序 言

谭德贵*

"易道广大，无所不包"，《周易》是中华优秀传统文化的代表，凝聚中华民族思想智慧的结晶，生生不息，熠熠生辉，注入一代又一代国人的精神血液，造就独特的民众气质与民族气节。它被誉为"群经之首，大道之源"，历经数千年岁月沧桑，秦火不焚，乱世不灭，是华夏文明真正的源头所在。

当下对《周易》的关注多聚焦在其博大精深的哲学内涵上，许多耳熟能详的名言警句或成语典故来源于此，如"一阴一阳之谓道"，"富有之谓大业，日新之谓盛德"，"形而上者谓之道，形而下者谓之器"，等等。但世历三古、人更三圣的《周易》智慧远不止于此，传统《易经》指导行为的智慧选择等功能渐渐被忽视或遗忘。纵观今日之易学江湖，许多"研究者"连《周易》这本书也没有认真读全，可以讲不仅不知其所以然，甚至不知其然。

2019 年，经多方奔走努力，中国社会科学院研究生院将"《易经》与预测学"纳入全日制博士生的招生计划，我就是此专业的指导老师。这一消息传出后，各路易学爱好者欢欣鼓舞，诸多《易经》"生意人"弹冠相庆，这也使得我对学生的挑选更加谨慎。我希望其能学懂易理，明

---

* 谭德贵，《易经》与预测学方向博士生导师，中国社会科学院世界宗教研究所研究员，中国宗教学会易道文化研究专业委员会主任。自幼学习家传术数，先后师承山东大学刘大钧先生与北京师范大学郑万耕先生，用现代自然科学思维研究易学，汇通易理与易用，构建万法归易的"元易学"学术思想体系，将其应用于文明传承、企业管理、文化建设、社会解读等领域。

晰易用，更要担得起传承和复兴中华传统文化的责任使命，终于在 2020 年将应天（应天是他从小的字号，我作为长辈平时都是直呼名字的，但此处应他要求如此代指）收为学生，这对我二人都是莫大缘分。应天作为我的开山弟子、指定传承者，学习《易经》多年，能将多种理论贯通，更能将预测应用与《周易》典籍中的哲理、文化、历史有机结合。他是数学竞赛出身，后学习计算机专业，这是我非常看重的一点，大数据运算是西方文化算法的代表，而易学筮法可以说是中国文化算法的代表，《周易》本身具有一套严密的符号体系，"以通神明之德，以类万物之情"，实现演绎与归纳的统一。应天基础好、悟性高、善于思考，在学习中总能举一反三、延伸拓展，非常符合我"万法归易"的初心，我也希冀他能继续博采众长，以易窥道。

当我听闻学生要出书时，非常开心，也希望越来越多新鲜血液注入到"为往圣继绝学，为万世开太平"使命中，更好传承弘扬优秀传统文化，增强文化自信。应天本就常怀崇高理想，以弘扬国学文化为己任，多年的《周易》学习使他既具备专业素养，又浸染了博爱胸怀与至善性情。《周易》有言，"观乎人文，以化成天下"，文化以"化"人为宗旨，而"人"又更应以"众人"为对象。应天曾在体制内工作十余年，深刻理解"不读《易》，不可为宰相"之道，经常面向各级领导与各行业企业家讲授《周易》智慧；又直播多年面向大众讲解《易经》，具备了其他《周易》研究者所不具备的"粉丝"基础，这次他更是毫不藏拙，将研究心血成书《应天老师讲周易》。本书深入浅出，既具专业性又具普及性，既采众家之长又融会作者的研究体会与独到见解，其中穿插小故事与丰富案例，使本书极具趣味性和实操性。本书以别出心裁的立意将《周易》这本精深晦涩的典籍打造成既易于理解又具实践指导性的智慧读本，大众可以学习国学智慧，初学者可以入门，有基础的研习者也能在书中碰撞出新的火花，收获新的感悟。

最后祝愿《周易》这一中华文化之根脉，在应天老师的讲解下，更好地传播与弘扬，行有益于社会民生之善举；祝愿应天同学能更加胸怀天下、放眼未来，忠党爱国、服务社会，传播文化、增强自信，弘扬易道、走向世界。

自 序

我从小对传统文化兴趣浓厚，不仅把自己家里的《中华上下五千年》《十万个为什么》反反复复翻看了多遍，还从姑姑家借了很多书，包括《三国演义》《水浒传》《三十六计》《舒克和贝塔历险记》等，都看了五遍以上。初中住校时我开始痴迷武侠，陆续看了金庸全集、古龙作品大部分，到高中后还在看《大唐双龙传》《昆仑》《沧海》等，这些书籍营养都浸入我的性情，成为我人生中不可或缺的部分。

我很小就意识到自己的使命，是要为国家和社会做出很大贡献，应天这个名字就是初三时我自己取的。原本想叫映天，光耀天地之意，当时想想有些托大，退一步，叫应天，应和天地，包括《周易》革卦中，"顺乎天而应乎人"，作为注解，我是真的想改变些什么。我开始广泛阅读《周易》相关书籍，当时自然没有想到以后会专职研究这门学问，但这种对神秘文化探索和对未知命运思考的萌芽，已经深深铭刻在潜意识中。之后开始了解《周易》应用，十四五岁的时候，我逐渐认识到自己的使命，就是要造福国民、振兴中华。

人生没有永远一帆风顺的，我在大学、工作等阶段经历了很多挫折坎坷，虽然在旁人眼里我是被美慕的，但由于自己内心始终有崇高理想，可以讲这种反差的煎熬是极其巨大的。当然也是恰好有了很多时间更深入研习《周易》哲理与《周易》应用。

又或许是我对"易道深矣"的崇拜，我在易学领域进展迅速，最擅长的是易理为主的应用，也就是大家经常所说的体用结合。2017年初，我面临工作调整，间隙就在网络直播平台从纯哲学的角度去讲解《周易》六十四卦易理。我创新性地将每卦都串联成一个故事，并赋予每个卦、

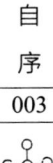

爻特有选择方向，使得观众在明晰卦、爻哲理的同时，应用指导生活工作实践。需要说明的是，我开发的这套方法是以《周易》经典追源溯流，尽力还原其古早面貌，并在其中去粗取精，摒弃糟粕过时之物，结合现代社会读书创业婚恋生活等实际，促使读者能够进行智慧的选择。

作为有十余年党龄的老党员，毕业后也一直是干部身份，我始终拥护党的领导，始终履行为人民服务使命，始终践行社会主义核心价值观，始终以弘扬中华民族先进文化尤其是优秀传统文化为己任。我以至善、博爱、弘毅、浩然为言行原则，引人向善，劝人救贫，在课程中一直紧紧围绕主旋律，积攒了很多热情"粉丝"，之后我又在别的平台授课，同样收获了极多支持与喜爱。2020年，我考上了中国社会科学院大学的"《易经》与预测学"方向的博士研究生，导师是谭德贵研究员，遂毅然放弃稳定编制，去读书深造。求学过程中，我充分吸收了导师"万法归易"理论体系，进一步丰富自己的理论知识和实践经验，将原有的"应天老师讲周易"课程改版升级，最终形成这样一本书。

值得一提的是，"应天老师讲周易"这个课程可以搜到，是我当时的直播录屏，被"粉丝"们自发剪辑放在网上。之后我在给别的机构讲课时，全套课程是两千元，现在这本书出版了，相当于是将所有的课程知识全部公开，是弘扬国学文化，也是广结善缘。这门课程的特点是：（1）讲解精准。我在广泛查阅资料的基础上，力求对《周易》经典做出更加科学准确的阐述。（2）容易掌握。我创新性地将每一卦制定主题，串联成一个故事，便于理解记忆。（3）舍弃糟粕。全套课程定位年轻求知者，聚焦创业奋斗者，过滤掉过时无用的理论，只讲解生活中摸得着、用得上的社会哲学。（4）智慧选择。在"易与天地准"前提下，正确运用"善易者不占"道理，提供每卦每爻最佳选择，切实指导进步，促使过好人生。

目　录

说　明

　　各位朋友大家好，我是讲周易的应天老师，很开心在此相见。由于本书字数较多，我在此做一些关于本书内容即体例的说明，为读者们提供一些阅读指引。

　　首先，本书可作为"应天老师讲周易"的配套课程讲义。本书的源起，是我多年前在网上直播授课的文字稿，再经过多次课程实践，反复增删而成。因此本书有些特点请君知晓：一是存在较强的口语化倾向；二是本书定位为科普读物而非学术著作，为尽可能消除大众读者的阅读隔膜，并未完全遵照治学基本路径。例如书中没有针对一些学界尚有争议的问题做出详细对比论证，只是给大家呈现了我综合思考的结果；也未参照学术要求详尽列出参考文献，因为这是我多年学习过程中的沉淀与总结，很难列出具体的参考书目，这是一个憾事，也在此特别说明，如果文中哪一段文字用到了某本文献或者某篇文章的思想或逻辑方向，欢迎来信指出（邮箱 yingtianlaoshi@163.com，或者在抖音、微博、淘宝、视频号、小红书等平台搜索应天老师）。

　　其次，本书的目录设置有些小玄机。第 1 课讲《周易》成书源流，是给读者们一个总体认识；第 2、3 课讲八卦与六十四卦基础，是为下文理解做出铺垫；第 4、5 课是开门卦乾坤，第 6 课是以乾卦为例说明爻位含义、相关概念和用法；第 7、8 课讲筮法，先把古籍中记载的操作方法介绍给大家，可以作为趣味学习的小工具，之后再学习时就更有对照性，玩中学、学中玩，相关工具可在应天老师淘宝店中找到；第 9—70 课是六十四卦详细讲解，其中每卦每爻都有相应选择，是结合生活实际更贴近大家的表达方式，在学习过程中也可直接用做密码书来对照解析；最后两课是卦序说明，以及《易传》中经典语句的赏析。

再次，解释一些具体的体例问题：（1）句读。本书属于通俗性普及型读物，因此对其做了句读标注。《周易》年代久远，各家解释不同，此书句读为应天老师结合多年学习综合考虑所取。篇幅限制，并未对学界有争议之处一一做出具体说明，读者如有疑义欢迎联系探讨。（2）拼音。由于《周易》原典晦涩，故而作者为方便通俗性阅读，对生僻字作了注音。整体注音遵循两个原则，前文注解过的读音后文不再注解，多音字会另行注解。然而，由于《周易》之解读甚多，有些读音原本就是争议极大，例如《系辞》的系是读 jì 还是 xì，《小畜》的畜是读 chù 还是 xù，《归藏易》的藏是读 cáng 还是 zàng，十二长生的长是读 cháng 还是 zhǎng，等等，我请教过很多学者，都无定论，答复是"都可以"。因此本书在这类争议性读音的标注中，一律按照应天老师本人的授课习惯进行标注（上面四例我都习惯读作前者）。（3）书名号及引号标注。规范意义上讲，《周易》《易经》《周易·蒙》《周易正义》等这些提法，都是应当加书名号的；同理，一些特殊称谓，例如"九二""三玄""易与天地准""卦""爻""天行健"等，是需要以双引号进行区分的。但是，站在读者角度，过多的书名号、引号会使得书籍的可读性大大下降，增加读者与本书的距离。故而，作者在最后成书的校稿过程中，对相关标点符号的使用做了一部分简化，目的是在不损原有表意的基础上增加可读性，请读者朋友们知晓此点。

最后，《易传》部分为选讲，一是囿于篇幅，二是本书的结构设计所限。《易传》是为解释《易经》所著，其中有部分是孔圣与弟子们对《易经》文学性、哲学性与伟大思想性的赞颂，也有部分是不太立得住脚的牵强附会。因此，本书将《杂卦》内容拆分各置于各卦之中，《序卦》放于最后，都是便于大家理解；之于《彖辞》，仅保留乾坤两卦而省略其他；之于《象辞》，仅保留《大象辞》而舍弃《小象辞》；之于《说卦》，取部分置于卦象课程中便于读者理解，其余选读；之于《系辞》《文言》，则摘录经典话语供大家赏析。书的编排体系结合我的学习思考心得，有很多特殊用意，也具备很大独创性，如果各位朋友之后再做更深入的学习可能会更理解我的用意。希望各位读者共同来探讨与《周易》理论相关的国学文化，这是一种大爱，也是为中国优秀传统文化走向全世界贡献一个小小的力量。

第 01 课　群经之首，大道之源

　　泱泱华夏几千载，还没有哪一本书像《周易》这样源远流长，也没有哪一本书像《周易》这样令人们如此孜孜以求。

　　《周易》是科学，不是迷信；《周易》是国学精粹，不是封建糟粕；《周易》提供了智慧的选择，不是人们口中算命风水起名字的学问；《周易》是古人的百科全书，而不仅仅是阴阳五行与六爻八卦。《周易》历久弥新，秦火不焚，乱世不灭。下面请各位朋友跟随应天老师，层层推进，抽丝剥茧地揭开《周易》的神秘面纱。

《周易》的地位

　　《周易》涵盖万有，纲纪群伦，古老深邃，凝结了华夏五千年智慧与文化，被誉为"群经之首，大道之源"。易学在古代是帝王之学，是政治家、军事家、纵横家的必修之术。普遍认为《周易》最初是占卜用书，但事实上《易经》是我国特有的一种朴素哲学思想的汇总，它的影响遍及哲学、宗教、政治、经济、医学、天文、算术、文学、音乐、美学、军事、武术、养生等领域。

　　《周易》有多大的魔力呢？它是同时连接儒家与道家的经典，是出世与入世之学的根基。《易经》在儒家为十三经之首，在道家为三玄之冠，将其称为一部中国古代文化的百科巨著是不过分的。相传孔子问道于老子，一个儒家圣人一个道家圣人，究竟谁更胜一筹呢？其实当时孔子是三十而立的年纪，关于孔子年龄记载颇多，有的说孔子是三十四岁，有的说是二十出头，但无疑都是比较年轻的时候。老子比孔子大二十岁，据记载是周朝的守藏室史，博古通今，知礼乐之源，明道德之要。孔子问的是为人处世的道理，老子也回应了上善若水的劝勉。应天老师认为，儒家的易学思想尤其是易学应用相关，其实就是孔子问道之后，才潜移默化形成的，孔子五十学《易》并注解，这是《易经》在道家和儒家的初始渊源。

引申

史学家司马迁也是伟大的易学家，起初汉朝人是重视《春秋》的，而司马迁认为《周易》更重要，认为其究天人之际，讲明了阴阳和三才之道。之后，董仲舒提出"罢黜百家，独尊儒术"的建议，被汉武帝采纳，设立五经博士，《易经》被定为"群经之首"。也就是在这个时候，人们统称《周易》为《易经》。魏晋南北朝时期文化大发展，首先挑起大旗的是玄学。王弼继承汉代道教解《易》传统，融合儒道以阐释《周易》，以虚无为《易》之最高原理，重义理而黜象数，建立玄学易、义理易，自此，《周易》作为"三玄"之一被纳入了玄学、道教领域。

事实上，《周易》还承载着中华文明从未断绝之根源的重要角色。2019 年考古学家在对浙江义乌桥头遗址的发掘中，发现了距今约九千年的彩陶纹饰，其中有不少彩陶上出现阴、阳爻形式的卦图，与今天所见六十四卦一致。这不仅说明我们现在的主体文明在九千年前就孕育成型，也说明"卦"不是简单纯粹的符号，而是人类最初描绘自然规律和传达信息所采用的抽象记录方式。

《周易》的起源

《周易》在最开始，在一定意义上是作为占筮书来应用的，《左传》《国语》里记占卜的事，都根据《周易》中的话语来说明，因此可以说其是一本卜筮用的签文总集。《周易》六十四卦三百八十四爻，说"吉"的爻一百一十九次，说"凶"的爻五十二次，说"无咎"的爻八十五次，说"何咎""何其咎""匪咎"的爻四次，说"厉"的爻二十六次，说"悔""有悔"的爻六次，说"悔亡"的爻十八次，说"无悔"的六次，

说"亨"的爻三次。

　　首先，《周易》的本质是我国古代的哲学大成书籍，其中确有占卜的成分，但都是结合天文、地理、社会、民生这些我们能够理解的东西来预测事物的发展。应天老师的见解是，任何科学学科都有预测的成分在其中，比如数学，就通过数学归纳法、演绎法等做出了很多有名的猜想，数学是理科的基础，通过数学原理可以预测出各种物理现象、化学反应等。再比如心理学，通过人的细微表情预知其下一步行动；天文学，通过风与云的走向预测接下来几天的天气；地质学，通过地壳运动的监测预测出地震的发生；刑侦学，通过案发现场的蛛丝马迹还原嫌疑人的作案过程，等等。

　　其次，应天老师需要指出的是，《周易》一般指的是现在通行的《易经》《易传》及相关研究，而象数理实际上也属于广义易学的范畴。通行的易学是由易理与术数两大部分组成，这里面有一个体、用的区别。易理为体，即《易经》中蕴含的人生哲理，内容涉及哲学、历史、军事、医学、民俗等多个方面，在易理范畴内的象数理分别是卦象、卦变和卦辞；术数为用，历经几千年发展，至今已形成了多种术数门类，每种门类又可以细分为诸多流派。术数范畴内的象数理可以这么理解，堪舆、面相、手相、星相等可以归为象，奇门、六壬、太乙、梅花、紫薇、六爻等可以归为数，四柱、八卦等可以归为理。以上只是一个简单的分类，其实在多年的发展中，各种术数门类早已经是你中有我、我中有你，就好比金庸大师笔下的华山剑法，剑宗和气宗从来就是密不可分的。

"易"字的解释

　　关于《周易》中易字的解释有很多种。例如有日月更迭、交相变易的解释，说易字的古体是由日与月二字组合而成的，说明易乃日月之道；再如，《周易》中占卜预测用的是蓍草，这种方法比上古时的龟甲法简单，因此易是简易之意；还有一种说法，说易的本义是蜥蜴，因为善变，假借为易，等等。

　　现在通行的说法以《周易乾凿度》中的观点为依据。易代表着三层含义：变易，所有的事物都处在永恒的变化之中，时间不同，情感不同，精神亦不同，万事万物、随时随地都在变化之中，因此，学易首要的就是变通，要知变，而且能适应这个变，这就是为什么说"不读《易》，不可为宰相"的道理了；简易，大道至简，宇宙万事万物，有许多是我们现在的见识不能理解的，而《易经》的简易是最高的原则，宇宙中无论如何奥妙的事物，当我们的智慧能够理解了，它们就会变得平凡，复杂的道理变得简单；不易，动静成趣，唯心不易，万事万物虽然都在变，但有一个永远不变的东西存在，那个能变成万象的东西是永远不变的，即变化是永远不变的。"万变不离其宗"，宗是什么呢？宗教里称之为上帝、神、佛、菩萨，哲学家称之为本体 Ontology，科学家称之为参照物，等等。不易是一个根本的秩序和原则，所以《系辞》中一开始就讲，天尊地卑，乾坤定矣；但这种不易又不是机械的不易，而是在变易中的永恒，有许多阴阳刚柔等的变化过程；万物变化虽然繁复，但天地却从不干涉它，一切顺其自然，这就是简易。从象数理的角度来理解，简易就是象，是万事万物的表象；变易就是数，天地万物的命数都是随时改变的；不易就是理，永恒不变是天地至理。

《周易》这本经典，英文译作 The Book of Changes，直译过来就是"变化之书"，确实变易是《周易》中最为重要的属性。《周易》的中心思想，是以阴阳两种元素的阴阳一元论去描述世间万物的变化状态。易的表象非常简单，只有一阴一阳作为两仪，演化出四象、八卦、六十四卦乃至世界万物。有一种说法，二进制创始人莱布尼茨先生就是受易图启发，想到用 0 和 1 来表述世界万物，进而奠定了计算机科学的基础。

《易经》的进化

《易经》实际上是古代"易"的统称，指的是"三易"，分别为《连山易》、《归藏易》和《周易》，这也就引出了"世历三古、人更三圣"的传说。"三易"的第一本是《连山易》，是上古时期神农氏所著，神农氏也就是炎帝，还有一个名字叫连山氏，因此他所著的《易经》称为《连山易》。在中国史书中记载的第一个世袭制朝代夏朝使用《连山易》，以艮卦作为首卦，象征山之出云，连绵不绝，因此咱们用"夏道连连"来形容夏朝的德行。"三易"的第二本是《归藏易》，是上古时期轩辕氏所著，轩辕氏即黄帝，也称归藏氏，他所著的《易经》叫《归藏易》。《归藏易》是在商朝使用的，以坤卦作为首卦，象征万物莫不归藏其中，因此咱们用"殷道亲亲"来形容殷商的德行。前两本是华夏文明的始祖炎黄二帝所撰写，祖先的德行传承是功不可没的。"三易"的第三本是《周易》，是姬昌被商纣王囚禁在羑里时撰写而成。《周易》可以理解成是周朝的《易》，也有一个说法是东汉经学家郑玄的论述，易道周普，无所不备也，取其包容万物之意。应天老师相对而言更喜欢周朝的解释，比较简明，与三古三圣能对得上。在讲课中，还和同学们戏说了另一个解释思路，所谓"周易"，只有"周而复始"地学习钻研才能"容易"。《周易》以乾卦作为首卦，象征天地定位，因此咱们用"周道尊尊"来形容周朝的德行。这就是《易经》从《连山易》《归藏易》到《周易》的进化过程。

所谓"世历三古"，是指相传上古时期伏羲大神演八卦，神农炎帝作《连山》，轩辕黄帝作《归藏》；中古时期，周文王作《周易》，周公姬旦写爻辞，他是文王的第四个儿子；下古时期，文圣孔子作《易传》。所谓"人更三圣"，是将上古时期的伏羲大神、中古时期的周文王和下古时期的文圣孔子并称而得。"世历三古"还有一种划分方法，是纯粹以中国历史朝代的更迭划分，分别是：三皇五帝作为上古时期，夏商周秦作为中古时期，汉朝直到清朝作为下古时期。

"易道深矣"的缘由

《周易》是古代圣人用以解释宇宙起源、揭示宇宙万物运动变化规律的百科全书，是中华民族的文化瑰宝。《周易》是我国古代选贤任能的标准之一，有"古之圣人，不在庙堂之中，必居医卜之家"，"不读《易》，不可为宰相"等说法。

《周易》是中国文化的源泉和象征，是天人合一思想的最佳实例。早在春秋战国时期，《周易》就被看作圣人之学，易学理念也由此初步形成。在历代文化的更迭中，易学研究经历了许多阶段，衍生出种种流派，长期流传，久盛不衰。诸子百家、两汉儒教、魏晋玄学及至宋明理学，均以《周易》为元典，探精广义、贯穿始终，因此与易学相关的研究书籍也是卷帙浩繁、汗牛充栋。

概括来说，《周易》源于圣人仰观天象、俯察地理、中通人事，是对"天地人"三才统一的认识。时代更替，不胜枚举的文人志士注解《周易》，使其变得愈加丰富，更加博大精深。除此之外，在民间，《周易》的流传也极其广泛。《周易》在中华文化中的广泛影响，形成了一种大规模的文化现象。

很多人认为《周易》是一本天书，是非常难懂的，这是为什么呢？《周易》文本的形成年代久远，有些字已很少使用或其语义发生了较大变化；《周易》中使用的通假字较多，一字多义或一词多义的情况也不少；文法结构较为复杂，倒装句应用较多；文中引用的事迹典故多发生在中古时期，其风俗习惯、事物名称、社会制度等很多已不存在或有较大改变。《周易》所运用的思维方式与现代常规思维也很不同，并且大道无言、妙法难言，《周易》所表达思想具有的高度概括性和极强抽象性，及其内容的多义性、词汇的简约性、思想的深刻性，这些都为从古至今的《周易》研读者提供了联想和发挥的广阔天地，这是"易道深矣"的原因，也是它千百年来的魅力所在。

现行《周易》的组成

随着时代更迭发展，上古时期的《连山》和《归藏》二易早已遗失，我们现在所说的《易经》，其实指的就是《周易》，分为经部和传部两大部分，合计共两万四千字左右。此处需要说明的是，市面上的书籍对二者不作区分，因此在现代通行观念中，《周易》和《易经》是等同的书籍含义。

《周易》经部指本经，包括八卦、重卦、卦画、卦象、卦变、卦辞、爻辞等。《周易》传部也称为十翼，为阐明《易经》而作，相传为孔子所作，但是应天老师对此持怀疑态度，因为传部的十本书，语言风格相差很大。十翼分别为《上彖》一、《下彖》二、《上象》三、《下象》四、《上系》五、《下系》六、《文言》七、《说卦》八、《序卦》九、《杂卦》十。在今天通行的《周易》书籍排列体系中，通常将彖辞打散于卦辞后，象辞细分为大象辞和小象辞，分别打散于彖辞和爻辞后，《文言》分别加在乾、坤两卦之后。

《系辞·上》曰："圣人设卦观象，系辞焉而明吉凶，刚柔相推而生变化。"《系辞·下》曰："八卦成列，象在其中矣；因而重之，爻在其中矣；

刚柔相推，变在其中矣；系辞焉而命之，动在其中矣。"

善为易者不占

在古人的眼里，什么叫作卜呢？用圭尺测量日影的过程就是卜。卜是一个象形字，一竖一点，就是古人圭尺直立在地面，投射出日影的形态。八根圭尺竖立八方，同时记录太阳的运行轨迹，这就是最早的八卦。

《易经》的占卜是给人提供选择的余地，是一种智慧。比如有个笑话说，一个人请师傅算命，师傅说他能活一百岁，结果他非常开心，干什么事情都肆无忌惮，走路横穿大街，生活中用火用电都不加以防范，大家想，他真的能够长命百岁吗？答案是否定的。

怎样才是符合君子之道呢？"不知命，无以为君子也。"君子要知晓并理解天命的观念，尤其是对于自己的命运，更要因势而行。孔子很早就认清自己的天命，所以他说："天生德于予，桓魋（tuí）其如予何？"《史记·孔子世家》中记载，孔子去宋途中，宋司马桓魋意欲杀害他，孔子闻之，说自己是天命之人，德合天地，桓魋不能害己，否则便是违天。但同样，君子持有天命，虽不会因外力而改，但亦不能"立于危墙之下"，意思是即使拥有天命，也不能自取灭亡，这是不尽人事的表现，不能称之为命。

占卜的吉凶祸福全在过程之中，在求卜者的心态之中。所谓择吉，不是选择某件事的结果，而是选择过程，选择对自己有利的过程。生命是一种过程，人生处处是选择，趋吉避凶也。

荀子曰，"善为易者不占"。什么是善易者呢？就是真正理解《易经》本质的人，真正能够在思想上达到道的层次的人。《周易》思想经过历代帝王将相、专家学者的解读，已经被发挥得太多太多了，应天老师化繁为简，将《周易》智慧归结到"善为易者不占"这个至理上。首先，"易与天地准，故能弥纶天地之道"。《周易》的道理与天道、地道是等同的，易理能够连通天地之道，能够包裹阴阳智慧，民众百姓要善用易理，遵循自然法则，顺时而动，顺势而为。其次，天道，是君子终日乾乾，要时刻努力，与时偕行，不断提高自己；地道，是君子厚德载物，提高自身品德，用包容的心态生活，多行善事，多为社会做贡献。最后，圣人孔子对《周易》最大的赞誉是，"成性存存，道义之门"。智慧要效法天道，高瞻远瞩，行动要符合地道，从最平凡处起步，这种伟大的道能成就万物之性并保全之，使得万物不失其性，这就是圣人品格、仁义礼智信的门户了。

第02课 八卦成列，象在其中

上篇已提到过，上古时期的《连山易》和《归藏易》早已失传，现行版本的《周易》和《易经》其实是等同概念，都包含经部和传部两大部分。经部是以经典六十四卦卦象、卦画及其卦辞、爻辞为主体内容的，而六十四卦也称为重卦，由乾坤震艮离坎兑巽八个基本卦两两组合重叠而成。此处需厘清几个小概念：最经典的八个卦象叫作八经卦，是由三条或连或断的横线组成；《周易》正文部分讲解的六十四卦，是由两个经卦相重而组合的卦，刚才说过也叫重卦。这其中有八个重卦，是经卦与自身相重的，也可以称之为八纯卦。

在八个经卦中，乾卦代表天，坤卦代表地，艮卦代表山，巽卦代表风。另外，坎字是低陷的意思，坎卦代表水；离字本义是黄鹂鸟，离卦代表火；震字本义是雷震，震卦代表雷；兑字是张口说话的意思，兑卦代表沼泽。

阴阳二爻

爻是八卦或六十四卦的最基本组成部分，爻字从字形的角度来看，是由两个叉组成，就是相交的意思。相传早在结绳记事的年代，伏羲氏在推演先天八卦之前找到两个最简单的象，一个是打结一个是松开，或者理解成一个是相交一个是不交，这两种截然相反的动作能够记录最普遍的事物理念，这就是阴阳二爻的最初原型。随着后世推演，阳爻与阴爻发生了形态上的变化，并做出表意上的具象化，阳爻象征天道、刚强、君子和男性等概念，具有积极独立的性格，用一个长横代表；阴爻象征地道、柔弱、小人和女子等概念，具有消极依附的性格，用两个短横代表。

阴阳两种属性是对立矛盾的，又是和谐统一的，阴与阳任何一方都无法脱离彼此而单独存在。古语有云，阴在阳之内，不在阳之对，如果没有上，也就没有所谓的下，如果没有里，也就没有所谓的外。例如阳爻代表乾阳，为天，则阴爻就代表坤阴，为地；阳爻表示君主、男性、父亲，则阴爻就表示臣民、女性、母亲；阳爻是刚健，是运动，是奇数的象征，那么阴爻就是柔弱，是安静，是偶数的象征。

阴阳二爻的产生是与上古时期的社会生活紧密相关的，人类文化就是建立在这

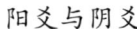

阳爻与阴爻

样一个基础之上，一方面是生活资料的生产，另一方面是人类自身的种族繁衍。一个长横是男性阳具形象的代表，与之相对，两个短横是女性外阴部位的象征。在原始蒙昧时代产生的阴阳二爻，是人类社会文化发展史的缩影。

两仪四象

按照中国古代哲学起源的认识，无极生太极、太极化两仪、两仪推四象、四象生八卦，因此八卦的概念是由无极、太极、两仪、四象一步步进化而来。无极在古代哲学中表示宇宙的本原，是一种混沌状态，代表着上古人类对事物产生之前状态的抽象理解，这种感觉既没有中心也没有边界，是无穷无尽的混沌。无极是先天的，没有变化的，可以简要理解为无边际、无穷尽、没有限度也没有终止。太极的概念是阐明宇宙从无极而太极，以至万物化生的过程，是阴阳二气互推互动的。虽然太极也是混沌状态，但表示的是万物始生之前的混沌之象，是经过阴阳二气不断交融的有形有质的一个状态。两仪由太极生化而出，正如古典神话中盘古开天辟地一样，将混沌一劈两半，于是天地形成，也有了日月星辰山川河流，在现代科学中管这个过程叫宇宙大爆炸。太极生两仪，轻清之气上浮为天，重浊之物下沉为地，天有光明为阳，地则晦暗为阴，一阴一阳之谓道，是为两仪。两仪也可以理解为世上所有对立统一的现象，例如男女、冷热、虚实、正反，等等。四象是由两仪进一步推演而

成，在两仪上方各加阴阳，成为老阳（也称太阳）、少阴、少阳、老阴（也称太阴）四种状态，也可以象征四方或者四时等。老阳的意思就是阳刚太多，超过了某种限度，因此也叫太阳，同样含义，老阴代表阴柔太过，也叫太阴。四象还与一年四季相对应。少阳是阳之初生，是一种暖洋洋的

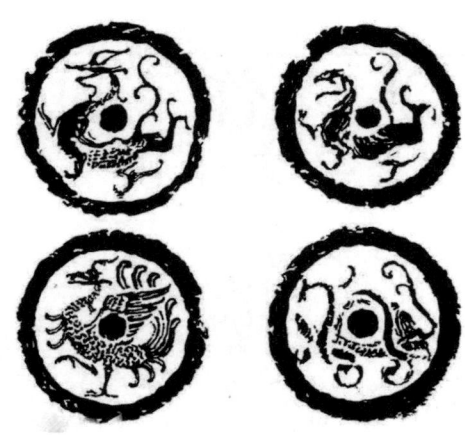

四象图（汉四神瓦当拓印）

感觉，代表春天；老阳是阳到极点，过于炎热了，于是表示夏天，同理，少阴代表秋天，太阴表示冬天。

八卦推演

四象生八卦，八卦是在四象的基础之上，再分别各加阴阳，成为乾一、兑二、离三、震四、巽五、坎六、艮七、坤八这八个卦象。至此，《周易》理论乃至玄学理论的基础就真正展开了，正是这样八个由三条或连或断的符号，引出了从古到今的大秘密，《周易》也发展出各种玄学流派，成为占卜预测的基础。

现在通行的《八卦取象歌》源自宋代大儒朱熹的著作《周易本义》："乾三连，坤六断；震仰盂，艮覆碗；离中虚，坎中满；兑上缺，巽下

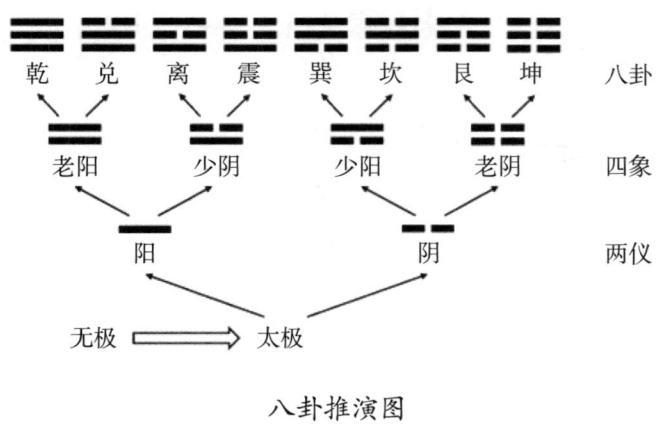

八卦推演图

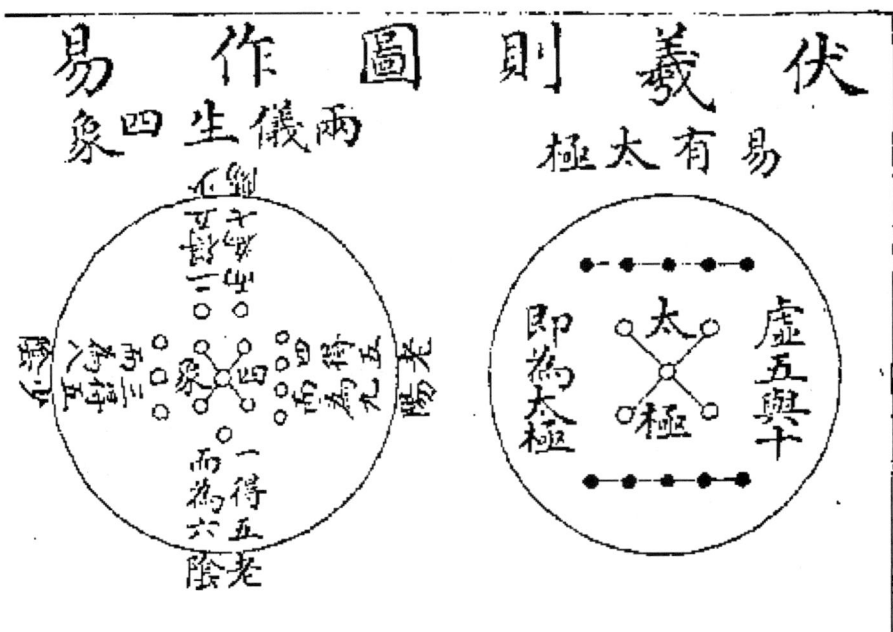

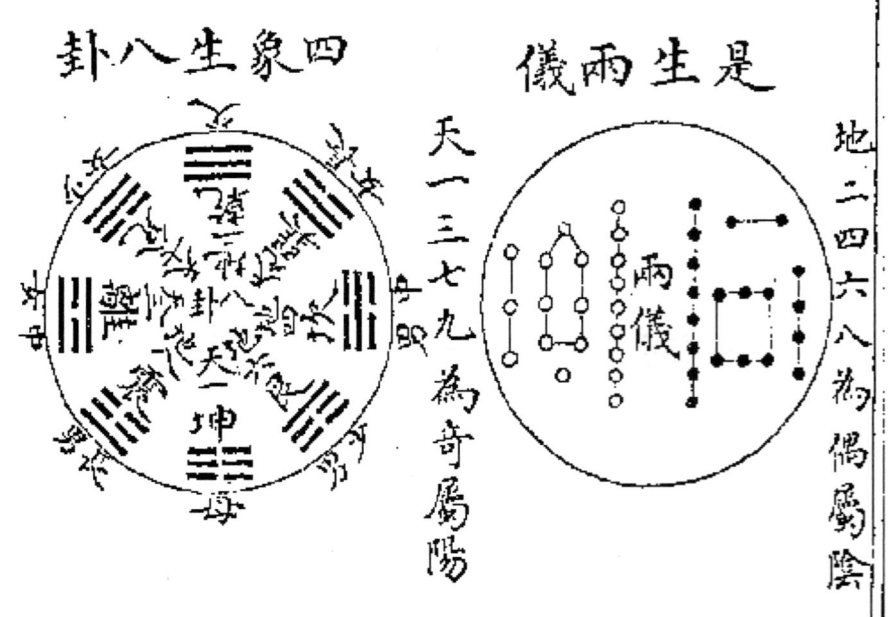

伏羲则图作易（《天原发微》）

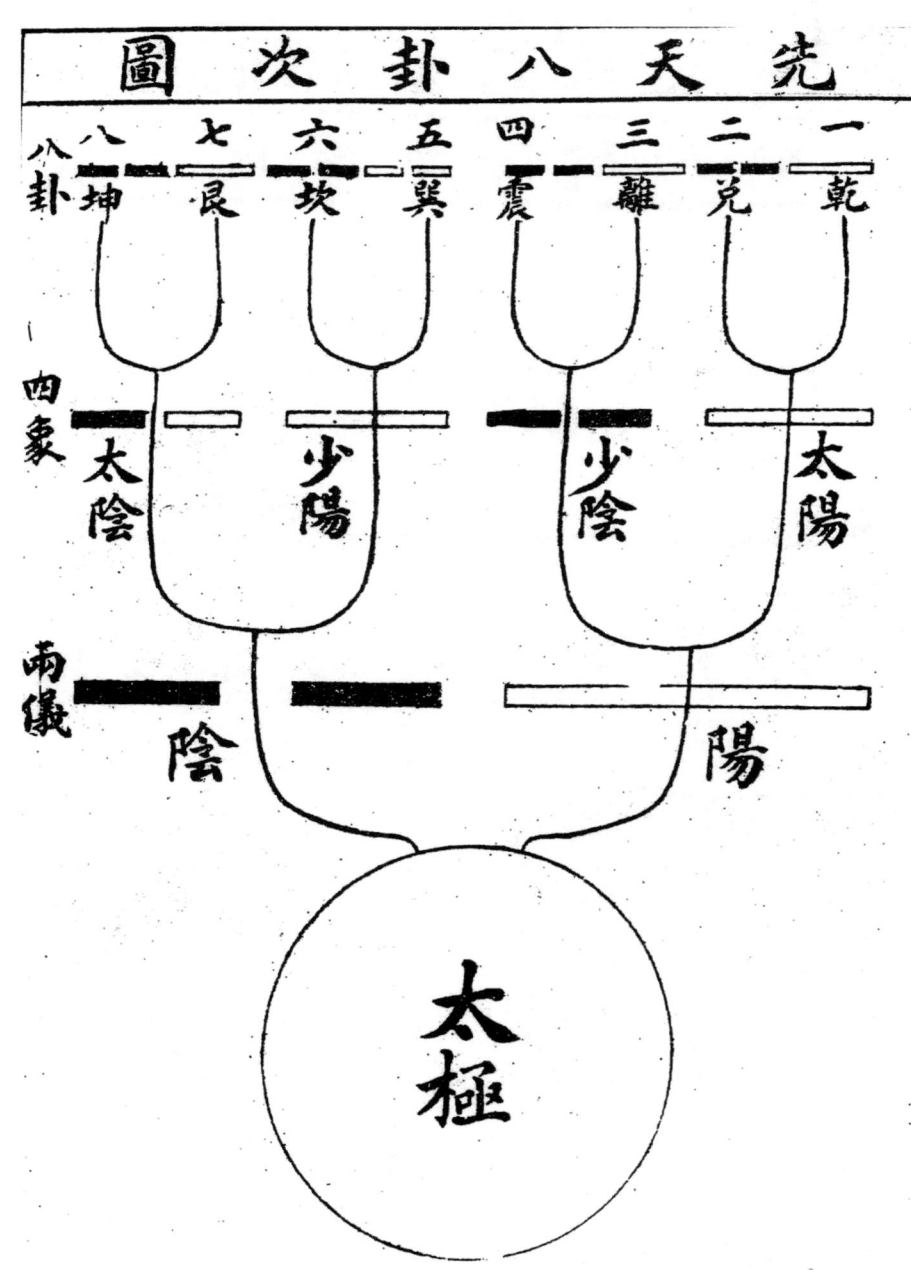

先天八卦次图（《易经来注图解》）

一阴一阳谓道图（《易经来注图解》）

八卦取象歌

乾三连　震仰盂　离中虚　兑上缺
坤六断　艮覆盌　坎中满　巽下断

《八卦取象歌》（《周易本义》）

断。"乾卦表象天，是三条实线，象征天空高高在上，为乾三连；坤卦表象地，是六条短线，象征块状的土地，为坤六断；震卦象征天上之雷，上面两条虚线，下面一条实线，形似一个敞口盆子，为震仰盂；艮卦象征地上之山，与震卦相反，像一个倒扣的碗，为艮覆碗；离卦表象火，上下两条实线，中间虚线，为离中虚，象征做人要实生火要虚的道理；坎卦表象水，上下两条虚线，中间实线，为坎中满，象征水流填实地缝的形态；兑卦象征地下之泽，只有上面一条是虚线，为兑上缺；巽卦象征天下之风，只有下面一条是虚线，为巽下断。

实际上，通过无极、太极、两仪、四象到八卦的演化过程，可观古人从无到有、由一到二的时空观与世界观。两仪推四象、四象生八卦，其实也正是现代社会中人们认识事物的一化为二、二生出四的简单道理。有一种观点认为，莱布尼茨先生通过太极图获得启发而发明了计算机中的二进制，那咱们现在就尝试用二进制的方法反过来形容这个过程，用1代表两仪中的阳属性，用0代表两仪中的阴属性，那么两仪生四象，老阳、少阴、少阳、老阴就是11、10、01、00，四象生八卦，乾、兑、离、震、巽、坎、艮、坤就分别是111、110、101、100、011、010、001、000，恰好就是二进制中的7到0，如果分别用8减去，就是各自的先天八卦数。如此，古今中外的理论获得了不同形式的互证。

八卦相重为六十四卦。

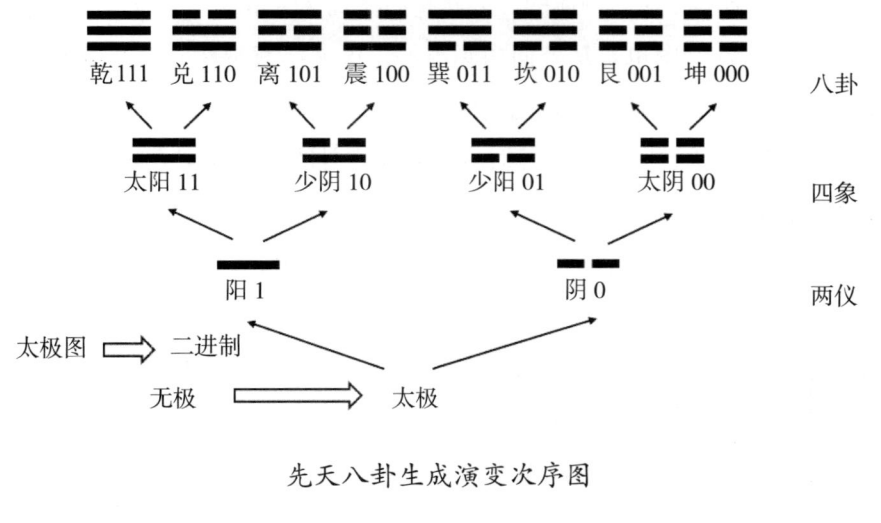

先天八卦生成演变次序图

各位朋友要熟知的是八卦的卦象歌，这是理解《周易》所有理论的基础。应天老师在此进一步丰富一下：

乾三连天，卦德是健，天道无穷，行为刚健；
坤六断地，卦德是顺，地势广博，举止柔顺；
震仰盂雷，卦德是动，雷震威猛，行动迅捷；
艮覆碗山，卦德是止，山峰巍峨，沉稳静止；
离中虚火，卦德是丽，火势炎上，附丽之意；
坎中满水，卦德是陷，水势润下，险陷之意；
兑上缺泽，卦德是悦，沼泽隐现，言辞喜悦；
巽下断风，卦德是入，微风浸入，润物无声。

先天八卦

上古时期伏羲大神演绎先天八卦，实际上就是为了将社会生活中的万事万物做出抽象，归纳为乾坤震艮离坎兑巽这样八种符号。首先应天老师带大家一起画出先天八卦：第一步，在中心部位画出阴阳鱼太极图；第二步，确定天地定位，在古人的理念中是上南下北，头顶青天脚踩大地；第三步，默念卦画歌，乾三连（正上），坤六断（正下），震仰盂（左下），艮覆碗（右下），离中虚（左边），坎中满（右边），兑上缺（左上），巽下断（右上）。需要注意的是，先天八卦的本意是自然圆融和谐统一，八卦与太极是一体的，因此我们在观察时是从外向内窥探其中奥秘，而先天八卦图也是从外向内画出的。大家注意观察先天八卦图的阴和阳的位置，是不是和卦画完美贴合呀？举例而言，巽卦，从上到下分别是阳爻、阳爻、阴爻，恰好对应了先天八卦图代表西南方向的45度扇面中的白鱼、白鱼、黑鱼。

先天八卦成形之后，先天数也可以随之标出，以乾天开始，逆行，乾一、兑二、离三、震四，交到对角，顺行，巽五、坎六、艮七、坤八，最终收于坤地。同理，先天方位也一一对应而出，乾南坤北是最重要的一句话，之后离东坎西，剩下的，震卦对应东北，艮卦对应西北，兑卦对应东南，巽卦对应西南。先天八卦也叫伏羲八卦，此处需要点出的是，

先天八卦——阴阳对应举例

先天八卦图

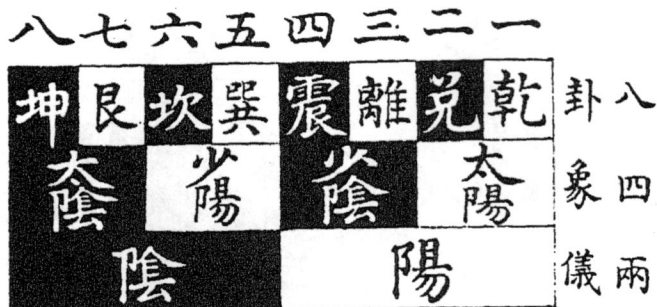

序 次 卦 八 羲 伏

八	七	六	五	四	三	二	一	
坤	艮	坎	巽	震	離	兌	乾	八卦

太極

伏羲八卦次序图（《周易本义》）

伏羲八卦方位图（《易经来注图解》）

先天八卦是一个玄学概念，各项理论知识在实际应用过程中并不常用，或者说也不好用。当然，先天数是梅花易数的基础，在这方面应用较多，而先天方位在易学各门类中几乎没有具体应用之处，大家仅需明白道理即可。北京的天地日月四坛是一个实际应用，大家可以对照参考一下，天坛在南，地坛在北，日坛在东，月坛在西；天安门、地安门、左安门、右安门，也算这种应用。

后天八卦

周文王被囚禁在殷商羑里之时，将伏羲大神的先天八卦融会贯通，推演出后天八卦，一方面描述此时社会民生，另一方面进行占卜预测。下面应天老师带大家一起画出后天八卦：第一步，仍旧在中心部位画出阴阳鱼太极图；第二步，按照南火北水的口诀来定出初始方位，同样是上南下北；第三步，按照《说卦传》中"帝出乎震，齐乎巽，相见乎离，致役乎坤，说言乎兑，战乎乾，劳乎坎，成言乎艮"的口诀，从正东方向的震卦，顺时针依次画出即可。后天八卦在玄学方面应用更加方便，例如诸葛亮的八阵图，还有风水用具罗盘，都是以后天八卦的方式排列。因此其象征意义是，人在太极中，八卦为我所用，故而后天八卦图是从内向外画出观察的。

后天八卦也叫文王八卦，是绝大部分《周易》应用理论的基础，咱们还回到这句后天口诀中来剖析其具体代表含义。"帝出乎震"，天地万物在春雷中产生，因此震卦代表春分节气，是正东方；"齐乎巽"，万物迎风而长，巽卦代表立夏节气，是东南方；"相见乎离"，万物竞相显现，离卦代表夏至节气，是正南方；"致役乎坤"，万物受到大地养育，坤卦代表立秋节气，是西南方；"说言乎兑"，万物喜悦于收获，兑卦代表秋分节气，是正西方；"战乎乾"，万物在此时阴阳交接，乾卦代表立冬节气，是西北方；"劳乎坎"，万物劳倦需要休息，坎卦代表冬至节气，是正北方；"成言乎艮"，万物在此终结获得成就，艮卦代表立春节气，是东北方。

后人在对后天八卦的使用中，将之与《洛书》合二为一，这也就形成了我们今天看到的九宫八卦图，由此引出后天之数：坎一、坤二、震三、巽四、五为中宫、乾六、兑七、艮八、离九。

后天八卦图

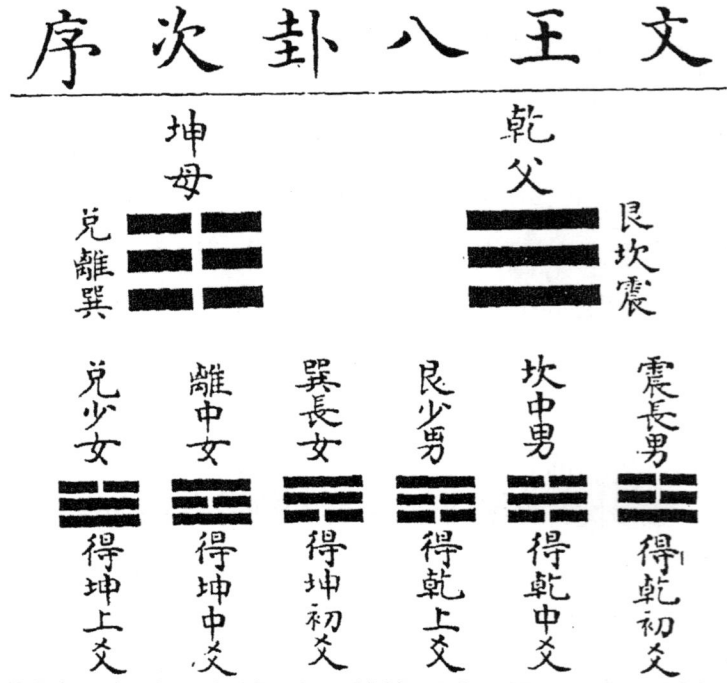

文王八卦次序图（《周易本义》）

文王八卦方位图（《易经来注图解》）

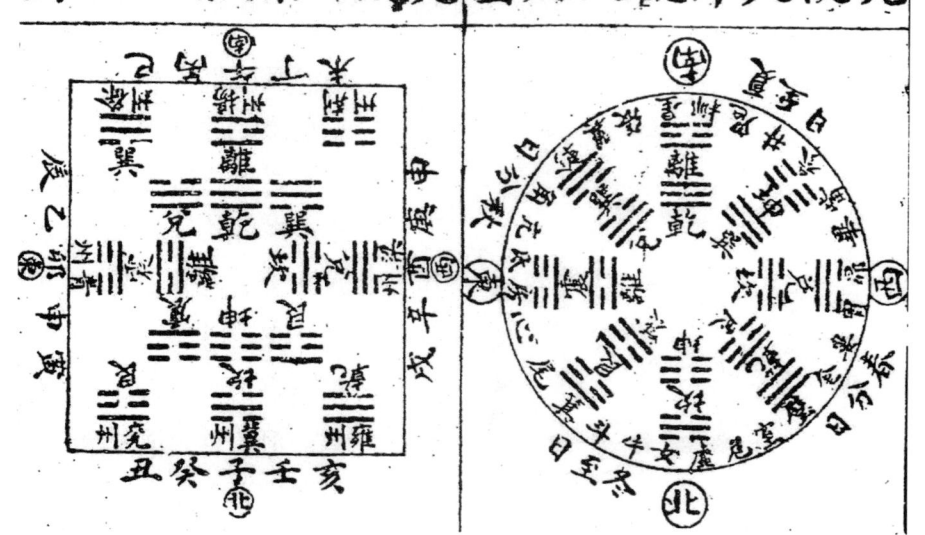

先后天俯察地理图、先后天仰观天文图（《易经来注图解》）

河图洛书

其实八卦的发展与《周易》的进化非常类似，也是经过三步走，上古大神伏羲做出先天八卦，中古周文王做出后天八卦，下古文圣孔子说明具体应用。那么咱们一定非常想知道，八卦的源头是什么？伏羲大神是在什么样的机缘巧合之下才演绎出最初的八卦符号？

孔子在《系辞·上》中提到，"河出图，洛出书，圣人则之"。相传在伏羲时代，龙马背负河图从黄河中跃出，神龟背负洛书从洛水中爬出，伏羲大神因此获得灵感，推导出了先天八卦。其实在上古时代，君臣百姓主要生活在黄河与洛水流域，古代人民创造出灿烂的物质文明与精神文明，这是华夏文明重要的源头——河洛文化。

当然，关于龙马与神龟背负河图洛书，始终都停留在神话传说的基础之上。关于河图洛书，用南怀瑾先生的话说，"它极有可能并不是我们这一时期人类文化的结晶，而是上一个时期——冰河时期的人类文化发展的顶峰"。把科学的无数法则归而纳之，最后简化到八个简单到不能再简单的天地符号之中，这就是八卦了，然后它以某种形式流传，直到被我们的祖先伏羲大神发现，并拿来使用，作为上古时期社会民生现象的象征。

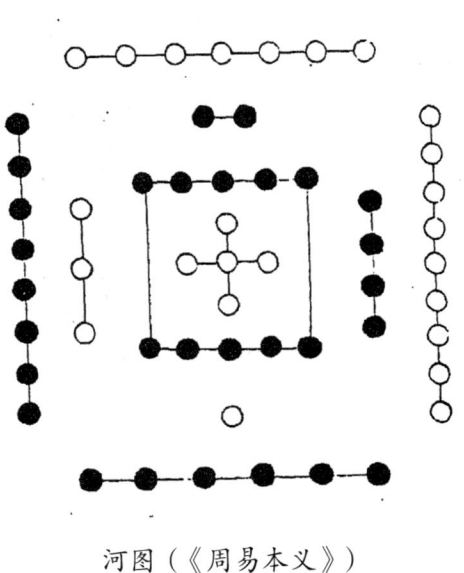

河图以十数合五方，同时表示了天地、阴阳、五行之象。河图整体为方形轮廓与黑白圆点的组合，象征天圆地方；其中以白圈为阳，为天，为奇数；以黑点为阴，为地，为偶数。河图以天地和合东南西北中五个方向，以阴阳和合水火木金土五种元素，所以图式结构分布为：一与六共宗，居北方，因天

河图（《周易本义》）

一生水，地六成之，河图下部是一个白色圆圈在内和六个连成一排的黑色圆点在外；二与七为朋，居南方，因地二生火，天七成之，河图上部是两个黑色圆点在内和七个连成一排的白色圆圈在外；三与八为友，居东方，因天三生木，地八成之，河图左侧是三个相连的白色圆圈在内和八个连成一排的黑色圆点在外；四与九同道，居西方，因地四生金，天九成之，河图右侧是四个黑色圆点在内和九个连成一排的白色圆圈在外；五与十相守，居中央，因天五生土，地十成之，河图中间是象征五行的五个白色圆圈在内和象征天地的十个黑色圆点在外。在内为生数，在外为成数，生数是产生万物之数，是一二三四五，成数是成就万物之数，是六七八九十。

也有传言说，河图的形状，象征了中国古代的二十八星宿，分别是东方青龙七宿、南方朱雀七宿、西方白虎七宿和北方玄武七宿，传闻这也是风水象形之源。

河图之数是《周易》理论专属的大衍筮法之基础，是天地之数的缘由。乾阳象征天道，阳数是一三五七九，天数合计二十五；坤阴象征地道，阴数是二四六八十，地数合计三十。亦即天地之数的总数为五十五，在此基础之上减去五行之数，最终得到大衍之数。这是成就易道变化的基础，《系辞》曰："凡天地之数五十有五，此所以成变化而行鬼神也。"

洛书实际上就是我们现代所讲的九宫，简而言之，就是将一至九这九个数字，填入一个三乘三的方格中，使得各行、各列、斜角的三个数字之和全部相同。九宫格的填法自古就有口诀，"戴九履一，左三右七，二四为肩，六八为足，五居中央"，各位朋友一试便知，确确实实是满足横、竖、斜的三个数相加均为十五。

有传言说洛书是八卦的基础，这个说法可信度是很低的，但是孔子之后的易学家为了理解方便，将洛书数理与后天八卦二者合一了，这也是现代风水学的基础。例如，在"三元九运"中，北方为一白坎，西南为二黑坤，东方为三碧震，东南为四绿巽，中间为五黄土，西北为六白乾，西方为七赤兑，东北为八白艮，南方为九紫离。又比如，在"八宫九星"中，生气贪狼在正东方属震，伏位辅弼在东南方属巽，五鬼廉贞在正南方属离，祸害禄存在西南方属坤，绝命破军在正西方属兑，延年

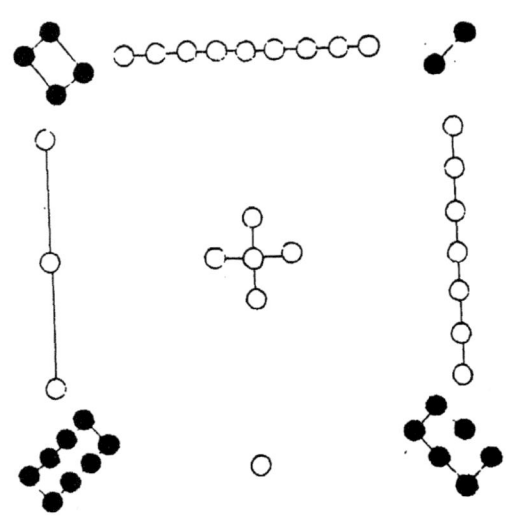

洛书（《周易本义》）

武曲在西北方属乾，六煞文曲在正北方属坎，天医巨门在东北方属艮。以上，都是洛书与后天八卦相结合之后的具体应用。

引申

金庸先生巨著《射雕英雄传》第二十九回"黑沼隐女"中，黄蓉被铁掌水上漂裘千仞的铁砂掌打伤，郭靖背着她误打误撞进了瑛姑居住的沼泽中，黄蓉非常聪慧，又受父亲从小教导术数，解答了瑛姑一直思索的难题，原文是：

那女子道："你的算法自然精我百倍，可是我问你：将一至九这九个数字排成三列，不论纵横斜角，每三字相加都是十五，如何排法？"黄蓉心想："我爹爹经营桃花岛，五行生克之变，何等精奥？这九宫之法是桃花岛阵图的根基，岂有不知之理？"当下低声诵道："九宫之义，法以灵龟，二四为肩，六八为足，左三右七，戴九履一，五居中央。"边说边画，在沙上画了一个九宫之图。黄蓉又道："不但九宫，即使四四图，五五图，以至百子图，亦不足为奇。就说四四图罢，以十六字依次作四行排列，先以四角对换，一换十六，四换十三，后以内四角对换，六换十一，七换十。这般横直上下斜角相加，皆是三十四。"那女子依法而画，果然丝毫不错。黄蓉道："那九宫每宫又可化为一个八卦，八九七十二数，以从一至七十二之数，环绕九宫成圈，每圈八字，交界之处又有四圈，一共一十三圈，每圈数字相加，均为二百九十二。这洛书之图变化神妙如此，谅你也不知晓。"举手之间，又将七十二数的九宫八卦图在沙上画了出来。

应天老师在初中的时候曾经自行研究过四四图，非常有意思，按照黄蓉女侠的方法排列出来，以飨读者。最终的结果中，第一行是：16，

2，3，13；第二行是：5，11，10，18；第三行是：9，7，6，12；第四行是：4，14，5，1；各行各列与两个斜角的四个数字相加，和均为34。至于五五图、六六图，甚至七十二数的九宫八卦图，就由读者朋友们自行体会了。

16	2	3	13
5	11	10	18
9	7	6	12
4	14	5	1

四四图

　　《周易》智慧除了最经典的易理之外，还有象、数、理等分支，学好河图洛书正是理解《周易》智慧的利器，也是《周易》理论中先天与后天的分野，是玄学应用中体与用的桥梁。

第03课 因而重之，爻在其中

八卦取象

八个基本卦在应用过程中分别有各自的取象，以下将另外从几个不同的侧面来介绍八卦取象，用以了解它们各自的德行。

人伦方面，乾卦与坤卦作为纯阳、纯阴的象征，代表天和地，也分别代表父亲和母亲，此处也是天父地母这个词汇的出处。震仰盂、坎中满、艮覆碗三卦，均只有一个阳爻，与乾卦共同为阳性卦，震为大哥，坎为二哥，艮为小弟；巽下断、离中虚、兑上缺三卦，均只有一个阴爻，与坤卦共同为阴性卦，巽为大姐，离为二姐，兑为小妹。

身体方面，乾卦象征头，乾天是首脑之意；坤卦象征肚子，因为大地柔弱而且宽广；震卦象征脚，震德是动，是走动的原因；巽卦象征大腿，巽德是人，配合震德的走动；坎卦象征耳朵，因为坎德是陷，这也是耳朵的形状；离卦象征眼睛，因为离德是丽，眼睛能够看到艳丽颜色；艮卦象征手，艮德是止，用手做出使人停止的动作；兑卦象征口，因为兑德是喜悦，笑口常开。

动物方面，乾卦象征马，是刚健的代表；坤卦象征牛，是逊顺的代表；震卦象征龙，是鼓动万物的代表；巽卦象征鸡，是乘风而起的代表；坎卦象征猪，是陷在原地的代表；离卦象征雉，是明媚艳丽的代表；艮卦象征狗，是使人停止的代表；兑卦象征羊，是可爱少女的代表。

五行方面，首先咱们要知道在中国古典文化中的五行分别指的是水火木金土五种象征，其中水与火是阴阳同体的，因为二者分别代表寒和

热，而这种寒热现象有时可以相互转换，因此五行在与八卦相对应的时候，仅仅只有水与火这两种表象是一对一的关系，其余木金土三种表象均是一对二的关系。坎卦对应水，离卦对应火，这二者均是阴阳同体，原因是：坎卦为阳卦，因此坎水有阳水的特征，水为月之精，有黑夜与阴柔的特性，因此坎水也有阴水的特征；离卦为阴卦，因此离火有阴火的特征，火为日之精，有白昼和阳刚的特性，因此离火也有阳火的特征。震雷对应阳木，是栋梁之木，是能经受雷震之威的硬木，巽风对应阴木，是花果之木，是随风倒伏生姿的软木；乾天对应阳金，是剑锋之金，具备天行健的刚硬，兑泽对应阴金，是首饰之金，是少女们的钟爱之物；艮土对应阳土，是堤防之土，山峰踏实而又厚重，坤土对应阴土，是田园之土，大地能够养育万物。

八卦表象的对应表格

卦名	先天数	先方位	后天数	后方位	卦象	人伦	动物	人体	卦德	五行	四时
震	4	东北	3	东	雷	长男	龙	足	动	木	春分
巽	5	西南	4	东南	风	长女	鸡	股	入	木	立夏
离	3	东	9	南	火	中女	雉	目	丽	火	夏至
坤	8	北	2	西南	地	母	牛	腹	顺	土	立秋
兑	2	东南	7	西	泽	少女	羊	口	悦	金	秋分
乾	1	南	6	西北	天	父	马	首	健	金	立冬
坎	6	西	1	北	水	中男	豕	耳	陷	水	冬至
艮	7	西北	8	东北	山	少男	狗	手	止	土	立春

说卦取象

　　《周易》形成之初在某种程度上是作为占卜之书使用的，那么有没有其卦形卦画的应用指南呢？答案是肯定的，这就是《说卦》。《十翼》为阐明《易经》而作，《说卦》是其中一篇，是先秦时期和《周易》并行使用的具有工具书性质的筮法书篇。

　　本章节从《说卦》中节选部分取象内容，并简要解释。需要说明的是，其中的引申卦象，可以根据不同占筮事例和具体情况触类旁通。这种引申具有随意性，所以会导致一些自相矛盾，因此仅供参考。

乾为天，为圜，为君，为父，为玉，为金；为寒，为冰；为大赤；为良马，为老马，为瘠马，为驳马；为木果。

解释 乾卦象征天，圆，君主，父亲，玉石。乾卦五行属阳金，代表西北方，是立冬节气，因此象征寒冷和冰冻。乾卦为大红色，也象征优良的马匹，老迈的马匹，多骨的瘦马，驳杂的花马（有说法是驳马能食虎豹，此四马均取健含义）。象征万物之始，木本之果。

坤为地，为母，为布；为釜；为吝啬；为均；为子母牛；为大舆；为文；为众，为柄；其于地也为黑。

解释 坤卦象征地，母亲，象征广布、货币。坤卦象征煮饭的锅，因为坤能载物；与阳相对，阳大阴小，因此象征吝啬；万物均滋养于地，因此象征均，也有平均之意；象征牛，生生相继，象征怀孕的母牛；能载物，象征大车（以上几个象均取顺的含义）；能够生养抚育万物，因万物色杂，象征文饰；众是万物因顺从而合聚，柄是把握之意，象征众民生育之根本；象征大地之黑色，土地黔黑利于生长。

震为雷，为龙，为玄黄；为旉（fū）；为大涂；为长子；为决躁；为苍筤（láng）竹；为萑（huán）苇；其于马也，为善鸣，为馵（zhù）足，为作足，为的颡（sǎng）；其于稼也，为反生，其究为健，为蕃（fán）鲜。

解释 震象征雷，龙，青黄杂色（玄黄是天地交感而动）。因为震代表万物生长的时节地方，所以象征花，而大路主通行走动，所以震还象征大路。震象征长子，象征决然躁动，象征青色竹子与芦苇类植物，其生长必拔节而动；就马而言，还象征善于嘶鸣、后左蹄有白毛、四足皆动、额头有白斑这些类型的马（这四种马均善动）；就庄稼而言，象征顶着壳甲的种子萌生之象（麻豆之类植物，属于反生，带甲而生，含动之意），此卦发展至极化为刚健之象，象征草木蕃育鲜明。

巽为木；为风，为长女；为绳直，为工；为白；为长；为高；为进退；为不果；为臭；其于人也，为寡发，为广颡，为多白眼；为近利市三位；其究为躁卦。

　　解释　巽象征木，风，长女，象征为绳直（取其号令齐物之意），象征工匠。因为巽象征木，去皮之木为白色，所以还象征白（也象征风去其尘，洁白）；因为巽象征风，风吹得远为长，风吹得高为高，风行无常为进退。巽象征不果敢决断，象征气味。就人而言，象征头发稀少，额头宽阔，为眼白多瞳仁小的人（可取风吹落叶之意，可取洁白之意）；因买卖随风而动把握商机，所以巽还象征从市中获得近三倍之利。此卦发展至极则化为躁卦。

　　坎为水，为沟渎；为隐伏；为矫輮；为弓轮；其于人也，为加忧，为心病，为耳痛；为血卦，为赤；其于马也，为美脊，为亟心，为下首，为薄蹄，为曳；其于舆也，为多眚；为通；为月；为盗；其于木也，为坚多心。

　　解释　坎象征水，沟渠。一阳藏于阴中，所以还象征隐伏。坎象征矫曲而輮直，象征矢弓车轮（取险陷意）。就人而言，坎象征忧虑加重，心痛，耳痛。因为人体有血如地有水，所以坎还象征血卦，象征红（这五类象征人罹患险陷之象）。就马而言，坎象征脊背美丽、敏捷、低头、蹄子薄、拖曳的马（美脊暗指脊背之下陷入泥地，这五种马都是陷入险境，心焦低头蹄子踏地之意）。就车而言，坎象征多灾多难的马车。坎象征通达（因为水无孔不入），象征月，象征盗寇。就木而言，坎象征坚硬而多木心（为坎卦形取象，也象征丛棘、蒺藜等险地）。

　　离为火，为日，为电；为中女；为甲胄，为戈兵；其于人也，为大腹；为乾卦；为鳖，为蟹，为蠃，为蚌，为龟；其于木也，为科上槁。

　　解释　离象征火，日，电，中女。因为离内柔外刚，盔甲、兵器在人身外以防身（取其附着人体之意），如离内柔外刚，所以离象征甲盔，象征兵器。就人而言，离象征为大腹（取义于孕妇腹中有胎儿依附）。离还象征干燥，象征鳖、蟹、螺、蚌、龟（此五者均外刚内柔之象，主题依附于甲壳）。就木而言，离象征木中已空而枯槁（木中空）。（整体而言均为外刚内柔之象。）

艮为山，为径路，为小石；为门阙；为果蓏（luǒ）；为阍（hūn）寺；为指；为狗，为鼠，为黔喙之属；其于木也，为坚多节。

解释 艮象征山，山间小路（与震卦大路相反），小石，门台（取其高大之象，也取其止）；象征瓜果（瓜类植物的果实，第一取自山谷，第二生长周期的止），象征阍人寺人等掌管王宫之门禁之人，象征手指。艮还象征狗、鼠（鼠取止于人家之意）及黑色猛禽猛兽（象征万物见之即止）。就木而言，艮象征坚硬而多枝节（阳刚之外故多节，松柏之类，止意）。

兑为泽；为少女；为巫；为口舌；为毁折，为附决；其于地也，为刚卤；为妾；为羊。

解释 兑象征泽，少女。古代称能以舞降神之人为巫，因为巫以口舌与神通，所以兑象征巫师。兑象征口舌。因为兑上画断缺，如物之损坏，所以还象征折毁；象征附着决断（顺从人的裁决，取悦之意）。就地而言，象征坚硬而含碱（此处不生植物，亟待润泽，润之则悦）。兑代表少女，地位低贱，所以象征妾和羊（妾以顺悦夫，羊以顺悦人）。

六十四卦

八卦相重为六十四卦，当初步了解《周易》的起源、地位、功用，以及阴阳、四象、五行、八卦等基础知识后，《周易》正文就要徐徐揭开它的神秘面纱了。

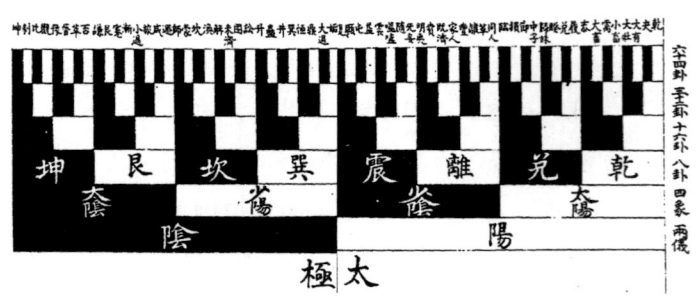

伏羲六十四卦次序图（《周易本义》）

应天老师讲周易

《周易》原典中，最经典的部分实际上就是围绕六十四卦来描述的。经典六十四卦分为上下两篇，是上经三十卦和下经三十四卦。为了方便

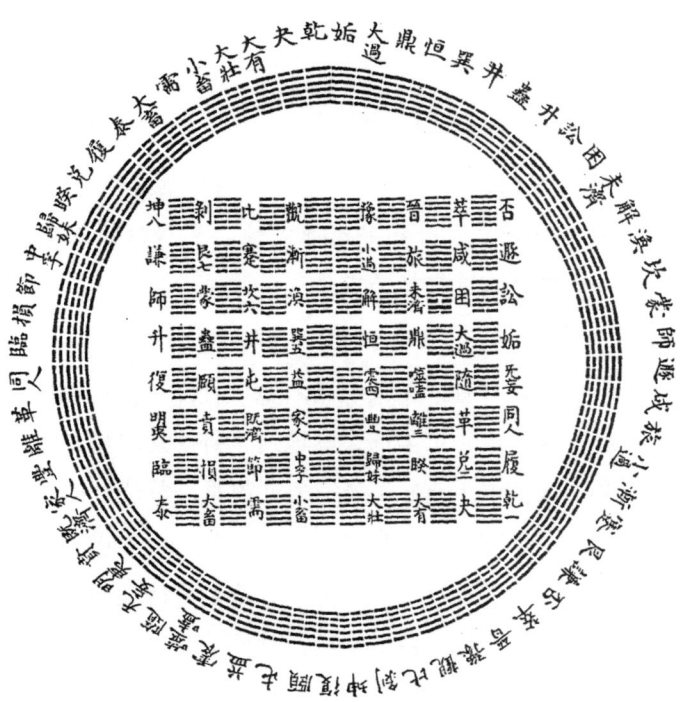

伏羲六十四卦方位图（《周易本义》）

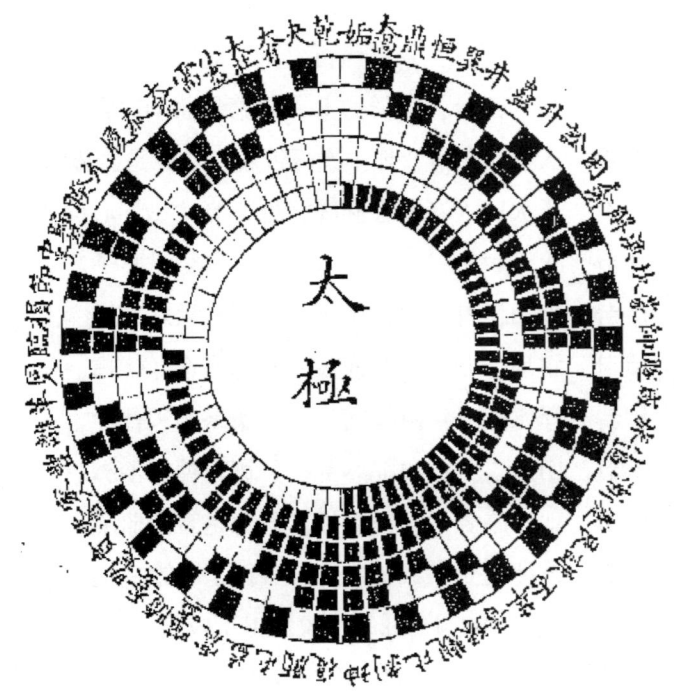

伏羲六十四卦图（《天原发微》）

记忆，古人拟定一首卦序歌，相传是南宋理学家朱熹先生所著，全文是：

乾坤屯蒙需讼师，比小畜兮履泰否，同人大有谦豫随，蛊临观兮噬嗑贲，剥复无妄大畜颐，大过坎离三十备。咸恒遁兮及大壮，晋与明夷家人睽，蹇解损益夬姤萃，升困井革鼎震继，艮渐归妹丰旅巽，兑涣节兮中孚至，小过既济兼未济，是为下经三十四。

第　一　卦　乾为天卦：象征刚健天道，卦德是终日乾乾。

第　二　卦　坤为地卦：象征柔顺地道，卦德是厚德载物。

第　三　卦　水雷屯（zhūn）卦：象征艰难，卦德是初生艰难。

第　四　卦　山水蒙卦：象征启蒙，卦德是蒙以养正。

第　五　卦　水天需卦：象征等待，卦德是等待观望。

第　六　卦　天水讼卦：象征争讼，卦德是及时止讼。

第　七　卦　地水师卦：象征战争，卦德是忧惧战争。

第　八　卦　水地比卦：象征亲比，卦德是团结亲比。

第　九　卦　风天小畜（chù）：象征小有积蓄，卦德是蓄积德施。

第　十　卦　天泽履卦：象征履行，卦德是履险若夷。

第十一卦　地天泰卦：象征通泰，卦德是通泰广大。

第十二卦　天地否（pǐ）卦：象征否塞，卦德是否极泰来。

第十三卦　天火同人：象征和睦相处，卦德是同心同德。

第十四卦　火天大有：象征大有收获，卦德是富不忘本。

第十五卦　地山谦卦：象征谦逊，卦德是谦之又谦。

第十六卦　雷地豫卦：象征逸豫，卦德是逸豫忧虑。

第十七卦　泽雷随卦：象征随和，卦德是顺天休命。

第十八卦　山风蛊卦：象征惑乱，卦德是德行治弊。

第十九卦　地泽临卦：象征督导，卦德是智信监临。

第二十卦　风地观卦：象征瞻仰，卦德是观察进退。

第二十一卦　火雷噬嗑（shìkè）：象征上下咬合，卦德是惩戒合德。

第二十二卦　山火贲（bì）卦：象征文饰，卦德是文饰有度。

第二十三卦　山地剥卦：象征剥蚀，卦德是应对剥蚀。

第二十四卦　　地雷复卦：象征回复，卦德是回复正道。

第二十五卦　　天雷无妄：象征破除虚妄，卦德是以正避祸。

第二十六卦　　山天大畜（chù）：象征大有积蓄，卦德是蓄德报国。

第二十七卦　　山雷颐卦：象征颐养，卦德是颐养以道。

第二十八卦　　泽风大卦：象征极为过分，卦德是独立不惧。

第二十九卦　　习坎水卦：象征重重坎坷，卦德是坎险求生。

第 三 十 卦　　离为火卦：象征附丽，卦德是附丽于天。

第三十一卦　　泽山咸卦：象征感应，卦德是天人交感。

第三十二卦　　雷风恒卦：象征长久，卦德是理智用恒。

第三十三卦　　天山遁卦：象征退避，卦德是隐遁随心。

第三十四卦　　雷天大壮：象征大为强盛，卦德是三落三起。

第三十五卦　　火地晋卦：象征长进，卦德是宠辱不惊。

第三十六卦　　地火明夷：象征光明受阻，卦德是晦明保身。

第三十七卦　　风火家人：象征家庭，卦德是修身齐家。

第三十八卦　　火泽睽（kuí）卦：象征乖违，卦德是离中有合。

第三十九卦　　水山蹇（jiǎn）卦：象征困难，卦德是玉汝于成。

第 四 十 卦　　雷水解（xiè）卦：象征松懈，卦德是恩威并施。

第四十一卦　　山泽损卦：象征减损，卦德是损益互见。

第四十二卦　　风雷益卦：象征增益，卦德是益人利己。

第四十三卦　　泽天夬（guài）卦：象征决断，卦德是君子夬夬。

第四十四卦　　天风姤（gòu）卦：象征相遇，卦德是不忘初心。

第四十五卦　　泽地萃卦：象征聚合，卦德是凝心聚力。

第四十六卦　　地风升卦：象征上升，卦德是顺时以信。

第四十七卦　　泽水困卦：象征困境，卦德是乐观坚强。

第四十八卦　　水风井卦：象征不竭，卦德是汲水不竭。

第四十九卦　　泽火革卦：象征革故，卦德是应人于革。

第 五 十 卦　　火风鼎卦：象征鼎新，卦德是凝命于鼎。

第五十一卦　　震为雷卦：象征震动，卦德是所挟甚大。

第五十二卦　　艮为山卦：象征抑止，卦德是其志甚远。

第五十三卦　　风山渐卦：象征渐进，卦德是渐进积累。

第五十四卦　雷泽归妹：象征婚嫁，卦德是安守幸福。

第五十五卦　雷火丰卦：象征盛大，卦德是以人为本。

第五十六卦　火山旅卦：象征远行，卦德是羁旅孤苦。

第五十七卦　巽（xùn）为风卦：象征逊顺，卦德是逊顺有时。

第五十八卦　兑为泽卦：象征喜悦，卦德是言悦以诚。

第五十九卦　风水涣卦：象征涣散，卦德是破而后立。

第 六 十 卦　水泽节卦：象征节制，卦德是知时守度。

第六十一卦　风泽中孚（fú）：象征诚信，卦德是诚信立身。

第六十二卦　雷山小过：象征略微过分，卦德是确保无失。

第六十三卦　水火既济：象征成功，卦德是功成业就。

第六十四卦　火水未济：象征新生，卦德是新的开始。

卦形记忆方法

六十四卦数目多，且卦形相近易混淆，应天老师在此给大家提供一种口诀形式的记忆方法，便于大家记诵，以助后期学习。

首先明确各卦的先天数：乾一兑二离三震四巽五坎六艮七坤八，然后上下卦相重做成表格，第一行全部以乾卦为上卦，第二行全部以兑卦为上卦，以此类推，具体如下：

卦形记忆速查表

	乾天	兑泽	离火	震雷	巽风	坎水	艮山	坤地
乾天	乾	天泽履	天火同人	天雷无妄	天风姤	天水讼	天山遁	天地否
兑泽	泽天夬	兑	泽火革	泽雷随	泽风大过	泽水困	泽山咸	泽地萃
离火	火天大有	火泽睽	离	火雷噬嗑	火风鼎	火水未济	火山旅	火地晋
震雷	雷天大壮	雷泽归妹	雷火丰	震	雷风恒	雷水解	雷山小过	雷地豫
巽风	风天小畜	风泽中孚	风火家人	风雷益	巽	风水涣	风山渐	风地观
坎水	水天需	水泽节	水火既济	水雷屯	水风井	坎	水山蹇	水地比
艮山	山天大畜	山泽损	山火贲	山雷颐	山风蛊	山水蒙	艮	山地剥
坤地	地天泰	地泽临	地火明夷	地雷复	地风升	地水师	地山谦	坤

查表方法：上卦在第一列找出，下卦在第一行找出，例如，已知上

卦是兑泽，下卦是艮山，查表第二行第七列，得出泽山咸。将每行串联成诗，背诵即可：

> 天乾履同无，姤讼和遁否；泽夬兑革随，大过困咸萃；
> 火有睽离噬，鼎未济旅晋；雷壮归丰震，恒解小过豫；
> 风小中家益，巽涣和渐观；水需节既屯，井坎与蹇比；
> 山畜损贲颐，蛊蒙艮山剥；地泰临明复，升师与谦坤。

易混之处

六十四卦是《周易》全文中最经典的部分，也是最基础的知识，但是因为卦形较多，对于初学者而言无异于一座大山，很容易望而却步。所以需提前将易混之处厘清更易于后期学习。

六十四卦中读音相近的几个卦名有：第一卦乾为天和第十五卦地山谦，第二卦坤为地和第四十七卦泽水困，第八卦水地比和第二十二卦山火贲，第十卦天泽履和第五十六卦火山旅，第二十七卦山雷颐和第四十二卦风雷益，第三十九卦水山蹇和第五十三卦风山渐等。

六十四卦中的四大两小：第十四卦火天大有，第二十六卦山天大畜，第二十八卦泽风大过，第三十四卦雷天大壮；第九卦风天小畜，第六十二卦雷山小过。

六十四卦中，有八个纯卦，其余四十一个单字卦和十五个双字卦。

十五个双字卦分别为风天小畜、天火同人、火天大有、火雷噬嗑、天雷无妄、山天大畜、泽风大过、雷天大壮、地火明夷、风火家人、雷泽归妹、风泽中孚、雷山小过、水火既济、火水未济。另外，习坎为水卦，由于是纯卦，故没有将之归于易混双字卦。

至此，《周易》的六十四个重卦全部列举完毕。

第04课 乾为天卦，终日乾乾

第一卦 乾为天

卦名 乾为天 《说文》中解释乾字本义是上出，上出为乾，下注则为湿，故乾与湿相对。因此，乾在古语中是干的意思，与湿相对。

乾字是为用作卦名而造，是八卦之首，表意为天。随着时代发展，乾字也表示阳性、君主、男人等含义，但这些表意由乾天本义拓展而来。从会意字的角度来考证，乾字古体的表意是测量日影的圭尺和标杆。测日影在古代是极为庄重的一件事，是国事活动也是农事活动，也和祭祀有关，因此乾字在古人的心目中是极其重要的。《周易》以乾为天为首卦，说明"易与天地准，故能弥纶天地之道"的哲理，同时又不是虚无缥缈地讲天，而是讲人事活动，讲观察日影，这就是《周易》以人为本的朴素价值观。

以乾为天为首卦，同时还体现了天道思维，"天行健"，"大哉乾元，万物资始"，这种天道思维贯穿于整个《周易》六十四卦中，因此我们学懂学透了乾卦，实际上就是理解了整个《周易》的思维法则，很有意义。

卦画 天行健 六个爻全部都是阳爻，因此乾卦也可称为纯阳之卦。乾卦是阳性的象征，最重要的两个德行分别是阳刚和健壮，乾卦也是君子的象征，象征了君子本身非常健壮，积极向上，终日乾乾而不断努力进取，其外放出的德行充满阳刚，热情奔放，不断砥砺自身而实现飞龙在天的人生理想。

卦德 终日乾乾 君子应当日日自强不息，不断进取，不因顺境而松

懈，放弃警惕；不因逆境而气馁，自暴自弃。应该刚毅坚卓，始终保持一颗积极向上的心，磨砺自己，强大自己，丰富自己，不断充实自己，从而实现自己的社会价值。

卦序角度 乾坤是《周易》六十四卦的开门卦，象征盘古开天辟地之后，轻清之气上浮为天，重浊之气下沉为地，于是天地定位，万事万物得以形成。乾为天卦和坤为地卦分别象征刚健天道和柔顺地道，咱们经常说的乾刚坤柔、乾健坤顺即是如此。

特殊之处 乾为天卦：《周易》首卦，全篇开门卦；纯卦，各爻相敌应，两两相冲；消息卦四月巳，代表节气四月，即立夏开始，经小满，到芒种之前，代表上午九点到十一点之间，在地支中为巳火。

卦辞解析

乾：元，亨，利，贞。

注释 贞：假借为正，端方正直。

译文 乾卦象征刚健天道。元始，亨通，顺利，贞正。

辨析 历来对这句话的断句有三种：元、亨、利、贞；元亨、利贞；元、亨、利贞，此处我们分开逐字解释。

元是元始的意思，元气就是宇宙最开始形成的那一团气，是无极、太初，天地万物都是从元气开始的，因此易以乾为首，乾以元开始，这是很有意义的。

亨在古代是与享相通的，本意是祭祀供品，目的是亨通。

利从象形字的角度解释为收获庄稼，引申为能够获利、顺利。

贞的引申义是正，贞还有占卜的意思。在《周易》中多次出现贞字，由于本书是以占卜角度解释，因此不再强调此意而统一解释为贞正。

因此乾卦卦辞元亨利贞，可以简单翻译为，元始，亨通，顺利，贞正，咱们也管这个叫作天德，《周易》六十四卦中，凡是出现了元、亨、利、贞这四个字的卦辞，就可以说，具备了天德。

其实自《周易》开始，古人都会用这四个字表示乾卦，甚至是天道的四种基本性质，后人也将之引申为四季、四方、四德等，各家之言不一而足，此处我们撷取两例来解释。

元、亨、利、贞为天之四德，这第一种解释就是取自于自然界植物的生长过程，与人间四季相对应。元象征着事物的初始，指的是天地万物自元开始，因而对应春天，说的是植物在春天开始发芽，元始的意思；亨象征着事物的成长，指的是万事万物在发端之后迎来飞速发展的一个阶段，因而对应夏天，说的是植物在夏天迅速生长，过程非常亨通；利象征着事物的收获，指的是万事万物发展到一定程度以后会得到其对应结果，利也是收割庄稼，因而对应秋天，说的是植物的开花结果，好事，非常顺利；贞象征着事物的收藏，指的是满载而归的收获之后休养生息的阶段，因而对应冬天，说的是植物的凋零，回归大地，积蓄力量过冬，然后再开始下一个轮回。

元亨利贞的第二种解释是，古人在祭祀时使用的一种语言，祭祀准备好，开始的时候大声念"元"，以此来传达信息，表明祭祀开始了。亨同享，理解为祭祀、祭品，此时祭祀官念出"亨"字，是向大家表示我们可以为天地诸神呈上祭品，供之享用了。然后念"利"，表示大家可以发愿了，想要天地诸神满足自己什么愿望现在都可以表达了，诸神保佑我们，一定会顺利，并从中获利。结束的时候念"贞"，就是一个吉祥话，表示祭祀时祈求的愿望都会得到满足。如此，祭祀之礼结束。

《彖》曰：大哉乾元！万物资始，乃统天。云行雨施，品物流形。大明终始，六位时成，时乘六龙以御天。乾道变化，各正性命，保合大和，乃利贞。首出庶物，万国咸宁。

注释 资：凭借。品：等级，种类。流：变化，演变。

彖辞简译 乾卦，真是伟大的元始啊。宇宙万物凭借乾元而开始生长，乾元统帅天道。云气流行，雨水布施，各类事物因此而各自演变成形。太阳运行周天，依赖于乾卦而开始和终结，六爻得时形成六位，贵贱已分，乾卦在当时当刻能够凭借六爻位次统帅天地。乾卦天道的变化，万物能够各自正定其本性与命理，保全住太和之气，是顺利贞正的。乾卦所代表的首领和大人物，从世间万物脱颖而出，万国万世都获得了安宁。

评述 《彖传》告诉我们，乾卦是最伟大的一个开始。虽然乾卦可以统帅天道，但是他也不能违背天道规律，依然要顺时顺势，这样才能在世间万物中脱颖而出，获得成功与安宁，这其实也是天道在帮助他。君子再怎么厉害，违背了天道规律都是不能得到发展的，或者即使可以发展，也只是暂时的，不能得到长久的发展。咱们各位朋友，如果想成为人生赢家，就要顺应天道规律，顺天应人，这叫什么呀，各正性命，保合大和，乃利贞。

《象》曰：天行健，君子以自强不息。

大象辞简译 乾卦的卦象是上天下天，为周道尊尊之表象。天道运行，刚直强健。君子应自立自强，奋斗不止，追求远大理想。

评述 乾为天，乾为刚健天道，是阳性的象征，而天道运行又是无休无止永不停歇的，我们奋斗应该像天道轮回一样，无休无止，不断充实自己，提升自己，最终量变积累达到质变，这样才是君子所为。

引申

"自强不息，厚德载物"是清华大学的校训。这句校训是从梁启超先生在清华大学做的演讲撷取而来，出自《周易》的两个象辞"天行健，君子以自强不息"和"地势坤，君子以厚德载物"，以此来激励学子。梁先生演讲中指出，君子自励犹如天体之运行刚健不息，不得一曝十寒，不应见利而进，知难而退，而应重自胜、摒私欲、尚果毅，不屈不挠，见义勇为，不避艰险，自强不息；同时，君子应如大地的气势厚实和顺，容载万物，责己严，责人轻，以博大之襟怀，吸收新文明，改良我社会，促进我政治，以宽厚的道德，担负起历史重任。

爻辞解析

初九，潜龙勿用。

爻位 初九当位，潜位。

注释 用：甲骨文是一个桶状字形，意思是使人或物发挥其功能。

译文 龙潜伏在水中，不到发挥功用的时机。

辨析 龙在此处实际上就是阳爻的象征，龙潜伏在水中，养精蓄锐，

是因为此爻位置最低，阳气不能散发出来的缘故。此时虽然阳爻居阳位，但却是下位，应该暂时将阳气潜藏于渊。龙形隐于渊，龙德隐于内，"不易乎世，不成乎名"，"遁世无闷"，修炼内功，遇到忧虑也不慌张，懂得放下方能有得，坚定信念砥砺前行，即为潜龙。

选择　不是不用，而是暂时不用，是时机未到；不是不为，而是为了要大有作为。放平心态，积极积攒内功。

九二，见龙在田，利见大人。

爻位　九二不当位，得中。

注释　见（xiàn）：通"现"，出现。

译文　龙出现在地上，有利于出现德高望重的大人物。注意此处，有些说法解释为有利于去拜见大人物，其实是不对的。理解为有利于出现大人物或自身被推举为大人物而现世两种都是可以的。

辨析　阳爻居阴位虽不当位，然得中，因此刚而能柔，刚柔并济。二爻为地面，表示即将有所作为，即将显露德行，此时应当怎么办呢？孔圣人的文言中有详细的解释方法，"庸言之信，庸行之谨"即说话守信，行动谨慎；"闲邪存其诚"即警惕邪念、心存诚念；"德博而化"即以博大的德行倡导社会的文明。

选择　见龙是见机而动，只有先以善行美德施行于众人，利益于社会，方可以得利于众人，被众人推举而作为大人物现世。

九三，君子终日乾乾，夕惕若厉，无咎。

爻位　九三当位，凶位。

注释　惕：本义指害怕，放心不下，引申为警惕。厉：祸患，危险。咎，过失，罪过。

译文　君子整天自强不息，晚上像白天一样非常警惕，不敢有丝毫懈怠，这样即使遇到危险也会逢凶化吉，不会有过失。

辨析　九三爻是阳爻居阳位，阳刚过重，容易两败俱伤，且上不在天，下不在田，不在九五又不在九二，只能中间吊着，只能终日勤勤恳恳，时时惕励自己，上下都不能得罪。此时应当积极增益品德修为，以诚

待人，日日三省自身，知道进退，预知时机，方可全力以赴、把握机会。

　　乾卦中，除九三之外每一个爻都是讲龙的德行与行动，九三讲的是君子，这是非常特殊的。应天老师最喜欢的就是九三爻，因为这是奋进，是拼搏，是与象辞自强不息最贴近的意义。其实其他每个爻讲的也都是君子，只是用龙，用阳刚做比喻而已。我们也可以把九三爻理解为勤龙。

　　选择　不停努力、不断进取，即使到了夜晚也自我警惕，时刻自励、自省，方能没有过错、平安无事。

　　九四，或跃在渊，无咎。

　　爻位　九四不当位，初入上卦，惧位。

　　注释　或：通"惑"，疑惑的意思。渊：打漩涡的水，深潭。

　　译文　疑惑之龙，能够审时度势，进可腾跃而起，退能潜伏深潭，均不会有危险。

　　辨析　此时这条龙终于上升到上位了，从下卦的终日乾乾中升到了上卦，虽然仅仅是九四位，但也逐步接近九五的尊位了。因此说，四多惧，实际上三位四位都是比较凶险的。此时为"惑龙"，疑惑并不完全是坏事啊，有疑才有悟，此时通过自己的思考，审时度势，当进则进、当退则退，于是说飞跃龙门或潜伏在渊都可以的，无咎。

　　选择　表面上看没有过错没有困难，实际上必须要具备一个条件，疑惑中敢于思考，不回避不畏惧，审时度势方可成功。下要依赖群众，上要积极进取，才能无咎。玄学家提倡自我修身的"易家八要"中有这样一句"行止有据"即是如此。

　　九五，飞龙在天，利见大人。（卦主）

　　爻位　乾卦卦主，九五中正。

　　译文　龙飞在高空，有利于出现德高望重的大人物，或者自身成为德高望重的大人物。

　　辨析　阳爻居阳位，既中且正，纯粹精微，所以称为君位，九五至尊（九五至尊在古代就是皇帝的意思，此处即为出处）。得此位者，能与天地合其德，与日月合其明，与四时合其序，与鬼神合其吉凶。"先天而天弗违，后天而奉天时"，占据有利时机的时候能够按照规则办事，后发而至的时候能够按照大势运行借机而动。这里面从先天后天角度来解释其实就是命和运，飞龙在天的命对一飞冲天的运，二者缺一不可。

此时的君子，业绩辉煌，声名显赫，已经受到了广大民众的认可和拥戴。利于出现伟大德行的人物，既有可能是龙本身，也有可能是帮助龙的好朋友。对于龙本身而言，在某个领域做出了重要成就，显露于世人之前，获得了广大人民的尊重，同样是"利见大人"。

选择　这一爻是最最吉利最最幸运的结果，但注意，此时到达高点，也是逐渐衰落的过程，最是不能掉以轻心，千万要戒骄戒躁，防止满溢，要将亢龙有悔最大限度推迟。

上九，亢龙有悔。

爻位　上九不当位，亢位。

注释　亢：高。

译文　龙飞到过高的地方，将会有悔恨之事发生。

辨析　连续六个阳爻，到了最高位，处在阳气即将消散、阴气即将产生的阶段，说明龙飞得太高，成了亢龙，有些过了。"贵而无位，高而无民"，此时已经离开了九五尊位，盛极反衰。亢龙的原因是什么呢？只知道前进而不懂得退守，只知道取得却不知道付出。

悔不是九六才有的，而是九五就应该具备。飞龙虽然充满能量，能胜任所有负荷，可一旦成为亢龙就超出了自己的极限，难以支撑高空飞行了。这就告诫我们在九五尊位的时候，不要得意忘形盲目发展，而要居安思危戒骄戒躁，否则一旦成为亢龙，势必有悔。当然，如果一不留神，已经成为亢龙，那就更要幡然醒悟，尽早道歉，及时弥补。

选择　亢龙有悔一招真真正正是绝学，也是咱们人生中的精髓。在生活中说话办事，任何时候都不要说得太满，做得太绝，任何时候都要留有悔意，留有余力，如此，方能减少后悔。

引申

亢龙有悔是降龙十八掌的第一招，也是最牛的一招，应天老师每次讲到这里就会想起《天龙八部》中乔峰雨夜伤阿朱这个片段。应天老师总在想，如果当时他用的是亢龙有悔这一招，是不是阿朱就不会死，是不是乔峰就不会悔恨终身。他们可以去雁门关外共享朝阳落日，牧牛放羊，逍遥一世，那就是爱情最美的样子了。可是没有如果，乔峰说："我既误杀阿朱，此生终不再娶。阿朱就是阿朱，四海列国，千秋万载，就只一个阿朱。"一个"误"字，也许便是他一生的悔恨了。

全卦过程

乾 卦	以龙腾为喻
上九（亢龙有悔）	如果超出自身极限，势必产生后悔
九五（飞龙在天）	功成名就的辉煌时刻
九四（或跃在渊）	新晋高层，进退自如
九三（终日乾乾）	事业拐点，艰难时期要勤奋进取
九二（见龙在田）	小试身手，崭露头角
初九（潜龙勿用）	事业开端，时机不具备

全卦选择　天道运行，为人处世要积极修炼君子之道，修炼乾健德行，并妥善运用元亨利贞天之四德，成为真正的人间君子，为天地立心，为生民立命，为往圣继绝学，为万世开太平。

引申

六个爻位给予读者的最直观理解，实际上就是乾卦的生发过程，分别是潜龙勿用、见龙在田、终日乾乾、或跃在渊、飞龙在天和亢龙有悔。各位朋友听到这几个词的时候，是否会突然心中一动呢？是不是蓦然有一股热气从尾椎直冲头顶，产生出打通任督二脉的错觉呢？不错的，这几个词实际上也是金庸大师在其经典著作《射雕英雄传》和《天龙八部》的武林绝学降龙十八掌中引用的招式名称。

应天老师本人是个金庸迷，在少年时阅读金庸巨著的时候就发现其中与《周易》精神有千丝万缕的联系。例如九阴真经的祖师黄裳的名字就出自《周易》坤卦，《笑傲江湖》中的至高剑法独孤九剑中，就是以《周易》卦名作为方位步伐，桃花岛主黄药师在设置机关时，均是遵照《周易》卦象方位做出阴阳变化。

经考证整理，降龙十八掌均出自于《周易》原典，这十八掌分别为：

第一掌 亢龙有悔 出自《周易》乾卦上九爻：亢龙有悔。这是九指神丐教授郭靖的第一招。洪七公评价说：掌法的精要不在"亢"字而在"悔"字。倘若只求刚猛狠辣，亢奋凌厉，只要有几百斤蛮力，谁都会使了。这招又怎能教黄药师佩服呢？"亢龙有悔，盈不可久"，因此有发必须有收，打出去的力道有十分，留在自身的力道却还有二十分。哪一天你领会到了这"悔"的味道，这一招就算是学会了三成。好比陈年美酒，上口不辣，后劲却醇厚无比，那便在于这个"悔"字。天下什么事情，凡是到了极顶，接下去便是衰退，我这降龙十八掌根源于《易经》。《易经》讲究的是"泰极否来，否极泰来"。"亢龙有悔"的道理，是还没到顶，便预留退步，这才是有胜无败的武功。原文描述洪七公使这一招为：说着左腿微屈，右臂内弯，右掌划了个圆圈，呼的一声，向外推去，手掌扫到面前一棵松树，"咔嚓"一响，松树应手断折。

第二掌 飞龙在天 出自《周易》乾卦九五爻：飞龙在天，利见大人。原文描述为：这一招跃起半空，居高下击，威力奇大。朋友们听到这儿，是不是想起了一招从天而降的掌法呢？但这可不是如来神掌啊，而是降龙十八掌中的飞龙在天。这一招，郭靖学了三天才学会。

第三掌 见龙在田 出自《周易》乾卦九二爻：见龙在田，利见大人。这是郭靖为保护黄蓉抵挡欧阳锋，情急之下使用的招式。原文描述为：郭靖只感到一股极大力量排山倒海般推至，忙将黄蓉在身旁一放，急运劲力，双手同使降龙十八掌中的"见龙在田"，平推出去，这时只求维护黄蓉，再也顾不得招中留力，砰的一声响，登时给欧阳锋的蛤蟆功震得倒退了七八步。

第四掌 鸿渐于陆 出自《周易》渐卦九三爻：鸿渐于陆，夫征不复，妇孕不育，凶；利御寇。这是降龙十八掌里最适合群战的一招，出现在第十四回中，初出茅庐的郭靖依靠此招与"黑风双煞"中的梅超风抗衡。原文描述为：郭靖连发两招"利涉大川""鸿渐于陆"，将梅超风远远逼开。

第五掌 潜龙勿用 出自《周易》乾卦初九爻：潜龙勿用。这一招仍是出现在第十四回郭靖与梅超风打斗的那一仗。原文描述为："郭靖暗叫：'不好！'全身已感酸麻，危急中右手屈起食中两指，半拳半掌，向她胸口打去，那是'潜龙勿用'的半招，本来左手同时向里钩拿，右推左钩，敌人极难闪避，现下左腕遭拿，只得使了半招。"

第六掌 利涉大川 出自《周易》需卦：需：有孚，光亨，贞吉。利涉大川。"利涉大川"这几个字还在同人卦、蛊卦、大畜卦、益卦、涣卦等中多次出现，意为能够克服任何艰难险阻，是个吉祥的说法。金庸小说中关于这一招的描述见前第四掌"鸿渐于陆"。

第七掌 尺蠖之屈 出自《周易·系辞》第五章：往者屈也，来者信也，屈信相感而利生焉。尺蠖之屈，以求信也；龙蛇之蛰，以存身也。

第八掌 震惊百里 出自《周易》震卦：震：亨。震来虩虩，笑言哑哑。震惊百里，不丧匕鬯。这是第二十三回大闹禁宫中郭靖与欧阳锋打斗时使用的招式。原文描述为：欧阳锋叫声："好！"第二推又已迅速异常的赶到，前劲未衰，后劲继至。郭靖猛觉得劲风罩上身来，心知不妙，一招"震惊百里"，也是双掌向前平推，这是降龙十八掌中威力极大的一招。

第九掌 或跃在渊 出自《周易》乾卦九四爻：或跃在渊，无咎。这是第十四回郭靖与黄药师比试时使用的招数，结果郭靖的手腕脱臼了。原文描述为：那第二掌"或跃在渊"，却再也不敢多留劲力，吸一口气，呼的一响，左掌前探，右掌倏地从左掌底下穿了出去，直击他小腹。

第十掌 六龙回旋 出自《周易》文言：大哉乾乎！刚健中正，纯粹精也。六爻发挥，旁通情也。这是降龙十八掌的精妙招数，一掌之中分两股力道，一向外铄，一往内收，形成一个急转的漩涡。

第十一掌 突如其来 出自《周易》离卦九四爻：突如其来如，焚如，死如，弃如。这是第十四回郭靖中毒之后听到黄蓉喊叫时下意识使用的一招。原文描述为：郭靖听得她呼叫，精神忽振，左掌拍出，那是降龙十八掌中的第十一掌"突如其来"。

第十二掌 时乘六龙 出自《周易》文言：乾元者，始而亨者也……时乘六龙，以御天也。云行雨施，天下平也。第三十二回，湍江险滩，"来船转舵避让，江上船夫与山边纤夫齐声大呼，郭靖奋力将铁锚掷出。这一挥之中，使上了降龙十八掌中的一招'时乘六龙'，右掌劲发，全身似欲飞起，铁锚疾飞出去，撞向来船船头的纤杆"。这是郭靖在空中使出的比较刚猛的一招。

第十三掌 密云不雨 出自《周易》小畜卦：小畜：亨。密云不雨，自我西郊。又见于小过卦六五爻：密云不雨，自我西郊，公弋取彼在穴。

第十四掌 损则有孚 出自《周易》损卦：损：有孚，元吉，无咎，可贞，利有攸往？曷之用，二簋可用享。这是《射雕英雄传》第二十八回"铁掌峰顶"，郭靖与裘千仞打斗时使用的招式，书中将"损则有孚"与时乘六龙、密云不雨组成了连招。

第十五掌 龙战于野 出自《周易》坤卦上六爻：龙战于野，其血玄黄。这是第十四回郭靖与裘千仞打斗时使用的一招。原文描述为：裘千仞见他左臂扫来，口中却说："吃我一掌"，心道："你臂中套拳，谁不知道？"双手搂怀，来撞他左臂。哪知郭靖这招"龙战于野"是降龙十八掌中十分奥妙的功夫，左臂右掌，均可实可虚，非拘一格，眼见敌人挡他左臂，右掌忽起，也是呼地一声，正击在他右臂连胸之处，裘千仞的身子如纸鹞断线般直向门外飞去。

第十六掌 履霜冰至 出自《周易》坤卦初六爻：履霜，坚冰至。出自第二十九回黑沼隐女，郭靖带着黄蓉去向瑛姑求药。原文描述为：当下吸一口气，两肘往上微抬，右拳左掌，直击横推，一快一慢地打了出去。这是降龙十八掌中第十六掌"履霜冰至"，一招之中刚柔并济，正反相成，妙用无穷。

第十七掌 羝羊触藩 出自《周易》大壮卦九三爻：小人用壮，君子用罔，贞厉。羝羊触藩，羸其角。出自三十五回铁枪庙中郭靖与梁子翁、灵智上人等对战时使用的招式。原文描述为：郭靖闪过梁子翁发出的两枚透骨钉，双手连剑带掌，使一招"羝羊触藩"，和身冲将过去。

第十八掌 神龙摆尾 出自《周易》履卦：履：履虎尾，不咥人，亨。据说创降龙十八掌的那位高人本来取名"履虎尾"，好比攻虎之背，一脚踏在老虎尾巴上，老虎回头反咬一口，自然厉害猛恶之至。后来的传人嫌《易经》中这些文绉绉的卦名太不顺口，改作了"神龙摆尾"。《射雕英雄传》第十五回即以"神龙摆尾"命名。

第05课 坤为地卦，厚德载物

第二卦 坤为地

卦名 坤为地 坤字的本义就是地，是八卦之一，因此说，坤与乾这两个字，都是八卦的特形字，都是专门为《易经》而产生的字。坤卦象征着大地，有阴性、女子、臣民等含义，后又用来作为女性或女方的代称，例如坤宅表示结婚时候的女方家，坤包表示女性背挎的小包，等等。我们可以对比乾字的含义来理解坤字，如天地、男女、阴阳、冷热、君臣、父母等。古时也用坤来确定方位，坤方指的是西南，这是从后天八卦中演化而来。从字形角度说，坤为土、申组合，申是物体已经长成的意思，因此土申合体，象征土、石、山川已经形成，这就是我们的大地母亲了。大地母亲以柔顺为德行，包容万物，承载万物，生养哺育万物。

卦画 地势坤 六个爻全部都是阴爻，因此坤卦也可称为纯阴之卦。与乾卦相对，是阴性的象征，最重要的两个德行分别是阴柔和顺从，坤卦也是小人和女子的象征。注意，小人并不是指卑鄙无耻之徒，而仅仅是与君子相对的一种指代意义，相当于是平民百姓、普通民众之类。坤卦象征君子柔顺沉静，具备宽广的胸怀，能够承载万物，以柔克刚而外放出的德行又非常包容，能够追随乾道，顺服天道，通过协助君主、大人、先行者，从而实现自己的人生价值。

卦德 厚德载物 君子应当为人宽厚，德行高尚，拥有像大地一样的宽广胸怀，才能承载世间万物；拥有大海一般的容人之量，能够体恤万民，这样才可以承担天之大任。地的形状是绵延万里无穷无尽的，是承载万物生养万物的场所，这是理解全卦的根据。坤顺是相对于乾健而言的，乾与坤其实是一个事物的两面，是在不停转化的。就比如，乾卦是君主的德行，那么最开始是怎样成为君主的呢？天行健，通过自己的努力登上高位。当上君主之后还要一味刚猛吗？那肯定是不对的，那样就容易亢龙有悔了，此时应当地势坤，用包容的心态去对待天下百姓，如此才能执政长久。再比如，坤卦是追随君主的德行，是后发，是包容，是承载，那么咱们永远都这样屈居人后吗？并不是的，在自身成长到一个阶段之后，咱们也要开始行使乾德。这就是理解乾与坤的窍门，要辩证来看，思考着学，《周易》全文六十四卦的精髓，也就在这阴阳转换之中。

杂卦角度 乾刚坤柔 乾为天和坤为地互为错卦。乾卦是天，是君子的象征，是纯粹的阳和健，表明兴盛强健，故而乾刚；坤卦是地，是顺从天德的象征，是纯粹的阴与顺，承载包容并且滋养抚育万物，故而坤柔。

特殊之处 坤为地卦：《周易》全篇开门卦；纯卦，因此各爻相敌应，两两相冲；消息卦十月亥，代表节气十月，即立冬开始，经小雪，到大雪之前，代表晚上九点到十一点之间，在地支中为亥水。

卦辞解析

坤：元，亨，利牝马之贞。君子有攸往，先迷，后得主，利。西南得朋，东北丧朋。安贞吉。

注释 牝（pìn）：雌性的禽兽。牝牡：阴阳，泛指与阴阳有关的雌雄、男女等。

译文 坤卦象征柔顺地道。元始，亨通，有利于追随乾道，就好比母马一样柔顺贞正。君子想从事某项事业，如果急于争先就会迷失方向，如果后手行动，能够得到属于自己的主心骨，顺利。西南方向吉祥，有志同道合的朋友，东北方向不吉，会丧失伙伴。安于正道就能够贞正吉祥。

辨析 这句话是元亨、利贞分别组合，但利贞是有条件的组合，条件是牝马。牝马是母马的意思，在牧民放牧的时候，往往是一群母马里面放一只没被阉割过的最强壮的公马，公马负责管理马群，保卫马群。对诸多母马而言，它们平时性子也是非常烈的，或者对于别的公马也是很凶的，但对群里的唯一的公马却非常柔顺，这就是牝马的特点。

坤取牝马作为全卦的象征，而没有用牛，是因为牝马不仅顺从，而且忠贞，有很强的原则性。这就是利牝马之贞，按照牝马的品格办事，才能获得顺利、贞正。

乾健坤顺，乾为天先行，坤为地后行，此时也是运用了先天而天弗违、后天而奉天时的道理，这就是君子有攸往的依据了。君子想要有所行动，但处在坤卦的时候，要后行，如果先行，相当于先于天而行动，那就会迷失方向，只有勇于后行、善于后行，才能够获得属于自己的主心骨，获得成功。很多棋类活动都有先手的概念，一个先手往往能够占据很大的优势。但现实生活中往往后手是有利的，因为生活不是单纯一盘棋，很多时候需要隐忍和潜藏，这就是坤的时义。地的运行需要以天的运行为基准，需要注意的是，这个地方是辩证来看的，有乾才有坤，有健才有顺，必须要有对象和自己比较，这种顺才有意义。

西南得朋，坤在后天八卦中位于西南方，与西南方相亲和，东北方是艮，同样是土而一阴一阳，因此不相亲。还有一个原因是西岐在西南，当然卦辞中所有指示方位的基本都是西南，还有一个南，应当理解为虚指，这是均等概率的含义，相当于最亲和的方位有朋友。

安贞吉，只要能够安于正道，即顺从乾，就会吉祥。或者逐字解释卦辞，只有顺从天道，不与天争先，才不会迷失方向，获得心中平静，才能够找到志同道合的朋友，使事业正固，才能至广至厚，承载万物。

《彖》曰：至哉坤元，万物资生，乃顺承天。坤厚载物，德合无疆。含弘光大，品物咸亨。牝马地类，行地无疆，柔顺利贞。君子攸行，先迷失道，后顺得常。西南得朋，乃与类行；东北丧朋，乃终有庆。安贞之吉，应地无疆。

注释 弘：广大。

彖辞简译 坤卦，真是伟大的开始啊（此处，可以与乾卦"大哉乾元"比较学习），万事万物凭借坤元生发，在大地母亲的怀抱中开始生长，顺从承受于天道运行（而乾卦呢，是万物资始，乃统天）。大地厚重能够承载万物，道德品行与天相合方能没有穷尽。坤道能容纳一切，宽容所有，光显而盛大，万事万物皆是通达而顺利的。牝马是地上的一种动物，奔行于没有穷尽的大地，温柔和顺善于守正。君子想从事某项事业，如果急于争先就会迷失方向，思考后行动才合乎天道常理。西南方向会得到朋友的帮助，与同类相伴而行；东北方向会失去朋友，虽不好，但是坚持坤道的结果也会有吉庆。安于贞正之道，才能应和大地的广阔无边。

　　评述　《彖传》告诉我们，坤卦与乾卦相同，都是最伟大的开始，它可以抚育滋养万事万物。坤卦行使的也是元亨利贞的天德，但是坤卦是在顺从承受天道的基础之上来包容万物的，也就是说坤卦的天德是有条件的。上天赋予人们本性，大地赋予人们生命，天地相合且顺时顺势才能亨通顺利。君子外放出来的德行是柔顺的，但同时也要保持内心的贞正。在做事情之前三思而后行，谋定而后动，这样才能获得成功，是吉利的。咱们各位朋友也是如此，既要像乾一样刚直强健，又要像坤一样柔顺贞正，适应天地规则，才能亨通顺利，才能应地无疆。

　　《象》曰：地势坤，君子以厚德载物。

　　大象辞简译　坤卦的卦象是上地下地，为生生不息之表象。地道运行，阴柔和顺。君子应厚实德行，胸怀宽广，承载万事万物。

　　评述　坤为柔顺地道，是阴性的象征，而地道运行又是生生不息，循环无止的，我们做人做事应该像大地母亲一样，不断地厚实自己的德行，不断磨砺自己，成就自己，使自己拥有承载万事万物的胸怀，这也是君子之风。

爻辞解析

初六，履霜，坚冰至。

　　爻位　初六不当位，潜位。

　　注释　履：践踏。

　　译文　双脚踏上了霜，能够立刻发现气候变冷，并且做出预期，坚冰在不久之后将会到来。

辨析 此时是阴爻居阳位，不当位，一个阴爻在五个阴爻之下，说明阴气凝结于此，成了霜。第一步见微知著，踏上一点霜，就预先知道结冰的日子不远了，这是一叶知秋的手段，能够做好预防。下一步防患于未然，既然预见快要结冰了，预知了不利的因素，于是在灾难尚未发生的时候提前做好防范措施，即做好御寒保暖的过冬准备。最后是防微杜渐，当错误的思想和行为刚有苗头或征兆时，要抢在事情开始之前，将可能发生的不利因素堵塞住，制止它的发生。履霜冰至是自然规律，不要回避也不要畏惧，更何况坚冰至也未必是坏事，很多人一看到坚冰至就要退缩，实际上任何事都要经历坚冰至的考验和磨炼，闯过坚冰才能迎来春天。

选择 事业之初，会遇到一些困难，并且我们能够预感到还有更多困难，怎么办呢？踏实下来，闯过去，前面是片天。

六二，直方大，不习无不利。（卦主）

爻位 坤卦卦主，六二中正。

注释 直：本义不弯曲，与枉、曲相对，引申为正直、公正、不偏私。方：方正，正直。

译文 正直、方正、宏大，即使不进步，也不会不顺利。

辨析 阴爻居阴位，既中且正，非常纯粹，六二是坤之卦主。以直为目标，一心一意，全力以赴；以方为规则，曲直分明，当行则行，当止则止，按规则办事，引申天圆地方概念；以大为德行，天下为公，建立在大众利益之上，四海之内凡为善者，无不与之呼应，就是这样一种大我的德行。现在已经有了直方大了，即使不去再进步，不去想其他的小聪明小路子，也会很顺利。

对"不习无不利"的理解，一方面，这是有条件的，直方大；另一方面，如果再深入学习，就会更加有利。《道德经》云，上德不德是以为德，下德失德，是以无德，也是类似的道理，不计较眼前得失才是上德，违背了道德反而无所得。辩证看，不习其实不是不学习，而是处处是学问，处处要学习，这样才能更厉害。

选择 在进行事业的过程中，如果能够具备坤德，具备正直、方正、

第05课　坤为地卦，厚德载物

051

宏大的德行，全力以赴，行止有据，天下为公，那么就相当于立于不败之地了，无论是继续努力，还是暂时坚守，都会非常顺利。

六三，含章可贞，或从王事，无成有终。

爻位 六三不当位，凶位。

注释 章：本义花纹，此处指优秀的文采与品德。

译文 将文采和美质含而不露，更有利于恪守正道，在迷惑中顺应天道，即使没有什么大的成就也会有好的结果。

辨析 六三是阴爻居阳位，不中不正，阴气离开地面，上升到空中，很容易就被冲散，此时与乾卦九三遇到的问题是一样的，所谓三多凶四多惧。含章就是含而不露的意思，静如处子的目的是动若脱兔。"或从王事"有两种理解，一种是如果辅佐君主的意思，此时将"或"解释成"如果"，但与卦辞"先迷后得主"对应不上，因此不取；另一种指的是迷惑中顺应天道，王事是帝王的事业，更是乾卦的天行健，没有比乾更高的帝王，没有比天行健更有意义的王事，不急于求成，成功了也不自居，失败了也不气馁，最终会有好的结果。

选择 在事业中期要顺从天德，默默做好本分，不要过分在意成功与失败，此时即使成功了也是天德为首，即使失败了也不会招致灾害，因此不论如何，最终都会有好结果。

六四，括囊，无咎无誉。

爻位 六四当位，初入上卦，惧位。

注释 括：结扎，束缚。囊：有底的口袋。

译文 扎紧口袋，没有大的过错，也没有赞誉（也不去强争荣誉，做好本分即可）。

辨析 六四初升上卦，无承无应，且仍居下位，较为危险。括囊就是扎紧袋口的意思，使囊中之物不外露，所谓财不露白，目的就是谨言慎行，保护好自己的利益即可，不要去多管闲事。需要说明的是，括囊并不是两耳不闻窗外事的出世之举，而是在非常时期处于不利境地时的明哲保身，是一种权宜的暂时忍耐，相当于明夷，自晦其明，要与胆小怕事、风声鹤唳之举区别开来。

选择 事业有了较大发展，进入了新阶段。但是祸兮福所倚，福兮祸所伏，我们所面临的困难其实更大了。不论批评还是赞扬，咱们都谨言慎行不问不争，结果会顺利亨通。

六五，黄裳，元吉。

爻位 六五不当位，得中，尊位。

注释 裳：本义为下身的衣服，是古人穿的遮蔽下体的衣裙，男女都穿，不是裤子。多音字，指下衣时读 cháng，指现代衣裳时读 shang。

译文 穿上黄色的下衣，最为吉祥。

辨析 六五居上卦中位虽不当位，然而刚中有柔，能够行使坤卦柔顺之德。乾为上坤为下，故裳为下衣；黄色是坤的本色，因此黄裳。六五虽然居于尊位，然而还能够保持柔顺本色，这就呼应了二爻的直方大，正直、方正、宏大，这些都是坤的特性，正直是追随乾卦，方正是天圆地方，宏大是厚德载物。六五爻最为吉祥，是由全卦决定的。

选择 事业到达巅峰，又回到了本色，黄裳，也是回归了初心，此时继续坚持坤道，将会迎来最为吉祥的结果。

引申

金庸小说中，徽宗皇帝于政和年间遍搜天下道家之书，雕版印行，委派黄裳刻书。黄裳原为文官，在刻书时非常认真，逐字逐句校对。不想几年下来，居然精通天下道学了，也因此领悟了武功中高深的道理。他无师自通，修习内功外功，竟成为武功高手。此时波斯明教传入中土，徽宗皇帝因只信奉道教，便下旨要黄裳剿灭明教。官兵无能吃了败仗，黄裳不服，单人匹马杀伤了明教多人，引来众人上门寻仇。黄裳寡不敌众，重伤逃走，家人尽数被杀。为雪深仇，黄裳隐居苦思破解敌人武功之道。四十余年后重出江湖，此时仇家均已死去，余下的当年一个少女，也已年迈。黄裳有见于此，对自己的仇恨和偏执感慨万分，遂将毕生所学写成《九阴真经》，传之后世。《九阴真经》源于《周易》，这本绝学身居高位，自身也是吉祥的，而黄裳其名也出自《周易》坤卦六五爻辞，寓意元吉，就是最最吉祥的意思。

上六，龙战于野，其血玄黄。

爻位 上六当位，亢位。

注释 野：郊外，国家中心为国，国之外为郊，郊之外为野。玄黄：黑（黑中带红）与黄，指天地的颜色，天玄地黄。

译文 与龙交战于郊外，血染泥土，黑与黄交杂其中。

辨析 阴爻阴位，鼎盛至极，即将向阳的方向转变了。阴气膨胀到了一个程度，想去挑战作为阳气的龙，结果两败俱伤，后果不堪设想。一方面，阴气膨胀挑战阳气，结果两败俱伤；另一方面，从全卦来看，阴气是先迷后得主，在最后与阳气交汇融合，达到你中有我、我中有你的境界，因此难断吉凶。

选择 事业鼎盛之后千万不要膨胀，不要目空一切或者妄想挑战一切，否则只会两败俱伤，很容易被打回原形。

全卦过程

坤 卦	以（追随乾德的）君子为喻
上六（龙战于野）	鼎盛至极，吉凶难辨
六五（黄裳）	回归初心，居尊不傲，柔顺吉祥
六四（括囊）	谨言慎行，确保没有咎误
六三（含章）	踏实本分，不过分追求成败
六二（直方大）	以直为目标，以方为规则，以大为德行
初六（履霜）	见微知著，防微杜渐

全卦选择 地道广博，为人处世要积极修炼君子之道，修炼坤顺德行，认清自己的地位，保持中正包容的内心，承载万事万物，不断完善自己，充实自己，最后会实现乾坤转化，最最吉祥也是最最顺利。

用九用六

讲完乾、坤二卦之后，《周易》六十四卦这个大门算是正式为各位朋友敞开了，而乾天坤地作为《周易》全篇的开门卦，还有一个特殊之处，就是它们分别多了一个爻。我们都知道，每一个卦都是六个爻位，《周易》全篇是六十四卦三百八十四爻，而乾与坤作为特殊的纯阳纯阴卦，却出现了第七个爻，这也就是乾坤特有的用爻。因此有些书籍中也说，《周易》全篇是六十四卦三百八十六爻，这两种说法其实都对。学到此处咱们就更加理解，乾、坤二卦与其他爻在本质上是不同的，因为乾为纯阳，坤为纯阴。纯阳纯阴是穷尽的状态，是极其不稳定的，发展到极致则会产生变化，阳极生阴，阴极生阳。所以乾、坤二卦很容易变化，而且最容易相互转化。

乾卦用九：用九，见群龙无首，吉。

《象》曰：用九，天德不可为首也。

爻位 用九是特殊的爻。

注释 群龙无首：指群贤俱兴之际，切勿强出头。

译文 出现了极阳之后的转化之象，象征阳爻的群龙都不争先，都不想成为首领，这是很吉利的。

小象辞简译 用九，元亨利贞是乾天德行，但此时处在阳极之时，即将发生阴阳转换，因此天德选择主动退避，不抢着当领袖。

辨析 文王以龙作为阳气代表，并以此比喻乾卦，乾卦六爻就是六种龙，六种状态。何为群龙呢？其实在这里指的是前五爻的潜龙、见龙、勤龙、惑龙、飞龙，亢龙是脱离了龙群的龙，就产生了悔，所以就不在群龙之列了。

见群龙无首是亢龙有悔出现之后的结果。最开始的领导者实际上是飞龙，那么飞龙在飞行了一段时间后，变得懒惰、骄傲，不再潜心修行，砥砺自身，于是就变成了亢龙。而飞得太高的龙没有与之相匹配的能力，最终是保不住自己的地位的，很容易摔下去，这时候也就出现了群龙无首的局面。大家都在努力修炼，厚实自己的德行，明明是接近高位的好时机，却没有谁会去接替这个位子，也没有因为权力触手可及，而出现你争我抢的局面，这是吉利的，既利于大家的团结合作，又利于团队的和谐发展。

努力却不张扬，与周围的人打成一片方为上道。在发展到一定程度的时候，不要争抢，不要急躁，安安稳稳在人群之中反而是很好的结果。群龙之中是安全的、吉利的，有利于团结协作，而强出头的却容易受到伤害，不利于团队及个人的发展。

选择 用九是阳爻发展到极致，此时反而显现了坤卦的厚重，不争先，不张扬，也是告诉我们做人做事都要把握好分寸，不要过度，不要越界，低调行事，与群众打成一片，方能静静等待机会，默默把握机会，终究会重现属于自己的人生辉煌。

坤卦用六：用六，利永贞。

《象》曰：用六永贞，以大终也。

爻位 用六是特殊的爻。

译文 利于顺应天道，永远保持贞正。

小象辞简译 用六顺应天道保持贞正，行使坤德养育万物，直到终结。

辨析 永是长远的意思，坤卦纯阴，象征臣道，在为人处事上要柔顺而贞正，长久不改变自己的意志，这样才可以更好地辅佐君主，顺从天道，取得好的结局。

"利永贞"是"龙战于野"出现之后的结果，阴爻阴位，阴气发展到极致便会向阳的方向转变了，阴气膨胀到了一个程度，想去挑战作为阳气的龙，后果必然是两败俱伤、不堪设想的。这时候，一切便会重新开始了，也就是"利永贞"，天地轮回，无休无止，要长久地顺应天地规律，并保持内心的柔顺，才会有好的结局。

选择 用六是阴爻发展到极致，显示出乾卦的自强不息，顺利贞正，也告诉我们做人做事都不能安于现状，应该积极进取，不断努力，充实自己，完善自己，才能顺利贞正。在任何时候，既要保持柔顺和包容，又要坚定自己的内心，永不止息地认真学习和努力工作，就一定会使自己强大和明达起来。

《周易》六十四卦中只有乾、坤两卦有用九和用六这样的特殊爻位，历年来对此的解读很多，众说纷纭但都不足为信，因为《周易》经传中都没有对此做过解释，这也就意味着文王、周公和孔子的原有想法是没人知道的，那么应天老师在查阅了许多资料之后，总结出一些看法，在此讲给大家。

第一种说法是，"用九用六过程说"。什么意思呢？是说乾卦从潜龙勿用到亢龙有悔再到"用九，见群龙无首"，这之间的发展实际上是乾卦的一个过程，用九是亢龙有悔之后产生的结果，龙飞过高而遭遇灾害，于是原先的飞龙死了，所以会出现群龙无首的状态，象征阳气的穷尽，此时阴气都做好准备，既遵守坤德而不争先，又马上要行使乾德去分出胜负，这样一种感觉。用六也是一样，从"履霜冰至"到"龙战于野"再到"利永贞"，也是坤卦的发展过程，用六是"龙战于野，其血玄黄"之后出现的结果，阴气到了极致想去挑战作为阳气的龙，二者混战一团，不胜不败，互相融合，所以会出现"利永贞"的状态，象征阴、阳二气的和合，万事万物的重新开始。

还有一种普遍的理解方法是，用九描述的是所有阳爻的德行，就是说六十四卦中三百八十四爻，其中有一百九十二个阳爻，每一个阳爻都符合用九"群龙无首"这种德行，既要奋勇争先，又要守住底线。用六也是类似，所有的阴爻都符合用六"利永贞"这种德行，就是有发有收、绵里藏针的感觉。咱们说，阴爻相对来说是负面的，但是受到用六的影响，不是什么都不干，而是先蓄积好足够的力量再去干，确保必胜。阳爻相对来说是积极正面的，类似用九的感觉，做事情的时候先去干着，一边干一边再去完善。

还有一种说法，用九、用六是乾坤特有的断语，乾坤因为是阳之极阴之极方能产生，占卜时仅当六爻全变方可用。用九是阳极阴生，成为乾之坤，也就是说用九虽然是在乾卦中，但是它描述的却是坤德，"见群龙无首，吉"，这些龙啊，都在天上飞着，但是没有谁去争着抢着当领导者，大家都不争先，而坤就是不争先，是厚重，大家都很包容团结，所以是吉利的。用六是阴极阳生，称为坤之乾，用六虽然是在坤卦中，但利永贞实际上和乾德的元亨利贞非常相像，勇往直前，顺利贞正，永不止步。

以上几种说法都对，各位朋友参考着理解，用九与用六的问题也就解决了。当然咱们需要说明的是，在实际应用中，用九与用六这两个爻是占卜不出来的，或者有一种说法是，仅当六个阳爻全部变为阴爻之时或者六个阴爻全部变为阳爻之时才取用九和用六，这其实是概率极低的，也可以忽略为不可能发生的事件。讲解到这里，各位朋友也一定发现了，阴在阳之内，不在阳之对，乾卦与坤卦是能够互相转化的，而这个转化的机制实际上就是用九与用六，或者说，用九的群龙无首和用六的利永贞实际上就是一个东西，是阴阳互相融合，你中有我我中有你的一种紧密状态，就好比八卦图中的阴阳鱼，既具备乾德的终日乾乾，又有坤德的厚德载物；既有君主一往直前的领导力，又具备臣民做好随从不争先的配合性；既有父亲的阳刚、强健，又有母亲的柔顺、宽广。以上，这就是用九与用六的奥秘。

第06课　大明终始，六位时成

八个经典卦，乾坤震艮离坎兑巽，是由三条或连或断的横线组成的，八卦相重为六十四卦，因此六十四重卦就是由六条或连或断的横线组成。

六十四卦的爻位是从下往上看的，象征事物从开端到发展，再到结束的过程，最下面的爻位叫初位，依次往上称之为二位、三位、四位、五位，最上面的爻位叫上位。初位、二位、三位组成下卦，也可以叫作内卦，象征着事物发展的前半部分，或者象征事物的本质、内心；四位、五位、上位组成上卦，也可以叫作外卦，象征着事物发展的后半部分，或者象征事物的表象、外在。万事万物的变化都是从内部开始，因此内卦的位置在下面，在谈论变化发展的时候，也是遵循从下到上、从内到外的顺序。

以乾为天卦为例观察爻位

乾为天	爻位	象征
▬▬▬	上位	
▬▬▬	五位	上卦（外卦）表象
▬▬▬	四位	
▬▬▬	三位	
▬▬▬	二位	下卦（内卦）本质
▬▬▬	初位	

九与六

太极生两仪，天地之间的两种既对立又统一的能量概念就是阴阳，也是刚柔、男女、善恶、冷热等，体现在《周易》卦象中就是阳爻和阴爻，分别用一条长横和两条短横来表示。在传统中，九是阳数之极，六是阴数之极，因此将阳爻读作九（老阳之数），阴爻读作六（老阴之数）。当然《易传》中，孔子也为我们解释了为什么会读作九与六。

《周易·系辞》提到，"天一地二，天三地四，天五地六，天七地八，天九地十"，这实际上是将一到十十个数字分成天数和地数，其中一三五七九这五个奇数被称为天数，二四六八十这五个偶数被称为地数。《周易·说卦》又明确，"参天两地而倚数"，咱们管一二三四五这五个数叫作生数，是产生万物之数，六七八九十这五个数叫作成数，是成就万物之数。因此一二三四五这五个生数中，取一三五这三个天数相加，其和为九，故使用九作为阳爻和男性的代表；取二四这两个地数相加，其和为六，故使用六作为阴爻和女性的代表。

引申

"七上八下"一般用来形容慌乱不安、无所适从的感觉，也指零落不齐或纷乱不齐。

关于"七上八下"的来历，有一种说法是出于《易经》阴阳变化，在这里介绍给大家做参考。九为阳数之极，六为阴数之极，由七到九是由少阳到老阳的变化，阳气扩张上升，因此为七上；由八到六是由少阴到老阴的变化，阴气收缩下沉，因此为八下。

六七八九四个数也是四象的对应，青龙是少阳，代表春天，是阳气新生之象，为数字七；朱雀是老阳，代表夏天，是阳气之极，为数字九；白虎是少阴，代表秋天，阴气新生，为数字八；玄武是老阴，代表冬天，阴气达到极致，为数字六。

中与正

在卦象的六个爻位中，爻位为初爻、三爻、五爻的属于阳位；二爻、

四爻、上爻的属于阴位，如果在各爻排布中，阳爻居阳位，或者阴爻居阴位，这就是当位，也叫作得正，反之就是不当位，也叫作失位或失正。也就是说，初九、九三、九五和六二、六四和上六当位得正，反之就是不当位、失正。用一个大家都理解的事例来比喻，一位男士在去洗手间的时候，进了男士洗手间，这就是当位，如果进了女士洗手间，那就要被人用棍子打出来，这就是不好的结局了，就是不当位。

当位之爻示例

爻位	上九	九五	九四	九三	九二	初九
得失	失正	得正	失正	得正	失正	得正
爻位	上六	六五	六四	六三	六二	初六
得失	得正	失正	得正	失正	得正	失正

在卦象中，"位"的观念，其实是指人生或者事物变化发展的客观环境，而阳爻或阴爻象征的则是我们自身的主观意愿。也就是说，当人的主观意愿与客观环境要求相符合时，就是当位，相对而言，会得到较为吉利的结果。当位就象征着事物的发展遵循规律，具有合理性；不当位就象征着偏离了正道或者违反了客观规律。当位是《周易》在进行占卜活动中的一个重要原则，提醒人要顺应时代要求，不要背逆历史潮流而动。当然，当位并不意味着必然吉，反之，不当位也不是意味着必然凶，还要结合其他要素整体考虑。

在卦象的六个爻位中，下卦的二爻之位处在下卦正中，上卦的五爻之位处在上卦正中，因此这两个位置也称为得中之位。中位相当于左拥右抱，或者脚下有承接，头上有指引，有一种如鱼得水的感觉，因此中位与当位类似，也是非常好的位置，表意吉祥。中庸之道，初始的源头便是卦象爻位的得中理论。

《周易》崇尚中与正，如果一个爻既得中又得正，那么往往是非常吉利的，例如六二和九五，就是这种情况。

在《周易》卦象中，相对而言，中比正更重要，因此得中比当位要更受到重视一些。在《系辞传》有这样一句话，"诸卦二五，虽不当位，多以中为美”，正是对此作出的解释。

爻位含义

卦象的六个爻位依次排列，象征事物由低级到高级的各个发展阶段，古人还将六爻两两组合，与天地人三才进行关联。以初爻二爻为地位，象征事物发端萌芽、潜藏勿用，崭露头角、适当进取。以乾卦为例，初爻潜龙勿用就是潜在最下面，在最开始的时候，不要有所行动，此时的状态就是初爻难知，并不清楚会有什么样的发展；二爻见龙在田，发展一段之后可以小小展现自己的实力，此时的状态就是二爻多誉，二爻得中，是好位置，因此容易获得赞誉。以三爻四爻为人位，象征事物的功业小成、慎行防凶，新晋高层、警觉审时。乾卦的三爻是终日乾乾，象征处在事业最困顿的时候，唯有努力才能越上高层，更进一步，因此咱们说，三爻多凶，因为此时艰难，是要爬坡的阶段；四爻或跃在渊，人生到了一个新阶段，到达领导层了，这个时候可进可退，可攻可守，四爻多惧，要更加小心。以五爻上爻为天位，象征事物功成业就、处盛戒盈，发展终尽、盛极必反。乾卦中，五爻就是飞龙在天，这个时候当上皇帝了，成为九五至尊了，奋斗成功，因此五爻多功；上爻亢龙有悔，形容发展到尽头，如果还是一味保持刚猛，那就要后悔了，这是事物的终结，也称之为上爻易知，需要持重维稳。

爻位含义示意

爻位（乾卦为例）	含　义
上爻（亢龙有悔）	发展终尽，盛极必反
五爻（飞龙在天）	功成业就，处盛戒盈
四爻（或跃在渊）	新晋高层，警觉审时
三爻（终日乾乾）	功业小成，慎行防凶
二爻（见龙在田）	崭露头角，适当进取
初爻（潜龙勿用）	发端萌芽，潜藏勿用

说到底，六爻喻示了人生的六个阶段六种状态，也告诉我们应该怎

么去做才能趋吉避凶，趋利避害。不管是做学问还是做人，不论从政、经商或是务农、做工，各界人士皆要对自己当前的年龄、职位等有清醒的认识，因时、因地、因位、因人、因事确立自己的行动方向。

乘承比应

乘承比应是《周易》卦爻之间关系的重要描述方法。前文"阴阳成象"已论述过一部分卦爻关系的描述，比如重卦、爻位，九与六、内卦与外卦、当位或不当位、中位，等等。现在咱们要再讲一部分卦爻关系的描述，这样的话在理解爻位概念的时候，就能全部理解透了。

乘与承的承是描述相邻两爻的关系。乘是乘驾在上，承是在下承接。相邻两爻，在上方的爻乘驾在下方的爻，在下方的爻承接在上方的爻。一般来讲，阳爻在上、阴爻在下是比较好的一种关系，象征了男上女下，君子在上小人在下，柔弱顺承刚强，可以称之为阴爻承接阳爻，这是较为吉祥的；但如果是阴爻在上而阳爻在下，这就是一种逆反的关系了，象征女上男下，小人在上君子在下，阴柔乘凌阳刚，称为阴爻乘凌阳爻，这种关系则是较为凶险的。

所谓比，是比邻、亲近之意，与乘承相似，也是描述相邻两爻的关系。相对而言，如果相邻的两爻是一阴一阳，就会更加亲近一些，称为朋比；如果相邻两爻是同性之爻，比如两阳相比或两阴相比，这就是无情之比，称为敌比。

所谓应，是重卦中内卦与外卦对应爻位的呼应关系，有应和、应援之意，例如初爻与四爻、二爻与五爻、三爻与上爻之间，是一种同志联盟的关系。道理类似，如果是一阴一阳这种异性之爻，它们之间的应和关系就是相应，相对较为吉祥；如果是两阴或两阳这种同性之爻，它们之间的迎合关系就是敌应，相对较为凶险。

十二辟卦

首先咱们来辨析一下字音读法。

辟卦，关于辟的读音有争议，一个是 bì 一个是 pì，应天老师经过考证，认为是 bì。因为此辟是法度的意思，引申为君主。十二辟卦也就是十二个君主卦，是定位卦的意思。

十二辟卦也称为十二消息卦，是周易研究中的重要理论知识。消字本义为消除，在这里解释为消失、消散，息字与消相反，是滋息、生长的意思。十二辟卦中的消与息是站在阳爻的角度来看待的，消为阳去（消为消去之意），息为阳来（息为生长之意）：凡阳爻去而阴爻来称为消，姤、遁、否、观、剥、坤，主宰节气五月到十月，表示午到亥；阴爻去而阳爻来称息，复、临、泰、大壮、夬、乾，主宰节气十一月到四月，表示子到巳。

阳爻递减的六个卦，就是十二消息卦中的六个消卦，分别是姤、遁、否、观、剥、坤。其中，天风姤是上方五个阳爻最下方一个阴爻，这是阳爻最开始削减的一个月，象征节气五月，是从芒种开始，经夏至，到小暑截止，在地支中象征午马，在时间中表示中午十一点到下午一点；天山遁是四阳爻二阴爻，象征节气六月，是从小暑开始，经大暑，到立秋截止，在地支中象征未羊，在时间中表示下午一点到三点；天地否是三阳爻三阴爻，象征节气七月，是从立秋开始，经处暑，到白露截止，在地支中象征申猴，在时间中表示下午三点到五点；风地观是二阳爻四阴爻，象征节气八月，是从白露开始，经秋分，到寒露截止，在地支中象征酉鸡，在时间中表示下午五点到晚上七点；山地剥是一阳爻五阴爻，象征节气九月，是从寒露开始，经霜降，到立冬截止，在地支中象征戌狗，在时间中表示晚上七点到九点；坤为地是纯阴卦，象征节气十月，是从立冬开始，经小雪，到大雪截止，在地支中象征亥猪，在时间中表示晚上九点到十一点。消是阳爻消失的意思，观察卦画，姤、遁、否、观、剥、坤这六个卦，阳

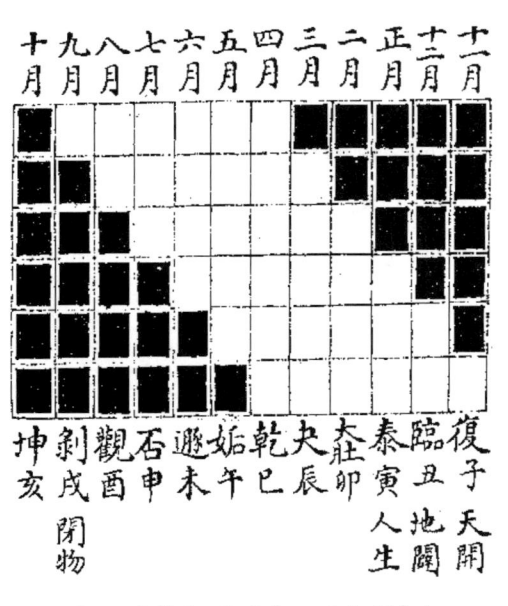

十二月卦气图（《天原发微》）

卦气图（《汉上易传》）

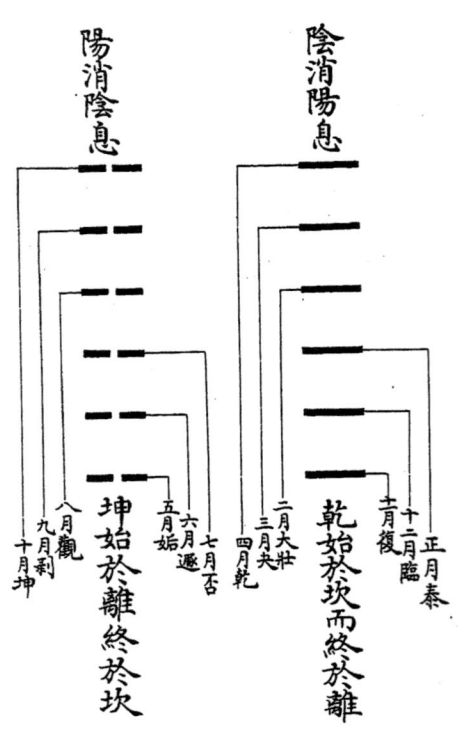

陽消陰息

陰消陽息

坤始於離終於坎

乾始於坎而終於離

八月觀 九月剝 十月坤

五月姤 六月遯 七月否

二月大壯 三月夬 四月乾

正月泰 十二月臨 十一月復

消息卦图（《汉上易传》）

爻逐步消失，以至全无，最终形成纯阴坤卦。

消　卦

卦名	节气	地支	时间
天风姤	五月（芒种始，经夏至，小暑止）	午马	中午十一点到下午一点
天山遁	六月（小暑始，经大暑，立秋止）	未羊	下午一点到三点
天地否	七月（立秋始，经处暑，白露止）	申猴	下午三点到五点
风地观	八月（白露始，经秋分，寒露止）	酉鸡	下午五点到晚上七点
山地剥	九月（寒露始，经霜降，立冬止）	戌狗	晚七点到九点
坤为地	十月（立冬始，经小雪，大雪止）	亥猪	晚九点到十一点

　　阳爻递增的六个卦，就是十二消息卦中的六个息卦，分别是复、临、泰、大壮、夬、乾。其中，地雷复是上方五个阴爻最下方一个阳爻，这是一阳始生的一个月，象征节气十一月，是从大雪开始，经冬至，到小

寒截止，在地支中象征子鼠，在时间中表示晚上十一点到次日凌晨一点；地泽临是四阴爻二阳爻，象征节气十二月，是从小寒开始，经大寒，到立春截止，在地支中象征丑牛，在时间中表示凌晨一点到三点；地天泰是三阴爻三阳爻，象征节气一月，是从立春开始，经雨水，到惊蛰截止，在地支中象征寅虎，在时间中表示清晨三点到五点；雷天大壮是二阴爻四阳爻，象征节气二月，是从惊蛰开始，经春分，到清明截止，在地支中象征卯兔，在时间中表示早晨五点到七点；泽天夬是一阴爻五阳爻，象征节气三月，是从清明开始，经谷雨，到立夏截止，在地支中象征辰龙，在时间中表示上午七点到九点；乾为天是纯阳卦，象征节气四月，是从立夏开始，经小满，到芒种截止，在地支中象征巳蛇，在时间中表示上午九点到十一点。息是阳爻生长的意思，观察卦画，复、临、泰、大壮、夬、乾这六个卦，阳爻位置逐次上升，最终形成纯阳乾卦。

息　卦

卦名	节　气	地支	时　间
地雷复	十一月（大雪始，经冬至，小寒止）	子鼠	晚十一点到次日凌晨一点
地泽临	十二月（小寒始，经大寒，立春止）	丑牛	凌晨一点到三点
地天泰	一月（立春始，经雨水，惊蛰止）	寅虎	清晨三点到五点
雷天大壮	二月（惊蛰始，经春分，清明止）	卯兔	早晨七点到九点
泽天夬	三月（清明始，经谷雨，立夏止）	辰龙	上午七点到九点
乾为天	四月（立夏始，经小满，芒种止）	巳蛇	上午九点到十一点

在十二辟卦中，子月是复卦，一阳复始，万象更新，就是指的这个时候，子月包含的中气是冬至，这是一年中白昼最短黑夜最长的时刻，但也是阳气悄然孕育的时刻。天地之间阳气渐升，人也应效法自然，顺应天时，开始补充自己身体的阳气，所以人们常说冬季进补，就是指的在这个时候，冬至前后，此时对应复卦，是自然间阳气的回复，也是自己身体的恢复。丑月是临卦，中气为大寒，虽然天气更加寒冷，但是春天已经临近，因此是临卦。寅月是地天泰卦，上面三个阴爻，下面三个阳爻，中气是雨水，大地之上充满阳气，万物生机勃勃，春天就要到来

了，咱们平时所说的迎接新年的成语——三阳开泰，正是来源于此。卯月是大壮卦，中气是春分，平地惊雷，万物复苏，大有希望，大为强盛，这是大壮卦的缘由。辰月是夬卦，中气为谷雨，五个阳爻上方是一个阴爻，此时正是阳气最盛阴气最弱的时候，人们不必担心着凉，可以脱掉厚重衣物，尽情享受阳春三月的美好时光了，巳月是纯阳乾卦，中气为小满，六爻纯阳，天地间一点阴气都没有了，小麦灌浆，草木繁茂，夏季开始了。

在十二辟卦中，午月是姤卦，中气为夏至，此时卦中出现阴爻，虽然天气很热，但阴气已然出现，空气湿度加大，所以这个时节要驱赶体内的潮气，姤是相遇之意，一个阴爻相遇五个阳爻。未月是遁卦，中气为大暑，此时卦中已现两阳，阴湿之气加重，天气越发显得潮热，如同现在所说的桑拿天，此时的夏季已经悄悄遁走。申月是天地否卦，上面三个阳爻，下面三个阴爻，中气是处暑，形容夏季过去，暑热面临被"处决"，虽然天气仍然很热，但凉意已渐渐袭来，冷热交替，人们容易着凉生病，感冒腹泻，正值多事之秋，对应否卦。酉月是观卦，中气为秋分，天气转冷，秋意正浓，作物成熟，秋收时节到了，秋高气爽，也是观景的好时节。戌月是剥卦，中气霜降，卦上五阴剥一阳，阴气强盛，万物萧条，生命力减弱，天地间的生气被剥夺，因此为剥卦；最后亥月是纯阴坤卦，中气小雪，无一丝阳气留存，因此寒冷至极，万物伏藏，进入冬季。一年到达终点，等到阴气最为强盛也就是冬至的时候，就会阴极转阳，一阳来复，进入子月复卦，新的一年又重新开始了。

十二辟卦实际上描述的是全年的节气变化，是一个阴阳消长、阴阳互补的过程。我们在学习古人十二辟卦的理论中，能够进一步理解《周易》智慧中周而复始的哲理，也能够获得前瞻远眺的启示。就比如说咱们现实生活中的七八月份，或者说是下午一两点钟，明明这个时候才是最炎热的时候，可是当咱们对应到卦象中的时候，发现已经是午或未了，此时已经是姤卦或遁卦了，蓦然发觉，阳气实际上已经退缩很久了。

第07课　大衍筮法，可与酬酢

大衍筮法在《周易》原文的位置，是十翼的《系辞》，这节课本应放在六十四卦都讲解完毕之后。应天老师将这一课提前，有特殊用意，旨在使大家学得顺畅。

大衍筮法让我们得以窥见先人认识世界的视角，先人在小小的蓍草中悟人生、观天下，推衍万事万物。今天，我们了解大衍筮法，目的是体会《周易》的具体与鲜活。不必费尽心思去买到蓍草，只需一些竹签子、小算棒，我们将它放在手心，将《周易》这本书置于身侧，想象自己穿越回千年之前，与周文王对话，与孔圣人畅聊。如此，玩中学、学中玩，我们不再头疼于《周易》原文的晦涩难懂，而将在一个个鲜活具体的事例中领悟古人的智慧、易学的奥妙，进而指导现实生活。

一、大衍筮法是什么

首先需要说明的是，流传至今天的《周易》经部中，并没有提到任何占卜方法。我们今天常常说的大衍筮法出自于孔子在《系辞》中对《周易》的解读。孔子记录大衍筮法肯定不会是毫无来由凭空而出，那一定是在孔子之前就有相应筮法存在，只是在先秦文献流传困难，除孔子所记大衍筮法之外，没有其他具体操作方式记录传世，所以我们只能通过大衍筮法思接古人。

现今学术界普遍认为，《周易》在产生之初某种程度上是以占卜预测之书问世的。但一定要注意的是，自汉代独尊儒术将《周易》确立为五经之首后，《周易》确立了其作为"经"的地位，什么是"经"？就是作为思想、道德、行为等标准的书，所以历代易学大家对《周易》的解读也多集中于其对社会民生、政治伦理、哲学智慧的阐发。孔子作为儒家学说的创始人，是流传至今的唯一筮法整理者，他对《周易》的阐释多站在智慧指导角度。大衍筮法只是作为选择的一个中间工具，最终仍要立足到《周易》的智慧阐发这一点上去。

大衍筮法是用大衍之数占筮的一种方法，工具是蓍草。注意啊，大衍并不是某个人或者某件事，而是指大衍之数；筮字是个会意字，从竹、从巫，竹表示草木，巫表示占卜者，故而筮实际就是古代用蓍草进行占卜的一种活动。大衍筮法即运用蓍草按照一定操作流程得出特定的数字组合，又变化成《周易》阴阳卦爻符号，最后结合《周易》原文进行判断。

二、大衍筮法的操作流程

《周易》原文中的大衍筮法如下：

大衍之数五十，其用四十有九。分而为二以象两，挂一以象三，揲之以四以象四时，归奇于扐以象闰；五岁再闰，故再扐而后挂。是故四营而成《易》，十有八变而成卦，八卦而小成。引而伸之，触类而长之，天下之能事毕矣。

注释 衍是推演的意思，也表示广大、延展，大衍之数就是天地之数。天数有五个，分别是天一生水，天三生木，天五生土，天七成火，天九成金，天数相加为二十五；地数也有五个，分别是地二生火，地四生金，地六成水，地八成木，地十成土，地数相加为三十。那么大衍之数为什么是五十呢？其实是将天地之数合体，得到五十五，再减去五行，就得到五十了。另有一种说法是，五行之数即是小衍之数。还有一种说法是大衍之数五十有五，因为错简缘故而成了今天看到的通行版本，大衍之数五十，但咱们在此处坚持原文。

象：象征。揲（shé）：数数。奇：余数，零头。扐（lè）：古代蓍草占卜，将零数夹在手指中间的动作，也可单独解释为手指之间或余数。闰：中国农历的闰年，三年或两年增加一个闰月，平均十九年有七个闰月。营：操作。触类：接触相类事物。

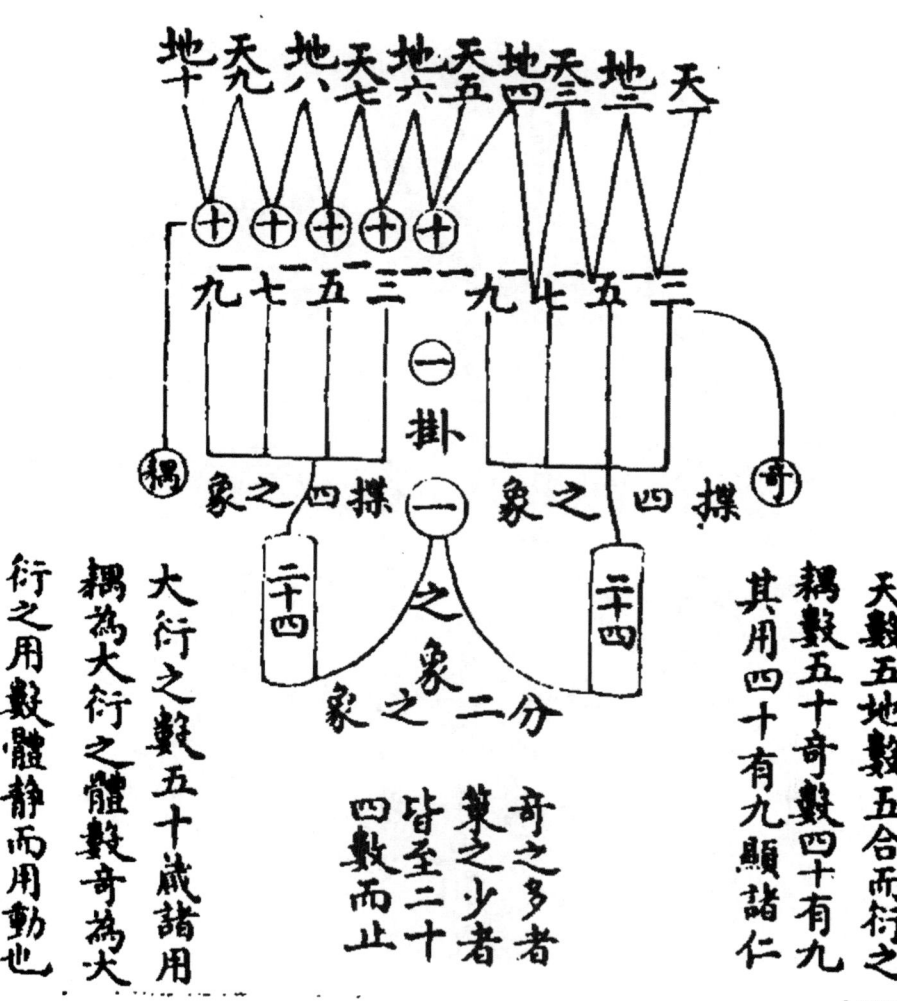

大衍图（《大衍索隐》）

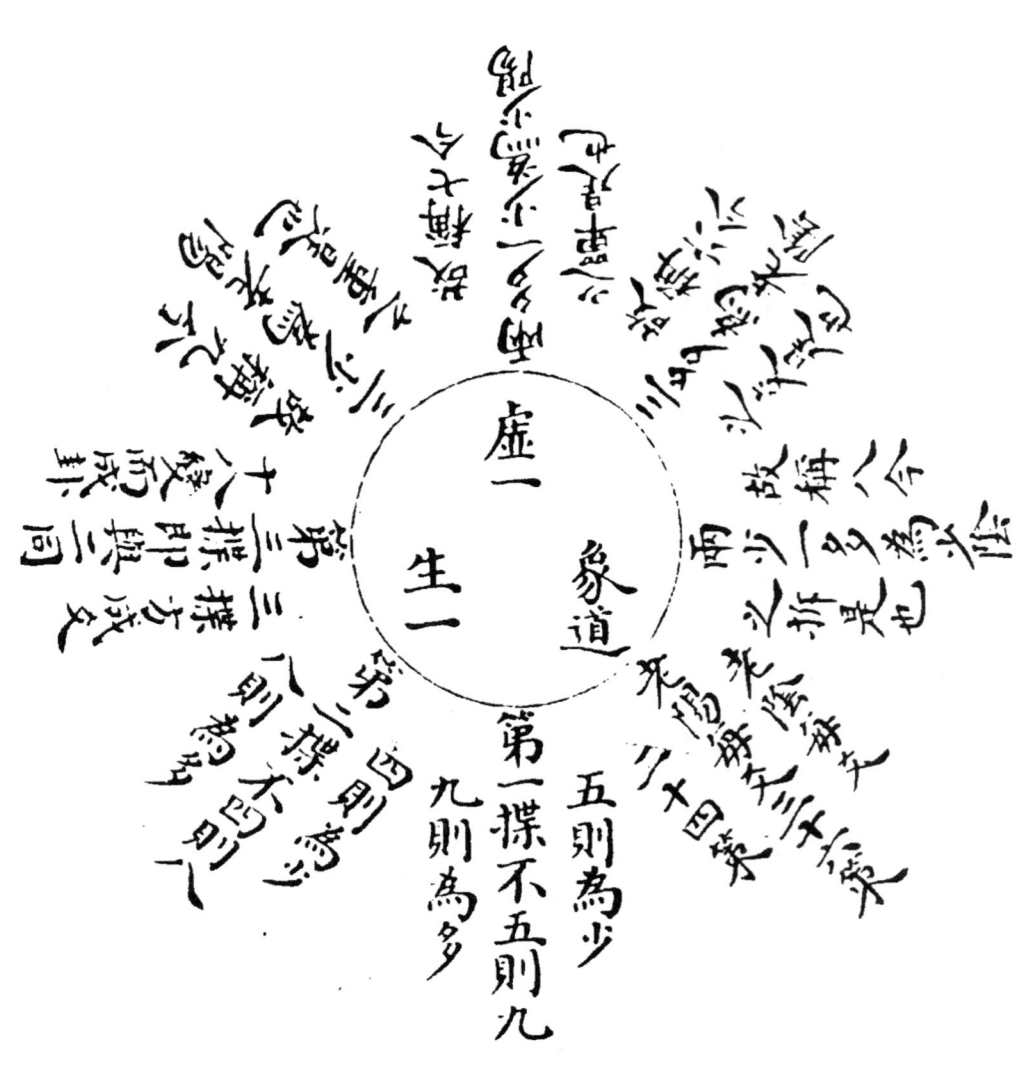

著数揲法图（《易数钩隐图》）

大衍之数

天数（5个）	地数（5个）
天一生水	地二生火
天三生木	地四生金
天五生土	地六成水
天七成火	地八成木
天九成金	地十成土

译文 天大地广，以天地之数减去五行之数，得出推演之数是五十，因此大衍筮法初始准备的是五十根蓍草。拿出去一根象征太极，这一根是不使用的，还剩四十九根蓍草。随手分成两部分，象征两仪，左阳右阴。从右手堆中取一根挂于左手小指无名指间，这是由于地生人，此时变两仪为天地人三才。先以右手取左手的蓍草，以四根四根数之，将其余数或一或二或三或四，挂于无名指与中指间，以象征农历的三年一闰，再以左手取右手堆的蓍草，同样以四根四根数之，将其余数或三或二或一或四，挂于中指与食指间，以象征农历的五年两闰。如是将挂于左手的蓍草取出，非五即九，即成一变，是谓再扐而后挂。综合上述方法，挂一分二分三揲四共四步操作，这是易学占卜的基础，是一变。类似进行三次为一爻，故而十八变算成一卦，这就可以进行大衍筮法的占卜了。圣人作《易》而推演八卦以囊括万事万物之象，仅为小成而已。以此为基础向前引申推演，通过相同事物举一反三推导求取，则天下所有能做到的事，都在其中了。

三、大衍筮法简要总结

寓学于乐，大家也可以实操试试。应天老师将《周易》原文中的大衍筮法操作流程简要总结如下：

准备 原始的占卜工具是五十根蓍草（我们可以用小算棒代替）。

第一步 其用四十有九 拿出去的一个是太极、太一。

第二步 分而为二以象两 太极生两仪，左阳右阴，左天右地，将

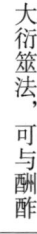

四十九根蓍草随机分成两份。

第三步 挂一以象三 从右手堆中取一根夹在左手小指无名指间，象征地生人，此时连两仪为三才。

第四步 揲之以四以象四时 将左手的蓍草数除以四，得出余数夹在左手无名指与中指间，再将右手的蓍草数除以四，得出余数夹在左手中指与食指间。

第五步 将第一步到第四步命名为一次操作，此时得到左手夹着的两个余数，其和不是四就是八，记在纸上。

第六步 三次操作得出一个爻，余数之和有四种情况，分别为十二、十六、二十、二十四。用大衍之数五十减去太极再减去人爻，还剩四十八，减去刚才记录的余数之和，得出结果，分别为三十六对应老阳，在纸上画出〇；三十二对应少阴，在纸上画出阴爻▬▬ ▬▬；二十八对应少阳，在纸上画出阳爻▬▬▬；二十四对应老阴，在纸上画出 ×。

第七步 重复以上步骤，十八次操作能够得出六个爻，此时组成一个重卦，这样就可以结合《周易》六十四卦原文，指导现实了。

"显道神德行，是故可与酬酢，可与佑神矣。子曰：'知变化之道者，其知神之所为乎。'"孔子感慨，《周易》能够将万事万物的至理与神妙之处显扬出来，能够将其品德与行为规律传扬出去，所以可以纵横四海，酬酢于人世，可以得到神明的庇佑，甚至能够反过来引导神明。同样道理，能够通晓《周易》变化道理的人，那不就可以达到神明的境界，知道天地万事万物的行为道理了吗？

以上操作仅能得出本卦及变卦，那么如何具体结合卦爻辞解释呢？朱熹在《易学启蒙》中有解释方法：

凡卦六爻皆不变则占本卦；一爻变，则以本卦变爻辞占；二爻变，则以本卦二变爻辞占，仍以上爻为主；三爻变，则占本卦及之卦之象辞；四爻变，则以之卦二不变爻占，仍以下爻为主；五爻变，则以之卦不变爻占；六爻变，则乾坤占二用，余卦占之卦象辞。

我们一再强调，大衍筮法只是一个选择的中间工具，最后对于《周易》的应用都是落脚到对周易的哲学智慧领悟上，用真正的智慧指导人生。我们尝试从今天数学概率的角度去理解大衍筮法，看一看大衍筮法

得到各爻的概率——

　　前文提到过，左手无名指与中指夹的是一个余数，中指与食指夹的是另一个余数，两个余数相加，得到和数不是四就是八，但实际上，得到四的概率是四分之三，得到八的概率是四分之一。经过三次操作之后相加再从总数中减去，最终的结果是，老阳九（○）的概率为 0.421875（27/64）；少阴八的概率为 0.421875（27/64）；少阳七的概率为 0.140625（9/64）；老阴六（×）的概率为 0.015625（1/64）。很显然，老阳与老阴出现的概率差距极大，少阴所代表的阴爻和少阳所代表的阳爻出现的概率也极为不同。这就意味着在六次变化组成重卦之后，各个卦出现的概率是非常不同的，相对而言最有可能出现的是纯阳乾卦，而最不可能出现的是纯阴坤卦，相信大家都能够看明白。因此，大家千万不要将大衍筮法视为类似抽签一样的简单决定选择路径的方法，而一定要认真学习《周易》所包孕的哲学人文内蕴。

四、占卜杂谈

　　卜筮起源于远古人类对自然和社会现象的认知，这种习俗最早可以追溯至六千多年前。我国最古老的成熟文字甲骨文，大家知道上面写的内容是什么吗？目前出土的甲骨拓片基本都是记录占卜。卜和筮原本是上古之时，两种不同而又互相参照的预测方法，后用于统称一切占卜行为。在古代，占、卜和筮都是分开解释的。占指的是通过上天降下来的预兆来推断吉凶，所以占是推断的过程。卜则是产生预兆的方法，是用龟甲或兽骨做卜骨，经过钻、凿等加工处理，然后将它放在火上烧，再由专门掌管卜的太卜或卜师，依据烧后的龟甲或兽骨裂出的兆象，来推断人事的吉凶。筮是用蓍草或竹筹做出预测的过程。

　　在上古或中古时期，占、卜、筮都服务于人事，世俗性和实用性都很强烈很明显，主要用于预测战争的胜败吉凶或王侯将相的政治活动。传说，在周朝王室掌管卜筮的最高官员为太卜，执掌三兆之法（玉兆、瓦兆、原兆）、三易之法（连山、归藏、周易）和三梦之法（致梦、觭梦、咸陟）。太卜的下属官员有时可多达近两百人，分别为卜师（执掌龟卜之术）、卜人（太卜或卜师的助理）、龟人（取龟、藏龟、治龟）、氏人（收藏灼龟器具）、占人（收藏龟卜之兆）、筮人（执掌占筮之术），等等。

占卜历史悠久，古代就有名目繁多的卜法，例如枚卜、龟卜、骨卜、瓦卜、鸡卜、风角、演禽等，在此不一一展开。还有多种多样的筮法，包括连山筮法、归藏筮法、揲蓍法、竹签法、掷钱法、纳甲筮法等，也不一一展开。

从占卜在古代社会中的分工精细、名目繁多，可以得见其在当时的重要地位，这其实表现的只是先人理解和认知天地的思维与方法，也体现其对美好未来的期待。随着时代进步，思维也在发展，加上许多科技手段，我们有了许多新的认识世界的方法，其实与之无异，没什么不一样，都产生于一定的社会条件之下，我们无需将其神秘化，而应以历史的辩证的眼光看待。

五、原典筮例，历史辩证

《左传》和《国语》中记载了不少《周易》原典筮例，经过应天老师初步统计，《左传》中出现过十九个具体卦例，《国语》中出现了四个。至于其他关于占卜的讨论，比如说桓公十一年（前701年）的"卜以决疑，不疑何卜"，僖公四年（前656年）的"筮短龟长，不如从长"等，不在此统计范围中。下面我们选取两个《左传》中的卦例，以历史的辩证的眼光去看，古人如何运用《周易》智慧选择、指导实践，也看筮例记录背后隐藏的时代与社会信息。

师出以律 知庄子曰："此师殆哉。《周易》有之，在《师》之《临》，曰：'师出以律，否臧，凶。'执事顺成为臧，逆为否。众散为弱，川壅为泽，有律以如己也，故曰律。否臧，且律竭也。盈而以竭，天且不整，所以凶也。不行之谓临，有帅而不从，临孰甚焉！此之谓矣。果遇，必败，彘子尸之。虽免而归，必有大咎。"（《左传·宣公十二年》）

这个片段记载的是晋楚之战中，晋国将领先縠不听军令，主张渡过黄河与楚国作战。晋国大夫荀首用《周易》得出本卦师卦，变卦临卦，推断认为如果这样的话晋国必败。师卦可变之爻为初六爻，爻辞为"师出以律，否臧，凶"，变为临卦初九阳爻。师卦初六爻是说，军队出征打

应天老师讲周易

076

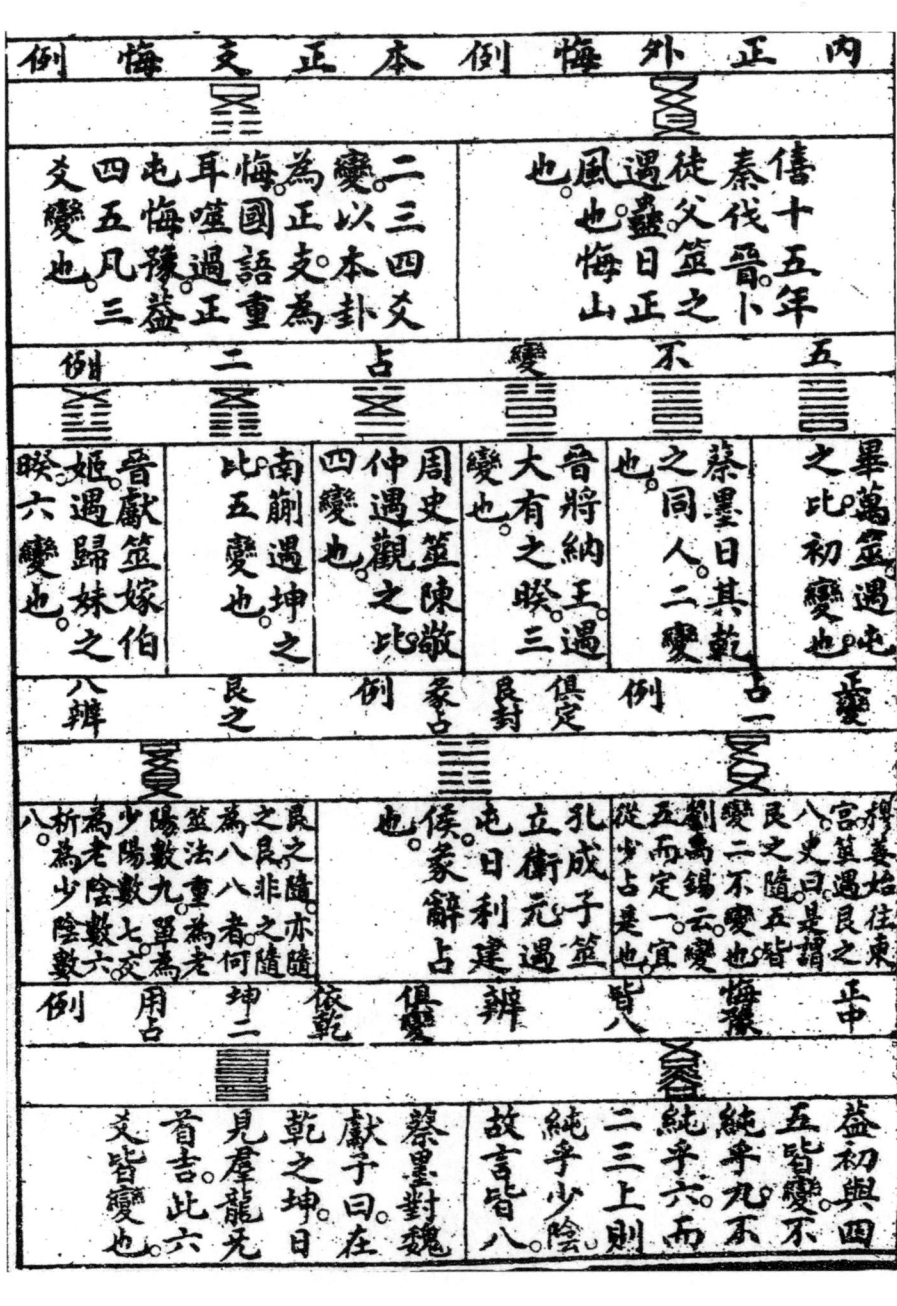

古占例图（《易经来注图解》）

仗要严明军纪，如果军纪不严就会凶险。在晋楚之战中，荀林父率领中军，先縠只是辅佐，荀林父与众多将领都认为要退兵回去，只有先縠执意要渡河攻打晋国，这不就是军纪不严吗？所以这一战必败。

《左传》其实是为孔子《春秋》所做的传注，《春秋》为五经之一，既为经，必然承担政治伦理教化的重要意义。《春秋》文字简洁，所谓春秋笔法，微言大义、一字寓褒贬，《左传》大幅扩充了《春秋》的内容，更加具体生动，但总体仍然是以阐释《春秋》思想为目的。春秋时期礼崩乐坏、混战不止，因而战争是当时的一大主题。此卦的阐发即表明儒家传统经典中对军纪严明的重视，其实推而广之也可以认为是对秩序的尊崇，以《周易》卦例入文，实际上也是以《周易》"师出以律"强调要建构和遵守秩序。

随卦四德　穆姜薨于东宫。始往而筮之，遇《艮》之八。史曰："是谓《艮》之《随》。《随》其出也。君必速出。"姜曰："亡。是于《周易》曰：'《随》，元亨利贞，无咎。'元，体之长也；亨，嘉之会也；利，义之和也；贞，事之干也。体仁足以长人，嘉德足以合礼，利物足以和义，贞固足以干事，然，故不可诬也，是以虽《随》无咎。今我妇人而与于乱。固在下位而有不仁，不可谓元。不靖国家，不可谓亨。作而害身，不可谓利。弃位而姣，不可谓贞。有四德者，《随》而无咎。我皆无之，岂《随》也哉？我则取恶，能无咎乎？必死于此，弗得出矣。"（《左传·襄公九年》）

此处记载穆姜被软禁在东宫时，用《周易》得到本卦艮变卦随。史官说：随是一个好卦啊，随卦卦辞是"元亨利贞，无咎"，所以史官认为不久就会解除禁闭，穆姜马上就能出去了。可是，穆姜却认为，随虽无咎，似为吉卦，但那是有前提的，就是元亨利贞四德。而自己作乱，不符合这四德，元为善，亨为嘉，利为义，贞为正，都不满足，所以无咎这一吉利断辞在她身上并不能应验。果然，穆姜如她自己所说，最终死在东宫。

要理解此卦，我们先要对穆姜这个人有更多的了解。穆姜是齐侯的女儿，鲁宣公的夫人，鲁成公的母亲。鲁宣公逝世，鲁成公继位后，穆姜难耐寂寞，因而与臣子宣伯，即叔孙侨如私通。鲁国当时主要有叔孙、孟孙和季孙三大家，因而穆姜与叔孙侨如谋划除掉季文子和孟献子，好吞掉他们的财产。穆姜请求儿子鲁成公驱逐二人，儿子没有答应。穆姜竟因此大怒，指着正巧路过的成公的庶弟公子偃和公子从说，"如果你不答应我，他俩也能成为国君"。此事记载于《左传·成公十五年》。在这次请求不成功之后，叔孙侨如仍两次三番意图谋杀季文子和孟献子二人。如此作乱，鲁成公能让她胡来吗？所以就有了后来的穆姜被软禁东宫之事，也才有了此卦例记载。穆姜的行为一不符合伦理规范，二不符合政治秩序，因而用元亨利贞四德的缺失来对其表示批判，也以此体现了穆姜虽然作乱，但仍能够对自己的恶行有清楚认知，因而能够清楚认识到虽得断辞"无咎"，但因失德无法无咎，这说明，即使是在春秋礼崩乐坏的时代，周朝的政治理想和纲常伦理仍然深入人心。我们也可以看到，断辞为吉并不一定真吉，而重在阐发，这是对《周易》智慧的理解与遵从。

六、智慧选择，指导人生

应天老师在前文已经多次强调，大衍筮法等只是作为智慧选择的一个中间工具，《周易》真正的价值在于其中蕴含的哲学人文。为了增加学习的趣味性，应天老师给大家介绍了古代大衍筮法的操作流程，大家也可以尝试操作。但一定不要流于简单的操作方法和表面，而要站在更高的层次去分析问题，领悟《周易》智慧，目的是解决问题，指导人生。

第一，要正确运用，有纯正的动机：助人、自助。如果说是为了害人或者动机比较邪恶，这是违背《周易》作为儒家经典的初心的，不会得到有意义的启示。如果寄希望于一夜暴富或者不劳而获，那么很显然，也不会达成所愿。因而一定要先理解《周易》的底层逻辑。

第二，要重视过程，不要迷信卦爻辞的吉凶，不要只看结果，要注重实践。老生常谈的问题，不要见到断语是凶就惶惶不可终日，不要见到断语是吉就不知天高地厚，断语只是为我们提供了一种可能性的结果，并不是一定会发生的。《周易》强调阴阳辩证，如果片面孤立地以断语为判断标准，显然没有真正理解《周易》智慧。

第07课 大衍筮法，可与酬酢

第三，要辩证看待，任何的卦爻断语都是有前提的，要遵守规则。比如坤卦卦辞为吉祥，但前提是不争先，如果在坤卦还急于挑头，冲在最前面，也是会产生凶咎的。通观六十四卦，可以这样认为，每一卦每一爻的断语，要想实现都是有前提的。即使是乾卦天德，元亨利贞，也是要以君子终日乾乾、自强不息作为先决条件的。

第四，最后的选择，只是提供一种可能性，还需要自强不息、厚德载物，自己努力去达成，心中始终坚守正道。这代表什么意思呢？如果卦爻辞是吉祥，我们要按照这种先决条件去努力；如果摇到的卦爻辞是凶险，我们就要想办法运用《周易》智慧去破解，最终也能够平安度过，甚至变坏事为好事。因此《周易》并不简单地指示吉凶，而是重视人事重视行动，给人以积极的实践指导。

第08课　筮法源流，辩证认识

前文我们已经提到过，当今学界比较通行的观点认为《周易》产生之初有占筮的成分，其实记录的就是一种先人认识世界的思维方法。那么在《周易》文字记载之前呢？也必然有占筮行为存在，反映了远古时期的认知方式。在《周易》及大衍筮法问世之后，《周易》的占筮功能及教化功能又是如何发展的？

一、原始认知，占筮之起

原始社会时代是人类社会的第一个阶段，文明水平低下，原始人对于世界的认知也非常有限。自然物与自然力是原始先民赖以生存的物质基础，而天地日月山水等事物以及各种自然变迁的现象，虽与原始先民朝夕共处，但却远远超出他们的认知能力。他们对这些事物感到好奇，于是去寻找答案，又由于征服自然与认知世界的能力水平有限，先民们只能感受到自然界有各种神秘的力量，这些力量让他们感到恐惧。于是他们将自然物与自然力人格化、神圣化，使得他们的好奇与恐惧得到解释。自然物成为他们崇拜的对象，他们对其敬拜祷告，逐渐形成原始社会的精神崇拜，图腾崇拜就是这种精神崇拜的一种形式。很多神话也是这么来的，比如盘古开天辟地、女娲造人、夸父逐日、精卫填海等。

同样的，原始人类对未知的好奇，让他们主动地想更好认识和把握这个世界，因而用自己对世界的理解，形成了一套卜筮法则去占问未来，这就形成了最初的占筮。到了夏商周时期，由原始时期进入文明时代，社会分工逐渐细化，形成了巫史专职，主掌祭祀、求神占卜。

甲骨文拓片（图源自中国国家博物馆）

商朝的甲骨文中就已经有了对当时占卜之事的记载，可以说，目前所能看到的甲骨文，几乎都是记录占卜。

甲骨文卜辞结构一般如下：

叙辞（前辞） 交代占卜时间、卜人名字。

命辞 卜问的内容、提出的问题。

占辞 根据兆纹对占卜结果做出判断。

验辞 事后补刻的内容，对占卜之事记录下的应验结果。

二、天文地理，推演天下

"仰以观于天文，俯以察于地理，是故知幽明之故"，这也是上古人民对天文地理的最初认识，天文历法也由此产生。古人观测天象的根本原因，是由于生产生活的需要，我们现在总说"要记得抬头看看星星月亮，低头看看小花小草"，那是一种浪漫的行为，但在上古，那是生存的需要。上古人民通过对天文地理的观测，对季节气候变化有了规律性认知，例如二十四节气就是根据太阳在天空中的位置和农业生产的实践而逐渐创立的，再比如沿用几千年的由十天干十二地支组成的干支历法，也是中国古人"仰观天象，俯察地理"的成果。蛊卦"先甲三日，后甲三日"、巽卦"先庚三日，后庚三日"就是干支纪法。

上古时期，巫负责求神占卜、祭祀，史掌管天文历数、星象、史册，但实际上，这些职务往往由一人兼任，因而合称巫史。古代的天文历数一般都与预测相联系，例如用天象变化来占卜人间的吉凶祸福，将星空区域与地上州国相对应，称为"分野"，等等。古时，干支历法不仅是历法，也是预测工具，一直到今天，干支在民俗中也有丰富的含义，也被用于《易经》预测。其实这也很好解释，就是古人对于天文地理规律的总结。例如，二十四节气是怎样用来指导农业实践呢？今天的很多谚语可以说明，如"正月雷，二月雪，三月无水过田岸"，"雷打蛰，雨天阴天四九天"等，在上古就是某种意义上的天气预测。

《周易》也是在"仰观天文，俯察地理"中形成的，只是作为系统理论，《周易》创造了一套独特的符号体系、话语体系去表达，也即"八卦相重，推演天下"。伏羲画出八种符号，类比万物性情，用以推演吉凶、成就事业，这是先天八卦。到周文王时代，由八卦推演成六十四卦，又在长期的实践中，总结形成用于标识吉凶的卦爻辞系统。之后又经过历朝历代易学大家的丰富发展，尤其是运用取象比类等方法，推演为更加灵活多变的方法，更加印证了易道无限广博的可能性，能够囊括万物，推演天下。朱熹认为易学是"断天下之疑"的捷径，天下间所有的疑问都可以通过易学去解决。

三、筮短龟长，铜钱筮法

前面我们介绍过，占、卜、筮、分别是什么。甲骨文上记载的卜辞是龟卜占法，《周易》记载的大衍筮法是蓍草法。古人认为动物有灵，而龟的寿命是非常长的，灵性相对也比较高，因此高级贵族用龟卜。但是，龟卜占法对于龟甲的选用及制作有着非常严格的要求，而且起卦非常麻烦，难以经常使用。龟卜通过选龟、攻龟、灼龟、占龟、占坼等步骤，火灼龟甲，出现裂纹，分为身首足三部分，分别象征预测事物的主体、开端和结局，或动或静，吉凶不同。

与之相比，蓍草法就简单多了，所谓"天子至尊，大事皆用卜也"，大事用龟卜占法，小事用蓍草占法。而"筮短龟长"这个说法，是源自《左传·僖公四年》："初，晋献公欲以骊姬为夫人，卜之不吉，筮之吉，公曰从筮。卜人曰：'筮短龟长，不如从长。'"这是什么意思呢？在春秋时期，预测同一件事的时候，龟卜与占筮是并用的，因为占筮用的是蓍草，占卜用的是龟壳，而古人认为龟卜比占筮起源更早，动物又比植物的灵性要高，所以龟卜在古人心目中的地位更高，人们也就更重视龟卜的结果。按照晋献公占卜这件事的结果来看，立骊姬为夫人虽然能在细节上有一些好处，但是在最后的结果是不好的，所以最终的占卜结果是不吉利的。果然，在晋献公立骊姬为夫人之后不久，便发生了著名的骊姬之乱，而在献公死后的数十年里，晋国朝政都很混乱，甚至成为天下人的笑话。

由于龟卜法和蓍草法的操作过程均较为复杂，并且所用原材料相对昂贵，所以民间术士们便在此基础上发明了更为简单快捷的方法，即铜钱筮法。顾名思义，铜钱筮法就是用铜钱来进行占筮的一种方法，以三枚铜钱起卦，以大衍筮法也就是《周易》六十四卦的卦辞爻辞进行解卦。

具体操作是：

三枚铜钱，分正反两面，有字一面为正面也是阴面，记录为字；清朝是满族所立，它背面的纹路是满文，也就是阳面，记录为背。摇卦结果我们会得到四种可能性，为什么呢？铜钱筮法是由大衍筮法简化来的，而大衍筮法有少阳、少阴、老阳、老阴这四种，那么相应的，铜钱筮法也是四种。

需要再次强调的是，以上介绍的大衍筮法和铜钱筮法都只能得出一个符号结果，而如何解卦强调的则是对《周易》智慧的理解。我们对《周易》的珍视并不在于何种卜筮方式或者说如何占卜，而在于如何用《周易》智慧指导人生。越智慧的人看到的就越多，解释卦辞也能有更全面的角度，此所谓"仁者见仁，智者见智"。

0字3背 ○	1字2背 — —	2字1背 —	3字0背 ×
老阳	少阴	少阳	老阴

四种可能性示意

四、附会讹变，谨慎看待

在古代官方层面，《周易》占筮应用的部分是有专门的占卜官员掌管主持的，有严格的仪式教人趋吉避凶，因而在其使用传播的过程中，从某种程度上讲，确实是一直伴随着占卜吉凶的。对于普通百姓来说，每个人都有趋吉避凶的心理，因而在日常生活中，大家就偏向于对它神秘化功能那一面感兴趣。但其实很多术数并不来源于《易经》，与真正的帝王之学没有任何关系，在古代官方的典籍整理中，比如清朝的《四库全书》等，这些术数类著作都不会被归入经部，而是被归入子部术数类。仅仅是这些术数方略和《易经》中的一些基本范畴相通，例如阴阳、卦气、象法等，且又由于《易经》本身就具备极强的神秘主义色彩，其最初又与卜筮预测相联系，因而这些术数方略也就往往依附于《易经》在民间流传。在这里特别强调，这种附会讹变的术数，一定要谨慎看待。

历史古籍上有很多筮例或是预测故事，听起来高深神秘，但实际上多出于其背后的历史政治等原因，通常用来强化政权合理性或是为了增强某人的传奇性。一定要科学判断，不能停留在文字塑造出来的故事的表面。文字可以修饰，而真相需要认识。以下举三例说明之。

秦二世而亡　因使韩终、侯公、石生求仙人不死之药。始皇巡北边，从上郡入。燕人卢生使入海还，以鬼神事，因奏录图书，曰"亡秦者胡也"。始皇乃使将军蒙恬发兵三十万人北击胡，略取河南地。（《史记·秦始皇本纪》）

第一个女皇帝　初，左武卫将军武连县公武安李君羡直玄武门，时太白屡昼见，太史占云："女主昌。"民间又传《秘记》云："唐三世之后，女主武王代有天下。"上恶之。会与诸武臣宴宫中，行酒令，使各言小名。君羡自言名五娘，上愕然，因笑曰："何物女子，乃尔勇健！"又以君羡官称封邑皆有"武"字，深恶之，后出为华州刺史。有布衣员道信，自言能绝粒，晓佛法，君羡深敬信之，数相从，屏人语。御史奏君羡与妖人交通，谋不轨。壬辰，君羡坐诛，籍没其家。(《资治通鉴·唐纪十五》)

《推背图》 相传为唐贞观年间，著名易学家袁天罡和徒弟李淳风应唐太宗之邀，对几千年国运进行的预测所著。以《周易》六十四卦名称排列象序，按天干地支相配，依甲子、乙丑之顺序循环一周，故只六十卦象，配图。每幅图像之下有谶语，下面又有颂做进一步解释。因最后一图为二人前后相坐推背，并有诗曰"万万千千说不尽，不如推背去归休"而得名。现在的《推背图》版本众多，不同版本内容不甚相同，版本越早的越简单，后验事件的准确率也就越低。而且，从明末的事件开始，每幅图之间的时间跨度明显缩短，因而其真实性值得怀疑。其实可以想到，历代统治者为了维护自身，对国运预言全面封禁，并伪造出对本朝代有利的版本去愚弄百姓。而且从文献学的角度，也可以明确考证出，现存《推背图》是后人假托的伪书，是以讹传讹的产物。

第09课 水雷屯卦，初生艰难

第三卦 水雷屯

卦名 水雷屯 屯字另一音为 tún，但注意这个字放在卦里读 zhūn。一说为水雷迍，通行写成屯。《周易》以乾、坤两卦总领全文，以屯卦初生艰难开篇上卦，有特殊用意，是符合事物发展规律的。屯本身是个会意字，屮（chè），草；一，土地，象征了幼苗破土的初生状态，有艰难之意。

卦画 云雷 水雷屯，水气上升为云，有云就会打雷，就会下雨，万物生长靠雨水。云行雨施，雷以动之，雨以润之，破土而出，这是天赐之象，二十四节气中的第二、第三个节气分别是雨水、惊蛰，讲的就是下雨、打雷后，万物生长的状态，因此屯卦是自然界的初生之象，也是事业发展中需要夯实基础的阶段。对于屯卦，好的方面是万物初生，雷霆雨露皆是天恩，有利于坚实自身；也是变相地提醒我们，不要在众多的发展机会里乱了方寸，要顺从事物发展的规律，不要心急，只有脚踏实地才能获得更好的发展。

卦德 初生艰难 君子在事业发展初期，应该稳住自己的心态，夯实自己的基础，不断提高自己，才能更好地面对困难。不因外界的发展而动摇自己的根基，不因他人的变化而焦急忧虑，始终保持自己内心的坚定，才有可能获得事业最终的成功。

卦序角度 乾坤屯蒙，乾刚坤柔，乾健坤顺，天道与地道相辅相成，万物在其中得以形成，这是乾卦坤卦；万事万物形成之初，力量还是薄弱的，只有度过萌芽阶段的艰难困苦，冲破难关，才会有继续发展的可能性，这是屯卦，象征艰难；萌芽期的难关度过之后，便是一种蒙昧无知的状态，仿佛陷入重重迷雾，这时需要启蒙，开启心智，这是蒙卦，象征启蒙。

特殊之处　上经开门卦，全卦唯三爻不当位。

卦辞解析

屯：元，亨，利，贞；勿用有攸往，利建侯。

译文　屯卦象征艰难。亨通，顺利，贞正。不要急于向前发展，而要先建立属于自己的诸侯国。

辨析　卦辞与乾相似，是乾的生发，又是有局限性的乾，告诫我们在事物发展初期不可轻举妄动，首先要建立立足点，方能放眼长远。水雷屯卦是具备乾之四德的，但是与坤卦类似，也是有条件的天德。什么条件呢？要想实现天德的元亨利贞，不要着急往前发展，先把自身根基夯实了再说，这就是屯卦的精髓。各位朋友也应该如此，不论是在求学路上还是在创业过程中，亦或者是结婚生子这样的人生大事上，都需要先找准自己的定位，确保自己能有一个立足之地，才能谈其他。只有把自己的根扎好、扎实，才能在此基础上取得进一步发展。

《象》曰：云雷屯，君子以经纶。

大象辞简译　屯卦的卦象是上水下雷，为雷上阴云之表象。水在雷上，密云凝聚，雨之将至，春雷阵阵，初生萌芽。君子应在天地初创、国家始建之时，既行云雨之恩泽，又不失震雷之威严，全心全力投入到创建国家治理国家的事业中去。

注释　经纶：本义为整理丝缕、理出丝绪和编丝成绳，引申为筹划治理国家大事。

评述　君子应该将自己全部的聪明才智运用到创建国家的事业当中去，既效法云的恩泽又保持雷的威严，也就是恩威并施。作为一个好的领导者，对有贡献的人适当地给予恩惠，对犯错误的人要适当地处罚，赏罚分明有利于巩固君子的统治，也有利于公司企业的管理，还可以调

动参与者的积极性。这种方式大至国家统治者，小至家庭个人，都是非常适用的。各位朋友，我们在学习《周易》的过程中，千万不要将书读死了，而要活学活用，多多发掘自己的聪明才智，将易理智慧运用到实际生活当中，进而用自己的聪明才智为国家、为人民做出贡献。

爻辞解析

初九，磐桓，利居贞，利建侯。

爻位 初九当位，潜位。

注释 磐桓：徘徊，留连不前。磐：纡回层叠的山石、巨石。

译文 万事开头难，在初创时期困难特别大，难免徘徊不前，此时更加需要守正不阿，建立属于自己的根据地。

辨析 初爻阳位是好的，但二爻阴爻乘凌一爻阳爻，因此阳气有些不足，孤阳不长，徘徊不前。在没有找准方向时不要轻举妄动，即使采取行动也无法得到满意的结果；只有找准方向做好充足的准备以后才可以行动，这时的行动可以没有后顾之忧。最开始建立的根据地，是自身的储备力量，是后路，无论是在人才选用上还是在物品供给上都处于优势地位，保证自己拥有丰厚的资源，才能在以后的发展中立于不败之地。同时根据象辞，不仅仅要建立形式上的根基，更应当获得百姓拥戴，得民心者得天下。在最初条件不具备的情况下，积蓄力量，聚拢人心，只要条件允许，就会势如破竹，无往不利。

选择 事业初创时期最重要的就是打基础，应当守正，建立根据地，若是根基不稳，倾覆之日也不会太远。

六二，屯如邅如，乘马班如；匪寇婚媾，女子贞不字，十年乃字。

爻位 六二阴爻乘凌初九有些不好，然而六二得中正整体是好。

注释 邅（zhān）：难于行走的样子，多用于形容境遇之不顺。乘（shèng）马：乘为量词，四马为一乘。此处乘马形容步调不一致，因此徘徊不前。班：分开，离群。字：指女子出嫁，也有怀孕的意思。

译文 困难重重，徘徊不前，乘坐的四匹马的大车左冲右突，无法驾驭，难以进行。这一行人的奇怪举止被误以为盗贼，但实际上是前去

求亲的。想要求娶的女子待字闺中，却并不想嫁人，她希望能过一段时间再说。

辨析 古人在礼节制度方面有严格的规定，出行能够使用四匹马的人家大多地位较高。难以前行的这户人家并不是坏人，而是为了求亲而来，但女孩子还没准备好，等等再说吧！注意此处，女孩子为什么不想嫁人呢？多半就是瞧不上这个小伙子了。咱们遇到问题首先从自己身上找原因，要去提亲，我们这边硬件准备好了吗？或者说，不做硬件要求，连求亲的队伍都极散漫，人家姑娘愿意嫁给你才怪呢！

选择 时机不太成熟，初爻利建侯，事业还不完备，不宜采取行动，即使有所行动也会以失败告终，所以还是脚踏实地完善自身为好。

六三，即鹿无虞，惟入于林中。君子几，不如舍，往吝。

爻位 六三阴爻居阳位，说明内心躁动。

注释 鹿：比喻争夺天下、建功立业。无虞：没人做向导，没人做指导。虞是古代掌管山林的官吏。

译文 追逐小鹿时，由于缺少管理山林之人的引导，致使小鹿逃入林中。君子应当见机行事，还是舍弃为好，否则轻率地继续追踪，容易发生祸事。

辨析 虞相当于一个指路人、引导者，而没有引导者，行走在陌生的山林之中就可能会迷失方向，那么接下来就有可能产生危险，而随之产生的吉凶祸福也是我们无法判断的，这就是为什么六三爻辞告诉我们要及时放弃了。在人生路上也是这个道理，不是所有人都具备应对未知的能力，都可以在困境中化险为夷。我们不过是这世上千千万万个普通人中的一员，是非常渺小的存在，我们应该提前做好应对困难的准备，即使无法预知到危险，也要让自己具备解决困难的能力。君子应如此，进退有度，能及时舍弃，也能够更好地得到，掌控好自己的欲求，方能取得好的成绩。

选择 年轻人有冲劲是好的，但要知道进退，有舍才有得，强求往往会招致不必要的烦恼。

六四，乘马班如，求婚媾，往吉，无不利。

爻位　六四阴爻居上位，得正，与初爻呼应，得九五关照，非常吉祥。

译文　虽然乘坐的四匹马的大车左冲右突，无法驾驭，难以行进，但如坚定不移地去求婚，则结果没有什么不顺利。

辨析　此时时机已经达到，在初九已经奠定的基础上，再加上九五有一定积蓄的帮助，慢慢有了些自己的成就，虽然还有些坎坷挫折，但勇于追求，敢于挑战，就可以达成心愿。

选择　虽然还是有些徘徊犹豫，但如果坚定不移去追求，那取得的结果也会是好的。

九五，屯其膏，小，贞吉，大，贞凶。（卦主）

爻位　九五中正位，屯卦卦主。

注释　膏：油脂，引申为恩泽。

译文　此时已经有了一定的财富积累，并即将开始广施恩惠，但是由于屯卦本身的特殊性，初生艰难，时机并不成熟，因此做小事是吉利的，做大事非常凶险。

辨析　此处不能解释为只顾自己囤积财富而不帮助别人。在就业创业过程中，在能力范围之内做一点小的事业，能够获得财富必然是好的，如果赔钱了，也无伤大雅，在自己所能承受的范围内，凡事量力而行，不过度就好。在最开始的时候尤其不建议耍大钱投资，否则身心压力极大，也很容易失误。

选择　初创事业基本完成，一方面广交朋友、广施恩惠；另一方面稳扎稳打，不可贪多求快，要谨慎，不要膨胀。

上六，乘马班如，泣血涟如。

爻位　上六处于穷尽之位，谨慎方能无事。

注释　涟：泪流不断的样子。

译文　乘坐的四匹马的大车左冲右突，无法驾驭，难以行进，造成的结果是悲伤哭泣，泣血不止。

辨析　九五已经处于临界点了，告诫大家在创业初步成功的时候，一方面及时施与，广结善缘，另一方面稳扎稳打，谨慎从事。但上六的状态仍是大操大办，一意孤行，仍然以为只要奋勇直前就会有收获，还是四匹马一起行动，大张旗鼓却又秩序混乱，势必会造成泣血不止的局面。这也告诫我们大家，在事物发展到一定程度的时候，不要被眼前的胜利冲昏了头脑，永远都要保持一个清醒的状态，该放低的时候就沉下来，踏实一点，才可以免受其害。

选择　看清自己的实力，把握现有的机会，禁止一意孤行的行为，少一些迷之自信，多团结周围的人，避免造成大的损失。

全卦过程

屯　卦	以求婚为喻
上六（乘马班如）	审时度势，量力而行
九五（屯其膏）	囤积财富并适当施恩，稳扎稳打
六四（求婚媾）	时机已到，坚定前行心愿初成
六三（即鹿无虞）	有高人指点迷津，若无要懂得进退
六二（屯如邅如）	时机不到，应当脚踏实地
初九（磐桓）	只有根基稳固，才能长足发展

全卦选择　刚柔始交而难生，初生的事物是非常艰难的，要早做打算，坚固根基，勇往直前，也要懂得审时度势，进退有度，行止合理方能吉祥。

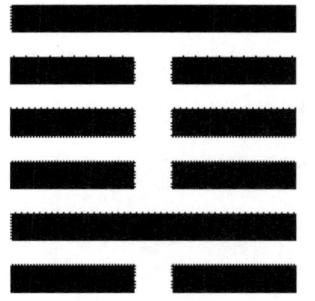

第10课　山水蒙卦，蒙以养正

第四卦　山水蒙

卦名　山水蒙　蒙，意为遮蔽、覆盖。用什么覆盖呢？《说文》中解释，蒙作名词时，本义是一种草的名字，叫菟丝，一种一年生缠绕寄生草本。因此很明显了，有山有水，仁者乐山、智者乐水，自然是用绿色植被覆盖。

卦画　山下出泉　山下有水，水汽蒸腾又环绕山脉，郁郁葱葱朦朦胧胧，这就是一片蒙昧的景象。水汽绕山而行，能够泽被万物，是吉祥的征兆，在滋养万物生长的同时，提醒人们要在这一阶段迅速发展自身，壮大自己，也是告诫我们应保持谦虚谨慎的姿态，永不停歇地追寻真理。处于蒙昧状态之中的事物，是无法完全依靠自己的力量生长的，这时它需要向外界学习，也就是需要启蒙。学习是永无止境的。在古代，知识未开的儿童被称为蒙童，为蒙童设立的学校被称为蒙馆，也叫蒙学。《周易》以屯卦初生艰难和蒙卦蒙昧启蒙同时开篇上卦，有特殊用意，说明任何生命的最初，就是要学习，就是要接受教化，开化蒙昧。

卦德　蒙以养正　将蒙昧培养入正道，这正是圣人的功绩。所谓"玉不琢不成器，人不学不知道"。学习越到高级阶段，就越会发现自己其实还处在一种蒙昧的状态，这也告诉我们无论在什么时候，处于何种境遇，都应该不停地学习，学无止境。

杂卦角度　屯见而不失其居，蒙杂而著。水雷屯和山水蒙二卦卦形相反，互为综卦。天地初生之后，万物刚刚萌芽，虽已显现，仍有艰难，

因此不能失去自己的居处，种子萌芽时是最重要的，更需要将根牢牢地扎进地里，象征天地初生时的艰难之状。蒙卦指此时万物刚刚生长出来，都处在蒙昧的状态，还没有准确分类或定位，还处于品物流形的阶段，因此万事万物既混杂又显著，也都拥有自己的品格和特点。

特殊之处　山水蒙卦：上经开门卦，全卦唯四爻当位。

卦辞解析

蒙：亨。匪我求童蒙，童蒙求我；初筮告，再三渎，渎则不告。利贞。

注释　筮：用蓍草卜筮，此处引申为请教问事。贞：占卜。本书主要面向占卜这件事情，贞全部解释为贞正，后文不再赘言。

译文　蒙卦象征启蒙。山水蒙，是亨通的，蒙昧者有接受教育的权利。不是我去求助于幼童，而是他来求助于我。最开始请教，我告诉他：若他反复而没礼貌地问则是亵渎，我就不回答了。在教书育人与求学问道过程中都要保持贞正之心。

辨析　"子曰：有教无类。"（《论语·卫灵公》）意思是说，教育没有类的差别，所有人不论贫富、贵贱、善恶、智愚，都可以接受教育。甚至在《封神演义》中，通天教主门下大多为山石精怪飞禽走兽，这也是有教无类。这就是蒙卦的德行，推而广之，万事万物，各种动植物乃至山川河流顽石都有接受教化的权利，对万事万物都要心怀善意。匪我求童蒙，实际上是说，受教育是人类的本能和需求，是主观上的需要，不是被动的，不用谁来强迫谁。初筮告，实际上是以占卜来比喻这样一个情况，教育是神圣的，施教者和受教者都要怀有一颗虔诚的心，而不能将教育当作儿戏，否则即使学习了，也得不到学习的真谛，即使经历了九九八十一难，也难以取得真经。

象辞说，蒙以养正，圣功也。

将蒙昧培养入正道，从童年开始就施以正确的教育，这正是圣人的功绩。

《象》曰：山下出泉，蒙；君子以果行育德。

大象辞简译 蒙卦的卦象是上山下水，为泉隐于山之表象。水在山下，故而为泉，甘泉难觅，常隐于幽微之处，需于朦胧山中寻觅。君子应先行启蒙，开启慧眼，方能在人生追寻中有所收获，在隐微事态中行事果断，敢为人先，培育美好品德。

评述 君子在意识到自己所处环境与状态时，大多能清楚地知道自己在这一阶段应该采取什么样的措施，并为此付出努力。人之所以明智，与动物不同，就是知道在适当的时候做适当的事，当机立断抓住发展的时机。人类在孩童阶段学习能力非常强，有很多育儿观念提倡婴儿几个月的时候就应接受相应的教育，开发智力，启蒙思维。在小时候接受启蒙教育是有利于孩童成长的，错过这一阶段就再也无法重来，"少壮不努力，老大徒伤悲"正是如此。所谓果行育德，不光是小孩子要进行启蒙，我们每个人都要坚持不懈地学习，若是没有为自己的学习想法去果断付出行动，也只不过是徒添伤悲与悔意罢了。

爻辞解析

初六，发蒙，利用刑人，用说桎梏；以往吝。

爻位 初六阴爻居阳位，全卦发端。

注释 发：启发。刑：对犯罪的处罚。桎：古代拘系罪人的木制脚镣；梏：木手铐；桎梏在这里引申为严明的纪律和法度。吝：爱惜。

译文 要进行启发蒙昧的教育，贵在严格教育，用严明的纪律和法度来规范学习，用苛刻的礼法甚至刑具去督促学习，否则就是纵容，对孩子过分爱惜，长此以往并非什么好事。

辨析 初六是启蒙教育的发端，此时求教者年龄幼小，正是接受早教的时候。刑人，一说是树立典型，防止罪恶发生；另一说是要对幼儿严格教育，严师出高徒，惩戒的意思。桎梏指的是强制教育，不听不行，必须学习，要用严明的纪律和法度来规范学习。结合蒙卦全文，采用后者较好。对于小孩子来说，还没有较强的自制力和精准的判断是非的能力，是需要父母或老师加以引导并严格要求的。《三字经》曰："养不教，父之过；教不严，师之惰"，父母和老师是孩童启蒙的钥匙，对孩童有很重要的影响，因此树立一个正确的榜样也是很有必要的。以往者，有很多种说法：如果不这样，将来就更不好教了，会后悔的；如不专心求学，而是急功冒进，将来必然会后悔；教育太过，到了孩子长大的时候就不能用这种严格管教的方式了。

最开始进行启发式教育的时候，要严格一些，做好规范，为孩子树立一个榜样，这对孩子以后的发展是非常有帮助的。启发式教育重在启发引导，培养自主学习能力，让学生自动自发地学习，也是养成一个好习惯的开始，而在学生太小，不具备这样能力和习惯的时候，父母和老师不仅仅是监督，还要采取适当的强制手段来管教，使其专心学习。接受良好的启蒙教育利于走入正道，这便是蒙卦初爻告诉我们的道理。

选择　事情最开始的时候要具备一个好的规范，尤其在初期，人们往往不会对自己有很高的标准，容易放任，因此即使非常严格甚至是苛刑峻法，也要强迫大家遵守。

九二，包蒙，吉；纳妇，吉；子克家。（卦主）

爻位　九二虽不正而居中，蒙卦卦主。

注释　克家：能承担家事。

译文　包容性的教育理念是吉祥的，即使是女子，如果愿意主动参加教育，我们也要接收她们，是吉祥的。作为母亲的女性修养提高了，孩子们自然能够治理家国大事了。

辨析　包蒙，一方面九二阳爻被初六、六三、六四、六五等阴爻包围，另一方面其引申意义是对蒙昧者的包容，有教无类，只要愿意接受教育，都来吧，是一种蒙的宽容性。六二爻之所以是蒙卦卦主，因为宣扬了有教无类的重要理念。纳妇，即使是女子也可以来接受教育。我们知道，我国古代大部分时候妇女的地位较低，能够得到教育机会的更是少之又少，用在此处比喻任何人，这就是教育的包容性。就比如我们国家高等学府之一的北京大学，以"思想自由，兼容并包"为立学、办学、求学、治学的价值追求。而北大的校训是"勤奋、严谨、求实、创新"，这是和兼容并包的学术精神紧密相关的。教育不是短暂的一时之事，而是和我们人生紧密相关的一辈子的事。子克家，其实是修身之道，为什么呢？母亲修养提高了，孩子们自然能够修身养性格物致知，进而齐家治国平天下了。这种教育思想非常先进，不仅适用于古代，还适用于我们当今社会，由此可见教育的重要性。

选择　在处理事情的时候，要做到包容、接纳每一个人，让大家都获得公平的机会，都获得公正的待遇。不要人为将事情或人分成三六九等，要确保社会的公平正义。

六三，勿用取女，见金夫，不有躬，无攸利。

爻位　六三阴爻在阳位，不正，而且乘凌九二势必不好。

注释　躬：自身，自己，引申为贞洁。

译文　不能娶这样的女子，她的心目中过于重视郎君的财富与容貌，不能恪守礼仪，也难以保住自己的节操，娶这样的女子是没有什么好处的。

辨析　这样女子的拜金行为是不可取的，不是我们提倡的，这种人即使教了也教不好，这也说明教育的圣洁性。事实上这样说有些过了，一方面有教无类，应天老师认为任何人都有接受教育接受教化的权利；另一方面这对女子是不公平的，也是由于古代男尊女卑的思维限制，对女子比较严苛，现在应该更加包容地看待这类事。

九二以教化女子为例，六三依然如此，这种势利眼的女子不宜接受教化，当然这只是个比喻，不能局限于女子。某些品质不良的人，教化起来很难，即使教了也是自寻烦恼自找麻烦。有些人觉得学习不重要，甚至提倡学习无用论，这样的人即便你倾囊相授，他也会不以为然，甚至还会觉得你是在浪费他的时间，那么去教化这样的人还有什么必要呢？不过是白费力气罢了。有学习想法的人才是值得去教育的。应天老师认为，教不好、没必要教的人有两种情况，或者是这两种父母，一种是具有很严重的学习无用思想，一种是不尊师重道。

选择　企业在选人用人的时候要重视内在，重视细节，反过来，如果这个候选人信奉"外貌协会"或者拜金主义思想严重，思想非常浅薄，也是不能予以重用的。

六四，困蒙，吝。

爻位 当位，初入上卦，四多惧。

译文 人处于困难的境地，不利于接受启蒙教育，因而孤陋寡闻，结果是不大好的。

辨析 六四阴爻处在六三和六五之中，而三多凶、四多惧，这时一片阴气蒙蒙，就会产生不太好的结果。

选择 在事业中尽可能创造好的条件，有利于发展。

六五，童蒙，吉。

爻位 六五尊位，上有上九相承，下有九二相应。

译文 蒙童虚心地向老师求教，这是很吉祥的。

辨析 此处童蒙也是结合六四困蒙来解释的，指的是正规、系统的教育，条件好的教育，是吉祥的。正规教育在一定程度上是有保证的，对日后的发展也是吉祥的。

不论小朋友还是大人，都要接受系统的教育，不是东一榔头西一棒槌、三天打鱼两天晒网的教育。现代教育有科学性、未来性、终身性等特点，我们也应该在学习的过程中保有严谨的态度，形成接受正规学习的思想。

选择 在事业中要创造有利条件，将规章制度、企业文化、团队建设等方面规范起来。

上九，击蒙，不利为寇，利御寇。

爻位 上九不当位。

译文 启蒙教育要及早实行，对某些特殊情况，要有针对性地进行教育。不要等到蒙童的问题彻底暴露再去教育，而要防患于未然，最大程度避免其缺点错误的形成与发生。

辨析 我们在进行教育时要进行有针对性的、有选择有判断的教育，并且要懂得因材施教、因人而异，这才是对受教育者和教育者的尊重。

选择 在事业进行中处理问题要有针对性，要积极解决问题，最好能做到防患于未然，治病于未病。不要等到事情严重了才去重视，那样会损伤事业的根本。

全卦过程

蒙　卦	以教化为喻
上九（击蒙）	因材施教，尽早解决问题
六五（童蒙）	正统教育，吉祥
六四（困蒙）	即使艰苦也要创造条件，保证教育
六三（勿蒙）	无德无状，不具备敬畏之心的人不可教
九二（包蒙）	兼容并包的教育，有教无类
初六（发蒙）	树立典型，建立严格的规章制度

全卦选择　十年树木，百年树人，教育要从娃娃抓起，应该尽早进行系统的教育，尽可能提供好的教育环境。同样在事业中，也要效仿蒙卦德行，制定好规章，做好选人用人，创造出积极向上的企业文化和干事环境，发现问题的时候要尽早处理，不拖拉不回避。

第11课　水天需卦，等待观望

第五卦　水天需

卦名 水天需　需字本身从雨而声，是一个会意字，指的是遇到大雨，停在那里等待，因此需字本义就是等待。等待是古人特有的智慧，也是《易经》中最早宣传发扬的智慧之一，因此在天地初开之后，万物初生要教育，之后就是等待，可见在中国传统文化中，等待是与教育密不可分的一种行为。

我国古代很多典故都描写了等待的故事，例如程门立雪，讲的是求学心切和对有学问长者的尊敬，实际上就是通过等待获得学问。

卦画 云上于天　上水下天，金水相生，天表示刚健，水表示险难，刚健与险难相伴而生，但也不用过于忧虑，最终刚健的内在还是能够破除险难，使事情出现转机，转危为安，所以我们需要耐心等待，不要着急，保持内心的刚健便好。还有一种理解是云上于天，天上有水，是要下雨的意思。人们被困在雨中，象征着因为工作或学习等一些需要处理的事情，而陷入暂时的困难，那大家肯定会先停下来找个地方避雨，等待雨停或是等别人送来雨具，再继续前行。这时候我们都是处于一种等待的状态，只有耐心等待才能渡过一时危难，才能产生好的结果。

卦德 等待观望　如果在前行路上遇到困难，我们就要想办法解决，这时着急是不行的，只有停下来，静下心来耐心观察，才有可能找到脱困的办法，进而化险为夷。我们需要明白，遇到困难时，只顾埋头前进反而会受到更大的损失和打击，是得不偿失的，还不如在等待的过程中

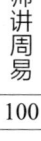

寻找时机，并为自己积累更多的资源。其实等待也是一种机会，在等待的过程中，我们可以完成很多事，也可以有所成就，并不是虚度年华，一味地傻等。

卦序角度　屯蒙需讼　在万事万物初生之际，创业维艰，力量非常薄弱，同时也处于一种蒙昧的状态，因此越是艰难就越需要教育启蒙，这是屯卦蒙卦。在求学之路上，通过不断努力使自身强大从而拥有了刚健的内在，前行路上并非坦途一片而是充满危险，因此在不宜采取行动时要耐心等待，这是需卦，象征等待；需卦同时象征饮食，在等待的时候想办法填饱肚子，但此时艰难，在吃饭以及分配既得利益上容易产生争议，这是讼卦，象征争讼。

特殊之处　坤宫游魂卦，全卦唯二爻不当位。

卦辞解析

需：有孚，光亨，贞吉，利涉大川。

注释　孚：诚信。光亨：光明亨通。

译文　需卦象征等待。自身诚实守信，做事才能光明而又亨通，结果是贞正吉祥的，有利于通过大的艰难险阻。

辨析　刚健而不硬冲蛮干，能够等待，知行知止，等待雨过天晴，就能获得最终的光明亨通。利涉大川，善于等待就有利于通过艰难险阻，大川在《周易》里出现很多次，往往比喻艰难险阻。为什么呢？因为古人主要的难事就是出门，就是行路难，而大川，也就是大的河流本身，对古人而言是非常困难的。内心具有诚实守信的品德，为人处世光明磊落而又擅长等待，这样的人得到的结果会是吉祥的。

现代人的生活节奏越来越快，大家都不再喜欢等待，觉得等待的时光非常漫长，甚至还有人因为等待而产生恼怒情绪。所以让我们等点什么总是很难，就算明知道等待有好处，大家也很难耐得住等待时候的空虚与寂寞。我们很难再有时间去体会到等待的好，我们被匆忙的生活变得越来越匆忙，然后就忘了我们曾经的样子。然而有的人在等待的时光里可以体会到生活带来的快乐，还会有安稳的幸福感，就像木心先生在他的《从前慢》里写的那样："记得早先少年时，大家诚诚恳恳，说一句是一句；清早上火车站，长街黑暗无行人，卖豆浆的小店冒着热气；从前的日色变得慢，车、马、邮件都慢，一生只够爱一个人；从前的锁也好看，钥匙精美有样子，你锁了，人家就懂了。"母亲度过辛苦而又幸福的九个月迎来了小小一团，宝宝带着希望降临到这个世界上，这何尝不是一种等待呢？等待考验着我们的心智，我们在他人漫长的等待中降生，又在众多人的等待中成长，在等待和被等待的路上交替前行，在无数次的等待中，成就生命本身。在等待中积蓄力量，弥补自己的不足，在机会到来的时候稳准狠出击，准确抓住属于自己的人生选择。

《象》曰：云上于天，需；君子以饮食宴乐。

大象辞简译 需卦的卦象是上水下天，为水凝天上之表象。水在天上，凝结成云，云气需待族聚方能成雨。君子应耐心等待，饮食享乐，吃饱喝足，做好准备，为继续前行积蓄力量。

评述 等待的时候不是傻等，而是边等边积蓄力量，是咱们讲过的终日乾乾，是含章可贞，也是即鹿、包蒙等类似道理。积蓄力量的方式有很多种，努力也好、学习也罢，甚至饮酒宴乐都可以，一方面是发展自己的力量，另一方面是稳定自己的心情。饮酒宴乐为什么也可以呢？这样做的目的是多见朋友，保持乐观开朗的好心情。总而言之就是说，遇到困难了，我们可以等待时机，但是无论如何不能干等着，一定要做点什么，一定要思考点什么或者学习点什么，这才符合《周易》之道。

爻辞解析

初九，需于郊，利用恒，无咎。

爻位 初九当位。

译文 在郊外等待（还是很安全的），可以耐下心持之以恒地等待，不会有什么灾祸。

辨析 古时候郊野的划分是，国家中心地带为都城，国都外百里以内的地区为郊，郊外为野，因此在郊外等待实际上还是很安全的。还有一种解释认为，初九是离尊位九五最远的，就如同处在国之郊野，耐心

等待的话，可以没有危害。相同道理，那些离京城很远的臣子，尽管不能在皇帝身边一展身手，但是在一定程度上可以避开朝堂之争引发的灾祸，只要在漫长的等待中治理好自己的辖区，使百姓安居乐业，也不去做轻举妄动的冒险之举，就不会招致什么祸患。

年轻人要学会等待、善于等待，当然更重要的是，只有强大自己才能在抓住机会的时候好好展露才华，才不枉我们为此付出的那些等待。

选择 在事业发展初期是需要等待时机的，不要轻举妄动，贸然前行，应该在等待的过程中积蓄力量，板凳甘坐十年冷，静下心来，认真积累，会吉祥的。

九二，需于沙，小有言，终吉。

爻位 九二不当位，得中。

注释 沙：野外水边。言：争执。

译文 在野外水边等待，有些小争执，但最终结果还是吉祥的。

辨析 初爻是在郊外等待，现在是前进到河滩上等待，即在水边等待。三个小伙子到了野外水边了，大家产生了分歧，虽然对此次行动有些小的争议，但整体还能遵守等待、伺机而动的总宗旨，因此最终的结果是吉祥的。注意，为什么说是三个小伙子呢？因为下卦为乾天，是三个阳爻，因此象征着三个或者多个小伙子，当然也可以理解为多个人。但是在此处，小有争执，很明显不可能是一个人，因此直接取象三个小伙子，这样是为了卦爻对照起来更加直观简单。

在得到这一爻的结果时，要谨慎行事，同伴中已经产生了冲突，就更要互相理解彼此忍让了，这时候大家的处境并不完全安全，是在野外的水边了，都应该以大局为重。《系辞》载："二人同心，其利断金；同心之言，其臭如兰。"只要大家想法相同，行动一致，那么就可以发挥出巨大的力量，这个过程中产生任何分歧都不会达到最好的效果，也是告诉我们在团队行进过程中必须达到目标与行动的高度统一，才能得到最好结果。不仅是团队企业，家庭也是一样，这句话也因此经常被引用为"夫妻同心，其利断金"，是类似道理。

选择 在事业发展过程中，要始终保持集体思想与行动的统一，要集合众人之力共同进步，众人拾柴火焰高。

九三，需于泥，致寇至。

爻位 九三当位，凶位。

注释 寇：入侵、侵犯，此处引申为灾祸。

译文 在泥泞中等待，容易招致灾祸。

辨析 此时已到了泥泞中了，距离外险越来越近，这是因为自己的行动不够谨慎，太过冒失才招致了灾祸。在泥泞的道路上行走本来就不是好事，产生一些危险也是不可避免的，只有小心谨慎才能避免灾祸或者减少损失。如果已经陷入险境，两害相权取其轻，要抓紧脱身，避免招致更大的灾祸。人都有一种趋利避害的本能，在险境中而不自知才是最可怕的。

选择 在事业发展的道路上不要冒失冒险，即使陷入险境也不要久留，要谨慎行事，切不可操之过急。

六四，需于血，出自穴。

爻位 六四当位，初入上卦。

注释 血：引申为像血一样黏稠的泥地，沼泽。穴：土窟窿、地洞，此处指陷得很深。

译文 在像血一样黏稠的泥地里等待，一不小心就陷入深穴，要用尽全力才能逃脱出去。

辨析 需卦从开始到现在，分别是在相对安全的郊外、在略有危险的野外水边、在比较危险的泥泞中、在非常危险的血泊一样的沼泽泥地中，实际上是一个逐步接近危险的过程。此时的状况是，已经陷入沼泽之地了，我们都知道这样一个常识，如果在沼泽里挣扎只会越陷越深，处境会越来越危险。卦中这三个小伙子，在如此危险的境地中，还能够行使需卦的卦德，谨慎等待，因此最终还是安全逃脱险境。六四爻是当位的，而且上面有九五爻保护着他，这是不幸中的万幸，即使身陷非常紧迫的险境，只要自身能够沉稳下来，坚持等待，那也可以从沼泽中脱身，终会有惊无险。这个爻是在告诉我们，在处于逆境甚至更加危险的境地时，不要慌张，在等待的时候想清楚脱离险境以及反败为胜的方法，这样才有可能脱险。

选择　在事业陷入困境的时候，在人生陷入至暗时刻的时候，要懂得等待，以静制动，以不变应万变，要坚持到底，静观其变才有可能走出去，前面是片天。

九五，需于酒食，贞吉。（卦主）

爻位　九五中正，需卦卦主。

译文　刚刚脱险的人们在等待中享用美酒美食，趁此机会积蓄力量，其结果是贞正吉祥的。

辨析　从险境中逃脱出来以后赶紧大吃一顿，既是庆祝自己脱离险境，也是积蓄一切有意义的力量去面对新的难关，为接下来的进一步前行做准备。只要能够未雨绸缪，最终获得的结果也是吉祥的。

对于很多年轻人，大忙之后的假期做什么？应天老师给出两种建议，如果这个假期相对而言非常短暂只有几天，那就好好休息，需于酒食，吃吃喝喝，调整心态，让自己心态上幸福平和；如果这个假期比较长，比如说学生时代的寒暑假，那么就希望大家能够利用这个难得的大块时间学习一两项新的技能，或者做出一两种长期的规划，例如学车、学外语，或者学习各种软件操作等，这样既是为开学做准备，也是为自己的人生做准备。生命是一种过程，任何完整的一段时间，都可以作为前进的基石，都是有意义的，尤其是在艰辛付出之后，更加值得回忆。

选择　在脱离险境以后不能松懈，要向着更高的目标出发，当然在这之前还是要积蓄力量，有备才能无患。一个险境就是一个阶梯，不满足于任何既得成就，才会更好地发展下去。

上六，入于穴，有不速之客三人来；敬之，终吉。

爻位　上六当位。

译文　进入洞穴探险又遇到困难，有三位不请自来的客人，三人组能够始终做到恭敬有礼、谨言慎行，最终是吉祥的。

辨析　此为成语不速之客的出处。三人组经过九五爻的休息，收整出发，随即又遇到了洞穴的困难，但因为刚才已经做足了准备，吃饱喝足了，所以这次有惊无险。这个爻告诫我们，面对陌生人，应该以礼相待，这是最基本的德行。在困境中也要做到以诚待人、以敬待人、以德服人，这样的话，朋友会帮助你，敌人会敬重你，你还可能收获意外的好运气。

应当时刻清楚自己的处境，时刻谦恭谨慎，并且竭尽所能努力复出。永远记住，只要人还在，就一定会有希望，就有东山再起的可能性，"不可沽名学霸王"，自己要对未来充满希望，永不放弃。

选择　在事业发展道路中遇到突发状况不要慌张，也不要轻易放弃，要保持自己的德行，谦虚谨慎，并努力解决问题，最终会吉祥，或者有意外收获。

全卦过程

需　卦	以三人组探险为喻
上六（入于穴）	临危不惧，恭敬谦虚而吉祥
九五（需于酒食）	未雨绸缪，迎接新的挑战
六四（需于血）	陷入危机，坚持到底才能化险为夷
九三（需于泥）	谨言慎行才能免受更大损失
九二（需于沙）	小有分歧，仍能同心协力
初九（需于郊）	耐心等待，安全无害

全卦选择　在事业发展过程中，要耐心等待，要学会在等待中积蓄力量。要保持团队和谐，以齐心协力成就事业。在真正遇到困难的时候，要观望形势，要保持固有的德行，稳住心态，做足准备，一旦脱困就可能一飞冲天。

第12课　天水讼卦，及时止讼

第六卦　天水讼

卦名 天水讼　本义是争讼，就是纷争、争执，打官司的意思。前几卦明明都是很正常的，为什么突然冒出一个打官司的卦呢？参看《序卦传》可以做出如下解释：天地定位之后万物初生，屯象征艰难；万物要接受教育，蒙象征启蒙；万物要吃饭啊，需象征饮食；古代物资并不丰富，为了吃饭往往容易产生争执，就会出现讼。需要注意的是，需卦是等待的意思，没有饮食之义，只是按照序卦讲，象征饮食，为什么这么象征？应天老师认为有两种解释方法：《象传》说君子以饮食宴乐；卦主九五说需于酒食，但不管怎样，需象征饮食是孔子抽象的，不做深究。

我国古代人民对于争讼这件事情本身的态度多较为排斥，百姓厌讼，官府拒讼。社会普遍认为，争意味着破坏和谐，讼则意味着打乱秩序，故争讼为当政者所不能容忍，民众是否喜欢争讼甚至作为民风好坏的评判要素之一。《论语》载："听讼，吾犹人也。必也使无讼乎。"意思是，审案子，我跟其他人差不多。一定要说有区别，我想就是我能够使天下不再有人争讼吧。当然，这样的话也就只有圣人敢说了。

卦画 天与水违行　外卦乾天表示刚健、积极，内卦坎水表示困难、阴险。咱们讲过，内外卦分别表示的是一个人的外表与内在，那么各位朋友设想一下，如果这个人内心非常阴险，外表极为刚强，遇到事从不忍让，那么他是不是非常容易惹祸上身呢？因此对他而言，惹上官司是不可避免的。阴险与刚强相遇，必然会产生争论，也会逐渐演变成诉讼。

卦德 及时止讼　刚才说过，讼卦是内里险而外表刚，所谓阴险是闹事惹事的根源，蛮横又直接导致麻烦，因此产生争讼不足为奇。争讼不是一件好事，耗时又耗力，大家对诉讼的态度也是避之唯恐不及的，所以这时候就需要我们懂得及时止讼的道理。息讼、止讼也是我国千百年来流传下来的智慧。讼卦与需卦应当结合起来学习，需卦是内刚外险，因此最终可以解决矛盾，即使有不速之客也能化干戈为玉帛；而讼卦若想获得吉祥的结果就需要我们及时停止，这又在无形中和需卦卦德等待观望相吻合。咱们很明显发现，《周易》六十四卦其实是环环相扣的。

杂卦角度　需不进也，讼不亲也。水天需和天水讼二卦，卦形相反，互为综卦。需卦是水天之象，乾天刚健，但前面有雨，是为险阻，因此不可贸然前进，需要耐心等待，故而需不进；讼卦是天水之象，阴险与刚强相抗衡，两虎相争必然会两败俱伤，也有可能会伤及无辜，因此不可接近，故而讼不亲。

特殊之处　天水讼卦：离宫游魂卦，全卦唯五爻当位。

卦辞解析

讼：有孚窒惕，中吉，终凶。利见大人，不利涉大川。

注释　窒：阻塞，不通。惕：忧惧。

译文　讼卦象征争讼。心中的诚信德行被一时的忧惧心理所阻塞，因此争讼，坚守正道、坚守中庸之道就会吉利，一味逞强坚持把官司打到底就会凶险。在争讼中有利于出现德高望重的大人物，但不利于渡过大的艰难险阻。

辨析　有孚、窒惕还是有孚窒惕，这两种解释是有争议的，应天老师赞同后者，有孚、窒惕，是说虽然争讼，但内心是诚信的，争讼的原因是因为当时心中忧惧不顺畅而产生了阻碍。这两种解释有共通之处，讼的本体不是坏的，只是一时冲动，一时糊涂罢了，是因为在遇到事的一瞬间没有想明白，静下心来明白了也就好了。中吉、终凶，有很多朋友都按照字面意思理解错了，认为是：打官司的过程中间是吉祥的，而最终的结果很凶险。在争讼中利于出现德高望重的大人物，这个大人物有可能是自己及时止讼，因此成为大人物，也有可能是第三方，但不论怎样都是对自己有好处、有帮助的。

简单一个讼卦，前半句说明了现在很多冲动做事甚至激情犯罪的现象和后果，后半句说明的是得饶人处且饶人的道理。《周易》的每一卦，甚至具体到其中的每一爻，都具有很多很重大的现实意义，都能够跟我们的实际生活联系到一起。关于讼卦我们一定要明白，争讼最终的结果不论如何，都是不利于渡过劫难的。那么我们在得到这一卦的时候，要及时看开，想明白，不是要去争到底，而是要学会及时停下。及时止讼是古人对待诉讼的态度，也是讼卦的卦德。

引申

六尺巷的故事发生在清朝康熙年间。大学士张英在某天收到了一封家书，信中说家人因为三尺宅基地与邻居发生了争执，产生了很大的纠纷，还将此事闹到县衙打起了官司。我们都知道古代人其实是很怕产生纠纷的，但这两户都有点势力背景，互不相让都想赢，张家人就千里传书让张英帮忙。张英收到信一看就笑了，遂写了一封信并赋诗一首："千里修书只为墙，让他三尺又何妨？万里长城今犹在，不见当年秦始皇。"家人接到信以后，一想也是这么个道理，就主动让出三尺宅基地。邻居见状，也主动相让。最后这里就成了六尺巷。一个闹得不可开交的诉讼案也因此变成了一件好事，双方各退一步，不一味逞强去争个输赢。现实生活中，大部分人都是非常明白事理的，很多争论也不过是一时冲动，静下心来想一想，想开了，放下了，化干戈为玉帛，就会变为美事一桩，最终得到的结果也是皆大欢喜。

《象》曰：天与水违行，讼；君子以作事谋始。

大象辞简译　讼卦的卦象是上天下水，为天水背驰之表象。《淮南子》中记载："昔者，共工与颛顼争为帝，怒而触不周山，天柱折，地维绝。天倾西北，故日月星辰移焉；地不满东南，故水潦尘埃归焉。"因此是天在水上，天倾西北，水流东南，背道而驰，但最后仍旧万灵安居，各行其道。君子应在行事之前深谋远虑，从苗头消除可能引起争端的因素，避免争讼。

评述 君子在做一件事之前要将这件事的前因后果和细枝末节都想清楚，各个环节该怎样做，时间节点应当怎样，团队怎样配合等都想好，做好前期准备，这样在真正实行起来的时候才不至于手忙脚乱。就比如我们要和别人进行争讼，那么最开始要做的便是收集证据，力争将讼事消弭于无形之中，也是防患于未然，免得让自己深陷泥沼。不要等到官司都打起来了才去匆匆忙忙地收集证据，这时候就已经失了先机，这场官司的结果势必不会太好。同样道理，我们在遇到突发状况的时候，也一定要进行沉着冷静的思考，想清楚再去做决定。人在非常愤怒或者非常急迫的情况下，往往会做出不理智的决定，例如激情犯罪，往往会让自己损失惨重，伤人又伤己。所以讼卦告诉我们的便是，君子要深谋远虑，治病于未病，料敌机先，在最开始的时候消除祸端，并尽可能避免争端与损失。

爻辞解析

初六，不永所事；小有言，终吉。

爻位 初六不当位。

译文 不让争讼延续发展下去，即使双方会有点小争吵、小摩擦，但是只要把道理讲清楚，最终会止讼并握手言和。

辨析 初六虽不当位，但能够承接九二阳爻，阴爻入卦又是刚柔相济，因此没有大灾难。不永所事，有三种解释方法，分别是：不久将陷于争端中；做事不能持之以恒，做到一半就放弃，不能永久地做下去；不让争讼延续发展下去。应天老师支持第三种，永字的本义就是长久，在此处的含义是，希望能够在争讼开始的时候就息事宁人，双方各让一步，不要让争讼继续发酵。本来在事情最初就没有什么解不开的仇怨，双方都想通，也就可以尽快握手言和，将这场诉讼避过去了，不要让事态愈演愈烈，这才是争讼事件的智慧解决方式。

选择 在争讼出现苗头时，尽量将其消弭于微末之中，尽早解决纠纷，息事宁人。同样道理，在开创事业过程中，如果有麻烦的征兆，要尽可能早地去解决，此时也是最容易的阶段。

九二，不克讼，归而逋，其邑人三百户，无眚。

爻位 九二不当位，得中。

注释 逋（bū）：逃亡，离开。眚（shěng）：灾害。

译文 争讼失利，先逃回家，又逃到几百人的小国中躲起来，没有灾害。

辨析 九二阳居阴位，有想要争的意思，但它与九五又敌应，因此九二阳爻的处境是非常不妙的。为什么争讼失利呢？九二爻如果与九五尊位打官司肯定打不过啊。《射雕英雄传》中有这样一个情节，郭靖大侠初入江湖之时，授业师父江南七怪告诉他，江湖的最大秘籍便是，"打不过，跑！"在遇到比自己强太多的敌人时一定要先行选择好应敌之策，不要硬拼，明知打不过还去硬拼那不是去送死吗？明知山有虎，偏向虎山行，是一种鲁莽的做法，在很多时候都是匹夫之勇。俗话说，留得青山在，不怕没柴烧，与其去送死还不如先壮大自己，或许在日后还有胜出的机会。

选择 事业中遇到巨大困难，或者面对强大的敌人时，要懂得撤退的道理，以退为进，保存实力保全自身才是上策。

六三，食旧德，贞厉，终吉；或从王事，无成。

爻位 六三不当位，凶位。

译文 安享着原来的家业德行并且继续发展，坚守正道会遇到困难，但最终还是吉祥的。迷惑中辅佐王事，不会有结果。

辨析 食旧德，一种解释是安享着原来的家业德行继续发展，一种解释是整饬过去的好的德行，综合全卦看前一种解释较为合理。迷惑中辅佐王事，是指九五卦主"讼，元吉"。但为什么无所得呢？因为此时的位置不好，自己没准备好，各方面条件也不具备，即使在尊位面前显摆，但是因为搞不清楚自己的地位，反而弄巧成拙，自然就一事无成了。

六三爻应当学会管理自己的言行，安分守己，不要强出头去争讼，也不要忘记自己之前的德行，也就是旧德，也可以理解为不忘初心。踏实本分、不争不抢才是最妥当的做法。

选择 处在尴尬地位时，安分守己是最好的选择，坚守住内心的贞正之德，才可能没有灾祸。非要强争，往往徒劳无功。

九四，不克讼；复即命，渝，安贞吉。

爻位　九四不当位。

译文　打官司失利，决定不打官司了，安分守己返回接受天命，思想的转变，使得安心贞正，最终结果吉祥。

辨析　九四阳居阴位同样不中不正，不安守本分，容易闹事。九四爻接近九五尊位，失败且无法逃跑了，于是在经过反复思考之后，想通了，就安心返回接受天命了，改变自己之前的想法，思路一变天地宽，决定不打官司了，结束这场争讼，所以最后的结果是好的。我们都知道争讼结果往往是不好的，古人对于争讼的态度也较为排斥，因此在官司初期不顺的情况下，能够息讼止讼实际上会获得相对较好的结局。

选择　冷静以后再做决定，会有不一样的视野，及时停止争讼，及时从麻烦事中抽身，还是能获得一个相对好的结果的。

九五，讼，元吉。（卦主）

爻位　九五中正，讼卦卦主。

译文　诉讼结果至为吉祥。

辨析　大人物是不争讼的，他们都是过来解决争讼的，全卦以争讼为核心，但实际上讲的并非打官司、上公堂，而是不打官司、不争，这是讼卦的真正精髓所在。能够将祸事消弭于无形，大事化小，小事化无，才是讼卦最大的德行。全卦的功劳，从初六的及时化解（不永所事）、九二的避开争端（不克讼）、六三的回到过去（食旧德）、九四的安守天命（复即命），所有的这些不争，都是九五尊位及时止讼的功劳。九五尊位能够管理压制他们，所以初爻以及二三四爻，都可以不争讼。但是还就有不听劝的，上九便如此，他不听从九五，阳刚过头，虽胜犹败。

不讼是古人很大的智慧，辩证来看，现代社会是法治社会，那我们是不是更加注重诉讼呢？一有什么事情就立刻干干脆脆地去走司法程序呢？其实不是的，民间闹纠纷，往往都是先调解，很多纠纷都是在调解过程中解决的。

选择 在遇到争端的时候，首先要有一个基调，尽量调解，息事宁人，化大为小，化干戈为玉帛，不讼，不争。另外需要注意的是，要找真正德高望重的人来主持调解作为统领者或者协调员，以理服人，以德服人。

上九，或锡之鞶带，终朝三褫之。

爻位 上九不当位，亢位。

注释 锡：通"赐"，意为赏赐。鞶（pán）带：古代男子所系的腰带，以皮革制成。褫（chǐ）：夺去，剥夺。

译文 争讼获胜，君王赐给（上大夫以上官员的）金玉皮带，但仍不知收敛，最终一天之内被几次剥官衣。

辨析 阳爻居上位，强出头。争讼赢了，虽然获得君王高规格的赏赐，但是因为争讼这件事情本身不好，自身没有意识到，还是非常争强好胜，还是一味向前冲，强词夺理好勇斗狠，最终被赏赐的衣服与金玉皮带，几次被剥夺。

当然上九说的是一种极端情况了，典型的赢了官司输了面子。一方面争讼不好，尽量不争、少争；另一方面即使我方在理，赢了也不要炫耀显摆，得饶人处且饶人，万事留一线，日后好相见。我们若是在诉讼中赢了，得到了赏赐或是补偿，那就不要炫耀，也不要再过于紧追不放了，赶紧脱离泥潭吧。即使对方真的十恶不赦，也没必要再蓄意挑衅，不然容易招致其他祸事。

选择 在诉讼中获得胜利以后，要收敛自己，低调行事。在处理完某件大麻烦之后，要放空自己一段时间，没必要再反复回想了，功过得失都已是过去，放下才能轻装上阵。

全卦过程

讼 卦	以争讼为喻
上九（虽胜犹败）	争讼赢了但不要过分紧逼
九五（止讼）	化干戈为玉帛
九四（复即命）	想明白了就安乎天命了

讼 卦	以争讼为喻
六三（食旧德）	仔细想想还是原来的日子好啊
九二（不克讼）	打不过就跑，保全自身为上策
初六（不永所事）	及时化解，消弭于微末之中

全卦选择 有人的地方就有江湖，有江湖就会有各种矛盾。在生活中争讼不可避免，要及时止讼，用智慧止讼，将灾祸尽早消弭于无形之中，才是上上之策。《孙子兵法》有云："上兵伐谋，其次伐交，其次伐兵，其下攻城"，要以最小的损失来处理争端。

第13课　地水师卦，忧惧战争

第七卦　地水师

卦名　地水师　师原本是被众多小土山包围的意思，表示众多，后引申为古代的军队，一个师为两千五百人。古代军队建制是五人为伍，五伍为两，四两为卒，五卒为旅，五旅为师，五师为军。现在的军队中师也是一个重要的编制单位，是旅团的上一级别，军棋里面的排法是"军师旅团营连排小工兵"。

卦画　地中有水　地水师的卦画是一个九二阳爻藏于五个阴爻之中，很像军队的布阵，是正师，雄壮之师；坎水为陷、为险，引申为众，坤地为顺，也引申为众，整个师卦就是一个众人之象。大家观察一下这个六爻图形，其中的阳爻是不是很像坐在军阵中的将领？

卦德　忧惧战争　师卦是军队，是打仗，但最终告诉我们的道理是不要打仗，止战。

卦序角度　需讼师比　需卦是等待同时象征饮食，在等待的时候通过采摘渔猎解决生存需要，填饱肚子，但初生时候生产力水平非常低下，在吃饭以及分配既得利益上容易产生争议，这是需卦讼卦；利益的争执不下会通过更大规模的争斗来产生结果，参与争斗的人数越来越多，进而演变为战争，这是师卦，象征战争。战争结束后，新的局面产生了，各方势力纷纷向新首领表示亲附；对于新首领来说，亲附我的，就发展友好同盟关系，不亲附的，要么会被灭掉，要么被搁置不理了，这是比卦，象征亲比。

特殊之处 坎宫归魂卦，全卦中二爻是唯一阳爻。

卦辞解析

师：贞，丈人吉，无咎。

译文 师卦象征战争。贞正，德高望重、果敢仁义之人担任统帅，吉祥，没有错误。

辨析 地水师，军队必须坚守正道。另一种说法是，打仗必须师出有名，名不正则言不顺。丈人吉，军队统帅必须由老成持重、德高望重、有勇有谋、果敢仁义之人担当。师卦中，这位长者就是九二，刚而得中，与六五相应，这就决定了这位统帅能够如臂使指，而且此时整个国家的经济、政治、民心都能够配合，以上因素促使此次出兵比较顺利。

《孙子兵法》第一句，"兵者，国之大事，死生之地，存亡之道，不可不察也"。这就说明古代是非常重视出兵打仗的，国之大事，在祀与戎，只要是战争就会有各种凶险，就要引起最大重视。

彖辞说，刚中而应，行险而顺，以此毒天下，而民从之。

以阳刚居中而应众阴，行于险难而顺利。以此道治理天下，而得民众顺从。

《象》曰：地中有水，师；君子以容民畜众。

大象辞简译 师卦的卦象是上地下水，为地中藏水之表象。水在地下，取之不尽，用之不竭，汇河入海。君子应包容百姓，归顺万民，能够凝聚力量，组成军队，保卫国家。

评述 战争本身是凶险的，但是正义之师是为了民众才打仗的，打仗本身不好，但为民许愿、为民请命、为民去恶，人民是愿意服从的，是支持拥护的。地中有水是藏兵于民，容险于民，平时是遵纪守法的百姓，国用之时拿起武器就是战士。君子应当效法这种精神，包容天下百姓，在百姓中积蓄力量，作为最坚实的后盾，才能百战不殆。

爻辞解析

初六，师出以律，否臧凶。

爻位　初六不当位，阴爻入卦，结局尚可。

注释　否：不。臧：好的，善的。

译文　军队出征必须要有严明的军纪，否则就可能招致凶险。

辨析　此爻不必被字面意思吓住，因为没有明确说吉凶，只是给出选择而已。军人以服从为天职，不可违抗上级的命令，"军令如山倒"，"军中无戏言"，如果做得好，师出以律，是吉祥的，不必忧虑，否则才是凶险，要注意避免军纪散漫或者不听号令。

选择　有言在先，规则在任何时候都要提前制定，并对每一个人都有效，所谓天子犯法与庶民同罪，事先不制定好规则，不拟好协议，在后面会带来更大的烦恼。

引申

春秋时期齐国有个伟大的军事家，叫孙武。因为齐国政局动荡，孙武就带着自己写的兵书去拜见吴王阖闾。吴王问道："你的十三篇兵法，我已经看完了，你可以运用兵法来练兵吗？可以用妇人来试试看吗？"孙武说可以。于是吴王从后宫选出一百八十名宫女，交给孙武。孙武把这些人分为两队，以吴王的两名爱妃分别作为队长。孙武向这些宫女说明各种口令，然后问她们是否明白，宫女们都说明白，于是孙武开始发令。宫女们都觉得很滑稽，纷纷大笑，根本不听从指令，队伍乱得一团糟。孙武重申了一次口令，再次问宫女们是否明白，宫女们都回答说明白了。孙武继续操练，可是这些宫女仍然嘻嘻哈哈，不听指挥。孙武说："我说的口令你们没有明白，按军中规定责任在我，但是我说的规定你们已经明白了却不遵守，那就是你们的责任了。"于是下令拉出两名队长斩首。在台上观看的吴王大吃一惊，连忙对孙武说："我已经知道你能练兵了，这两个人都是我的爱妃，请你不要斩她们。"孙武说："将在军，君命有所不受。"于是把两名队长拉出去斩了。孙武重新任命两名队长，下口令训练这些宫女，果然全都合乎规矩，阵形十分整齐。

九二，在师，中吉，无咎；王三锡命。（卦主）

爻位　九二为唯一阳爻，居中得应，上下顺畅，师卦卦主。

译文　在带兵打仗过程中，将领能够持中不偏则吉利；君主对将军很信任，屡屡嘉奖，授职权，授衣服，授车马。

辨析　为什么君主对将领很信任呢？原因是这是一场正义之战，君主心忧天下，胸怀天下，希望能万邦悦服，万国咸宁。

选择　一方面作为军队统帅应当持中不偏一视同仁；另一方面在国家层面，战争应当以天下百姓的利益为己任。

六三，师或舆尸，凶。

爻位　六三为坎险最上爻，乘凌九二为凶，与上六敌应为凶。

译文　战争中，有士兵（从战场上）用车子运送尸体，凶险。

辨析　六三凶位且乘凌九二阳爻之上，可比喻为好大喜功的军队监军。刚才讲战争，堂堂王师，现在却这般凄惨，说明不论怎样，不管是统帅失职还是其他客观因素，战争都是要付出血与火代价的，是非常凶险的。失败的原因是用人不当和知敌不明，用人不当体现在六三乘凌九二，知敌不明体现在六四的退守观察。

选择　战争应当尽量减少损失，要妥善用人，要知己知彼，要步步为营，否则就可能遭受凶险。

六四，师左次，无咎。

爻位　六四脱离坎险，当位。

注释　次：临时驻扎和住宿。左次：此处为退兵，由于古人用兵尚右，左次表示下来了，退却了。

译文　军队暂时撤退，避免遭受更大损失，没有错误。

辨析　为什么退兵了？因为刚才的局部战争产生了损失，因此要撤退休整一番。另外，六四爻初入上卦，脱离坎险，因此要行使坤德，不争先，厚重，稳定下来之后再做打算。

即使退兵也很有讲究。兵法讲求虚实结合，增兵减灶是孙膑迷惑敌军的战例，减兵增灶的计策出自诸葛亮退兵迷惑司马懿。

选择　敌情不明时，或者新败之时，应当结阵退守，仔细观察，而后想清楚对策再做打算。

六五，田有禽，利执言，无咎；长子帅师，弟子舆尸，贞凶。

爻位　六五得中，与九二应和，整体吉祥。

注释　执言：提请建议，贡献计策。

译文　野兽侵犯我的田地，于是我出兵讨伐，是有利的（这是一个比喻，强调此次战争是正义的），能够在君主面前执言，如实汇报，没有错误。较为成熟的士兵能正确执行军令，没有战场经验的士兵只是搬运尸体，分别是贞正和凶险的。

辨析　首先这个爻是吉还是凶？通过爻位的观察，得中且与卦主即唯一的阳爻九二有应和，所以应当是吉利的。很多书中解释"长子帅师，弟子舆尸，贞凶"这一句为：委任有德长者统帅军队战无不胜，委任无德小人运送战死者的尸体，大败而归。但很明显这是不符合本意及六五爻位的。这句话的解释很多，应天老师认为还是要结合爻位来解释，结合整体师卦来理解。

六五的整体爻辞并没有给出吉凶的结果，而是给了一个选择性，本意是让大家向正确的方向选择。这句话的意思是说，遵守将领如臂使指就能吉祥，不听话逞强就会凶险。

选择　出师必有名，师出必有律。用人正确就吉祥，用人不当就凶险。

上六，大君有命，开国承家，小人勿用。

爻位　上六爻当位，战争结束。

译文　战争最终获得了胜利，功臣们获得了君主的封赏，或诸侯开国，或大夫承家，小人没有给予重用。

辨析　这句实际是紧承刚才的六五爻，长子得到封赏，弟子没有给予重用，因为他们在打仗中没起到好作用。

选择　战争后要正确总结，打一仗进一步，赏利罚弊。

全卦过程

师 卦	以战争为喻
上六（大君有命）	赏利罚弊
六五（利执言）	师出有名，正确用人，获胜
六四（师左次）	退守稳固
六三（师或舆尸）	第一仗用人不当、知敌不明失败了
九二（王三锡命）	有好的统帅，君主非常重视
初六（师出以律）	正义的战争、有法度的军队

全卦选择　统军带兵中须坚守正道方能行险而顺，积极练兵积极备战做到容民畜众，打仗需要师出有名做到正义之师，统帅需要做好表率并严明纪律、赏罚分明。师卦偏吉，但有很多前提，不战而屈人之兵才是最佳。

第14课　水地比卦，团结亲比

第八卦　水地比

卦名　水地比　比字是挨着、排列的意思，引申为亲比，就是好哥们、好伙伴的感觉。

卦画　地上有水　水地比从卦画形状上是五个阴爻围绕一个阳爻，阳爻在九五尊位中正，可以把它想象成一位有为君子，周围有很多朋友亲附，众星捧月的感觉。地上有水，说的是溪水、河水都能汇聚在一起，同样也是天下归心。溪涧岂能留得住，终归大海做波涛，君子要有宽广的胸怀，才能汇聚四方贤良才。

卦德　团结亲比　要想止战，必须团结最广大人民，携起手来维护和平。

杂卦角度　比乐师忧　地水师和水地比互为综卦，一个因战争而忧国忧民，一个因亲比而各得其乐。通俗讲，和平就开心，战争就忧惧，你好我好大家好，这个世界才是真的好。

特殊之处　水地比卦：坤宫归魂卦，全卦中五爻是唯一阳爻。

卦辞解析

比：吉。原筮，元永贞，无咎。不宁方来，后夫凶。

注释　宁：安宁，平安。夫：成年男子的通称。

译文　比卦象征亲比。吉祥，因为用最本源的筮法，是最元始、最源远流长的贞正，没有错误。对有德长者，连不安分的诸侯也赶紧来朝

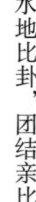

拜，来晚的或不来的将要招致灾祸。

辨析　水地比，上来就说吉祥。此处注意，这是没有条件的吉祥，整个六十四卦只有"鼎，元吉，亨"；而其他的都是女归吉、豚鱼吉等，是有条件的吉，这是为什么呢？比乐师忧。原筮，《易经》中只有比卦出现了这样一个概念，解释主要有以下三种：再三筮问、原来的筮词、最初的筮问。原，只有水源、原野、根源、原来几个意思，经考证，应天老师认为此处用根源说比较好。这说明，先归顺的有好处，持观望态度的会凶险。

《象》曰：地上有水，比；先王以建万国，亲诸侯。

大象辞简译　比卦的卦象是上水下地，为水润大地之表象。水在地上，大地以其广博承载河海，河海以其水流滋润大地，亲密无间，互相依存。君主应效法先王封邦建国之德行，给诸侯以土地人口，诸侯朝见服从天子，宗族亲比。

评述　地上有水，地承载水，水又润泽地，二者互相亲比。君主封邦建国，是君主给诸侯土地人口和权力，也是诸侯为君主提供赋税兵役，二者亲比，互相信任，君主不要压榨诸侯，诸侯也不背叛君主，这样才能政治稳定，国家强盛。

爻辞解析

初六，有孚比之，无咎；有孚盈缶，终来，有它吉。

爻位　初六阴爻开卦，柔顺则无咎。

注释　缶：古代一种大肚子小口的盛酒瓦器，秦人以之为乐器，鼓之以节歌。

译文　诚实守信，亲密团结，归顺辅佐君主，不会有灾祸。诚信就像美酒一样，装满了瓦罐，于是远方的人纷纷归附拥有这种诚信品格的君主，这个君主还会有其他的意外吉祥。

辨析　缶看起来粗糙毫不起眼，但其中却装满了诚信与美德。

选择　初爻往往都是做好准备，要想获得亲比，首先自己要确保内心诚信，这样才能四海归、百姓服。

六二，比之自内，贞吉。

爻位　六二中正，九五相应。

译文　发自内心的亲比，贞正吉祥。

辨析　所有人都归顺九五君主，六二是最忠诚最中正的那一个。比之自内，从卦画上，是内卦最有分量的比合；意义上，是最坚定的比合，因为六二中正、贞正。

选择　亲比必先内心贞正，亲比也要讲究一定策略，不要盲目降低自身，不要屈从辱身，而要堂堂正正。

六三，比之匪人。

爻位　六三不当位，凶位。

注释　匪：不端正的。

译文　与行为不端正的人交朋友。（爻辞没有明确指出吉凶，偏凶。）

辨析　我们应该广泛交朋友，择其善者而从之，其不善者而改之。然战国四君子之一孟尝君与门客鸡鸣狗盗的故事却表明了，友人即便拥有再微不足道的技能也有用途，只要忠贞即可。

选择　每个人都有几个"损友"，一方面这是自降身份，自损形象，另一方面，每个人都有自己的优点，这些人说不定在什么时候就能帮上自己。作者没有明确说明比之匪人好不好，这是引人思考的。应天老师的建议是，即便匪人也可以成为朋友，这是壮大自己的力量。

引申

损益三友出自《论语·季氏篇》。孔子曰："益者三友，损者三友。友直，友谅，友多闻，益矣。友便辟，友善柔，友便佞，损矣。"圣人认为的好朋友有三类，很好理解，应天老师就不多言了；坏朋友也有三类，便是善辩之意，三者分别为谄媚逢迎偏离正道、表面奉承背后诽谤、花言巧语虚伪善辩。比之匪人，说的其实是交朋友不分高低贵贱，与很多普通人交朋友也是很有意思的事。圣人所言这三类损友，更多是品质上的问题，与之交往真的是要慎重呀！

六四，外比之，贞吉。

爻位 六四当位，承接九五。

译文 距离尊位很近了，直接亲比九五即可。

辨析 外比另一种说法是在对外交往中团结好朋友，亲附君主。不论外解释为外部、对外，或者远方，本爻整体都是好的。

选择 努力与比自己更高尚、更贤德的人交往。

九五，显比；王用三驱，失前禽，邑人不诫，吉。（卦主）

爻位 九五中正，君位，比卦卦主。

注释 驱：马奔驰。禽：指代猎物。

译文 高居中正之位，正大光明，大家都来亲附。对于不来亲附之人，就好比打猎围三阙一的道理一样，并不赶尽杀绝而留出一个缺口让之自由选择逃跑还是留下。因为君主的德行非常方正广大，因此城市部落中的人都自由自在，很有安全感，一点也不惧怕。吉祥。

辨析 显比是光明正大的亲比。此爻其实是运用比喻的方法，表面说的是围猎时只猎杀围场里的野兽，而对于围场外侧的则采取放任的态度，让其能跑就跑掉，这样一方面保证了猎物收获，另一方面彰显了德行。实际是说明舍逆取顺的思想，我是九五至尊，秉承正大光明的德行，你来归顺我欢迎，你不来归顺我也不降罪。

选择 作为君主，首先要自身中正，正大光明，才能得人亲附。即使有人暂时不归顺也不要降罪，让人们都有选择的权利，都有自由决定是否亲比于你，这样的话对人对己都有好处。

上六，比之无首，凶。

爻位 上六亢位。

译文 想亲比，却又无法开端，（被九五放弃，）凶险。

辨析 比之无首，有一种解释是，和众人亲密团结，但自己不居于领导地位，将有凶险。实际上，越是大领导越要与大家亲近，他可能对自己身边的人要求严格，但对于地位远低于他的人，或者对于利益不相关的外人，一定都是和蔼可亲。这句话正确的理解是，想亲比，却又无

法开端。结合比卦卦辞，后夫凶，你不归附，始终不归附，我诚信你不归附、我贞正你也不归附，直到九五，打猎为喻，别人都归附了你却逃跑了，那么到最后，你想归附我也不给你机会了。这里的凶，不是说作为九五的尊者要把你怎么样，而是人家压根就不理你了，虽然不惩罚你，但也不亲近你，这样的话你就没办法享受到归附的好处了，对你而言自然是不好的。

选择　对于始终不亲近自己的人，没必要恼怒，选择无视就好，任其自生自灭，他最终会有祸事。如果你是那个被命令归附的人，此时应当竭力挽回，亲比于君主。

全卦过程

比　卦	以亲比为喻
上六（比之无首）	数次伸出橄榄枝而错失良机
九五（显比）	以最广大的德行团结大家
六四（外比之）	对外要交好
六三（比之匪人）	匪人要有选择地交
六二（比之自内）	中正的人要交
初六（有孚比之）	诚信的人要交

全卦选择　在诸侯的角度，要选取光明正大的君主，及时亲比，不要犹豫观望，否则会被时代抛弃；在君主的角度，凡是忠贞的、诚信的、外交的、对自己有益的等力量，甚至某些有劣迹的都要适当收服，这样才能建立起属于自己的庞大帝国。

第15课　风天小畜，蓄积德施

第九卦　风天小畜

卦名　风天小畜　畜意为蓄积，引申为蓄养、储藏。此处小畜比喻风调雨顺，谷物滋长，已经小有蓄积，但是因为初生不久力量有限，因此还要接着蓄积。

卦画　风行天上　从卦画看，阳刚有余阴柔不足，这也是小畜的一个隐藏含义，要多蓄积阴柔智慧，这样才能有所补益。卦画是一个六四阴爻藏于众多阳爻之中，是以阴蓄阳，前面的争讼、战争、亲比都太阳刚了，需要一个微风徐徐理顺一下。巽风为入、为谦逊，这就是小畜的感觉，把阳刚的内在品德表现为谦逊的外在品德，小有蓄积小有德施，更好地前进。

卦德　蓄积德施　生产力发展而小有蓄积，要抓紧施德于外，展现仁政，也是及时报答帮助过我们的人。

卦序角度　师比小畜履　大规模战争为了分割利益，取得利益之后及时止战，新的局面产生，众人纷纷向新首领表示亲附，共同发展，这是师卦比卦；首领制定了新的规则，鼓励大家发展生产，公平竞争，社会安定团结，生产力获得大发展，一部分勤劳者先富起来，这是小畜，象征小有积蓄；生产力大发展后，社会生活进入较好的阶段，吃饱穿暖有玩有乐，就需要用道德礼仪来规范和约束人们的生产生活，这是履卦，象征履行。

特殊之处　风天小畜：全卦中四爻是唯一阴爻。

卦辞解析

小畜：亨；密云不雨，自我西郊。

译文 小畜卦象征小有积蓄。亨通，就好比在西郊一带浓云密布，但雨没有下来。风从我所属的西郊刮来，所以甘霖不降，德泽不施。

辨析 卦辞以云气积聚、雨水未幸比喻所占之事正在酝酿。朱熹曰：西郊，阴方。我者，文王自我也。文王演《易》于羑里，视岐周为西方，正小畜之时也。从另一个方面，畜也有止的意思，密云不雨并不是真的不下雨，而是应该在积累到一定程度之后下雨，或者说，始终保持密云的状态。后天卦象中，乾天位于西北方位，巽风位于东南方位，从西郊方位来的密云，这是乾健想将自己的德行向巽逊传播，但在某种程度上，遭到了巽风的拒绝抵抗，这也是雨水没有落下来的原因。最终下雨了吗？综合全卦，必然下了，是既雨既处。有的学者说，小畜是密云不雨的智慧，应天老师认为不太符合他的德行，应是既雨既处的智慧。

《象》曰：风行天上，小畜；君子以懿文德。

大象辞简译 小畜的卦象是上风下天，为风行天上之表象。风在天上，密云不雨，既无阳光和煦，光耀禾田，又无春雨潇潇，滋润万物，收成一般，小有积蓄。君子应德行美好，施行政教，点滴积累，进一步积蓄力量等待时机。

注释 懿：美好。文德：指礼乐教化，与武功相对。

爻辞解析

初九，复自道，何其咎？吉。

爻位 初九当位，与六四卦主相应。

注释 复：返，回到。

译文 及时回到自己本身的道路上来（即回复到小畜本身，初九阳爻君子乾乾，继续蓄积力量），怎么会有咎误呢？吉祥。

辨析 初九爻一方面体现乾健特点，刚正吉祥，一方面又受制于六四之诚信，因此才不会招致灾祸。

选择 遵循大环境，该低头就低头，可以表现自己的才干，但要知行知止，及时回归自己的本职工作。

九二，牵复，吉。

爻位 九二阳爻得中。

注释 牵：牵拉。

译文 带着别人一同返回，吉祥。

辨析 本爻应与初九一同看，牵复，带着别人一同返回，这个别人指的是初九。九二得中，更加体现乾健精神，被六四压制，及时返回，初九没错误，九二也没失掉自我。

选择 本身有好的德行，要善于利用，凸显这种德行，并影响周围人，行止合理。

九三，舆说辐，夫妻反目。

爻位 九三阳爻居阳位，虽当位但上有阴爻乘凌，故凶。

注释 说：通"脱"，解脱，脱落。辐：连接车轮和车毂的直条。

译文 车子辐条脱落了，同伙伴产生较大矛盾。

辨析 九三一意孤行想往上冲，没想到上面是巽风阻挡，柔能克刚，以失败告终。舆说辐，解释方法较多，不管怎样吧，反正是车子坏了，想阳刚地向上冲，结果失败了。夫妻反目一句在此是比喻，不仅指夫妻，也泛指伙伴。乾健与巽逊闹了别扭，其实各有损伤，原因是什么呢？乾健德行没发扬好，九三爻在凶位，过刚了，小畜却太着急，失掉人心了。

选择 一意孤行往前冲会有损伤，不如退守九二，找一个志同道合的朋友共进退，把自己真正的德行发扬出来，避免和家庭的另一半产生冲突。因为此时既不占理又不占势，发生冲突会两败俱伤，自己损失更重一些。

六四，有孚；血去惕出，无咎。（卦主）

爻位 六四当位，下有初九相应，上有九五承接，一阴藏于众阳，是为小畜卦主。

注释 惕：本义为戒惧，此处为忧伤之意。

译文 举止诚信，把与下面三个阳爻相战的伤痛与戒备心理都去除掉，（小有蓄积）没有灾祸。

辨析 本爻描写的状态是企业、人生到一定程度后必须经历的阵痛和恐惧。与第五十九卦风水涣的上九爻意思类似。

选择 守住内心诚信，工作也好，蓄积也罢，奋斗也好，等等，先告一段落，脚步停一停，思考一下当下状态和以后的人生，三个阳爻奋进后在阴爻歇一歇，为的是更好地前进。

九五，有孚挛如，富以其邻。

爻位 九五中正又承接于六四。

注释 挛：维系，牵系。以：与。

译文 诚信的德行使自己能够与别人紧紧相连并互相帮助，（经过六四的蓄积之后，）富起来了要带动大家一起。

辨析 九五之位既中且正，承接六四，六四诚信有孚，把伤痛和忧惧都去掉了。在这时更加明白要惠及邻邦、施恩于他人的道理了，与其自己一个人积蓄，不如带动大家帮助大家一起积蓄，这样的话虽然可能会些许影响自己的积蓄，但是长久来看，一定是为自己增添了辅助力量，为自己的未来铺好道路。

选择 联合能够联合的力量，风险共担，利益均沾。

上九，既雨既处，尚德载；妇贞厉，月几望；君子征凶。

爻位 上九是巽顺的极致，亢位。

注释 处：中止，停止。

译文 密云不雨极致之后是下雨，下雨之后停止，保持动态平衡，有积蓄，有施恩，高尚德行获得了很大积累承载。六四坚守贞正，历经艰险，终于到了月亮快圆的时候了，君子要远行就会有凶险。

辨析 上九是巽顺的极致，处凶位。巽卦卦辞是密云不雨，那么到了极致后就下雨了，这个下雨其实也是将自己积蓄的一部分财富散发出去，下雨了也就要停止了，处在此处是停止观望之意，因为下一卦天泽履卦，要向前走，不停下，这个爻位其实还起到连接小畜和履卦的作用。妇贞厉，一种说法是，妇女占卜会结果艰险，这是错误的。纵观全卦，只有六四一个阴爻，因此这个妇是在指代六四。

现在到了小畜卦的上爻，最后一步了，马上就要成功圆满了。已经成功了吗？还没有，因此还要继续蓄积，继续有孚挛如，继续施舍恩德，否则很容易功亏一篑。君子征凶，为什么呢？小畜仅仅是温饱水平啊，刚刚小有蓄积，刚刚从争讼战争中走出来，此时如贸然行动只会招来灾祸，等过渡到下一卦——天泽履，就可以征了，那个时候就会履险若夷。

选择　及时施恩，将自己的蓄积停留在一个既雨既处的境界上，就是不要光顾着积累，蓄积差不多了就施恩出去，换取更大的福报，施恩差不多了就接着蓄积，让自己的底子一步步厚起来。另一方面，快要功成圆满时更要慎言慎行，莽撞行动只会招致凶险，只要没达到真正圆满，就要不断蓄积。

引申

应天老师对小畜卦的既雨既处非常感慨。小畜卦是凶是吉确有争议，但是不容置疑的是，这是《周易》六十四卦中向好的转折，经过了最开始的艰难困顿、争讼和战争，终于小有积蓄，能够解决温饱了。但是这个时候恰恰不能光想着一味积蓄，否则只能在很长一个阶段维持温饱水平了。应天老师认为小畜卦是既雨既处的智慧，一方面确实要不停积蓄，这是处；另一方面也要往外散一些，惠及友邦，这是雨。总结起来最正确的做法是，在脱离贫困，实现温饱之后，要一方面给自己积累，苦练内功，另一方面要勇于走出去，施德、散财、交朋友、结善缘，达到蓄积和施恩的动态平衡，才能为下一卦天泽履铺好道路，走得更快更远。

全卦过程

小畜卦	以反复蓄积为喻
上九（既雨既处）	蓄积到顶，维持蓄积与施恩的动态平衡
九五（有孚挛如）	积蓄到一定程度，惠及邻邦

小畜卦	以反复蓄积为喻
六四（血去惕出）	积蓄过程中，将阵痛与恐惧都克服掉
九三（舆说辐）	想猛烈积蓄，但处于凶位容易跑偏
九二（牵复）	自己遵循乾健德行，并影响身边的人
初九（复自道）	不想积蓄了，在他人的劝解下继续积蓄

全卦选择　刚中而志行，在亲比之后要进一步积蓄自身，小康路上要让自己的根基不断变厚，亲比与积蓄并行，积蓄与施恩动态平衡，这样能够惠及邻邦友人，获取更大的好处。

第 16 课　天泽履卦，履险若夷

第十卦　天泽履

卦名　天泽履　履字本义是行走、践踏，战国之前一般作为动词使用，后来也指代鞋子。《说文》中，履是足所依，其实就是鞋子。还有一种说法是舟像履形，古文中履是从足和页会意而来的，足就是要做事情，页就是要合乎规范，这是履字的指导思想：有计划有规范地去做事。

卦画　上天下泽　从卦画形状上，天泽履与小畜一个感觉，是五个阳爻围绕一个阴爻，样子上像是一条大道，一个人正在路中间行走。上天下泽，内卦喜悦，外卦刚健，也能感受到其兴高采烈的样子。

卦德　履险若夷　人生处处有险阻，在遵守法律道德规范的前提下，履行自己应尽的义务，即使遇到艰险也能平稳度过。

杂卦角度　小畜寡也，履不处也。风天小畜与天泽履卦形相反，互为综卦。对于小畜是好还是坏的争论，从来就没有停止过，有的人说已经小有积蓄是好事，有的人说只有一点积蓄是坏事。应天老师认为，要辩证看待，相比初生时候的创业来说，肯定是好事，因为我们已经实现吃饱穿暖了，再也不会因为争一点吃的喝的而打官司了，但相比后面的更加美好的生活来说，显然还不具备小康品质。从卦画角度来讲，五阳一阴，可以理解为一个妈妈养活五个孩子，这样的家庭能有多少积蓄呢？因此是小畜，只能保证饿不死，但肯定没有富余，要是有富余了怎么办呢？施舍出去，维持动态平衡。因此说小畜寡也。履不处，是说不要待在原地，向前走。古人认为，小畜是不能满足的，还要向前看，不能小富即安，因此不能在原地踏步，向前走，才能欣赏到更加美好的风景。

特殊之处　天泽履卦：全卦中三爻是唯一阴爻。

卦辞解析

〔履〕：履虎尾，不咥人，亨。

注释　咥（dié）：咬。

译文　履卦象征履行。踩到了老虎尾巴，老虎却没有回头咬人，亨通。

辨析　《周易》因为年代比较久远，其中有很多错简。比如履卦，上来就是履虎尾，而不是"履：履虎尾"，这让后人研究起来其实是有困惑的，因为根本不清楚这句话前面还有没有脱简。类似的情况也发生在否卦、同人卦、艮卦。履虎尾，一种说法是跟在老虎后面行走，一种说法是踩到了老虎尾巴，应天老师认为这两种说法都可以，相较而言后一种说法更有意思一些，都说老虎屁股摸不得，但在本卦中呢？踩到了老虎尾巴，老虎一回头，一看这个人，外乾内兑，看起来很和悦非常面善不像坏人，不咥人因此就解释通了。最后的结果是亨通顺利，一方面老虎是有原则的也是通人性的，人是君子，老虎也以君子之礼待之；另一方面咱们踩老虎的尾巴也不是故意的，这叫无意弄险、履险若夷，外健内悦，也是善有善报。有一说法，履虎尾就是神龙十八掌中的神龙摆尾。

《象》曰：上天下泽，履；君子以辩上下，定民志。

大象辞简译　履卦的卦象是上天下泽，为泽布天下之表象。天下有泽，泽蓄水流而储之，又以泽水养育天下众生。君子应聚集天下英才成为官员而培养管理，归顺天下万民成为百姓而教化治理，以此能够安稳民心志向。

评述　上天下泽，一方面讲外健内悦，这样才能化险为夷，另一方面讲上为成年男子下为沼泽，因此行动要处处小心，免得一不留神就陷下去，这也与履虎尾的卦辞相照应。还有一重意思，上天下泽，上面是君主、天子，君主要健，下面是柔顺的百姓，君主深明大义，百姓承接天恩，因此两相愉悦，秩序井然。这就引出了"君子以辩上下，定民志"的说法，上尊下悦，泽被天下。

爻辞解析

初九，素履，往无咎。

爻位 初九当位。

注释 素：本义是没有染色的丝绸，这里是本色、白色之意。

译文 穿着本色的鞋子，没有任何修饰，往前行走没有错误。

辨析 此时是履卦初爻，前面的小畜卦讲小有蓄积了，咱们就往前走，到外面的世界闯一闯。素履，一方面讲穿着朴素的鞋子，因为财不露白啊，咱们家里只是刚刚温饱，因此穿得简约一点也没啥；另一方面讲心地淳朴，品行端正，以这种规矩、朴实的态度向前走，用心体会这世界的艰辛，没有错误。

选择 刚步入社会，踏实点、朴素点、淳朴敦厚点，会好的。其实真正厉害的人，到了一定层次的人是很难通过衣着打扮看出来的，而往往通过其言谈举止，如顾盼自雄，睥睨天下，神风不露，威严暗藏等。

九二，履道坦坦，幽人贞吉。

爻位 九二得中，臣位。

注释 幽人：幽隐之人，隐士。

译文 走在平坦大路中间，内心幽静，像隐士那样安守本分、持中守正，吉祥。

辨析 履卦是前进，但此处是幽隐，仔细理解这是一种动态平衡，一边在大道上大步前进，一边学习隐者的高洁人格。其实就是说，不被纷繁芜杂的世事迷乱了双眼，保持一颗纯真的心、一颗安详本分的心，这也是应天老师常说的，一边一边的智慧。

注意此处，幽人或许只能达到隐居之人的地步，隐士其实首先应该是士，说白了就是身上原本是有功名的。历代都有无数隐居的人，只有小部分能称为隐士，而大部分都只能算是幽人。安贫乐道是隐士高洁人格的最重要特征，达不到这一点的其实都是沽名钓誉的假隐士。

选择 社会工作逐渐顺利了，看起来是一片坦途，这个时候不能骄傲，一方面昂首阔步继续前进，另一方面保持内心纯真安详，也是为了解决下一步遇到的困难积蓄能量。

引申

陶渊明，名潜，字元亮，别号五柳先生，私谥靖节，今江西省九江市人，东晋末杰出的诗人、辞赋家、散文家，被誉为"隐逸诗人之宗""田园诗派之鼻祖"。大家看看陶渊明的名字，好不好呀？是不是应天老师经常给大家讲的起名字方法，以及字与名的互解释的典范呢？这个名字出自于哪里呢？很明显，乾卦初九爻，潜龙勿用，陶渊明单名一个潜字，他就是想效法潜龙勿用的精神呀！但他并不光是潜着，所谓龙形隐于渊，但毕竟是龙，是阳爻，我潜着也要把这深渊照耀得光明，"不易乎世，不成乎名，遁世无闷"，是真潜龙也。所以说他字什么呢？元亮，因为乾卦初九爻是全《周易》第一个爻辞，因此说元，而志向是龙德照深渊，因此说元亮，真是贴切啊！

陶渊明"性本爱丘山"，觉得做官的日子是"误落尘网中"，他眷恋着山水的美好和田园生活的悠然，主动选择隐居山野。他喜欢这种与世相隔的宁静与美好，甚至还虚构了桃花源这样的人间仙境。这不正是潜龙的德行吗？不因无人理解而苦恼，不因世俗诱惑而改变，坚定自己的意志，君子当如此啊！正因此，靖节先生写出了惊世的《归去来兮辞》，他是真正的隐士。

六三，眇能视，跛能履，履虎尾咥人，凶；武人为于大君。（卦主）

爻位 六三凶位，不当位，乘凌九二，履卦卦主。

注释 眇：本义为瞎了一只眼，后也指双目俱盲。

译文 瞎了一只眼还能勉强看，瘸了一条腿还能勉强能走，但自身有不足，千万不能强行涉险，否则会被老虎咬伤，凶险。如果能保持谨慎，时刻怀着惶恐的心去行动，最后会获得事业成功。

辨析 眇能视，跛能履，此处是比喻，虽有缺陷但尚能自主行事，这个缺陷有可能不是生理的，而是心理的，但不管怎么样，是不足，千万不能强行为之。如果我们自己的修行还没有达到一定程度，就不要轻易涉险，否则会引发履虎尾咥人的后果，这就非常凶险了。武人为于大君，一种说法是登上国王宝座以凌驾于众人之上，另一种说法是勇敢的武士要竭力为君主效劳。应天老师理解的是，不论这个武人最终是否称王称帝，有一点是不变的，他最开始是有缺陷的，可能是野蛮的刚愎自用的，内心又是柔弱没有底气的，为什么呢？因为他眇能视，跛能履，如果他不管不顾，在自己缺陷没有补足之时强行涉险，肯定会被老虎咬；但如果他能保持谨慎、时刻怀着惶恐的心去行动，那么最后的结果一定是好的——当上皇帝或为君主效劳，不论怎样都会获得事业上的成功，那么这条坦途，算是走明白了，履卦的思想也就明白了，履卦的卦德履险若夷，也就体会到了。

选择 目前自身还有很多缺陷，不要轻易涉险，但如果时机成熟、修行圆满之后，也要搏一搏。履虎尾的智慧，是时刻保持警觉与惊惧，方能履险如夷获得成功。

九四，履虎尾，愬愬，终吉。

爻位 九四不当位，承接于六三尚可。

注释 愬（shuò）愬：恐惧的样子。

译文 虽踩到了老虎尾巴，但只要小心谨慎、心怀畏惧，最终也会吉祥。

辨析 九四仍然是履虎尾，但能够保持谨慎恐惧的心理，如履薄冰如临深渊，这样的话就不会招致灾害，吉祥。

选择 临危不惧是好的，处在危险边缘能够时刻保持忧惧之心更是好的，不论处在何种境地，要时刻怀着一颗敬畏之心。

九五，夬履，贞厉。

爻位 九五中正。

注释 夬：决断。

译文 刚毅地做出决断，去履虎尾，内心贞正，但行为危险。

辨析 九五是尊位又中正，原本应当是吉利的爻。这是少有的讲九五

不好的，贞厉就是艰险之意。泽天夬是第四十三卦，夬的基本含义是刚决柔，卦里面也有疏通和引导之意。夬履贞厉，看起来是不太好，但履卦是行走，不可能永远是坦途，总要碰到危险困难，已经到了最关键时刻，如果已经决定好了，就毅然去做吧，最终的目标是武人为于大君。

选择 九五尊位，实际上就比喻非做不可的关头了，这就真是明知山有虎偏向虎山行了，小心为上吧。

上九，视履考祥，其旋元吉。

爻位 上九虽不当位，与六三应和，也吉。

注释 旋：回头。

译文 宽阔的路走到了最终（终于登上了大位），回顾一下自己的历程，详细思考一下这一路的吉凶祸福，进一步调整自己，向着更好的明天前进。

辨析 履卦下一卦是地天泰，通泰广大，是吉利的卦。因此这个爻作为履卦的上爻，相当于引出了之后的事，我们在坦途上行走，越走越强大，最终履险成功，结果是武人成为大君，迎来美好的明天。这就是泰，天地交泰，小往大来。

选择 生命是一种过程，人生中要每日三省吾身，对应实现各种阴阳转换、刚柔转换、角色身份的转换，方能元吉。

全卦过程

履 卦	以踏上征途为喻
上九（视履）	履险成功，三省吾身
九五（夬履）	履险关头，已经决意去做了
九四（履虎尾）	危险边缘，心怀恐惧方能履险若夷
六三（跛能履）	身心有些缺陷，要保持警觉与惊惧
九二（履道坦坦）	内心安详贞正，道路越走越宽
初九（素履）	初上路，身心朴实

全卦选择 履虎尾，一方面要心怀善意、贞正诚信，这样才不会招

致祸患；另一方面，自己在身心上没有修炼到最佳状态之时不要强行履险，否则必然失败。在自己逐步圆满之后，才能够尝试涉险，内心喜悦柔顺，外在刚健坚强，方能履险若夷。

第17课 地天泰卦，通泰广大

第十一卦 地天泰

卦名 地天泰 泰，上三人，下水，古代山东水患多，在高处可避水患，这里泰为避水患而得平安的意思。《说文》中，泰是大的古音读法，含义是滑，也有一种说法泰和大最初就是一个字，但泰又不是一般的大，泰是大之极。

卦画 天地交 地天泰从卦画形状上看是上地下天，阴阳分明，阴阳二气相调和，好比一位谦谦君子，将阳刚坚强健壮的品德藏于内在，将柔顺谦和厚重的品德发扬于外，也即外圆内方，处世办事就非常通泰。泰还有一重意思广大，非常之大，这个卦德类似于坤的卦主直方大，以大众利益为己任，天下为公、大公无私，这就扩展了泰的德行，不仅自己通泰，而且通过自己的努力和美好德行，让世界通泰。

卦德 通泰广大 泰是天地交，因此通泰，同时具备乾健坤顺的德行，因此广大。

卦序角度 小畜履泰否 社会安定之后，民众团结，生产力大发展，生活好起来，需要用道德礼仪来规范约束，这是小畜卦履卦；礼法明晰则社会清明，明礼之人亦心情舒畅，整个社会君主奋发臣子勤勉，上下相通天地交合，百姓安居乐业，这是泰卦，象征通泰；正如分久必合合久必分，通泰始终是暂时的、局部的，随着社会发展，还是有很多弊端在其中，上下不通刚柔颠倒，百姓遇到困苦，这是否卦，象征否塞。

特殊之处 地天泰卦：全卦中各爻均两两相应，消息卦正月寅，代表节气一月，即立春开始，经雨水，到惊蛰截止，代表清晨三点到五点之间，在地支中为寅木。

寅月是地天泰卦，上面三个阴爻，下面三个阳爻。阳爻递增，阳气渐涨，中气是雨水，大地之上充满阳气，万物生机勃勃，春天就要到来了。咱们平时所说的迎接新年的成语——三阳（后改为谐音的"羊"）开泰，正来源于此。

卦辞解析

泰：小往大来，吉，亨。

译文　泰卦象征通泰。阴柔向外，阳刚向内，阴阳相交，吉利，亨通。

辨析　下卦为内、上卦为外，往说的是内去外，来说的是外来内。泰卦的小往大来不能单纯从字面来理解，引申含义有很多种，应天老师选取三种理解方法：一是从单纯的卦形角度来理解，小为坤地大为乾天，坤地到外面去，乾天到里面来，小往大来，地天泰；二是从德行角度来理解，阳刚为乾为大在内，阴柔为坤为小在外，外圆内方；三是从消息卦角度来理解，泰卦处于息卦正中，因此是阴变少阳变多，阴爻为小慢慢远去，阳爻为大逐步归来。这些都是对的，总之不要太拘泥于文字。吉利、亨通，没有说元吉、贞吉，也没有说光亨、用亨，就是很确定地说吉、亨，所以说否泰是乾坤后面很重要的卦形，是很原本、纯粹的。

象辞说，天地交而万物通，上下交而其志同。君子道长，小人道消也。

泰卦三阳居下，有渐长之势，故为君子道长；三阴居上，有消退之势，故为小人道消。天地阴阳之气交感而万物通达生长，君民上下交感而其心志相同。内卦阳刚而外卦阴柔，内为君子，外为小人。君子之道盛长，小人之道消退。

《象》曰：天地交，泰；后以财成天地之道，辅相天地之宜，以左右民。

大象辞简译　泰卦的卦象是上地下天，为天地交合之表象。地上天下，地重下沉，天轻上浮，因而天地交感，万物通泰。君子应体悟人道

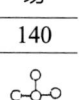

与天道地道交感，学习总结并裁定天地运行规律道理，依此行事符合时宜，因而能够佑护百姓，安居乐业。

评述 地天泰卦是地气上升，乾气下降之象，为地居于天之上，阴阳二气一升一降，互相交合，顺畅通达。

爻辞解析

初九，拔茅茹，以其汇，征吉。

爻位 初九当位。

注释 茹：互相牵引的样子。汇：类，同类。此指茅草及其根系相连，同质同类。

译文 拔出一根茅草牵引出同类，观察其根部的萌动，并判断万物形势，行动吧，马上春光大好，吉祥。

辨析 泰是立春之月，结合初九又象征阳气初升。从地表看各种草木都是枯黄的，因此观察根须，用以判断春回大地的形势。有种春江水暖鸭先知的感觉，履霜冰至也是这种感觉。

选择 准备差不多了，通过见微知著的特性发现时机逐渐成熟，准备行动吧。

九二，包荒，用冯河，不遐遗；朋亡，得尚于中行。（卦主）

爻位 九二得中，与六五相应，泰卦卦主。

注释 包：包容。冯（píng）河：徒步涉水过河。遐：疏远。遗：遗弃，丢失。亡：逃离，出走。

译文 具备能包容广大山川的宽广胸怀，就能克服困难徒步涉水过河，对朋友不疏远也不遗弃，不结成小团体而要互相亲比，虽损失一些朋党，但能够辅佐公正有道德的君主。

辨析 包荒，一种说法是胸怀宽广，能够包容广大的山川；还有一种说法，包是一种远古时的瓠瓜，长大后剖开可以做葫芦船。我认为这两种解释方法都对，一种是凭借宽广胸怀渡河，一种是借助葫芦船渡河，都通。有个成语暴虎冯河可供参考，意为空手搏斗打虎，徒步涉水过河，比喻做事有勇无谋，鲁莽冒险，或费力不讨好。朋亡，得尚于中行，一说是丢钱会有好心人送回。应天老师认为结合本爻六五帝乙归妹来讲，这种说法是错误的。不结成小团体的目的是表达对君主的忠，损失了一些朋党换来的是帝乙归妹的结果，这也是符合泰卦小往大来智慧的，因此九二是泰之卦主。

选择　用广阔的胸襟克服眼前的困难，与朋友亲近不背叛，同心协力，损失一部分小的利益换来更有大局观念的结果。

九三，无平不陂，无往不复；艰贞无咎，勿恤其孚，于食有福。

爻位　九三当位，凶位，即将进入上卦。

注释　陂（bēi）：倾斜，山坡。往：去。恤：担忧。

译文　有平就有斜，有去就有回，不论遇到什么环境，都能够小心翼翼坚守正道，就没有错误。不用担心不诚信，安心享用自己的俸禄就好。

辨析　九三爻处在阴阳转换的当口，看起来很凶险，但整体泰卦卦辞告诉我们，阴阳转换是自然规律，所以不用过于担心。无平不陂，无往不复。这是一种该吃吃该喝喝，啥事别往心里搁的心态。

人生总有些必要的选择，这是避免不了的，就好比天要下雨娘要嫁人，是无法阻拦的，这个时候正确的处理办法是，放平心态，保持贞正，随他去吧。这些事并不会影响我们自己的福气，正视这些选择与改变，才能他好我也好。

选择　处于选择当口，无法避免，只能应对，放平心态，坚守正道，保持诚信，正视这些选择与改变，最后结果不坏。

六四，翩翩不富，以其邻不戒以孚。

爻位　六四得位。

注释　翩翩：鸟儿轻飞的样子。形容此处的阴阳转换是柔和的、连续的，而不是生硬的、间断的。不富：不明显，还是讲阴阳转换。也有将"翩翩不富"解释为像飞鸟连翩下降，虚怀若谷的，因无法整体契合，故不取。以：连词，第一个"以"是"与"的意思；第二个"以"是"而"的意思。

译文 本爻接着九三讲，这种阴阳转换是连续、柔和、不明显的，与邻居之间要以诚相待，不要互相戒备，这是阴阳融合的结果。

辨析 《周易》中出现"不富以其邻"两次，都是阴爻，一个是泰六四，一个是谦六五，这两个爻的解释也不尽相同，只能说结合全卦进行理解。关于泰卦六四和九三两爻的联系，各家说法大相径庭。应天老师在这里首先给六四定个性：得位，但乘凌九三，又被六五敌比，因此是好中有不好，好大于不好。

选择 转变关头要保证其顺利进行平稳过渡，新旧势力要妥善相处，彼此真心，以诚相待，这样才能更好地走下去。

六五，帝乙归妹，以祉元吉。

爻位 六五得中，下应九二。

注释 祉：福祉。

译文 帝乙为百姓安定将姐妹俩嫁给了西伯侯，能如约归妹很诚信，这是一件很吉祥、很有福祉的事情。

辨析 帝乙是商纣王的父亲，执政末期迁都朝歌。这一时期西伯侯已经具备很大势力了，帝乙是一个宅心仁厚的君主，他为了百姓安宁和平，选择用和亲的策略安抚西伯侯，即文王之父。按照那时候的民俗，侯王结婚，如果娶了姐姐，那么妹妹也要嫁过去，如果妹妹还没有成年，那就先约定好，等成年以后再嫁过去，这就是帝乙归妹的典故了。帝乙归妹的典故在《诗经·大雅·大明》也有体现，是盛事，也是美谈，现在一方面指吉祥如意，非常有福祉，一方面指诚信，妹妹如约嫁过去，总归都是好的，相当于大家的心愿都实现了。对于帝乙，和平稳定；对于西伯侯，娶了公主；对于姐妹，嫁了好人家。

选择 这是一件对彼此都好的事情，各取所需，要把好事办好，光明正大地办，诚信、吉祥，让大家都知道你们的强强联合。

上六，城复于隍；勿用师，自邑告命，贞吝。

爻位 上六当位，与六五敌比，亢位。

注释 复：通"覆"，倾覆。告：宣告，宣教。隍：没有水的护城河。古时建筑城墙的时候，隍中的土堆起来就是城。

译文 城墙倾覆在护城壕沟中，这是不好的预兆，此时千万不要进行战争，君主要加强对百姓的教化，贞正而谨慎地执政，以防止出现土崩瓦解的局面。

辨析 此时处在泰的极点，否马上就要来了，因此出现了一些类似天命的东西，其实也是在告诫大家，不要一味安逸一味享受，而要随时警觉可能出现的灾难。

选择 某件事已经显露出衰败的迹象，甚至是灾祸的预兆，这个时候要更加小心谨慎，不要再扩张了，不要再有别的事端了，凡事亲力亲为，预防更大的失败，坚贞中正才能避免遗憾悔恨。

全卦过程

泰 卦	以君子道长为喻
上六（城复于隍）	防止可能出现的土崩瓦解局面
六五（帝乙归妹）	各取所需，诚信有福的强强联合
六四（翩翩不富）	转变关头，保证顺利平稳过渡
九三（勿恤其孚）	不论世事变迁，坚守诚信正道
九二（冯河朋亡）	克服困难，小往大来，小损大益
初九（拔茅茹）	见微知著，准备行动

全卦选择 地天泰是一个君子道长小人道消的卦象，象征的是我们在前进途中遇到的各类问题，前期和后期要通过以小见大的方式发现事物兴起的预兆和衰败的端倪，中间要尽可能利用自身一切优势克服各种困难，实现小往大来的目标，在阵痛中妥善实现阴阳转化，慢慢地柔和地转型方能平稳过渡。

第18课　天地否卦，否极泰来

第十二卦　天地否

卦名　天地否　否字本义为不，否字从不、从口，其实主要是两个意思：一种是否定，一种是不好的否，还有一个引申义是不通、阻塞。古汉语中就一个解释，坏、恶，与臧、泰对应。诸葛亮《出师表》中的"宫中府中俱为一体，陟罚臧否，不宜异同"和成语否极泰来等都是《周易》中否和泰的应用。

咱们为什么总说否泰如天地，其实它们与乾坤表示的含义很相近，到了极点之后都会互相转化，小区别是否泰在中间还会有一个小的阴阳转化融合的过程，而乾坤没有，这也说明乾坤比否泰更宏大，所代表的意义更深刻，更包容，而否泰则缺乏至阴至阳的东西。

卦画　天地不交　否卦从卦画形状上，与泰卦相综相错，是上天下地。天在上地在下是自然法则。从哲学层面理解，天本来就很高了，轻清之气又高高在上，那么和原本就很低的重浊之气是不会相交的，阴阳不交则万物不生，世界不通泰自然就不会向前发展了，这就是否。如果用男女来比喻阴阳，男子身上充满阳刚之气，但要是性格上阳刚太过了，刚极易折，就很容易出问题；女子也是如此，本身就比较偏阴柔，如果性格上再阴沉或者柔媚，那也会出问题。反观社会上非常成功的人士，往往是刚柔一体，刚中有柔，柔中有刚，水火既济，侠骨柔情，这样才能取得更大的成功。

有朋友问，什么叫刚柔一体？简单来说吧，就是男孩子多一些温柔，多一些坚韧，多一些沉静，多一些仁厚，这是指男孩子多一些坤卦卦德，不争先，厚德载物；女孩子多一些勇敢，多一些坚强，多一些奋进，多一些闯劲，这是要女孩子多一些乾卦卦德，终日乾乾，自强不息。以上例子说明了阴阳相交的重要性。

卦德 否极泰来　否卦看起来虽然天地不交，不通泰，但由于阴阳二气总存在此消彼长的变化，因此未来是美好的，绝望过后是希望，艰难过后是新生。

杂卦角度 否泰反其类也　地天泰和天地否卦形相反，各爻全变，同时互为综卦和错卦，是六十四卦中继乾坤之后的一组重要卦形，非常具有指导意义。有种说法是，"否泰如天地"，《孔雀东南飞》中"先嫁得府吏，后嫁得郎君。否泰如天地，足以荣汝身"。本意指的是一好一坏就好比天上地下差距这么大，这也从侧面说明，古人对于否泰的理解，就好比天地一样重要。泰是地天泰，地在天上，阴柔压着阳刚，怎么还会顺利通泰呢？有一种说法是，阴柔的坤卦象征谦和的君子，阳刚的乾卦象征争强的小人，因此是君子压着小人，于是通泰。应天老师对地天泰的理解是，原本情况是天上地下、天地分明，但现在反过来了，象征着天地交融，无极生太极，太极的天与地又旋成一个圆，水乳交融在一起，非常通泰。

特殊之处　天地否卦：全卦中各爻均两两相应，消息卦七月申，代表节气七月，即立秋开始，经处暑，到白露之前，代表下午三点到五点之间，在地支中为申金。

七月，阳气慢慢收藏，阴气逐步生发，等到坤的时候阳气全部藏于地下，这就是否极泰来，阳气最弱的时候也就是它要绝地反击的时候。

卦辞解析

〔否〕：否之匪人，不利，君子贞；大往小来。

译文　否卦象征否塞。否卦的不通畅不是人为的，是天地之间的一种自然规律，不通顺，但是君子能够保持贞正，阳刚向外，阴柔向内，阴阳不交。注意，此时并没有明确说吉凶。

辨析　否卦也是一个脱简范例，与前面讲的天泽履和后面的天火同人、艮为山卦情况类似。否之匪人，此处需要说明一点的是，不要理解成会遇到土匪，匪人在古代通义非人。君子能够保持贞正。大往小来与泰卦的小往大来相对，还是一个道理，不能单纯从字面来理解，而且引申也不能无边际地去阐发，否则会极其混乱。参照泰卦，应天老师选取三种否卦理解方法：一是从单纯的卦形角度来理解，小为坤地、大为乾天，乾天到外面去，坤地到里面来，大往小来，天地否；二是从德行角度来理解，阳刚为乾为大在外，阴柔为坤为小在内，外方内圆，因此说君子道消小人道长；三是从消息卦角度来理解，否卦处于消卦正中，因此是阴变多阳变少，阳爻为大慢慢远去，阴爻为小逐步归来。这些都是对的，总之不要太拘泥于文字。《周易》是时刻处在变化中来看的，是需要辩证对待的，而且要重视选择，重视努力的过程。

象辞说，天地不交而万物不通，上下不交而天下无邦，小人道长，君子道消也。

否卦三阴居下，有渐长之势，故为小人道长；三阳居上，有消退之势，故为君子道消。天地（阴阳之气）不交感而万物无法通达生长，（君民）上下不交感而无法心志相同，国家和城邦也就无法形成。内卦阴柔而外卦阳刚，内为小人，外为君子。小人之道盛长，君子之道消退。

《象》曰：天地不交，否；君子以俭德辟难，不可荣以禄。

大象辞简译　否卦的卦象是上天下地，为天地不交之表象。天高地低，天地阴阳互不交合，因此闭塞不通，此时天不应再往高升，地不应再向低走。君子应坚持勤俭节约的美德，珍惜已有之物，以期躲避灾难，不能欲望扩张，过于向往荣华富贵而不惜代价地去追求。

爻辞解析

初六，拔茅茹，以其汇，贞吉，亨。

爻位　初六不当位，但以阴爻开卦多为吉利。

译文　拔出一根茅草牵引出同类，观察其根部的萌动，并判断万物形势，秋高气爽，贞正吉祥，亨通顺利。

辨析　此处与泰卦初九几乎完全一样，泰卦初九是征吉，此处为：

贞吉，亨。否是立秋之月，结合初六又象征阴气初升。

之前是泰卦，春生夏长，现在从地表看各种草木都是绿油油的，因此观察根须，用以判断一年一度秋风劲的形势，见微知著。发现什么了呢？秋天马上就要到了，这是自然规律不可抗止，只能保持贞正，方得吉祥。

选择 秋天要来了，冬天也不会远了，要想平稳度过凛冽，就保持最初的贞正品质吧，这样才能够亨通吉祥。

六二，包承，小人吉；大人否，亨。

爻位 六二中正，上应九五。

注释 包承：包容承担。

译文 具备包容承担的胸怀，小心翼翼地前进发展，用阴柔、厚德智慧处世的人们能获得吉祥，阳刚的德高望重的大人物如果能够在否塞面前等待一下，忍耐一下，蓄积一下，反而会亨通。

辨析 本爻位置极佳，结合全卦看必然是吉祥的，这是基调。解释为：具备包容承担的心，小心翼翼处事，用坤德发展。因为秋冬要来了啊，世道不是很好，所以善于潜藏、含章的人就厉害，能够平稳度过，而那些一味刚猛，表现在外非常引人注目的人，容易造成木秀于林的困境，因此在这个时候，阳刚的德高望重的大人物如果能够等待一下，在否、不通顺面前等待一下，反而会亨通。

选择 用坤德处世，多积累，多忍耐，冬天将至，环境趋紧了，不要顶风而行，要等待机会顺势而为，方得吉祥。

六三，包羞。

爻位 六三不当位，敌比九二，凶位。

注释 羞：借指祭祀用品，此处可以作为饮食酒菜理解。

译文 阴柔想向上进入阳刚，准备饮食酒菜，和气共赢。

辨析 此时又处于阴阳转换的节点，因此要联系起来看。包羞的意思不是因包容而招致羞辱。这里讲阴柔准备进入到阳刚环境中，整置了一桌酒席，大家吃吃饭融洽关系，结果可能未必如意，但不失为一个办

法。爻辞中没有明确吉凶，只能根据爻位来理解，吉中带凶，凶略大于吉。

选择 原本用坤德处世的美好品格被抛弃了，想以其他方式结交对方，祸福难料，此时还是要进一步发扬坤德。

九四，有命无咎，畴离祉。

爻位 九四虽不当位，但承接六三，下应初六，因此论吉。

注释 畴：同类。离：依附。

译文 奉行天命没有错误，朋友间相依附能得到福祉。

辨析 此时已经进入乾天外卦了，阴阳转换完成。这一爻结合六三也可以看明白，六三想与九四交朋友，这是阴阳转换的当口，九四正确的处理手段是什么呢？阴阳转换既然是大势所趋，那就坦然接受吧，不要给六三难堪，否则大家都不好看。

选择 一方面按照自己本来的意志处世，另一方面又积极结交朋友，不论对方是君子还是小人都等同看待，这样我们大家都有福祉。

九五，休否，大人吉；其亡其亡，系于苞桑。（卦主）

爻位 九五中正君位，否卦卦主。

注释 休：息。其：将要。

译文 恢复通畅，君子获得吉祥。要保持警醒啊，时刻提醒将要灭亡，我们的事业兴亡就寄托在这个柔嫩的苞桑上了。

辨析 卦辞说大往小来，明明是一件不太吉祥的事情，但在六三和九四的努力之下，阴阳融合很好，结交很好，因此在九五的时候就休否，不再阻塞，又恢复了通畅，这和阴阳转换之道是符合的。通畅以后大人也可以获得吉祥，六二中说，大人还要具备一些条件才能吉利，此时条件具备了，阴阳通畅了，吉利。

选择 道路暂时通畅了，此时看起来即将时来运转却恰恰是最危险的时刻，不要被冲昏头脑，保持警惕能够获得最终吉祥。

上九，倾否；先否后喜。

爻位 上九不当位，亢位。

注释 倾：倒塌。

译文 否塞到了极点就彻底倾覆而变通泰了。先否塞，后通泰，喜悦。

辨析 上九到了否卦尽头，否的闭塞到了极点势必要发生倾覆式转变，否极泰来，自然先否后喜。

选择 否极泰来，享受劫后余生的喜悦吧。就算仍有小的不顺或矛盾也不要紧，大的方面或者最终结果是吉祥顺畅的。

全卦过程

否 卦	以否泰转换为喻
上九（倾否）	守得云开见日明，最终喜悦
九五（休否）	暂时通畅，但要更加警醒防止倾覆
九四（畴离祉）	亲附同伴是福祉，结交成功
六三（包羞）	意在结交，目的是阴阳转换
六二（包承）	包容承担，施行坤德，坚持下去
初六（拔茅茹）	预知将要秋冬，维持贞正

全卦的选择 天地否是一个君子道消小人道长的卦象，整体来讲其实是要稳住，对生活充满希望，对社会充满善意。从爻辞情况来看，大部分是偏吉祥的，只要能多坚持一下，即使过程坎坷波折，最终也会取得成功。

第19课 天火同人，同心同德

第十三卦 天火同人

卦名 天火同人 《说文》中，同是合会，就是汇聚集会的意思。同人为聚集众人，上古时大家往往吃住都在一起，因此同人卦还是非常有画面感的。

卦画 天与火 同人从卦画形状上是上天下火，我们可以理解成古代部族社会中晚上的聚会，天为被地为席人在正中央，顶着天上的星星在地上召开篝火晚会，大家围着食物唱着跳着非常开心，这就引出了其卦辞，同人于野，这是多么亨通顺利的一件事啊。

卦德 同心同德 否极泰来之后，众人归附，大家同心同德共同干事创业。

卦序角度 社会清明则上下相通天地交合，百姓安居乐业，但随着社会发展，也会产生一些弊端，上下不通刚柔颠倒，百姓遇到困苦，这是泰卦否卦；否极之后必然泰来，这是阴阳转化的常理，天地恢复清明，四方之人归顺，和睦相处，这是同人，象征和睦相处；同心同德之后团结到了最广大的力量，四海清平八方来贺，社会进程快速前进，物质生活进一步丰富，这是大有，象征大有收获。

特殊之处 天火同人：离宫归魂卦，全卦中二爻是唯一阴爻。

卦辞解析

〔同人〕：同人于野，亨，利涉大川，利君子贞。

译文 同人卦象征和睦相处。在郊外组织集会，达成共识，亨通，利于克服大的艰难险阻，利于志同道合的群体保持君子的贞正之心。

辨析 同人卦又是一个脱简的情况，与天泽履、天地否、艮为山是一个情况。郊外为野，为什么要在这么偏远的地方同人聚集呢？是在组织祭祀、庆典或大型会议等集会，大家一聚集，最后达成了统一意见，这就是同人了，也是同仁，抛弃个人私心与家族偏见，天下为公，实现大同，结果自然是亨通顺利。

集会这样的活动，必然是"与天地合其德，与日月合其明，与众人合其力"，多么贞正啊，什么困难都迎刃而解，所以说，利涉大川，利君子贞，此处的君子指的是这样一个志同道合的群体。

彖辞说，唯君子为能通天下之志。

具备同人品德，文明而且刚健，唯有君子才能通达天下人的心志。

《象》曰：天与火，同人；君子以类族辨物。

大象辞简译 同人的卦象是上天下火，为举火燎天之表象。天下大火，火势冲天，天映火色，霞光万道，异常美丽。君子应目光明亮，辨明事物，要明白物以类聚、人以群分的道理，更应求同存异，万物各扬所长，天下大同。

评述 在第三十八卦风泽睽卦象辞中也包含求同存异的思想。存异，是多元和包容，是多种力量与优势，可以根据异来各取所长；求同，才能达成共识、和睦相处，志同道合地一起走下去。

爻辞解析

初九，同人于门，无咎。

爻位 初九当位。

译文 在宫门外商量国事，没有错误。

辨析 在古代早些时候，门一般指的是大型建筑物的门户，比如宫门、宗门等，咱们看历史剧，宫门外就是一群大人商讨国事的地方，大家围在一起争论高低，商量的往往是非常重要的大事，比如战争、灾害、祭祀、立储等。无咎，即没有异议，一致通过。此处的同人于门结合全爻来理解，是在商量战事，先给出一个风雨欲来的紧张气氛。

选择 将有大事发生，大家一起商量对策。

六二，同人于宗，吝。

爻位 六二中正，上应九五。

注释 宗：宗族。

译文 在宗族内聚集商量大事，恨惜，小有过失。

辨析 宗族大多数时候是以姓氏为基础聚居的，早些时候也泛指同一部落的人，往往有宗庙有祠堂，供奉着同一姓氏的祖宗牌位。同人于宗就是在宗族内聚集议事的意思，结果是吝，就是小有过失，为什么呢，因为同人的大意是天下大同，在宗内议事还是有些狭隘了，宗派观念一强就容易产生宗派间的争执，因此吝，但没什么大矛盾。举个例子，就好比一个村子中，有两个宗族，都是大门大户，如果各自都没有那么强的宗门观念，往往很容易和平相处，平日里鸡毛蒜皮小事难以避免，吃亏占便宜也就那样了。但是宗族观念过强之后，就容易闹矛盾，就算不为个人也不能丢了门户的威严，小摩擦断不了。然而有了外敌之后，又会一致对外，因为大家都是村里的人，都要为村子的发展着想，因此整体趋向是吉利的，这是六二爻反映出来的。结合整卦也可以发现，战事要来临了，初九是国家层面一起商量，六二是回到宗门内再商量，九三就准备开战了。六二结果吝，也是覆巢之下无完卵之意。

其实咱们理解宗族含义往往是比较困难的，因为现代社会是以小家庭为基本单位的生活形式，即使三代同堂也比较少了，这里的同堂我们是从空间上讲，往往孙子辈大了就分家出去住了，四世同堂就更少了。

选择 要提高格局，否则有小的悔恨。一方面足够维护本宗本族利益，一方面团结更多的同人，去创造更大的利益。

九三，伏戎于莽，升其高陵，三岁不兴。

爻位　九三当位，凶位。

注释　三岁：代指若干年。兴：兴起，起来。

译文　埋伏军队在密林草莽中，占据制高点频频瞭望，作出防守反击的姿态，但由于条件不具备，若干年都不敢轻起战端。

辨析　外卦三阳皆敌比敌应。上卦乾健占据优势，没有主动向下挑战，因此我方也不敢轻举妄动。

选择　条件不具备，敌方势大，我方作出防备姿态即可，避免敌方乘虚而入，我方也没必要主动开战。

九四，乘其墉，弗克攻，吉。

爻位　九四阳居阴位不当位，与九三九五皆敌比。

注释　墉：城墙。

译文　对峙几年之后终于开战，（我方占据制高点之后）向敌方城墙发动进攻，发现无法攻克后就主动退却，吉祥。

辨析　在九三爻之后，战事发生，我方进攻但敌方却严阵以待，发现无法攻克后就主动退却，这样的决策是吉祥的，因为避免了更多人员牺牲。

选择　冲突中尽量占据有利地势，可先进行一些试探性进攻，打破对峙平衡，如果发现处于不利地位，要及时撤退，谋定再动。

九五，同人，先号咷，而后笑，大师克相遇。（卦主）

爻位　九五中正尊位，同人卦主。

注释　咷（táo）：大哭。大师：这里指代两国军队。克：能够。

译文　和睦相处，战争双方握手言和。先战争，因而哭喊，后回归和平而微笑，两支部队能够和平相处了。

辨析　九五尊位是主持正义的，能够统领全卦，基调定下来，有了九五在，这场战争就打不起来。九三九四准备打仗，各自守在战略制高点上相互对峙了三年，到了九五又同人了，大家握手言和了，因此先号咷后笑，号咷说的是九三九四的战争，笑说的是九五的回归和平。大师

应天老师讲周易

克相遇，有观点认为是由于增援，获得了和平，但深究起来，这个增援是对谁的，对九三吗？不可能啊，离得有些远。对九四吗？也不对啊，九三原本就不太能打得过九四，若九四再获得增援，那九三就更完蛋了啊。所以应天老师经过慎重考察，此处这个克字是取本义，能够。大师克相遇，即和平了，两支部队能够和平相处了，仅此而已。能够和平相处的原因是，两国军队互有克制，谁也占不到谁的便宜，于是就同人，在九五尊位的主事之下恢复邦交了。

选择 之前虽有战争，但互相各有忌惮，因此握手言和，恢复邦交，目的是天下大同，此时止战是最好的选择。

上九，同人于郊，无悔。

爻位 上九不当位。

译文 在郊外聚集商量战事，要向着最终理想奋斗，不要后悔退缩。

辨析 上九同人在郊外，结合全篇看，同人卦的卦辞是同人于野，目的是实现天下大同，全爻从最开始的同人于门、同人于宗到现在的同人于郊，实际上是一步步实现天下大同的过程，但在上九还没有达到。但青年一代仍要向着最终理想奋斗，否则就要在若干年之后仍旧有悔。下一卦是大有，大丰收的意思，也说明我们的一步步努力没有白费。

选择 战争之后是和平，但前面的路还很长，实现天下大同目标是终极型的，因此需要我们年轻一代继续努力。

全卦过程

同人卦	以宗门战争为喻
上九（同人于郊）	继续向着天下大同的终极目标努力
九五（同人）	握手言和，恢复邦交
九四（弗克攻）	试探性进攻发现难以讨好
九三（伏戎于莽）	战争对峙
六二（同人于宗）	商量家族利益
初九（同人于门）	商量战事对策

全卦选择 天火同人是一个咱们经常遇到的和同问题，原本是同心

同德的，后来因为一些原因产生矛盾，经过双方互有攻守的几轮战役后，又重归于好，可以非常形象地解释国与国、企业与企业之间的攻守关系。在生活中也是这样，有矛盾的话及时摆事实讲道理，想方设法渡过难关，解决之后还是志同道合的好伙伴。

第20课 火天大有，富不忘本

第十四卦 火天大有

卦名 火天大有 有字的古体是会意字，上面是个手，下面是肉，因此有的最基本含义是收获和富有，大有即大有收获、大丰收。需要注意的是，六十四卦中有四大二小，没有小有，小的只有风天小畜和雷山小过。

卦画 火在天上 离火在卦画上可以象征日，阳光普照是非常适合农作物生长的，也非常适合老百姓做工务农，因此这是一片丰收在望的景象。另一方面，离卦卦德是丽、是附，外离内乾，讲的是柔顺要依附于阳刚，顺天行事，也是一个内在阳刚外在柔顺的君子。此外，火在纳音五行中的歌诀是："霹雳炉中有佛灯，天上山下山头晒。"戊午己未天上火：天上火者，温暖山海，辉光宇宙。

卦德 富不忘本 生活物资丰富之后，要及时回报帮助过我们的人，及时施恩于外，多做善事，一是让内心更加平和，避免愧疚；二是更多结交，争取更大的发展进步。

杂卦角度 大有众也，同人亲也。天火同人和火天大有二卦卦形相反，互为综卦。其实二者讲的意思差不多，因为观察卦画都是一个阴爻领五个阳爻，天火同人讲的是阴爻居六二之位得中正，因此其他阳爻纷纷亲附于此。火天大有讲的是阴爻居六五尊位，以柔顺德行统帅众阳，其他阳爻纷纷追溯，众人归心。

特殊之处 火天大有：乾宫归魂卦，全卦中五爻是唯一阴爻。

卦辞解析

大有：元亨。

译文 大有卦象征大有收获，元始、广大的亨通。

辨析 火天大有是太阳高悬天空的丰收景象，大有不仅仅是农业的大丰收，更是精神上的大丰收，是顺从天命而得到的福报。因此元亨，极其元始、广大的亨通，这种感觉比起小畜卦"亨，密云不雨，自我西郊"还要好很多，比下一卦谦卦"亨，君子有终"也要好。为什么说大有是福报呢？因为对于古代人民而言，农作物获得大丰收就是这一年中最快乐的事情，民以食为天，吃饱才能生存，这是安居乐业的基础。

大有卦是六十四卦中卦辞最短的两卦之一，卦辞最短的另一卦是三十四卦雷天大壮的利贞。

彖辞说，其德刚健而文明，应乎天而时行，是以元亨。

其德行刚健又文明，顺应于天并因时而行，因此获得最元始的亨通。

《象》曰：火在天上，大有；君子以遏恶扬善，顺天休命。

大象辞简译 大有的卦象是上火下天，为日悬天上之表象。火在天上，离火为日，高悬于天，普照天下，沐浴阳光，五谷丰登，因此大有收获。君子应阻止邪恶，颂扬善行，顺应老天赐予的美好命运。

注释 休：吉祥、喜庆。休命：美善的命令，多指天子或神明的旨意。

爻辞解析

初九，无交害，匪咎；艰则无咎。

爻位 初九当位。

译文 同伴之间不要互相侵害，没有灾祸。具备坚韧的品格就没有错误。

辨析 无交害，一种观点是没有来自自然和人为的交相侵害，应天老师认为这种说法不够准确，可以结合同人卦接下来看。同人是同心同德凝心聚力，革命群众已经紧紧团结了，此时的意思是我们同伴之间不要互相侵害，不要内斗，就没有灾祸。艰则无咎，做事业都是艰难的，能够不畏艰难困苦，不忘艰难困苦，具备坚韧的创业品格，就能继续发展而没有错误。

选择 一方面做好内部团结，另一方面创业维艰。

九二，大车以载，有攸往，无咎。

爻位 九二得中，不当位，但上应六五，论吉。

注释 载：装载。

译文 用大车装载丰收后的财物，往前走，没有错误。

辨析 综合全卦，是用大车装载着丰收后的财物，有粮食，有农业器具，有换得的财物。此处有一个值得注意的地方，古时候人力拉的车是小车，用牛马拉的车是大车，此处强调为大车，寓意是什么呢？要行使乾健德行，继续努力，要行使坤顺德行，厚德载物。载的是什么物呢？载的是丰收的喜悦。向前走吧，没有错误。

选择 事业开端已经有了一些初始资本，要行使坤德，不争先，宽厚广大；要行使乾德，终日乾乾。

九三，公用亨于天子，小人弗克。

爻位 九三当位，凶位。

注释 亨：通"享"，祭祀，此处指王公贵族向天子进献礼物。

译文 王公贵族向天子进献礼物，小人是无法承担此项重任的。

辨析 公用亨于天子，结合上爻来看，用大车装载丰收后的财物，向前走，走到哪里去了呢？原来是向天子进贡。这么重要的进贡使节的工作只有最贞正诚信的君子才能胜任，小人是无法承担此项重任的，也无法从中获取利益。

向君主进贡的事为什么要挑选出宗族中最优秀的人来担任呢？这是一项艰巨的任务，要怀着一颗虔诚之心，否则稍有不逊就会招致杀身之祸；另一方面，这项任务是机遇与挑战并存，如果使者文质彬彬、外圆内方，多会获得君主的青睐与赏赐，这些都是小人力有未逮的。

选择 在与尊贵的朋友结交之时，我方应保持贞正之心，妥善应对，如此，会有他吉，获得意料之外的好运。

九四，匪其彭，无咎。

爻位　九四不当位，初入上卦。

译文　很多大车一起行进，像嘭嘭鼓声，并非战事，没有咎误。

辨析　彭在《说文》中的意思是鼓声，嘭嘭嘭的声音。这里面讲的是进贡的大车行进的声音，轰轰隆隆，非常气派，说明大车很多。整句的意思是什么呢？最开始听到嘭嘭鼓声，以为是战事来临，非常惊惧，后来才反应过来，原来是很多大车一起行进，这就无咎了，放心大胆地继续生活，继续享受丰收的喜悦。

选择　很多生活中的是非对错需要认真辨析，喜中藏忧、忧中藏喜是生活常态，要谨慎小心但也没必要风声鹤唳。

六五，厥孚交如，威如，吉。（卦主）

爻位　六五中而不正，但全卦看来是柔中带刚，大吉，大有卦主。

注释　厥（jué）：指代一起去进贡的王公贵族们。如：语气助词，无实义。

译文　同伴之间互相诚信交往，各自就都有了威信，也能更加得到彼此信任，很吉祥。

辨析　从整个卦画来看，火天大有，只有六五一个阴爻，可以理解为统领全卦。初爻中告诫同伴之间不要互相侵害，二三四爻都是在进贡途中，而在五爻中，明确了大家在交往中的贞正诚信美德，最后进贡成功，获得天威保佑，整个进贡过程也是成长的旅程。六五爻行使坤德，又能以柔居尊，同时具备了乾德之威信，诚信待人，不严自威，最终这个离火的孚如和乾天的威如交相辉映，吉祥。

选择　同伴之间要诚信交往，相互信任，群众基础牢固之后威严自生，此时是刚柔相济的状态，自然能吸引万众归心。

上九，自天佑之，吉无不利。

爻位　上九不当位，承接于六五卦主。

译文 有德者天佑，自助者天助，吉祥没有不顺利。

辨析 天来保佑有德之人，只有顺天应人，才能大有收获，获得更多财富。另一方面，必须自己勤恳努力才能得到上天的眷顾，这叫自助者天助，如果自己都放弃了，那还怎么指望老天保佑，怎么会有贵人帮助呢？很多人对待生活的态度就是，平时不烧香，临时抱佛脚，平时不做善事，遇到困难的时候却希望能够平稳度过。这样显然是不现实的。

选择 天佑的前提是，自己充分努力，取得丰收，获得属于自己的成长；另一方面，丰收后又不忘本，进贡给君主，这种承接天德、追随天德、回报天德的品格，最终会获得上天的保佑，无往不利。

全卦过程

大有卦	以进贡途中为喻
上九（自天佑之）	有德者天佑，自助者天助
六五（厥孚交如）	诚信交往，刚柔相济，不严自威
九四（匪其彭）	仍要提防灾祸，但也不要风声鹤唳
九三（公用亨）	要回报天德，虔诚还会有他吉
九二（大车以载）	丰收后充满喜悦，还要继续努力
初九（无交害）	丰收后不要互相侵害，窝里斗不好

全卦选择 大有卦可能表明我们现在事业上生活上已经告一段落，有了点小成就，要赶紧回头去看一看那些曾经真心帮助过你的人，并真心回报他们，具备富不忘本的德行，才有可能获得更大成功。

大有真正的德行是，在感受到天德眷顾后能及时回报，这就是富不忘本，到达六五卦主之时更加诚信处事，在报恩天德的同时自身也获得了相应成长，最终的结果必然是获得更多的庇佑，从成功走向更大的成功。

火天大有在爻辞的感觉上与风天小畜比较相近，后者是既雨既处，一边蓄积一边施德，前者是公用亨于天子，其实是在丰收之后对天德的回报，卦形上也非常相近，都是以柔乘刚，内刚健而外柔顺。区别有以下三点：程度上一个是温饱，一个是小康；处理方法上一个是向周围朋友施舍德行，目的是广结善缘，一个是向曾经帮助过自己的人回报，目的是滴水之恩涌泉相报，并获得更大的帮助；结果也不太相同，小畜过后要继续行走，继续发展，是履卦，大有之后要调整自己内心状态，暂时停一停，修炼内心，是谦卦。

第 21 课　地山谦卦，谦之又谦

第十五卦　地山谦

卦名　地山谦 《说文》谦字，敬也，就是表达对他人的恭敬。无论在何种情况下，都有一种谦虚谨慎和不自满的心态。

卦画　地中有山 谦卦从卦画形状上看是上地下山，可以理解成一位正人君子，胸中有丘壑，心胸非常宽广，能够承载山川丘陵，外表温顺谦和，彬彬有礼，这就是谦卦给我们的感觉了。艮山为少男，在下方处于坤地母亲的保护之下，这也说明了一种自谦，高山不凌驾于厚土之上，而是把自己埋得很低，这样谦恭待人。有些时候我们遇到那些贞正伟大的人物，外表非常普通，就像坤地一样广袤但是平坦，真正了解以后就会发现真是非常厉害。为什么呢？因为他们具备谦的品质。另一方面，一个人只要谦虚，就会显得沉稳厚重，不轻浮，这也是地山谦的解释方法。

卦德　谦之又谦 卦象是地中有山、山藏于地，这种谦虚的意味已经很明显了，地和山都是土属性，都是谦虚谨慎、宽广厚重的代表。

卦序角度　同人大有谦豫 否极泰来之后天地清明，四方之人归顺，同心同德，物质生活进一步丰富，这是同人大有。大有富不忘本，获得事业上的丰收之后要追本溯源，回馈曾经帮助过自己的天德，也是暂时停一停，修炼内心，这是谦卦，象征谦逊；谦虚使人进步，从而走向更大的成功，成功后可以好好歇歇，享受一下，这是豫卦，象征逸豫。

特殊之处 全卦中三爻是唯一阳爻。

卦辞解析

谦：亨，君子有终。

注释 终：终了，结束，与"始"相对。

译文 谦卦象征谦逊。亨通，君子能坚持到底，始终谦虚。

辨析 为人做事要善始善终，善始者实繁，克终者盖寡。笃初诚美，慎终宜令。

君子有终，而小人前倨后恭，先谦后傲，用人的时候卑躬屈膝，用完以后趾高气扬，这就是小人，不具备这种始终如一的谦虚，不具备真实的谦虚，他们把这种谦虚当作一种赚资本的手段，是无法长久的。

象辞说，天道亏盈而益谦，地道变盈而流谦，鬼神害盈而福谦，人道恶盈而好谦。谦尊而光，卑而不可逾。

天道亏损盈满而增益欠缺，地道变换盈满而流注补益欠缺，鬼神祸害盈满而致富于谦虚，人道厌恶盈满而喜欢谦虚。谦虚尊让使自己变得光明高大，处卑下而益发高大，不可被逾越。象辞全文对比盈与谦，其实就是满招损、谦受益的意思。天道地道鬼神道人道都需要用谦来平衡盈，天道说的是月的盈缺，地道说的是高山峡谷的盈缺，鬼神道说的是贫富的盈缺，人道说的是性格上居安思危，最终说明君子性谦是其德行的终极。

《象》曰：地中有山，谦；君子以衰多益寡，称物平施。

大象辞简译 谦卦的卦象是上地下山，为山隐于地之表象。山在地下，山不以其高峻显扬于外，而谦逊隐藏于地下，才德不外显，敛其光芒，谦逊处世。君子应谦虚，不以其优势而骄傲自大，而要全面认识自我，减有余而补不足，并能正确衡量各种事物，取长补短，使各方面均衡发展。

评述 衰（póu）有两种意思，聚集和减少。衰多益寡是个成语，出处就是《周易》的谦卦，意思是拿多余的一方，增加给缺少的一方。比喻多接受别人的意见，弥补自己的不足。

引申

"谦谦君子"是一个常用的成语，出自《周易》谦卦。应天老师第一次认识这个成语是在金庸先生的《书剑恩仇录》中，借乾隆送陈家洛佩玉上之刻字，道出自己人生特别推崇的境界：情深不寿，强极则辱，谦谦君子，温润如玉。此四句参考了《诗经·秦风·小戎》的"言念君子，温其如玉"。这句话其实也暗示了香香公主的命运，淡淡无奈充溢心间，当时总想，如果霍青桐和陈家洛在一起可能就不会有此悲剧，但又一想，霍青桐乃出尘绝艳之奇女子，恐也看不上陈家洛吧。我到现在还时常玩味情深不寿的意境，心有言，难以尽言。遇到真爱之时，是应该用尽全部感情去爱，还是留几分在心中呢？《书剑恩仇录》香香公主的诗词这么说：浩浩愁，茫茫劫。短歌终，明月缺。郁郁佳城，中有碧血。碧亦有时尽，血亦有时灭，一缕香魂无断绝。是耶非耶？化为蝴蝶。

爻辞解析

初六，谦谦君子，用涉大川，吉。

爻位 阴爻入卦多论吉。

译文 谦虚是君子美德，无往不利，吉祥。

辨析 谦谦君子，有一种说法是谦之又谦，就是非常谦虚的意思，泛指谦虚谨慎、能严格要求自己、品格高尚的人。还有一个说法是内谦与外谦，内谦代表山的静止与幽深，这是艮德；外谦代表地的广袤与柔顺，这是坤德。简单点，就是谦虚使人进步，很吉利。

本爻的小象辞：谦谦君子，卑以自牧也。卑以自牧也是一个成语，是谦卑自守的意思。

选择 想成功，就谦虚点，尤其是初始阶段更要谦之又谦，也要持之以恒谦虚，谦虚使人进步。

六二，鸣谦，贞吉。

爻位 六二中正。

注释 鸣：泛指发声，引申为闻名、著称。

译文 谦虚的美名远扬四方，贞正吉祥。

辨析　此处的鸣谦是靠美德换美名，大家自发传颂的，不是公开张扬，也不是沽名钓誉。

选择　一方面谦虚谨慎并获得美名，一方面自身贞正，让大家自发传扬，把声誉做好做大，先占据有利形势。

九三，劳谦，君子，有终，吉。（卦主）

爻位　九三是唯一阳爻，当位，谦卦卦主。

注释　劳：努力劳动，使受辛苦。

译文　勤劳谦虚是君子品质，越是有德者，越能有始有终地勤劳谦虚，吉祥。

辨析　劳谦有前后两层意思，一层指的是辛劳，诚实守信、辛劳勤恳等，这些都是君子应当具备的品质；更深一层呢，一个人如果不勤恳不辛勤劳作，那么永远不可能成功，当然也就没有谦虚的资本。

此处需要辨析的是，不是说暂时不成功的人就不应该谦虚，谦是每个君子应当具备的品质，但成功之后的谦虚现实意义更强一些。所以说，谦虚的人，往往是劳出结果的人，是有功劳的人，是有德者。同样，君子能够做到终日乾乾，有始有终，最终就是吉祥。

有朋友问，终日乾乾是典型的乾德啊，这里面并没有乾卦啊。确实是这样的，但阳爻是可以用乾德解释的，努力、奋进、刚猛、争先等，都可以作为阳爻的品德，包括震、坎、艮这三个阳卦也是可以用乾德的。乾德是一个大德，尤其本卦只有唯一阳爻，那就更加适用了。包括坤德的直方大、含章、后手等，也是类似用法。

选择　此时已经比较成功，继续用终日乾乾的乾德来涵养谦逊品质，有始有终奋进，更吉祥，二者相互增益，越成功，也越谦虚。

六四，无不利，㧑谦。

爻位　六四当位。

注释　㧑（huī）：本义为裂开，此处通"挥"，发挥传扬。

译文　发挥谦德是好事，没有不吉利、不顺畅的结果。

选择　继续施行谦德，谦之又谦，从成功走向更大的成功。

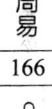

六五，不富，以其邻利用侵伐，无不利。

爻位 六五不当位，尊位。

译文 谦德对周围人的感化不明显，但仍有效果，出兵征伐没有不顺利的。

辨析 谦德对周围人的感化虽不明显，但处在五爻尊位，仍然努力团结大家，为了维护谦德，出兵征伐那些野蛮的不可一世的人，都会取得胜利。

谦德不是一味退让，谦虚也有它进取的一面，越是成功就越是谦虚，对周围人的影响就越大，以此来拓疆土征不服，必然是无往而不利的，相当于站在谦德的基础上扩大战果。

选择 已经打下了很好的基础，谦虚谨慎，周围人都受到感染，在谦德的基础上扩大战果，继续开疆拓土，无往不利。

上六，鸣谦，利用行师，征邑国。

爻位 上六当位，下应九三。

译文 谦虚的美德传遍列国，利于出兵打仗，利于征讨周围小国。

辨析 谦虚的美德得到传扬，此时出兵打仗必然会获得胜利，因为我方是正义之师、仁义之师，周围的小国也将纷纷被我方的谦德征服。九三发挥谦德的目的就是要使自己的事业获得更大的成功，这是另一种形式的谦之又谦。谦虚又具备勤奋品质，则容易获得成功，成功之后境界高了更加谦虚，因此上六更成功。

选择 谦谦君子也是要生活的，要更加奋进，该出手时就出手，好人有好报，君子值得更大的成就、更多的资源。对于人之常情，事物发展的必然规律，没必要虚与委蛇，遵守规则公平竞争即可。

引申

在古代很多时候都是通过战争来传递大德的，战争是上古、中古历史中很重要的组成部分。我们讲谦，不是说君子这也不行那也不能干，而是要把更优厚的资源用在君子身上，后世儒家也提倡德不废欲，有些事情是大家都有的平等权利，并且应天老师认为，既然是权利，就有争取的可能，就更应当倾向于有德者，这就是常说的不让好人吃亏。

全卦过程

谦 卦	以谦德为喻
上六（征邑国）	立足谦德，创造更大的成功
六五（利用侵伐）	维护谦德，扩大战果
六四（扐谦）	继续施行谦德，再获成功
九三（劳谦）	终日乾乾，一定成果后更谦逊
六二（鸣谦）	传扬谦德，占据美名大义
初六（谦谦君子）	内外两谦，持续内外双修

全卦选择　谦谦君子，内外双修，越谦虚，越吉祥，越努力，越进步。但同时不要被君子之名束缚，而应正确理解君子之道，该出手时就出手，把美好德行传扬给大家，也是君子应为。

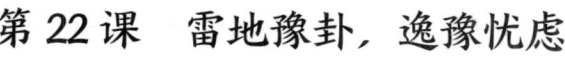

第22课　雷地豫卦，逸豫忧虑

第十六卦　雷地豫

卦名　雷地豫　《说文》释豫，象之大者。有一种说法是，大象性情温顺，又习惯于谨慎行事，长鼻子经常能够进行试探工作，所以说豫字有忧虑、谨慎的含义。现在最常用的意思一个是欢喜、快乐，一个是安闲、舒适。

《帛书周易·馀》中，豫作馀，而所有的传世本《周易》均作豫，二者通假。而馀并不从象；《竹书周易·余》中，豫作余，并且经考证，豫在甲骨文中所对应的字是余。由此，说明馀、余、予、豫同音，相通假。《周易集解·豫》引东汉郑玄说："豫，喜逸悦乐之貌也。"意思是，豫是舒适快乐的样子。豫也通"预"，预从页，页表示面貌表情，这样为什么豫是安闲、快乐这个表意就弄明白了。

卦画　雷出地奋　从卦画角度来讲，上震下坤，平地一个惊雷，比喻突然传出的令人震惊的消息，所以说，不要光认为豫就是安乐享受，其本质隐含着预警之意。震卦的第二个重要表象是龙，龙游大地，这种感觉就是豫，就是这么飘逸。

卦德　逸豫忧虑　北宋欧阳修的《新五代史·伶官传序》中说："忧劳可以兴国，逸豫可以亡身，自然之理也。"因此在享乐逸豫的时候，也不要忘记平地惊雷的卦象，多为事业忧劳一些，多为以后思虑一些。

杂卦角度　谦轻豫怠　雷地豫和地山谦二卦卦形相反，互为综卦。顾名思义，把自己看轻一些才能更好尊重他人，这就是谦虚；豫的本义就

是安逸，因此容易产生懈怠，谦轻豫怠是也。一个轻字，很好地说明自谦的人，不把自己太当回事的人，能够做到谦虚谨慎地听从他人的合理化建议，积极寻求他人帮助，这样也是更加容易成功的。

特殊之处　雷地豫卦：全卦中四爻是唯一阳爻。

卦辞解析

豫：利建侯行师。

译文　豫卦象征逸豫。将自己的国家建设好，军队随时整装待发，防备可能出现的敌战威胁。

辨析　在第三卦水雷屯中也有利建侯，但是当时没有说利行师，因此，豫卦的含义不仅是安乐享受，还要保持随时的警惕。豫卦是以这样一种状态做类比，国家建好了很是开心享受，但同时，军队也要枕戈待旦准备打仗了，也需要忧虑。这就是它的表征意义。

象辞说，天地以顺动，故日月不过，而四时不忒。圣人以顺动，则刑罚清而民服，豫之时义大矣哉。

天地顺乎时而动，故日月运行不失其度，而四时更替亦无差错。圣人顺乎天时而动，则刑罚清明而万民服从。豫卦时所包含的意义，太大啦！

引申

象辞中提到一个概念——时义，即本卦所代表的意义。应天老师认为时义是对于整个时代、整个世界的意义。其实六十四卦每一个都有它的时义，这就是卦德，都对我们的工作生活乃至社会运行有很强的指导意义。在《周易》中，应天老师发现明确提出过的有以下几个卦具备时义：雷地豫、泽雷随、天山遁、天风姤、火山旅，还有像泽火革"革之时，大矣哉"脱简的情况等，其他的没明确，但其实也都是有的，都可以总结成卦德。

《象》曰：雷出地奋，豫；先王以作乐崇德，殷荐之上帝，以配祖考。

大象辞简译　豫卦的卦象为上雷下地，为地上滚雷之表象。雷响地

上，少有震惧，而有振奋愉悦之勃勃生机。君子应继承先王为推崇景仰伟大功德而作的颂歌雅乐，用在盛大的祭祀典礼来崇奉天帝，用于配享功德祖先。

注释 配：配享。考：父亲，祖考，祖宗之意。

评述 古代最庄重的事情要专门为之作乐。古代以有功于王朝的贤人或功臣，附祭在孔庙、帝王庙或其他祠庙中。祭祀祖先这件事情出现在这里，说明在古代这也是一件快乐、吉祥的事情，与之对应的是战争，是悲惨、凶险的事情。

爻辞解析

初六，鸣豫，凶。

爻位 初六虽不当位，但上应九四，理应贞吉。

译文 将自身的安逸享乐到处宣扬，凶险。

辨析 此处讲凶并非全凶，而是可以避免化解的凶。鸣豫，过上点好生活就沾沾自喜到处宣扬，那肯定是不好的啊，容易引来灾祸。这种凶也指，别看你现在得意，但好日子其实已经到头了，因为你懈怠了，谦轻豫怠，就是如此。

选择 有点小成就，准备安逸享乐了，但千万不要自鸣得意到处宣扬，而要继续保持谦逊品格，努力并低调方能没有凶咎。

六二，介于石，不终日，贞吉。

爻位 六二中正吉祥。

注释 介：坚硬、坚定、耿介。

译文 豫卦安逸而又警醒，君子应当如磐石般坚硬正固，见机而作努力奋进，如此就贞正吉祥。

辨析 介于石，于字是比、过之意，因此介于石是坚硬比过磐石的意思，是比喻君子上不谄媚下不亵渎的节操。不终日，早上该干的事情，绝不拖到晚上再干，是只争朝夕、不舍昼夜的意思。

选择 应当施行的两种美德，坚硬正固，努力奋进，吉祥。

引申

古人的名和字大多是非常讲究的，下面列举一些三国时期的名人，供大家赏析，体会名与字之间互相指向、互通解释的优雅。

刘备字玄德，诸葛亮字孔明，关羽字云长，张飞字翼德，赵云字子龙，黄忠字汉升，魏延字文长，姜维字伯约，马超字孟起，刘禅字公嗣，廖化字元俭，法正字孝直。

曹操字孟德，司马懿字仲达，曹仁字子孝，曹洪字子廉，曹丕字子桓，曹植字子建，许褚字仲康，庞德字令明，许攸字子远，乐进字文谦，荀彧字文若，荀攸字公达，郭嘉字奉孝，程昱字仲德，张辽字文远，李典字曼成，夏侯渊字妙才，徐晃字公明，夏侯惇字元让。

孙权字仲谋，孙坚字文台，孙策字伯符，周瑜字公瑾，陆逊字伯言，太史慈字子义，鲁肃字子敬，吕蒙字子明，诸葛瑾字子瑜，程普字德谋，黄盖字公覆，韩当字义公，周泰字幼平，凌统字公绩，甘宁字兴霸。

董卓字仲颖，吕布字奉先，丁原字建阳，陈宫字公台，袁绍字本初，袁术字公路，孔融字文举，陶谦字恭祖，刘表字景升，刘璋字季玉，马腾字寿成。

六三，盱豫悔；迟有悔。

爻位　六三不当位，凶位。

注释　盱：张目直视。

译文　认真仔细审视安逸的生活，疑虑重重而迟迟不肯行动，这样就会招致后悔，但也已经迟了。

辨析　豫在开篇就讲过，有警觉、忧虑之意，盱豫即审视当下安逸，警觉疑虑，迟迟不肯行动就会招致后悔，由于自己的过分谨慎而错失良机。迟有悔，意思实际上是没必要后悔了，因为刚才的悔，已经是过去式了，后悔都迟了，因此抓不住的就抓不住吧，还是向前看好了。

选择　过于警醒会招致后悔，错失良机。后悔无用，实干更安心，与其后悔，不如拼命想办法弥补。因为迟有悔，后悔也迟了，还是放下吧，继续前行。

九四，由豫，大有得；勿疑，朋盍簪。（卦主）

爻位　九四不当位，但呼应初六，承接六三又被六五乘凌，吉凶互见，豫卦卦主。

注释　由：听任，随顺。盍：通合，聚合。

译文　听任自身这种安逸的快乐散发出去，大有收获。君子之德没必要怀疑，朋友们会像女子头上的簪子一样合聚团结起来。

辨析　听任自身这种安逸享乐的快乐散发出去，就是我们总说的跟着感觉走，这样就会大有收获。此处是唯一阳爻统领众阴爻，同时运用同人大有的感觉，达到豫德。本爻之所以为卦主，是讲了前后几种情况，初六太安逸了而不警醒，容易引来祸事；六三过于警醒了而没抓住机会，容易后悔；此时不偏不倚，回归到豫德之上，既逸豫又忧虑，安与危共存，居安思危，安不忘危，这样才能团结到朋友并且大有收获。需要注意的是，同人大有都是一阴领五阳，与豫正好相反。

选择　事业上、生活上，该休息休息，该忙碌忙碌，不要太过于强求，调整好张与弛的关系，方能同人大有，宾朋合聚团结。

六五，贞疾，恒不死。

爻位　六五得中论吉。

译文　贞正、快速地向前推行，可获得长久生存而不至于灭亡。

辨析　刚才的六四实际上是踏踏实实豫了一把，在享乐中警醒，休息过后是战斗，于是六五要快速向前推进了。

选择　休息过后继续上路，快速发展吧，为了长久生存。

上六，冥豫，成有渝，无咎。

爻位　上六当位论吉。

注释　冥：昏暗。渝：变化。

译文　如耽于逸豫，成功了也会有变化，安中有危方可没有错误。

辨析　"生于忧患，死于安乐"，要劳逸结合，适时休息是没错，但如果沉溺于享乐，那么即便是成功之事也会产生变故。但如果能及时认识改正，也不会有什么大错。

选择 劳逸结合没有错误，但也不能躺在功劳簿上睡大觉，享乐逸豫时也勿忘忧虑。

全卦过程

豫 卦	以事业发展张弛有度为喻
上六（冥豫）	事业有成后逸豫同时要忧虑
六五（贞疾）	休息之后快速向前推进
九四（由豫）	逸豫忧虑方能同人大有
六三（盱豫）	过分警觉会错失良机
六二（介于石）	君子应当坚硬正固、努力奋进
初六（鸣豫）	最开始不可宣扬逸豫

全卦选择 这一卦非常吉利，但也要告诫自己，逸豫可以亡身，忧劳可以兴国，只有踏实努力，以豫德努力，劳逸结合，一边享乐一边怀有忧虑之心，才能在前进路上走得更远。

豫卦最重要的卦德并不是享受，而是警醒，这点在卦辞"利建侯行师"中就很明显地体现出来。应天老师中学时候学过一句话：学就踏踏实实学，玩就快快乐乐玩，现在想来，不就是借用了豫德吗？

第23课　泽雷随卦，顺天休命

第十七卦　泽雷随

卦名　泽雷随　随字，从也，"随风潜入夜，润物细无声"讲的就是这种实体意义上的随，现在讲来多为听任放任之意，例如随时、随性、随心所欲、随遇而安等。

引申

林清玄先生曾写过一篇文章叫作《四随》，分别是随喜，即随手布施、做好事；随业，即万物业障、随他去吧；随顺，即随意看待生活苦难；随缘，即随缘对待生命得失。应天老师少年时期是林清玄先生的"粉丝"，现在家中还藏有他的"菩提"系列精选集《心的菩提》《情的菩提》。林清玄先生30岁前就已经得遍了台湾文学大奖，是获得各类文学奖最多的一位。32岁遇见佛法，入山修行，深入经藏，其后作品佛性很重。

卦画　泽中有雷　随卦从卦画形状上看，上泽下雷，是六十四卦中唯一一个，不仅阴卦在上阳卦在下，而且阴爻在上阳爻在下，象征着阳刚君子不耻于屈居阴柔小人之下，这是一种心态上的随和。兑泽为喜悦，震雷为行动，内心在跃动，外表充满了谦和喜悦，这种随性的感觉就很明显了。

卦德　顺天休命　在古人眼里，顺应天道、顺天休命就是最大的君

子，太阳白天升起，夜晚落下，日出而作、日落而息，这就是君子，这就是随时。

卦序角度 谦豫随蛊 物质生活大丰收之后回报天德，停下来继续积累，既要修炼谦德，又能享受逸豫，这是谦卦豫卦；安享生活而能不忘忧虑，高贵者具备谦和风骨，能始终虚心纳谏，这是随卦，象征随和；随和是需要原则的，如果内里变质，虽然外表仍随，但此时已经发展成为弊病，这是蛊卦，象征惑乱。

特殊之处 泽雷随卦：归魂，唯一的卦与爻均是阴上阳下。

卦辞解析

随：元，亨，利，贞，无咎。

译文 随卦象征随和。元始、亨通、顺利、贞正，人生在世，如能正确领会随德则没有错误。

辨析 泽雷随卦是又一个具备四德的卦。具备四德的卦，有乾为天、坤为地、水雷屯、泽雷随、地泽临、天雷无妄、山泽损、泽火革这八个。需要说明的是，乾卦的元亨利贞是大德，是天的四德，没有任何局限，没有任何缘由，而其他卦的四德都是有局限性的，或者使用起来有限制。本卦元亨利贞，无咎，看起来是没有限制，但那是不可能的，没限制的是天德，而泽雷随终究是人之德行，这也说明，天地人，人生最重要的德行是随和，慢慢来，莫生气。此处的无咎其实是有咎，为什么呢？随得好就是无咎，随谁呢？随天随地就是无咎，随那些不好的，原本就有问题的、凶险的，那就是有咎。

象辞说，大亨贞无咎，而天下随时，随之时义大矣哉。

大道通顺而得正无咎，天下万物皆随时而变化。随卦时所含有的意义，太大啦！

《象》曰：泽中有雷，随；君子以向晦入宴息。

大象辞简译 随卦的卦象是上泽下雷，为泽随雷动之表象。雷响泽中，泽不反抗，而将雷之巨响掩于泽下，又随雷声轻微震动，原本惊惧之象因泽之随从而和谐协调。君子应行事依时，白天随日出而劳作，晚上随日落而归家休息。

注释 晦：暗，黑夜。宴：安，安寝。

评述 向晦入宴息，整句意思是，君子到了晚上就要休息。看起来是一句废话，但重要的是，这是君子的行动，那么小人呢？白天不工作，夜晚不睡觉，生活作息全都乱掉了。在古人眼里，顺应天道、顺天休命就是最大的君子。太阳白天升起，夜晚落下，日出而作、日落而息，这就是君子，这就是随时，所以说卦德为顺天休命，随着天道运行而践行君子之道。

爻辞解析

初九，官有渝，贞吉；出门交，有功。

爻位 初九当位。

注释 官：官府，引申为皇宫。

译文 宫里大人物发生改变，坚守正道才能获得吉祥。我独善其身，出了宫门之后结交朋友，有功劳。

辨析 官在此处并不是官员的意思，实际上官吏之意都是后来才有的，官最开始指的是官府，是从宫演变而来的，它们都有一个宝盖头，都有乌纱帽，是这个含义。随卦初爻也是接承豫卦上爻，整句的意思是，宫里那些大人物发生了些改变，出现了动荡，分了派系，此时坚守正道才能获得吉祥。大人物分了派系，我却不参与，独善其身，出了宫门、官门之后，再结交属于自己的朋友，获得属于自己的机会，这样不仅没麻烦，还能有功劳。

选择 动荡之局不要急于选择，往往最开始不适合朋比，应当退出来看清形势，谋定后动，脱出派系之争后再交朋友也不迟。

六二，系小子，失丈夫。

爻位 六二中正论吉祥。

注释 系（xì）：束缚，捆绑。

译文 倾心随从于年轻小子，则会失去了阳刚方正的丈夫。

辨析 君子与小人相对，是品格方面的评价；此处丈夫与小人相对，是指年龄层面。丈夫指的是二十岁以上的男子，尤其指有官位的，与现在的丈夫含义不尽相同。小子是小孩子，少年。六二是阴爻阴位，因此整体感觉是非常柔的，两种理解方法应天老师认为都可以，一种是倾心随从于年轻小子，则会失去了阳刚方正的丈夫，比喻的是因小失大、抓小放大；另一种是追忆自己孩童时代的活泼天真的快乐，而没有意识到现在已经长大了，应当承担起成年男子的责任，讲的也是一个丢西瓜捡芝麻的事情。理解途径不同，表述含义类似，这是《周易》的特色。需要注意的是，本爻没有明确吉凶，而按照爻位来讲，整体论吉，因为这是初级阶段，追随是年轻人发展的必经过程。

选择 当下是初级阶段，可以适当做一些不太成熟的事，但之后应当抓大放小，把精力放在重要事情上，要与成熟方正的人交朋友，要更加重视未来发展而不要停留在原先的逸豫时光。此处整体偏吉。

六三，系丈夫，失小子；随有求得，利居贞。

爻位 六三不当位。

译文 追随阳刚方正的丈夫而不是年轻小子，随着自己的所求去争取，能够安守本分做一件事，这是贞正的。

辨析 六三与刚才的六二比较来看就容易了，刚才是心念在过去的无忧无虑上，现在是心念在成年人的责任上，那么童年少年的天真烂漫自然就远去了，这叫有得有失，孩子气没有了，变得成熟了，经历世事了。随有求得，就是说图一头，想要事业还是想要安逸，自己要想明白，随着自己的所求去争取，就能够达成所愿。

选择 生存还是毁灭，安逸还是拼搏，没有一个定论，但是要想成功，要想获得更大的安逸，一方面追随优秀成熟的朋友，另一方面多学习工作，多拼搏进取，负起丈夫之责。

九四，随有获，贞凶；有孚在道，以明，何咎！

爻位 九四初进上卦，不当位。

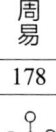
译文 追随丈夫之道有很多收获，但要注意分辨其中的贞正与凶险，只要能心存诚信，不违正道，以光明正大的形象示人，怎么会有咎害呢！

辨析　九四惧位，要注意律己。六三爻承接九四，接着刚才的追随丈夫之道来讲，有很多收获，但是要注意分辨其中的好与坏、贞正与凶险，就好比我们长大成人后经历了很多事，其中自然有好有坏，交了很多朋友，也是有损有益。

选择　注意分辨生命中经历的人与事，择其善者而从之，其不善者而改之，始终坚守自身正道是以不变应万变的方式。

九五，孚于嘉，吉。（卦主）

爻位　九五中正，尊位，随卦卦主。

译文　把诚信献于嘉礼，非常吉祥。

辨析　嘉是美好之意，此处单独使用，表意为古代五礼（吉礼、凶礼、军礼、宾礼、嘉礼）之一。嘉礼即国家具有喜庆意义及一部分用于亲近人际关系、联络感情的礼仪活动。上到君主登基、册皇太子、策拜王侯，下到冠礼、婚礼等。此爻为卦主，为何？因为卦辞是：元亨利贞，无咎。到了九五尊位，在大典中保持诚信，这不就是随的风骨吗？顺天休命首出自大有卦象辞，遏恶扬善顺天休命，要顺应老天赐予的美好命运，随时而动，随势而行。

选择　以诚信待人，要具备天之四德，随时而动，随势而行。

上六，拘系之，乃从，维之；王用亨于西山。

爻位　上爻穷也。

译文　被天道裹挟，听从、顺应并维护之；君王在西山设祭，祭拜天道。

辨析　顺应九五发展，被周围的事物裹挟发展前进，这就是拘系的意思。被谁拘系呢？被随之道，随着走，听从天道、顺应天道，于是君王在西山设祭，祭拜天道。

选择　天意难测，那就保持贞正之心，进一步追随天道，随时而动吧。

全卦过程

随 卦	以追随天道为喻
上六（拘系之）	被天道裹挟前行并维护天道
九五（孚于嘉）	追随君子，进一步追随天道四德
九四（随有获）	追随丈夫之道很有收获，但要注意分辨
六三（系丈夫）	成长，追随成年人，安守本分做事业
六二（系小子）	事业初级阶段追随年轻人
初九（官有渝）	局面动荡不急于追随，退出再随时而动

全卦选择 随卦是一种高级德行，孔圣人在七十岁才达到随心随性的境界，因此咱们普通人在年轻的时候就更加困难了。要向之努力，多提高自己的人生素养、眼界见识，生活中善用随德，顺时而动、顺势而为，早日达成从心所欲而不逾矩的境界。

第24课　山风蛊卦，德行治弊

第十八卦　山风蛊

卦名　山风蛊　《说文》蛊为腹中虫，字典解释蛊为疑惑、蛊惑。蛊的象征意义可以理解为，将很多虫子封在器皿中，让它们自相残杀、争斗吞食，最后剩下的一只虫子就是虫王，是非常厉害的。因此蛊可以指虫王，也可以指风平浪静下面暗藏的残酷斗争。咱们现在再回头理解序卦，泰否之后的同人大有谦豫随都是比较平稳的社会特征，为什么冷不丁来一个蛊呢？其实就是说，风平浪静的环境往往会掩藏一些弊病，时间长了越积越多就会显露出来，这就是蛊。

卦画　山下有风　蛊卦从卦画形状上看，上山下风，是六十四卦中唯一一个，不仅阳卦在上阴卦在下、而且阳爻在上阴爻在下的卦，象征着刚柔不济、上下不通，久而久之就有了祸患，就需要整饬。同样，上一卦泽雷随也是唯一的，不仅阴卦在上阳卦在下，而且阴爻在上阳爻在下，可以对比学习。山下有风，这种风往往是回旋风，比较诡异，很多人认为有些邪性，蛊。

卦德　德行治弊　风吹来被山止住，看似风止住了，却还有止不住的事情，明面上止住了，但深层次的东西却止不住，这就是蛊。如果能够在治蛊之时趁机用优秀品德和正确行动将那些留存已久的弊病一扫而光，那天下将走向新的大治。

杂卦角度　杂卦：随无故，蛊则饬，泽雷随和山风蛊卦形相反，各爻全变，同时互为综卦和错卦。故在此处有多种解释方法，可以理解为事故、是非，也可以理解为原因、随无故，就是说随性随和是由内到外的一种修养，没有必要解释道理的，这种品德不会引发是非。饬是整治的意思，蛊为腹中虫，外表无恙，内里有疾，因此需要整饬。上一卦随则是内外都无悲无喜，淡然恬静。

特殊之处　归魂，唯一的卦与爻均是阳上阴下。

卦辞解析

蛊：元亨，利涉大川；先甲三日，后甲三日。

注释　涉：蹚水过河。

译文　蛊卦象征惑乱。元始亨通，能够顺利渡过难关，有利的日子是三天前和三天后。

辨析　哪些日子是有利的呢？先甲三日，后甲三日，是辛壬癸甲乙丙丁共七天。一种说法是，七天是代指一个周期，有始有终周而复始的意思，类似于月之盈亏、日之出没，都是有终必有始，这是天道运行的规律；一种说法是，先甲三日，后甲三日，特指辛日和丁日，将有较大的事情发生；还有一种说法是，在做大事以前，要考察现状、分析事态，在做大事以后，要讲究治理措施，预计到后果。以上几种不同的解释仅作为参考，但应天老师综合判断，这个先后三日的提法也就仅仅是个代指。之后也有一个类似的用法，巽卦九五爻辞："贞吉，悔亡，无不利；无初有终；先庚三日，后庚三日，吉"，在整个《周易》卦爻辞中，并没有特殊凸显天干地支的用法，而且作为预测指导，相对而言要满足一定的概率学才有意义，否则只出现了庚、甲、己这几个，那其他天干呢？因此最终的论断是，"先甲三日，后甲三日"是一个模糊指向，就是最好的、最合适的、最有利的时机，仅此而已。

很多朋友们疑惑，蛊为腹中虫呀，理论上蛊卦卦辞应当是不好的呀。但实际上，蛊在卦中就是单纯的有事、出事的含义，没啥好与不好，发现问题解决问题就可以了。

引申

天干地支纪时法在我国沿用了几千年，内涵意象丰富多彩，与社会生活息息相关，是中华传统文化中不可或缺的一部分。十天干指的是甲乙丙丁戊己庚辛壬癸，十二地支指的是子丑寅卯辰巳午未申酉戌亥，二者都是有顺序的，干支组合排列形成六十甲子，这就是咱们国家特有的干支纪年法了。

在目前可考的甲骨文拓片中，十天干十二地支主要承担的意义就是纪时，其次是出现在人名中。关于天干地支汉字意义的解释，主要有植物生长说、人体器官说、十月怀胎说、万物简称说等，只是都缺乏真正的一手史料证实。

根据《史记·八书·历书》，甲是拆的意思，指万物剖符而出；乙是轧，出生，抽轧而出；丙是炳，炳然著见；丁是强，丁壮；戊是茂，茂盛；己是纪，有形可纪识；庚是更，收敛有实；辛是新，初新皆收成；壬是任，阳气任养万物之下；癸是揆，指万物可揆度。

此外，天干在数字、季节、颜色等方面都有对应的象征意义。东方甲乙木，数为三、七，春天，青色；南方丙丁火，数为二、八，夏天，红色；西方庚辛金，数为四、九，秋天，白色；北方壬癸水，数为一、六，冬天，黑色；中央戊己土，数为五、十，象征四季，黄色。

《象》曰：山下有风，蛊；君子以振民育德。

大象辞简译　蛊卦的卦象是上山下风，为山中妖风之表象。风行山下，风发育万物，使万物萌生，而山又涵养万物，使万物生长，但若大风穿山，则草木凌乱，亟待修整。君子应救弊治乱，振兴民众使其觉醒，培育德行以德治弊。

评述　要想治理社会必须选取最正确的时机，就好比康熙铲除鳌拜一样。应天老师少年时候读《鹿鼎记》，总觉得康熙是皇帝，随便找个借口把鳌拜杀了不就完了，为什么迟迟不动手还把自己置于险地呢？现在经历一些世事之后才慢慢理解。什么是最好的时机呢？"先甲三日，后甲三日"是一个比方，是指时机最好的日子，既不能早也不能晚，早了晚了都危险，这是个火候的问题。手段就是振民育德，振兴民众使其觉醒，培育德行以德治弊。

爻辞解析

初六，干父之蛊，有子考，无咎；厉终吉。

爻位　初六阴爻入卦。

注释　干（gān）：干涉，干预，引申为解决治理。考：完成，建成。

译文　解决治理父辈基业中隐藏积累的弊病，有如此能干的儿子大事可成，子孙辈没必要否定父辈的功绩，只需要就事论事治理弊病即可，急迫中努力奋进，最终会获得吉祥。

辨析　务必避免端起碗吃饭放下碗骂娘的恶习。后代继承了前辈留下的世界，要包容看待，不能享受着好的方面，却对不好的方面肆意诋毁。现存的积弊，当时之所以不治理，往往都是时机未到或尚未显现，现在既然显现了，想办法治理就好了，找理由推脱没有意义，迎头而上才能获得最终吉祥。

选择　继承了前代留下的基业，要感恩其功绩，对其中的弊端，推脱或抱怨都是没有意义的，应心平气和接受，并迎难而上治理。

九二，干母之蛊，不可贞。

爻位　九二得中，承接于初六。

译文　解决治理母辈家业中隐藏积累的弊病，不要操之过急，要在坚守正道中等待时机。

辨析　古代是家天下，父亲负责的事情往往是国事、农事、外面的事，而母亲负责的往往是家事、内里的事，《千字文》中"外受傅训，入奉母仪"就是如此。国、家一体没有大小，都是重要的事，甚至很多时候治理家事需要更大的勇气和智慧。所谓清官难断家务事，治家的时候要少一些原则性，多一些包容性，少用一些法治，多用一些德治，这也是"得中"的道理，要中庸一些。

选择　治理内事家事弊病的时候，要平和一些包容一些。

九三，干父之蛊，小有悔，无大咎。

爻位　九三当位，凶位。

译文　解决治理父辈基业中隐藏积累的弊病，有小懊悔没大错误。

辨析　前辈基业中的弊病是长久以来积累下来的，因此在治理过程中有些小的失误、懊悔很正常，但只要能够正确继承父辈遗志，必然厉终吉，因此无大咎。

选择　治弊过程必然是较长的，凡事不可能一蹴而就，更何况这种积累了很久的问题了，因此要容忍阶段性的小错误发生。

六四，裕父之蛊，往见吝。

爻位　六四阴爻当位，有些过柔，六四乘凌九三。

注释　裕：教导，引申为德治。

译文　单纯以品德治理弊病，长此以往走不通，会出现悔恨。

辨析　很明显六四爻与前三爻形式是一样的，都应当用作动词，结合卦德此爻是讲德治。六十四卦中，上卦往往是品德、精神层面的东西，例如离卦、颐卦等，此处也是类似道理。

选择　德治的同时结合法治，很多问题都是积重难返，如果单纯依靠教化很难有好的效果，还要具备可行的规章制度。

六五，干父之蛊，用誉。（卦主）

爻位　六五居中，下应九二，蛊卦卦主。

注释　誉：名誉。

译文　解决治理父辈基业中隐藏积累的弊病，要继承并运用父辈名誉。

辨析　治理前辈弊病的时候，要继承前辈的德行名誉，不能忘本，要沿着前任的总纲大思路去发展，在细节上治理，在大局上稳定。

选择　应该在整体大局稳定的前提下治理弊病，而不是无中生有异想天开地去治理，新官上任三把火并不都是好的，最好能继承前任的优秀做法并延续之前的好的制度。

上九，不事王侯，高尚其事。

爻位　上九不当位，亢位。

译文 积弊治理完成，不想再发生王侯的类似弊病，于是不封侯，而是继续之前好的德行，警惕蛊于未发。

辨析 本爻没有蛊，但是咱们刚才说这个蛊就是事，有蛊虫了就是搞事情啊，所以说不事其实就是不蛊。咱们讲蛊卦都是治理弊端，治好了吗？到这里发现肯定是治好了，政治清明国家太平了，因此就要给这个主持治理的功臣封王封侯了。但是不事王侯，因为我想功成身退了，不想再发生王侯的类似弊病。但事物的发展是循环前进的，无论如何新的蛊肯定都是要发生的，此时选择高尚其事，用刚才六五打起的德行名誉大旗，在和平中警惕，积极消蛊于未发，避免重复以往的弊端，最终实现天下无蛊，成功过渡到下一卦——君临天下。

选择 治理弊病之后要认真反思，不再大张旗鼓，而应继续之前好的品德和行为，避免产生新的弊病。

全卦过程

蛊 卦	以治蛊为喻
上九（不事王侯）	功成身退，防止新的弊病发生
六五（干蛊用誉）	要继承前辈的优秀德行来治弊
六四（裕父之蛊）	不能单纯以德治弊，要兼用法治
九三（干蛊有悔）	治弊过程中犯些小错误不要太在意
九二（干母之蛊）	治理内事弊病要懂得贞正中庸
初六（干父之蛊）	父辈功绩要继承，其中弊病要积极治理

全卦选择 发生问题就去着手解决，不推诿不抱怨。治弊的方法很多，要正确处理内外弊病并及时解决，对待积弊要懂得刚柔并用、德行结合。蛊是在平静中慢慢产生的，最好的治蛊方法也是在平稳中慢慢治理，最终要妥善防蛊，避免新的弊病发生。

 # 第 25 课　地泽临卦，智信监临

第十九卦　地泽临

卦名　地泽临　临有监临之意，俯视察看的意思。主要是指从上往下低头看，包含监督、检查之意，有居高临下的威胁之意。

卦画　泽上有地　临卦从卦画形状上看，上地下泽，站在地面俯视观察泽中的环境，这就是临，非常伟岸，有一种"逝者如斯夫，不舍昼夜"的感觉。

实际上，泽上有地指的是在岸上察看水患，这个泽是沼泽的意思，具备水的特性，引申为水患。传说上古时最重大的天灾是水患，想维持百姓安居乐业就要积极治理水患。禹为什么能被舜选为下任君主呢？就是因为他治水有功。

卦德　智信监临　咱们将五行与五德对应起来之后，水主智、土主信，因此本卦的卦德就是智信监临，用智慧和信义去监临天下。刚说了地泽临卦的其中一种表象为大禹治水，在岸边观临大水，那么正好，智信监临有土有水，就是这么神奇。

卦序角度　随蛊临观　逸豫安乐而能不忘忧虑，高贵者具备谦和风骨，外表随和且需要注意内里，防止发展为弊病，这是随卦蛊卦；蛊是外表看起来正常，内里有弊病，需要有大智慧大勇气来治弊，于是出现明君，来治理社会，光复好的德行，这是临卦，象征督导；治理好了以后能够体察民情，观察百姓的生活状态，缓解百姓的疾苦，这是观卦，象征瞻仰。

特殊之处　地泽临卦：消息卦十二月丑，代表节气腊月，即小寒开始，经大寒，到次年立春之前，代表凌晨三点到五点之间，在地支中为丑土。

卦辞解析

临：元，亨，利，贞。至于八月有凶。

译文　临卦象征督导。元始亨通顺利贞正，八月有凶险。

辨析　前文多次提到过，同时在卦辞中具备四德的卦有八个，类似道理。这个四德并不是乾天的天德，而是君子的小四德，是有条件的四德。

八月凶险，为什么呢？临是十二月，泰卦就是次年正月，马上春天来了。临就是我们传说中的否极泰来的当口，阳气逐步生长，胜利即将到来。而八月呢，是观，临的综卦，七月否卦之后的一个月，这个时候否已经到来了，阳气逐渐消散，因而凶。

所谓的八月临卦具备小四德，很吉祥，但咱们要注意防备凶险时刻并作出应对之策。但其实有凶是虚，指最可能有风险或灾祸的时机。就好比刚学的蛊卦，先甲三日，后甲三日，甭管是哪种解释方法，最终的结果是，要抓住最佳时机去治理弊病。

《象》曰：泽上有地，临；君子以教思无穷，容保民无疆。

大象辞简译　临卦的卦象是上地下泽，为地上治泽之表象。地临泽上，泽中有水，故地浮于泽上。君子居高而临下，站在更高的位置监临治理，行其坤德，因而批评少指导多。君子应居于高位，并非以其高位压制民众，而是教化民众，以其坤德容纳安保万民，永无止境。

评述　这句话大意就是君子在临的智慧中受到教育并思考了很多，认识到确保人民安乐无疆是极重要的。临卦在卦画与象辞的角度都是描写一种对子民的爱护，咱们讲临是上对下的观察，这样理解起来就更加形象。

爻辞解析

初九，咸临，贞吉。

爻位　初九当位，上应六四。

注释　咸：感应。

译文　与六四的居高临下交感，贞正吉祥。

辨析　咸是六十四卦中下经第一卦，是感应、天人交感的意思。对于初九而言，六四就是尊贵者，都是刚入卦，六四能够督导初九。

选择　治理民众要用道德感化，监临社会不要再有弊端。

九二，咸临，吉，无不利。

爻位　九二得中，上应六五。

译文　与六五的君临天下交感，吉祥，没有不顺利。

辨析　九二爻不当位，监临初九爻，二者是敌比关系，因此临的结果不是特别开心顺利。

选择　自身中正，进一步用道德感化民众，监临民众虽无不利但也要讲求方式方法。

六三，甘临，无攸利；既忧之，无咎。

爻位　六三不当位，凶位。初九，咸临，感了六四，因此贞吉。

译文　靠甜言蜜语监临九二爻，没有什么实际的顺利，已经有了忧虑（如果明白了这样的道理），没有咎害。

辨析　临，是谁临谁？六三乘凌九二，是不好的，这就是临，她临的是九二。阴爻压阳爻靠的是什么呢？甜言蜜语，这就是甘临。

现在我们回头看九二，咸临，他感应了六五，临的是谁呢？临的是初九，受到六五尊位感应，因此吉无不利。但九二初九敌比，因此象辞说，未顺命，这个临的结果不是特别开心顺利。最开始朱熹《周易本义》中批注"未详"，金圣叹批《周易》易理之时，也批注"今存疑"，因此引发后世学者各种解读。

再看初九，咸临，感应了六四，因此贞吉。临的是谁呢？应天老师认为他承接的是蛊卦上九"不事王侯，高尚其事"，弊病解除了，而我却隐退了，是真隐居了吗？不是的，而是以旁观者的角度来监督这个社会不要再发生弊端，这就进化成了谁呢？进化成了临，临的是蛊卦中刚刚恢复大治的社会。

选择　用甜言蜜语治理民众，当时效果好，但如果不辅助其他手段，势必不会持久。

六四，至临，无咎。

爻位　六四初入上卦，当位，下应初九。

译文　亲自监临在最险要的位置，没有错误。

辨析　六四临的是谁？临的是六三，更是临卦的下卦兑泽，六四出入上卦坤地，临又有治理水患之意，因此可以理解为在治水的最前沿。

选择　用至高无上的权威治理民众，没有问题，但前提是为民着想，解民生之倒悬，民众方能够敬服。

六五，知临，大君之宜，吉。（卦主）

爻位　六五居中吉祥，临卦卦主。

注释　知：通"智"，智慧。

译文　用智慧君临天下，是伟大君主的统帅之道，吉祥。

辨析　六五作为君位，临的是整个卦，是治水的秘诀。官做得越大，地位越高，就越需要智慧。处世办事需要智慧，对待下属更需要智慧，有了智慧才可能做好监临工作。

选择　用智慧治理民众，体现出君主姿态，积极做好社会治理工作。

上六，敦临，吉，无咎。

爻位　上六当位。

注释　敦：厚道，笃厚。

译文　以敦厚的品格监临，吉祥，没错误。

辨析　上六爻监临的实际上也是整个卦，上六与六五属于互相监临，没有谁高谁低。智慧与敦厚需要并存，才能把临这件事干好，才能真正君临天下，这样才叫智信监临。

选择 用敦厚的品格治理民众，体现出超越君主的姿态，更让百姓信服。

全卦过程

临 卦	以卦爻之间的监临为喻
上六（敦临全卦）	以敦厚德行监临全卦，吉无咎
六五（知临全卦）	以智慧监临全卦是君主的德行
六四（至临下卦）	以至尊姿态监临下卦，积极治水没错
六三（甘临九二）	以甜言蜜语监临九二，实际意义不大
九二（咸临初九）	获得六五感应监临初九，吉利有小不顺
初九（咸临蛊卦）	获六四感应、监临蛊卦后的天下，贞正

全卦选择 治理国家、管理公司都要讲求策略，在管理者真心实意为民服务、急民所急的前提下，能够与民众换位思考，用智慧和美好德行治理，这是最稳定最正确的办法。

引申

虽然人们一直把大禹治水当作上下五千年中夏朝开端之前的神话传说讲，但这是有故事原型可考的。《科学》杂志刊载的某位地质学家的论文，证实中国在大约公元前 1900 年到前 2000 年确实发生了大洪水，速度相当于是地球过去 1 万年中的最大洪水，是黄河最大降雨造成洪水量的 500 倍以上。

当尧还在世的时候，中原地区洪水泛滥，于是他就开始访求能治理洪水的人，最开始群臣和各部落的首领都推举鲧。鲧治水前后九年，大水还是没有消退。后来舜开始操理朝政，他面临的首要问题也是治水，于是革去了鲧的职务，将治水重任交给鲧的儿子禹，又派伯益和后稷两位贤臣协助他的工作。当时禹刚刚结婚四天，他毅然与妻子洒泪告别，踏上了治水之路。

禹带领伯益、后稷和一批助手，跋山涉水，风餐露宿，走遍了当时中原大地的山山水水，各种人迹罕至的地方都留下了他们的足迹。大禹吸取了父亲采用堵截方法治水失败的教训，发明了一种疏导治水的新方法，其要点就是疏通水道，使得洪水能够顺利地东流入海。禹生活简朴，敢为人先，治水三过家门而不入。他把中国的山山水水当作一个整体来治理，根据山川地理情况，将中国分为九个州，冀州、青州、徐州、兖州、扬州、梁州、豫州、雍州、荆州，先治理九州的土地，疏通平整，再治理山，疏通水道，理通水脉。

禹治水讲究的是智慧，一共花了十三年的时间，咆哮的河水不再如往日凶险，驯服平缓地向东流去，农田变成了粮仓，人民又能筑室而居，过上安居乐业的生活。后人感念禹的功绩，为他修庙筑殿，尊他为禹神，我们整个中国也被称为禹域。

第26课　风地观卦，观察进退

第二十卦　风地观

卦名　风地观　《说文》中观为谛视，以审查的眼光去观察，这是一种微观角度的抽象观察，例如察言观色、观过知仁。观字在宏观方面经常指大角度、大范围地去具象观察，例如"观水有术，必观其澜"，例如《周易·系辞下》中的"仰则观象于天，俯则观法于地"。

卦画　风行地上　观卦从卦画形状上看，上风下地，巽风和坤地都是阴卦，很柔的感觉，地上清风拂过，春风又绿江南岸，非常美。因此观是一种无孔不入、面面俱到的感觉，与它的象征意义非常类似，君主观摩民情，天恩德泽，遍及百姓，就好比清风吹遍大地、周流六虚，万物被清风吹拂，俯仰生姿。观卦的六爻，上面两横像是盖子，下面四个阴爻像是柱子，有些像庙宇的形状？可结合此象学习观卦的卦辞，就是一种在庙宇中、在祭祀过程中心忧万民的大爱。

引申

"古文观止"四个字，直译为看古文到这里就可以了，意思是古文中的集大成者，类似于古文精编。该书所选古文，以散文为主，兼收韵文、骈文，几百年来流传极广、影响极大，语言精炼，便于诵读，其中不少是传诵千古的名篇，在诸多古文选本中独树一帜。《古文观止》的作者是清初山阴（今浙江绍兴）人吴乘权、吴调侯叔侄俩。起初，他们只是为给童子讲授古文编了一些讲义。后来年年讲授，对古文的见解越来越深，

讲义越编越精，以至"好事者手录"而去，"乡先生"读后有"观止"之叹，劝他们"付之剞劂以公之于世"。这样，他们才"辑平日之所课业者若干首"为一书。书稿编好后，即寄往归化请官至两广总督、时任汉军副都统的伯父吴兴祚审阅、批改、作序、出版。《古文观止》所选作品真是做到了蒙童读来不高，学人读来不低，它包括的时段既长，卷帙又不甚多，而且文章的体裁多样，较少派别偏见，可谓广收博采，而又繁简适中。

卦德　观察进退　观卦是在观察别人，观察社会，也是观察整个天下，同时在观自己，通过对外的观察和对内的自省，明进退，知行止。

杂卦角度　临观之义或与或求　地泽临和风地观二卦卦形相反，互为综卦。临卦是上对下的给予，故为与；观卦是下对上的仰望，故为求。临观是继乾坤否泰之后的又两个比较重要的卦象，同样也是两个消息卦，临是十二月，观是八月。

特殊之处　风地观卦：消息卦八月酉，代表节气八月，即白露开始，经秋分，到寒露之前，代表下午五点到七点之间，在地支中为酉金。

卦辞解析

观：盥而不荐，有孚颙若。

注释　颙（yóng）：严正的样子。

译文　观卦象征瞻仰。观乃观心，洗手礼之后献祭礼之前，心中诚信涌动，崇敬仰望着天地神明，祈祷神明观临，解除民生疾苦。

辨析　很多朋友看到观卦第一个想法就是《般若心经》中的观自在菩萨，观自在就是叫我们做功夫，观照本性。观是观照，时时看着念头的起处，不动摇；自是自己，并不是自己的色身这个臭皮囊，而是心中的自己，就是我们的本性。本性在不在，真不真，此即为菩萨，立地成佛。

盥和荐是古代的两种祭祀仪式。盥，指专门的一个小房间叫盥洗所，一盆清水或泉水，祭祀者将手认真洗干净，一边洗一边观心，同时也是将自己心中不洁净的东西洗掉，非常虔诚和圣洁。荐，指在祭祀场所正中央，将贡品献上供台，有鲜花、果品、三牲、十献等，根据仪式不同有所调整，荐的过程同样也要观心，将自己内心的虔诚一并献上，面带微笑并保持恭敬神圣，否则就会被认为失礼。盥、荐的具体过程在《礼记》中均有记载。此处的不荐理解成未荐，并不是不进行荐礼，而是描述了一个祭祀过程的时间点，盥礼之后、荐礼之前的这样一个时间点，因为内心纯净虔诚，仰望了一下祭拜的神明。

象辞说，观天之神道，而四时不忒。圣人以神道设教，而天下服矣。

观示天之神道，而四时更替不出差错。圣人用神道来设立教化，天下万民皆顺服。神道设教的意思是，古代帝王效法天道变化至神而建庙堂，供奉鬼神，举行祭祀，让人们敬畏服从，以此达到教育感化民众的目的。

引申

《红楼梦》是一部曹雪芹先生自称"荒唐言"的书，其中最有名最能引人遐想的场所莫过于大观园了。观卦曰："大观在上。"何谓大观在上？"柔小浸长，刚大在上，其德可观。"简单点说，就是能大观故事而明道，知晓人生悲欢、家族盛衰、国家兴亡的原因，而助人修身齐家平天下之德成。换句话讲，若不能借助《易经》这个互为表里、阴阳相长的良方来阅读这本书，那你离真实的"红楼"还很遥远。

《象》曰：风行地上，观；先王以省方观民设教。

大象辞简译　观卦的卦象是上风下地，为风拂大地之表象。风行地上，无所不至，亲和柔顺，面面俱到。君子应观察四方，体察民情，而后设令教化百姓，泽被天下。

评述　风行地上，无所不至。《诚斋易传》里解释"省方"说："天王省天下而无不至，故天下日见；圣人随其地观其俗，因其情设其教，此省方本意也。"治理国家首先需要省视万方，观万民风俗，因地制宜，尊重民俗，然后才能设教于民，春风化雨，润物无声，感化民众。

爻辞解析

初六，童观，小人无咎，君子吝。

爻位　初六阴爻入卦。

注释 吝：基本含义是过分爱惜和认为耻辱，在《周易》各卦爻辞中，可统一译成恨惜。

译文 以一颗童心观察事物，对普通百姓而言没有错误，但如果君子也童观的话就会认为是耻辱了。

辨析 以童心观察事物，一方面是初涉世事，有些幼稚浅薄，另一方面是对世界充满好奇心和热情。但如果君子也童观，幼稚浅薄，就会认为是耻辱了。正所谓，君子之过如日月之食，大家都看得到，因此君子要尤其重视自己的一言一行。

选择 保持童心是好的，但我们要尽量避免以孩童的视角去体察这个社会，可以有好奇心，但不可以有幼稚的行为，尤其是当这些行为会影响他人利益的时候，更要杜绝。

六二，窥观，利女贞。

爻位 六二中正，论吉。

注释 窥：从小孔、缝隙或隐蔽处偷看。

译文 从小洞向外观察事物，很片面，只适合于没见过世面的小孩子。

辨析 讲观卦，就一定要讲坐井观天，青蛙在井底看外面，是好是坏呢？对它自己而言，就这么大本事，即使出来了，看到大千世界，又能看懂多少呢？因此井底看看也就够了，出来后反而有天敌带来的危险。这是辩证理解，如果老鹰坐井观天，那就是坏事了，因为思维被局限住了，这是一个悲剧。窥，从小洞向外望，这种观察很不全面，局限性很大。以管中窥豹的视角去观察事物，那自然是非常片面乃至错误的，这只适合于没见过世面的小孩子，这样有利于他们保持贞正，因为小孩子还不具备独自出门看世界的能力，会比较危险。但是对于丈夫，成年男子来说，这样做必然是不合适的，大家要理解。

选择 对于没见过世面的人来讲，从门缝中去观察世界是没有错误的，因为见识所限反而能保护自身。但作为有志青年，还是要多走动多经历，多进行社会实践，避免管窥蠡测导致的错误。

六三，观我生，进退。

爻位　六三不当位，凶位。

注释　生：通"性"，本性。

译文　及时观自在，关照自我本性，内视自省，明进退，知行止。

辨析　六三虽不当位，但有上九照应没有大问题。处于凶位，要及时观自在，内视自省，检视自己的生命历程，明进退、知行止，掌握好处事分寸，这样才能"未失道"不犯错误。

讲知进退，行止合理的类似卦爻有很多。乾坤暂且不说；水雷屯中"乘马班如，将行不行"，将这种感觉描绘得很到位；履上九"视履考祥，其旋元吉"也是这种情况，回头看看走过的路。等待与忍耐往往是《周易》中的一个常态，目的就是寻求更好的时机，让自己更好。

选择　人生路上要走走停停，及时自省，以观自在的法门选择人生进退，趋吉避凶。

引申

观世音菩萨也称观自在菩萨，观世音强调观察世间民众疾苦声音，而观自在则似乎更强调向内观省自身，包含一种自省自救的意思。观照自己，认识自己，方得自救，方得自在！

六四，观国之光，利用宾于王。

爻位　六四当位，初入上卦。

译文　以尊敬的态度观察国家的文治武功，有利于成为君主的宾客和辅佐，进一步为国效劳。

辨析　讲到这里咱们小结一下，先回忆上卦，地泽临是监临之意，从上到下的，因此每一个爻都是有监临对象的。而观卦是观察，从下到上的，是不是也应该有观察的对象呢？回过头来分析，六四接近九五尊位，他观察的对象是国家的文治武功，很明显六四观察的就是九五，同时还要观察九五的德行。六三观进退，因为处于下卦顶端并将要进入上卦，于是他观察的是整个上卦。六二窥观，一个未经世事之人能看多远呢？他观察的是六三，能看到自我本性。初六童观，同样看不远，观察的是六二，即将进入未知世界。

选择 提高自身价值成为宾客，才能被选中。效劳的对象也要注意，是处于君位的有德之人。

引申

唐朝著名的诗人骆宾王，字观光，从观卦六四爻辞"观国之光，利用宾于王"可知，他的名和字都来自这条爻辞。

九五，观我生，君子无咎。（卦主）

爻位 九五中正尊位，下应九二，观卦卦主。

译文 处于尊位仍能观自在，内视自省，作为君子没有错误。

辨析 与六三相同，观我生是观自在的含义，不同的是所处地位。六三处于不上不下的凶位，因此要知进退；九五处于尊位，仍然能够观察自己的人生，因此君子无咎。九五观的是自己，是整个卦，是整个天下，作为观卦之主，己无德则人不观，故常需自观。君为民主，君自观，即观其治民之道。

为什么九五是卦主？因为观我生，把观卦各爻串起来了。初爻童观是天真烂漫的童年，二爻窥观是不谙世事的少年，三爻观自是摩拳擦掌的青年，四爻观国是待价而沽的壮年，五爻观我生是春秋鼎盛的中年，上爻观其生是无咎无誉的老年。这就是人的一生，不仅是自己在观，别人也在观你。

选择 处于君位要整体观察事项，综合各种因素通盘考虑，积极反省自己，通过社会民生反观自己的德行。

上九，观其生，君子无咎。

爻位 上九不当位，亢位。

译文 观察临观两卦的盛世之象，君子探察民生，体察社会德行，没有错误。

辨析 观其生和九五很像，观的是谁呢？观的是下一卦，咱们讲火雷噬嗑是因为临观的给予和求取引发的上下和睦、上下交辉，这是一个盛世的表现啊。因此观其生，观察临观两卦造成的结果，便是以史为镜、以民为镜。他是怎么观的呢？观卦风行大地，君子四出探察民生，体察社会德行。因此民生就好比一面镜子，民风淳朴、丰衣足食，就说明君主的德政很有效果；民生凋敝，风声鹤唳，就说明天下不太平，其中最主要的原因就是天子失德。在卦辞中为什么盥而不荐呢？因为这个君主想到了自己，想到了黎民百姓天下苍生，于是他就更加虔诚了。君子无咎，想明白了自己的所作所为对世界的影响，他就要荐礼了。

选择 观察民生能够更好地认识社会，在生活中，注意观察小人物的喜悲，注意观察小细节的动向，有利于调整自身。

全卦过程

观 卦	以卦爻之间的观察为喻
上九（观其生）	上九观卦外，观察临观之后的社会民风
九五（观我生）	九五观全卦，观察自己的利弊得失
六四（观国）	六四观九五，以尊敬的态度观察
六三（观自）	六三观上卦，以三省吾身的态度观察
六二（窥观）	六二观六三，以管中窥豹的视角观察
初六（童观）	初六观六二，以一颗童心观察

全卦选择 心要虔诚，多观察，多思考，结合自己所处的位置观察世事。正确处理观我生与观其生的关系，三省吾身的同时以民生为镜调整自身行为，正确观民设教。

第27课　火雷噬嗑，惩戒合德

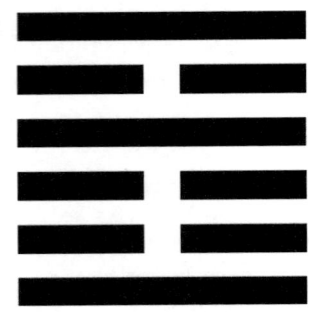

第二十一卦　火雷噬嗑

卦名　火雷噬嗑　噬的本义就是咬。《说文》中嗑为话多，用在卦中指上下门牙闭合。噬是一个动作，去咬东西，嗑是一个结果，牙齿合住了，总体来讲噬嗑就是用牙齿咬东西的意思。

卦画　雷电　噬嗑卦从卦画形状上看，上火下雷，雷电交加，这是天与地这张大嘴咬东西时候发生的电光火石的瞬间景象。还有一个说法是火雷联动，一阴一阳，雷电并起，是为合。初上两爻为阳爻，中间为阴爻，形状上就像是上下牙在咬东西，中间九四就是那个硬物，被上下咬住，嘴里咬着东西叫噬嗑。

卦德　惩戒合德　制定规则防止犯错，谨慎处理棘手案件并妥善收尾。噬嗑的重点是解决问题，怎样解决呢？以合乎道德的方式小惩大诫。

卦序角度　临观噬嗑贲　产生积弊之时，需要有大智慧大勇气来治弊，于是君临天下，能体察民情，上对下给予，下对上索取，这是临卦观卦；有临有观，上传下达，上和下睦，君主与百姓意志相合，这是噬嗑，象征上下咬合；但万物如果毫无原则地附和，又容易生出事端，因此需要修饰一下再附和，这是贲卦，象征文饰。

特殊之处　火雷噬嗑：无。

卦辞解析

噬嗑：亨，利用狱。

注释 狱：争讼，案件。

译文 噬磕象征上下咬合。亨通，利于落实案情，解决纠纷。

辨析 很多朋友一看到噬嗑，觉得这个卦听名字就不好，类似的比如否、剥、明夷、未济等卦名，但实际上将它理解成单纯的解决问题即可。首先明白噬嗑的动作过程，三个步骤：第一，有咬的意图，想咬东西，需要咬东西；第二，有咬的动作，这个动作指的是上下牙齿闭合，中间有个硬物，咬住了；第三，有咬的结果，硬物被咬碎了，原先阻绊在口中的东西被解决掉了。后面狱字，指争讼，这个字没有大家想象得那么严重，并不是牢狱之灾的意思。

《象》曰：雷电，噬磕；先王以明罚敕法。

大象辞简译 噬磕的卦象是上火下雷，为雷电交击之表象。雷射火光，相互激荡，如同噬嗑一般上下咬合，威严顿生，并以雷电之象警醒世人。君子应效法先王明确刑罚，整治法令，建立君主及法律的威严，令出必行。

评述 敕在此处通"饬"，整治的意思，《杂卦传》中"随无故蛊则饬"就是这个意思。敕的本义是帝王的诏书、命令，比如咱们经常说的玉皇光降律令敕、太上老君急急如律令敕，等等。

爻辞解析

初九，屦校灭趾，无咎。

爻位 初九当位。

注释 屦：履，鞋子。校（jiào）：指古代枷械刑具。灭：消失，隐没。趾：脚。本义为足，并非脚趾。脚趾和手指古代都称为"指"。

译文 穿在拘束用的藤鞋中，限制了脚部运动，无法走路了，没有错误。

辨析 为什么不让走道了还无咎呢？咱们要放在具体的语境中。对于犯人或可能触犯法律的人来说，限制他的人身自由就是在帮助他，在挽救他。初九阳爻入卦，阳刚猛烈奋进，就是一个年轻的毛头小子，初入社会，在更多的地方限制他是好事，避免犯错甚至犯罪。

选择 人之初应该更多地去知晓规矩，遵规守纪才能更加自由，才不会因为无心之失给自己惹麻烦。从管理者角度讲，要在最开始的时候制定规则，明晰规则，划出红线限制所有人。法律的本意是为了保障自由，并不是为了限制而限制。

六二，噬肤，灭鼻，无咎。

爻位 六二中正。

译文 咬破皮肤、毁掉鼻子，（小惩大诫，）没有错误。

辨析 六二位置是没问题的，因此判断这个爻整体来讲是好的，但是因为乘凌初九，有些小小的凶。噬肤灭鼻，我们可以从字面上理解为咬破皮肤、毁掉鼻子，看起来很惨，其实不然。这两种行为就是墨刑和劓刑，是上古五刑中最轻的两种刑法了，这一时期的刑法都是肉刑，即针对犯人的肢体进行残害。大家也要注意，《周易》中的语言大多为比喻，体会这种感觉就好了。类比到现在的环境中，其实就是小惩大诫，通过合适量刑对犯人进行惩戒，避免他们犯更大的错误，也是对其他人的警醒，因此来讲是没有错误的。

选择 君子更应当慎言慎行，避免犯错，如果触犯了规则甚至律法，就应当接受惩戒。从统治者的角度来讲，应当及时对违规违法行为进行处理，一方面帮助犯错者，一方面教育其他人，这样也是对所有人的尊重，对规则的尊重。

引申

五刑是中国古代五种刑罚之统称，在不同时期，五种刑罚的具体所指并不相同。在西汉文帝之前，五刑指墨、劓、刖、宫、大辟；隋唐之后，五刑则指笞、杖、徒、流、死。一般将前者称为奴隶制五刑，后者称为封建制五刑。五刑是对中国古代刑罚的部分概括，并不代表全部刑罚。

六三，噬腊肉，遇毒；小吝，无咎。

爻位　六三不当位，上应上九整体无咎。

译文　吃腊肉，有些毒素，小恨惜，没有错误。

辨析　看到这一爻就明白了，这一卦的主体，就是卦辞中"利用狱"的主人公，是一位明镜高悬的青天大人。这次遇到的是一个不太好办的案件，这个案件像腊肉一样，闻起来香味挺诱人的，但其中又包含一些毒素，处理不好就会"遇毒"，有些小耻辱，但整体来讲没有什么错误。

选择　管理者遇到某些棘手事件应当慎重处理，虽然占据主动权，但是处理不好也会反噬己身。

九四，噬干肺，得金矢；利艰贞，吉。（卦主）

爻位　九四不当位，初入上卦，惧位，噬嗑卦主。

注释　肺（zǐ）：带骨的肉脯。金矢：金质箭矢，此指金质箭矢般的气魄。

译文　啃硬骨干肉，但得到了金质箭矢般刚直坚毅的气魄，保持贞正之心继续艰苦奋斗能够得到顺利，吉祥。

辨析　九四爻在卦形上处于全卦的焦点，观察卦画，就是噬嗑卦中间的阳爻，象征的是处于上下牙咬合中间的硬东西。肺是带骨的肉脯，那么干肺就更加不好咬了，这就是咱们俗话说的硬骨头，九四就是在啃这样一个硬骨头。但最终还是啃成功了，不仅这块硬东西被成功咬断，而且获得了刚直坚毅的气魄。这个爻比喻了社会中的某些焦点现象，极具话题性，对于它们，要更妥善处理。这些事件本身就非常不好解决，里面又暗藏杀机。如果足够小心翼翼把它解决了还好，杀机消弭于无形；如果一不留心，硬骨头会卡在喉中，这就是玄机之所在了。

选择　管理者遇到棘手的事件要仔细筹划，保持贞正之心艰苦攻关，小心其中暗藏的其他手段，方能获得吉祥，一着不慎就容易满盘皆输。

六五，噬干肉，得黄金；贞厉，无咎。

爻位　六五不当位，得中，君位，可承接上九。黄金：黄为中色，金喻刚坚，黄金喻刚坚中和的品性。

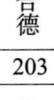

译文　吃干肉脯，得到刚坚中和的品性，以贞正的态度消除最后的不安定因素，没有错误。

辨析　难啃的在六三、九四都啃了，现在面对的是啃完硬骨头之后的散兵游勇。干肉比腊肉和干胏都好啃了，没那么硬，而且其中没有毒素、没有杀机，是处理案件的收尾工作了。处理案件后续像吃风干的肉脯一样，大获全胜得到利益，以贞正的态度消除最后的不安定因素，没有错误。

选择　管理者在处理完棘手事件之后一定要妥善收尾，以获取最大利益。相关工作包括将各种不安定因素消除好，人心平复好，避免犯下低级失误，尽快回归正轨等。

上九，何校灭耳，凶。

爻位　上九就是当位，爻辞却凶。

注释　何：通"荷"，负荷。

译文　陷于拘束用的负荷刑具中，失去了听力，凶险。

辨析　何校灭耳与初九的屦校灭趾其实是对应的，初九是制定规则不让行动，目的是防止犯错。同样道理，灭耳是一个比喻，意思是让犯人失去了听从教化的权利，这是不利于他们向善而行的。在这个爻辞上有两种错误的解释，一个是肩负重枷，遭受严惩，失掉耳朵，这个解释错就错在，肉刑在古代是分等级的，灭耳属于小惩；另一个是对犯人刑罚，管理者不听劝告，很明显这种错误将动宾关系弄混淆了，也没有理解噬嗑卦的真正含义是解决问题，是惩戒合德。

选择　管理者在惩戒过程中，不要堵塞犯错人的五感，要让他们有看、说和听的权利，这样能够更好地施戒，更好地救人，更好地给其他人警醒，也为了犯错人更好地改正错误。

全卦过程

噬嗑卦	以解决案件、惩戒犯人为喻
上九（何校灭耳）	惩戒犯人不能剥夺其接受教化的权利
六五（噬干肉）	处理事件后要妥善收尾，获取最大利益

噬嗑卦	以解决案件、惩戒犯人为喻
九四（噬干胏）	棘手事件要贞正谨慎，小心暗藏危机
六三（噬腊肉）	处理事件要防备反噬
六二（噬肤灭鼻）	正确的量刑，小惩大诫
初九（屦校灭趾）	限制活动能力，避免犯错

全卦选择 遇到问题解决问题即可，作为管理者解决问题的方法很多，首先要做好规范，防备可能发生的问题，初期有问题以小惩大诫为主，遇到棘手问题要以贞正之心妥善处理，防备反噬，避免陷入困境，及时收尾确保自身利益，后期惩戒完毕要进行教化，引人向善。

第28课 山火贲卦，文饰有度

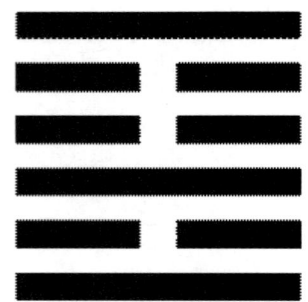

第二十二卦 山火贲

卦名 山火贲 贲是多音字，这里读 bì，意为饰，可以组词贲临，盛装来临的意思。贲字拆开是上卉下贝，上古时花卉和贝壳都是用来装饰的东西，花卉装饰女子使其更美丽，贝壳装饰男子使其更有阳刚魅力。可以理解为，贝壳是金钱，通指内在的美好，花卉通指外在的美好，于是这个贲就有了很大程度的内外双修的成分。下贝为内，有钱有内涵，上卉为外，漂亮又柔和，真是君子之道啊！应天老师认为作为社会交往活动中的人，应当适当装饰自己，这样更有自信更有魅力，同时也是对别人的尊重。例如干净的仪表、合适的妆容、得体的衣服、优雅的举止等，都是社交礼仪。《论语·雍也》说，质胜文则野，文胜质则史，文质彬彬，然后君子，因此需要必要的文饰，贲真是一种处世智慧。

卦画 山下有火 贲卦从卦画形状上看，上艮下离，艮的表象为山，离的表象为雉，也就是非常漂亮的野生鸟类，因此贲意为山中的一只雉鸡，是非常美丽的，非常会装饰自己的。从卦德角度讲，艮山为止、节制，离火为丽、文明，于是文明而有节制，这不就是咱们刚才所说的文质彬彬的辩证关系吗?!

卦德 文饰有度 外艮内离，外止内丽，其精髓含义是什么呢？内在如火般绚丽，蓬勃热烈，外表如山般稳重，适可而止。

杂卦角度 噬嗑食，贲无色。火雷噬嗑和山火贲卦形相反，互为综卦。噬嗑形容吃东西的过程，贲的本义是文饰，说明修饰应当走朴实无华的路子。

特殊之处　山火贲卦：无。

卦辞解析

贲：亨，小利，有攸往。

译文　贲卦象征文饰。亨通，文饰虽顺利但只是小道，利于前去行事。

辨析　贲卦是亨通顺利的，因为这种有节制的文明是社会必需的，容貌姣好、举止得体、衣着整洁，于是处世办事能够亨通、无往不利。但是文饰只是小道，只有内心真正强大才是硬道理。如果外表华美而不修内德，那就是典型的纨绔子弟，草包一个了。所以说，贲亨通，但终究只是小利，有攸往，可以放心大胆去闯一闯，边奋斗边积累，强大自己的内心是最重要的。

象辞说，刚柔交错，天文也；文明以止，人文也。观乎天文，以察时变；观乎人文，以化成天下。

文是阴阳相杂之意，若是纯阴纯阳则无文可言。这句话的解释是，日月刚柔相互交错，为天文；得文明而知止于礼义，这是人文。观察天文，可以察知时节变化；观察人文，可以教育化成天下。

《象》曰：山下有火，贲；君子以明庶政，无敢折狱。

大象辞简译　贲卦的卦象是上山下火，为山下燃火之表象。火燃山下，火焰温暖明媚，为山上一草一木披上炎炎火焰的华彩，映衬装饰。君子应如火之光明，清查众多政务，但不能行火之华彩，不能文过饰非，蒙上个人主观情感色彩后再去决断狱讼。

评述　折（zhé）狱是一个词，断决狱讼之意。此处尤其指出法律文书要实事求是，不要掺杂个人主观意见和修饰成分。各位朋友记住，在发生争执的时候，尤其是在咱们自己占理的情况下，更加注意不要文过饰非，否则会授人以柄。就拿周星驰的电影《九品芝麻官》为例，剧中常威杀人有人偏袒，于是利用势力找人作伪证：来福明明作伪证就行了，偏偏说戚秦氏欣赏他的文采，实际上他并不识字，这种多余出来的文饰很容易成为被攻击的靶子；对于常威来说，会武功却说自己不会武功，最后还在万般窘境之下说漏了嘴，说自己强行和戚秦氏发生了关系，等等这些都是文饰过分的结果。

爻辞解析

初九，贲其趾，舍车而徒。

爻位 初九当位。

注释 徒：步行。

译文 穿了漂亮鞋子，不坐车而徒步行走。

辨析 装饰了脚，或者可以这么理解，穿了好看的鞋子，于是不坐车了，徒步行走，为了让大家看到自己的好看鞋子。

当然在本爻中，没有给出吉凶，但从象辞义弗乘看来，实际上是不赞同这种行为的。一方面，想修饰自己又不得法，穿了好看的鞋子，有些舍本逐末的味道；另一方面，明明能够坐车却不坐而只是为了炫耀自己的新鞋子，浪费了时间、体力，也是舍本逐末。

选择 修饰自己没有坏处，但要会修饰、恰如其分修饰，不要为了修饰而修饰，忘记了自己出发的本来目的。另外，修饰自己是为了更好生活，如成为负担，就舍本逐末了。

六二，贲其须。

爻位 六二中正，臣位。

注释 须：下巴两侧的胡须。

译文 装饰胡须（目的是更好地显示出男子气概）。

辨析 装饰胡须是为了与九三朋比。须在《说文》中为面毛，又有考证说颐下曰须，其实就是下巴两侧的胡须。古人是非常看重胡须的，《孝经》言，身体发肤，受之父母，不敢毁伤，孝之始也。立身行道，扬名于后世，以显父母，孝之终也。因此古人不能轻易剪头发、刮胡子，胡子越长越长，就会很大程度影响美观，此时如修饰得当，会有一种与众不同的男子气概。俗话说"男人无须不成相"，胡子是男性的特征。如

"巾帼不让须眉"中，"须眉"就是用胡子和眉毛代表男性。

选择 装饰自己的目的是结交同道。

引申

中国古人有蓄须的习惯，讲究须眉堂堂，他们推崇胡须，不厌其烦地做了细致分类。据《康熙字典》分类，上唇的胡须叫作髭（zī），嘴角两边的胡须叫作胡，下巴的胡须叫作须，颊旁的胡须叫作髯（rán）。例如《三国演义》关羽"身长九尺，髯长二尺，面若重枣，唇若涂脂，丹凤眼、卧蚕眉，相貌堂堂，威风凛凛"。三国时期的一尺约等于今天的 24.2 厘米，据此推算，关羽身高应在 2.18 米左右。他的长髯近 50 厘米，当时社会美誉其为"美髯公"，曹操为显示招揽之心，还特地赠送纱锦囊让关羽护髯。蜷曲的胡须叫虬髯，例如隋末风尘三侠之一虬髯客等。

九三，贲如，濡如，永贞吉。（卦主）

爻位 九三当位，贲卦卦主。

注释 濡：润泽。

译文 装饰得光泽柔润，永远贞正吉祥。

辨析 此处的装饰有一个从外到内的过程，润泽不仅是外表光润，还得内心圆润，故而象辞说，终莫之陵，永远不会有人欺凌。

选择 修饰自身要从内外两个方面入手，就好比美玉一样，外表温润为了引人入胜，内部润泽是取信于人，只有内外皆好才是一块真正的美玉。外表粗糙的叫璞玉，徒有其表的叫假货，所以说，文质彬彬然后君子，谦谦君子温润如玉。

六四，贲如，皤如，白马翰如；匪寇，婚媾。

爻位 六四当位，与初九相应。

注释 皤（pó）：白色。翰（hàn）：赤羽天鸡，此处指白马。

译文 装饰得洁白素雅，白衣白马，不是坏人，是来求婚的。

辨析 咱们讲到这里再回头看这个卦，从初爻到四爻，分别是文饰脚、文饰胡须、文饰外表、文饰衣着车马，都装饰好了，收拾利落了，接下来就去求婚。

选择　用素色修饰自身，是贲卦的精髓，贲无色的体现，此时的修饰返璞归真，更重视实用性和目的性。

六五，贲于丘园，束帛戋戋；吝，终吉。

爻位　六五得中，不当位，君位。

注释　戋（jiān）：少。

译文　用少许绸缎装饰丘陵园林，虽有些可惜，但最终吉祥。

辨析　此爻是出城外感受自然的淳朴之美，并不在意装饰的程度，所谓浓妆淡抹总相宜即是。

选择　在较为尊贵的位置上之后，自身修饰已经没那么重要了，反而将更多的心思花在外在环境之上，也不苛求修饰好坏，一点点装饰有个氛围即可。

上九，白贲，无咎。

爻位　上九不当位，承接于六五。

译文　素雅的装饰（甚至是没有装饰），没有错误。

辨析　此处白贲不是白色，而是素雅的装饰甚至是没有装饰。在六五的时候不是已经不在意装饰程度了吗？为什么上九又提一遍呢？象辞说，上得志，其实上九已经返璞归真了，外表的装饰与外在的礼节终究只是一种粉饰，内在的德行才是最重要的。回归到贲的本质，贲的意思是装饰，但它在六十四卦中指的真是文饰吗？其实不然，这是卦画给大家留下的伏笔。

选择　最好的装饰是不装饰，因为达到一定程度以后，会出现神威外放之象，腹有诗书气自华，内在的道德品质会通过外在的一举一动自然散发，没必要再装饰了。

全卦过程

贲 卦	以文饰后去迎亲为喻
上九（白贲）	结婚后的生活去除装饰，返璞归真
六五（贲于丘园）	迎亲归来在装饰素雅的丘园上成礼
六四（贲如皤如）	白衣白马去迎亲，更重视实用性和目的性
九三（贲如濡如）	喻从里到外光鲜亮丽温润如玉，贞正吉祥
六二（贲其须）	喻精心打扮外表，为迎亲做准备
初九（贲其趾）	喻修饰衣装，有些舍本逐末

全卦选择　贲卦是一个粉饰自身的过程，提倡的是适度。同时也是一个修身的过程，是从外向内的修身过程，也是从浓到淡的修身过程，在内外修身都做好的情况之下，实现格物、致知，诚意、正心，修身、齐家、治国、平天下。

引申

《孔子家语》：子常自筮其卦，得贲焉，愀然有不平之状。子张进曰："师闻卜者得贲卦，吉也。而夫子之色有不平，何也？"孔子对曰："以其离耶！在《周易》，山下有火谓之贲，非正色之卦也。夫质也，黑白宜正焉。今得贲，非吾兆也。吾闻丹漆不文，白玉不雕，何也？质有余不受饰故也。"

第29课　山地剥卦，应对剥蚀

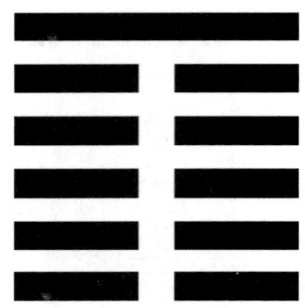

第二十三卦　山地剥

卦名　山地剥　剥字的本义就是削、剥离、剥脱，即去掉物体表面上的东西。剥的引申义比较多，例如割裂、脱落、盘剥、剥蚀等，但实际上都是说，从原来物体上分离出某个部分，并造成了一定伤害。

卦画　山附于地　剥卦从卦画形状上看，上山下地，象征了一个山体被层层侵蚀，剥落下来的泥沙石头落在地面。从十二辟卦的角度来讲，剥卦位于阳气将尽的九月，全卦唯有上九一个阳爻，象征阳气层层剥落，最后被阴气侵蚀之象。山地剥卦的整体是阴剥阳，在卦中，谁是阴呢？坤地。谁是阳呢？艮山。因此坤地剥艮山，将山峰剥蚀补充到地面上的洼地中。剥字虽然看起来不好，却真实反映了天之道，损有余而补不足。

卦德　应对剥蚀　阴阳二气此消彼长，同样君子之道也与小人之道互有攻守，在小人之道强盛之时，君子之道应采取怀柔政策应对，等待机会使其自取灭亡。

卦序角度　噬嗑贲剥复　君主与百姓上情下愿，意志相合，在互相附和时修饰一下以避免事端，这是噬嗑卦贲卦；装饰过头容易迷失自我，因此需要剥掉伪装，去伪存真，这是剥卦，象征剥蚀；此时已经恢复真我了，返回到最开始的状态，这是复卦，象征回复。

特殊之处　山地剥卦：全卦中上爻是唯一阳爻，消息卦九月戌，代表节气九月，即寒露开始，经霜降，到立冬之前，代表晚上七点到九点之间，在地支中为戌土。

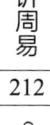

卦辞解析

剥：不利有攸往。

译文　剥卦象征剥蚀，不利于前往行动。

辨析　剥卦是五阴剥一阳，阳爻被剥蚀得只剩上九一个了，只剩个空壳了。咱们讲《周易》里面的阴阳，并没有绝对意义上的好坏，都是相对而言的，阳代表光明，阴代表晦暗；阳代表男人，阴代表女人；阳代表君子之道，阴代表小人之道；阳代表正义，阴代表邪恶，等等。因此阴爻势力很大，层层盘剥阳爻，不利于行动。

辩证地看，是君子不利于行动。小人利不利呢？卦中没说，咱们也无法妄加揣测。只能说从卦意来讲，君子与小人双方势力处于相持阶段，最开始的时候是君子被压着，后来是君子之道伸张而小人之道退缩，因此在行动角度要结合事情发展的阶段与时机。

象辞说，君子尚消息盈虚，天行也。

崇尚阴阳的消息盈虚之理，这是顺天而行。

《象》曰：山附于地，剥；上以厚下安宅。

大象辞简译　剥卦的卦象是上山下地，为山剥为地之表象。山附于地，高山遭侵蚀剥落而逐渐靠近依附于地。君子应当固本防剥，从下防范，丰厚基础，安固居宅。

评述　上以厚下安宅，一种是具象的，上位之人加强基础使其更加厚实，地基深厚才能建筑安全的住宅。另一种是抽象的，因为盘剥，上位之人要更加施行厚恩厚德于百姓，促使天下百姓实现安居乐业。二者解释方法不同，其实本质含义是一样的，民固则邦宁，地基固则楼房稳，都是固本安邦的含义。

爻辞解析

初六，剥床以足，蔑贞，凶。

爻位　初六不当位。

注释　床：安身之坐。蔑：轻视，轻侮。

译文 （作为安身之所的）床腿剥落了，象征贞正被轻侮，凶。

辨析 床并不是我们现在通俗意义睡觉的床，而是安身之坐。它有一个象征意义在里面，毁灭的并不仅仅是睡觉的地方，而是以此挡风遮雨、安身立命的地方。

选择 我们的事业中出现了某些阴险小人或者衰退的因子，正在逐步盘剥胜利的根基，需要引起重视。

六二，剥床以辨，蔑贞，凶。

爻位 六二中正，臣位。

注释 辨：本义分辨，区分，此处结合全卦为剥的过程，理解为床板剥落分离。

译文 （作为安身之所的）床板剥落了，象征贞正被轻侮，凶。

辨析 六二爻中正，但在此卦中的位置是被包裹在重重阴气中，也论凶。

选择 事业的进行中，已经有一部分非常重要的中坚力量被小人盘剥，事业中的贞正品德已经消失殆尽了，非常危险。

六三，剥，无咎。

爻位 六三不当位，凶位。

译文 （在受到上九君子应和的情况下）虽被剥蚀，但没有灾祸。

辨析 六三位置虽差，但此卦情况较为特殊，能与唯一阳爻上九相应，相当于是上面有人关照，故无咎。

选择 事业进程中有些阴险小人耍阴谋，但此时有贵人相护，没有大的凶险。另一方面，核心品德已经被剥蚀得所剩无几了，要在此时采取雷霆措施，对企业蛀虫加以打击。

六四，剥床以肤，凶。

爻位 六四当位。

译文 （作为安身之所的）床表剥落了，将要严重危害床上之人，凶。

辨析 六四初入上位，且六三与六五均与之敌比，也论凶。肤作为表面之意使用，既指床表也指体表，因此此处可以理解为，安身之坐已经完全被毁去了，并且床上的人也遭遇到一定程度的侵蚀。此爻没有蔑贞二字，是因为在一片阴气中，初六和六二已经将贞正消磨剥落尽了。

选择 事业已经危如累卵，所有的基石都被剥蚀殆尽，就剩部分上层核心留存，很快将危及本体。

六五，贯鱼以宫人宠，无不利。

爻位 六五得中，承接上九，论吉。

注释 贯鱼：鱼贯而入的样子。

译文 五个阴爻鱼贯而入希望继续剥蚀，上九阳爻以内宫之人般宠幸五个阴爻，没有不顺利。

辨析 此爻是一个比喻，下面五个阴爻就好比小人集团一般，鱼贯而入到达君子面前，希望能挑战上九的权威，将剥落事业进行到底。上九采取了怀柔对策，对待五阴爻就像对待内宫之人一样，放在自己身边宠幸起来，确保他们不再为害，因此没有什么不顺利。

选择 危险因子团结起来要进行最后的颠覆，应想出好的办法迂回，稳住邪恶势力，将他们由阴转阳，由暗转明，君子之道以阳谋相对。

上九，硕果不食，君子得舆，小人剥庐。（卦主）

爻位 上九唯一阳爻，下应六三，又得六五承接，剥卦卦主。

注释 舆：大车。庐：房舍。

译文 （仅存的君子之道）就像丰硕的果实一样，但阴气小人无法食用，民众像车子一样载着君子，小人妄想继续剥蚀，却只能剥蚀掉自己的房舍自我毁灭。

辨析 咱们现在来理解剥卦的过程，五阴剥一阳，像是君子之道与小人之道双方的对战。最开始小人之道节节胜利，而现在是上九作为仅存的坚挺到最后的君子之道，就像丰硕的果实一样等着人来摘取，然而只有有德之人才能够享用硕果，这是阴气小人剥蚀不了的。君子坐着大车，实际上是民众载着君子之道，拥护着君子推行德政，这是剥卦最后的坚守。小人索取惯了，仍妄想继续剥蚀，但只能将自己的房舍扒毁掉，这是他们的自掘坟墓，自我毁灭。

选择 我方管理层秉承君子德行坚持到最后，通过民心民意的支持来与反对势力作斗争，反对势力会因为贪得无厌而自毁。

全卦过程

剥 卦	以剥蚀安身之所为喻
上九（小人剥庐）	君子之道得到硕果，小人之道自取灭亡
六五（以宫人宠）	采用怀柔政策，将小人之道看管在身边
六四（剥床以肤）	小人之道继续上升，完全毁坏安身之所
六三（剥无咎）	在上九君子应和下，小人之道没有得逞
六二（剥床以辨）	小人之道逐渐上升，毁坏安身之所基石
初六（剥床以足）	小人之道毁坏安身之所的根基

全卦选择 剥卦最大意义是教我们如何应对阴险小人，如何与小人之道做斗争。小人之道终究是不会长的，可能在各个阶段闹腾得非常厉害，将君子之道攻打到节节败退，但是只要君子之道能够守住最后的阵地，想办法抓住小人之道的弱点，或直击或迂回，最终必然将之灭亡。

第30课 地雷复卦，回复正道

第二十四卦 地雷复

卦名 地雷复 复有复兴、恢复之意，也有往来之意，引申为反复、重复等。在前面学过的泰卦九三"无平不陂，无往不复；艰贞无咎，勿恤其孚，于食有福"，其中的复就是往来的意思。《论语》中"信近于义，言可复也"，其中的"复"指的是践言，讲信用要符合义，之后才能去努力践行。

卦画 雷在地中 复卦从卦画形状上看，一阳初始，五阴接续，与前一卦山地剥正好相反。上地下雷，地下打雷，这是发生了大地震啊，象征着天地万物都走到尽头，山崩地裂，新的物种开始了，新的生命诞生，这就是复，再来一次。从消息卦的角度来看，上一卦山地剥是九月，最上爻唯一阳爻被阴爻剥蚀殆尽，紧接着就是纯阴坤卦十月。然而天地万物阴阳循环，到了纯阴之后天地暗淡无光，总是要有新的希望产生，这是人事更是天道。在这之后的地雷复卦代表十一月，一阳初生，这就是朝气，这就是希望，复处于冬至之月，代表子月、子时，以此理解，一阳初生的暖意就很明显了。剥是五阴剥一阳，那么复呢？在坤之后，一年循环完毕，十二地支也循环完毕，那么新的世界从谁开始呢？就是复，回归到最初阶段吧，这叫复其道。阳气初生，天地开始新的一轮循环，于是乎，日复一日，年复一年。成语一阳来复也是出自于此，古人认为天地之间有阴阳二气，每年到冬至日，阴气尽，阳气又开始发生，指春天又到来了。

卦德　回复正道　一方面一阳初生是一种反复的道理，新的开始；另一方面阳气弱小阴气强盛，阳气想往前进一进却发现时机未到势力不敌，因此速速回复到本位正道上，保持好原有的乾健品德，待时而动。

杂卦角度　剥烂复反　山地剥和地雷复二卦卦形相反，互为综卦。剥，剥落，也有剥蚀之意，因剥而腐蚀，并发生了溃烂；复本身是行故道，反复的含义，回到了最初状态，因此叫反。

特殊之处　地雷复卦：全卦中初爻是唯一阳爻，消息卦十一月子，代表节气冬月，即大雪开始，经冬至，到小寒之前，代表夜里十一点到次日凌晨一点之间，在地支中为子水。

卦辞解析

复：亨。出入无疾，朋来无咎；反复其道，七日来复。利有攸往。

注释　疾：缺点，毛病。

译文　复卦象征回复。亨通，阴阳往复是没差错的，之后的临泰壮等卦顺次到来没有错误。天道往复，七天作为一个周期循环，利于出门办事。

辨析　复卦是亨通的，因为阴阳往来复返，万物得以生长，自然亨通。出入无疾，此处并不是人体没有疾病，而是说阴阳往复这件事没毛病，这是万物生长的一种状态，指代顺利。朋来无咎，也不是实指，不是有朋自远方来不亦说乎的感觉，与刚才相同，因为复是老大，是开端，所以后面的复临泰壮也好，子丑寅卯也好，就顺着一个一个到来吧，没毛病。此处用到了消息卦的知识，复卦是子为十一月，临卦是丑为十二月，泰卦是寅为一月，大壮卦是卯为二月。反复其道是讲天道往复。七日来复，一种说法是和前面学过的蛊卦类似，"元亨，利涉大川；先甲三日，后甲三日"，并不是实指，而是代指一个阶段，循环往复的意思；另一种说法是实指，古人习惯于以七天为一个周期。但不论如何，七日来复都可以理解为某个周期或阶段。

象辞说，复，其见天地之心乎！

大概可以显现天地运行的规律吧！

引申

星期在中国古称七曜，最开始并未作为时间单位，在夏商周时期，是指日、月及五大行星等七个主要星体，是当时天文星象的重要组成部分。在西方，古巴比伦人首先使用七天为一周的时间单位，后来犹太人把它传到古埃及，又传到古罗马，公元 3 世纪以后，就广泛地传播到欧洲各国，作为时间单位的七曜最早在 7 世纪。在我国古代，距今 3700 年的商朝，对农历进行了修订，平年 12 个月，大月 30 天，小月 29 天，闰年增加一个月。同时为了方便，把一个月约分为 4 周，由于这样的周期符合月亮的圆缺变化，即朔—上弦—望—下弦，所以将其称为"星期"。因此，现行意义的星期，其实是中外古今的共同演变，有一种殊途同归的意味。如英语中 Sunday（太阳神日、日耀），Monday（月亮神日、月耀），Tuesday（战神日、火耀），Wednesday（主神日、水耀），Thursday（雷神日、木耀），Friday（爱神日、金耀），Saturday（土神日、土耀）。再如前几年大火的书籍，《男人来自火星，女人来自金星》，含义是，男人是周二战神属火，女人是周五爱神属金。这些零碎知识，通过《周易》可以将它们串联起来。

《象》曰：雷在地中，复；先王以至日闭关，商旅不行，后不省方。

大象辞简译　复卦的卦象是上地下雷，为地中藏雷之表象。雷在地下，震雷为阳，阳气微微活动于地表之下，有阳气上升复归之象。君子应当效仿先王在阳气微弱的冬至日关闭口岸，商贾旅人不外行，君主不省巡四方，以防微弱阳气受损，帮助阳气复归。

评述　至日指冬至，因为复卦为冬至之月。上古时，冬至日禁止渔猎，并休市。因为阳气初至，大家都不想去惊动这点微薄脆弱的阳气，因此商旅不行，君主居于后宫不上朝也不巡游视察地方。

爻辞解析

初九，不远复，无祗悔，元吉。（卦主）

爻位　初九当位，阳爻入卦，唯一阳爻，复卦卦主。

注释　祗（zhī）：敬，恭敬。

译文 向前行走不久就回来了，内心没有悔恨，元始吉祥。

辨析 不远复，向前行走不久就回来了，因为前面五阴阻挡，象征小人之道，唯一阳爻君子往前探路发现不好走，于是赶紧回复正道。无祗悔，意思是内心没有悔恨。不少人误将祗当作祇，应天老师认为，祗的两个意思分别是地神和大，如果这句话解释为，走不远就回来，没有大的后悔，那后面的元吉怎么办呢？小的后悔也是后悔啊，怎么可能元吉呢？

复卦初九是卦主，讲了全卦的精髓，一方面一阳初生是一种反复的道理，新的开始；另一方面阳气弱小阴气强盛，阳气想往前进一进却发现时机未到势力不敌，因此速速回复到本位正道上，保持好原有的乾健品德，等待时机，因此不会后悔。这种待时而动、未虑胜先虑败的行为，获得的是最元始的亨通，可以说阳气胜利了，是胜在最初的谋略上。《孙子兵法》有云："昔之善战者，先为不可胜，以待敌之可胜。""不可胜者，守也；可胜者，攻也。守则不足，攻则有余。善守者藏于九地之下，善攻者动于九天之上。""是故胜兵先胜而后求战，败兵先战而后求胜。"就是这个道理，还没打就已经赢了。

选择 己方力量弱小的时候即使掌握正义之道也不要冒进，要善用兵法，探敌虚实，不可胜的时候就藏于九地之下退守，可胜的时候再图谋进攻，如此才能打出必胜之仗、全胜之仗。

六二，休复，吉。

爻位 六二中正，臣位。

译文 （受君子之道影响）能够以真善美作为自己的行为标准，回复正道，是吉祥的。

辨析 六二爻虽乘凌初九，但此卦情况比较特殊，初九为唯一阳爻又是卦主，六二与初九形成朋比关系，且又得中正，故综论吉，能受到初九影响而没有大错误。

选择 己方虽然弱小，但能够潜移默化影响敌对势力，将他们中的外围成员先收为己用，这与自身的美善品德是密不可分的。

六三，频复，厉无咎。

爻位 六三不当位，凶位。

译文 屡次回复正道又背离，虽然行为危险，但暂时没有错误。

辨析 六三处于内卦边缘。频复，屡次反复，此时与初九君子之道有些距离了，因此影响是间断的不稳定的，六三数次回复正道又数次背离，有向道之心却不够坚定。虽然行为危险，但暂时不会有什么错误，因为毕竟还是想改好的。另一说频通"颦"，指的是皱着眉头心不甘情不愿地回复，最终有惊无险，结合全文不取这一解释。

选择 敌方的边缘阵营有一些犹豫不决的势力，用君子之道感召之时会出现反复的现象，正确看待，继续努力争取。

六四，中行独复。

爻位 六四当位，下应初九，吉。

注释 中：居中。独：单独，独立。

译文 （在五阴爻中）以居中的方式行走，（在君子之道的感召下）独立自主地回复正道。

辨析 中行的中并不是中正之意，而是此处结合复卦特殊的卦画，六四处于五个阴爻的正中间，但又与初九相应，故能以居中的方式行走，在君子之道的感召下回复正道。

选择 敌方有些较为核心的成员，能够受到己方君子之道的感召，被这种优秀品德折服，从而心甘情愿投靠我方，这是好事，要善待，并以此为突破口，争取更多人的归附。

六五，敦复，无悔。

爻位 六五得中，君位。

注释 敦：敦厚朴实，诚心诚意。

译文 （小人之道的首领）敦实厚道地回复正道，不会有后悔。

辨析 六五就是小人之道的首领了，在六二、六三、六四依次被初九阳爻感召的情况之下，六五也绷不住了。六五位于外卦坤的中位，因此行使的是厚德载物的德行，具备敦厚的品质。这个无悔很妙，写出了六五最开始行使小人之道的原因，不是因为自身品质不好，而是为时事所迫。

选择　敌方首领的本质是不坏的，一直以来都谨遵宽厚仁爱的坤之道，行使小人之道有些内因。作为正人君子，我们把这些事情调查清楚后，用天道德行去感召，会归附的。

上六，迷复，凶，有灾眚。用行师，终有大败；以其国，君凶；至于十年不克征。

爻位　上六当位，亢位，远离初九阳爻。

注释　灾眚：灾为外灾，眚为内患，灾眚泛指灾祸。

译文　迷惑不知回复正道，凶险，有外灾内患。此时去打仗，最终战败；去治国，君子之道更加消亡，国家凶险。持续下去的话，多年都难以抵挡初九的征伐。

辨析　在阴爻阵营都回复君子之道后，上六作为阴爻阵营原本紧守着六五君主的近臣，内心发生了极大的迷惑，迷途而不知返是非常凶险的，将有灾祸发生，内忧外患不绝。以此种亢极的小人之道治军打仗，会招致战败；治理仅存的国家领土，会使君子之道日渐消亡，百姓生活更加凶险。这样的状况会一直持续下去，长达十年之久（为虚指），难以振兴也不能抵抗初九最终的征伐。

选择　君子之道攻城略地获得伸张，但敌方还有小部分残余势力执迷不悟负隅顽抗，我方不用强求，敌方自有灾眚。从小人之道的角度来看，既然大势已去，不如尽早回复君子之道，否则己方的内外状况只能更加恶化，长久不振。

全卦过程

复卦	以招安战争为喻
上六（迷复）	执迷不悟而不回复正道，军民皆凶
六五（敦复）	敦实厚道地回复正道，不会有后悔
六四（中行独复）	阴爻正中独行，受初九感应回复正道
六三（频复）	数次回复正道又背离

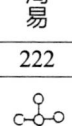

复　卦	以招安战争为喻
六二（休复）	受到初九美善感召回复正道
初九（不远复）	唯一阳爻很快回复正道，先立不败之地

全卦选择　任何事情都有一个由小到大、由青涩到成熟的过程，首先确保自身处于正道立于不败之地，再稳扎稳打慢慢将敌方势力招安感化，条件具备后直接对敌方首脑动之以情晓之以理，进而收拾残余势力，最终取得君子之道的全面胜利。

复卦讲述的是最初弱小的君子之道如何通过亲和、感应、策反，蚕食掉原本兴盛的小人之道，在生活中、创业中也是如此。比较复卦与剥卦，一个是顺利，亨，出入无疾，朋来无咎；一个是不顺，不利有攸往。二者都是一个阳爻与五个阴爻，但他们所处的地位不同。复卦阳爻在潜龙之位，有很大的潜力，有很大的希望；剥卦阳爻处在亢位，本身就处在退守的地位上。复卦阴爻相对来讲比较温和，被初九阳爻分别对待，各个击破，最终共同追随回复正道；剥卦阴爻相对刻薄一些，贪得无厌，剥完还想剥，将根基、基石、外在一步步剥去，最终自取灭亡。

第31课 天雷无妄，以正避祸

第二十五卦 天雷无妄

卦名 天雷无妄 无，亡也；妄，乱也。无的含义大家很清楚，就是没有、消亡的意思，某些时候通"毋"，禁止、不要的意思。妄是胡乱、不合理的意思等。无妄，就是没有虚假、破除虚妄，在无妄的状态中，不妄求、不妄动，当行则行，当止则止，这是一个非常有意义的卦。

卦画 天下雷行 无妄卦从卦画形状上看，上天下雷，天上打雷就会下雨，这是比较浅显的解释方法。象辞中讲天下雷行，是万事万物与之相应的意思，在天地大威严面前，万事都要遵循规律法则，也就是奉行天时，万物都要不妄想、不妄言、不妄动，做好自己的本分。乾为马，震为龙，龙马精神，奉行天德不妄动，这也是我们中华民族自古以来所崇尚的奋斗不止、自强不息的民族精神，与天之四德吻合。

卦德 以正避祸 无妄具备天之四德，其前提条件是持正，否则便无法破除虚妄，发生灾祸。

卦序角度 剥复无妄大畜，剥掉伪装，去伪存真之后返璞归真，回复真我，这是剥卦复卦；最初的状态是最根本的现实，纯洁而本真，没有任何虚妄，这是无妄，象征破除虚妄；没有妄念，踏实苦干，迎合天时，获得丰收，这是大畜，象征大有积蓄。

特殊之处 天雷无妄：无。

卦辞解析

无妄：元亨，利贞；其匪正有眚，不利有攸往。

注释　匪（fēi）：假借为"非"，表示否定。

译文　无妄象征破除虚妄。元始亨通顺利贞正，如果不能保持中正之心中正之德，就有灾祸，不利于出门办事。

辨析　天雷无妄同样是具备天之四德的，这也就是咱们刚才所说的天命之卦。对于无妄来说，天是纯阳之卦，象征父，震象征长兄，因此是仅次于乾为天的阳卦，非常刚猛，从另一种角度来看，无妄还代表了传承，父亲与大哥，这种天之四德的传承，也就是天命了。当然，无妄的四德也是小四德，是有条件的。

引申

《太平广记》中记载了一则与天雷无妄卦有关的例子。唐代有个叫葫芦生的盲人，是当时著名的占卜师。刘辟刚考中科举后，就找他算了一卦，想预测自己将来的官运如何。葫芦生占卜后得到了天雷无妄卦，其上九爻为动爻。于是他对刘辟说："从今天起二十年后，你将在西南方为官，但最后会死于非命。"刘辟不久就跟随韦令公到四川任职，一路升到了御史大夫、行军司马。二十年后，韦令公病死了，刘辟想接替韦令公的职位而没有成功，于是他又去找葫芦生。得到的依然是天雷无妄卦，动爻为上九。葫芦生问："二十年前我曾给一个人算得了此卦，今天又算到了同样的卦，难道你就是当年的那个人？"刘辟连连说"是"，于是葫芦生说："那么马上就会有灾祸降临在你头上了。"刘辟不相信。回到四川后，刘辟因为对朝廷不满而起兵造反，唐宪宗派兵镇压。最终刘辟被擒获，斩首于藁街街头。

《象》曰：天下雷行，物与无妄；先王以茂对时育万物。

大象辞简译　无妄的卦象是上天下雷，为雷行天下之表象。天下有雷，震荡回响，天用雷的威势警戒万物，并赋予万物以不妄动妄求的本性；君子应和先王一样以去顺应天时，遵循天时养育万物。

注释 茂：通"懋"，劝勉。

爻辞解析

初九，无妄，往吉。

爻位 初九当位。

译文 不妄求妄动，前往办事能获得吉祥。

辨析 初九无妄往吉，实际上是接着卦辞说的。卦辞不是说如果不正就不利于前往办事吗？现在初九阳爻入卦，正了，当位了，去吧，如果能秉承无妄精神，再具备天之四德，就吉祥。

选择 无妄最重要的是持正，这在卦辞中就体现了，保持一个贞正的态度，认清自己的角色，办事能够顺利。

六二，不耕获，不菑畬，则利有攸往。

爻位 六二中正。

注释 菑（zī）：初耕的田地。畬（shē）：开垦了两三年的熟田。

译文 不期望刚开始耕作就能得到收获，不期望刚开垦的土地就能变成良田，那么前往办事会顺利。

辨析 此爻是指我们对事物不做过多要求，不期待不劳而获，也不揠苗助长，而是勤勤恳恳遵循天时一步一步实现自身愿望。不妄想、不妄动，遵循自然规律，自然就能够利有攸往。从另一个角度来理解，必须耕耘了才有收获，必须开垦了才有良田。

选择 要遵循事物的发展规律，不要急于求成，不要奢望不劳而获，谨遵中正德行，踏实前进，会顺利的。

六三，无妄之灾，或系之牛，行人之得，邑人之灾。

爻位 六三不当位，上应上九。

注释 邑：本义为侯国，后泛指一般城镇，大曰都，小曰邑。

译文 无缘无故遭受灾祸，有人把牛拴在道边，被经过的人牵走，同乡之人蒙上不白之冤，这就是无妄之灾。

辨析 六三爻讲的是一个偷牛的故事。牛在古时候是重要的祭祀物品，也是重要的生产资料。一个人把牛拴在村中道边，转身抽根烟解个手的工夫，牛没了，被经过的人顺手牵走了。丢牛的人非常气愤，又很心疼，于是就指责村里的人是小偷。村里的人莫名其妙但又百口莫辩，于是蒙上了不明不白的冤屈，这就是无妄之灾。

选择 看似无妄，其实有妄，事情的发生并不是无缘无故的，我们在生活中要尽量远离是非，无形中就能减少很多麻烦。有极少数灾祸是自己找上门的，那我们就要妥善应对，以中正之心待之，坚持正义，保持善良本性，无妄之灾会过去的。

九四，可贞，无咎。

爻位 九四不当位，初入上卦，承接于六三。

译文 能够坚守贞正，没有灾祸。

选择 与六三联系起来，即使无妄之灾真的到来，如果能够坚守贞正德行，贯彻天之四德，就不必畏惧不白之冤。

九五，无妄之疾，勿药有喜。

爻位 九五尊位，中正。

译文 不明不白的疾病，不需要治疗就能自愈。

辨析 什么是无妄之疾呢？本来不应该有的病，莫名其妙就生了，这是否也是一种灾呢？因此九五讲的还是无妄之灾。整个卦讲的是这样一个村民，是个富农，有一头牛，几亩地，踏踏实实过日子，结果有一天突然冒出一档子别人丢牛的事情赖到他身上，这人蒙受冤屈百口莫辩，一着急一上火，病倒了，这就是无妄之疾。怎么治疗呢？把丢牛人的问题摆平了，把事情弄清楚了，甚至说帮助人家把牛找回来了，自然不药而愈，这就是勿药，最后皆大欢喜。

还有一种无妄之疾，是心病，是没办法医治的，只能通过调整心态来慢慢减缓病症。说的是什么意思呢？结合卦辞，即使具备天之四德的君子，如果不正也会有灾祸，更何况咱们普通人呢？其实只要能持中守正，秉承好的德行，就一定能够化险为夷，顺利渡过无妄之灾，这就是九五尊位的含义，美德比良药更有用。

选择 有了疾病不能讳疾忌医，该看病检查的还是要尽早去，早发现早治疗早痊愈。本爻是虚指，即遭受无妄之灾后应当如何应对，用天之四德去化解，保持中正之道，最终清者自清。

上九，无妄，行有眚，无攸利。（卦主）

爻位 上九亢位，不当位，无妄卦主。

译文 破除虚妄，（如果不能保持无妄的中正之德，）轻举妄动则有灾祸，不顺利。

辨析 本爻实际上是将卦辞"元亨，利贞。其匪正有眚，不利有攸往"又解释了一遍。结合卦辞来看，前五爻都能秉承无妄精神，上九的时候亢位了，坚持不住了，轻举妄动则行差踏错，不顺利。其实这一爻本身解释起来特别简单，吉就是吉，凶就是凶，也不用为他找什么特别的借口。那么凶的原因呢？就是卦辞。学习《周易》一定要以发展眼光通观全局，辩证看待，不要孤立理解每一卦每一爻。

选择 遇到事情，无妄自然无咎，但如果处在亢龙有悔的地步，容易产生虚妄，容易犯错误，我们要正视这个问题。

全卦过程

无妄卦	以村民蒙受不白之冤的故事为喻
上九（行有眚）	回归卦辞，无妄则无咎，有妄则有眚
九五（无妄之疾）	因冤病倒，好在真相大白，不药而愈
九四（可贞，无咎）	蒙冤后保持贞正就没有错误
六三（无妄之灾）	别人丢牛，自己蒙冤
六二（不耕获）	村民的品质好，不奢求不劳而获
初九（无妄往吉）	平时生活中不妄动，吉祥

全卦选择 天道最怕持中，鬼神最怕守正，什么含义呢？做人不偏不倚，为己也为人，这样的人自然不会受到天地的亏待。同样，行得正坐得直，鬼神也无可奈何。我们在生活中只要能做到不妄想不妄言不妄动，持中守正，就一定会顺利平安，即使有无妄之灾也能顺利渡过。

引申

《战国策·楚策四》载：楚考烈王无子章。楚国考烈王一直没有子嗣，宰相春申君到处为他寻求能生育的妇人。赵国的李园想把妹妹李环进献给楚王，但又怕楚王不宠幸妹妹，所以打算从春申君这里入手。李园设法成了春申君的舍人，不久后骗他说齐王要派使者来娶李环。春申君对此很是好奇，于是也要求见李环。容貌姣好的李环很快打动了春申君，并被纳进门。不久后李环怀孕了，李园建议春申君将她献与楚王，若能生儿子，相当于直接夺得大统。春申君认为可行，就把李环献给了楚王，后来李环果然生了个儿子还被封为王后，李园也因此得到重用。随后，李园担心春申君会暴露以前的事情，所以就有了杀他灭口的念头。在春申君做楚国宰相的第二十五年，楚王病重，朱英提醒春申君："世有无妄之福，又有无妄之祸。今君处无妄之世，以事无妄之主，安不有无妄之人乎？"朱英认为：春申君身居高位，权势很大将及楚王，而且五个儿子都当上了诸侯辅相，楚王死后春申君辅佐少主，他可以仿周公摄政，也可以直接南面称王掌控楚国政权，这就是"无妄之福"；李园是楚王的大舅子，没有兵权却暗里豢养死士，一旦楚王驾崩，他肯定会先入宫，假传圣令杀春申君灭口，这就是"无妄之祸"；朱英提议让春申君任命他为郎中，楚王驾崩，李园入宫时，朱英就替春申君杀了李园，做那个"无妄之人"为春申君解决祸患。但是春申君认为李园软弱真诚，又一向和自己交好，不会加害自己，不听朱英劝告。朱英只好离开。十七天后楚王驾崩，果然如朱英所言，李园先入宫藏好死士，春申君一进来就被杀了，随后还被抄家。李环生的孩子，也就是春申君的孩子被立为幽王。

第32课　山天大畜，蓄德报国

第二十六卦　山天大畜

卦名　山天大畜　本卦与第九卦风天小畜含义类似，程度不同。小畜是小有蓄积，那么大畜就是大有蓄积。小畜是阳刚有余阴柔不足，因此要接着蓄积阴柔智慧；大畜已经蓄积足够多了，因此隐含一个停止的意思。

卦画　天在山中　大畜卦从卦画形状上看，上山下天，两个都是纯阳卦，艮山象征的是小儿子，卦形是小儿子被父亲托举着，有被捧在手心的感觉，前提是大有积蓄，才能生养好，教育好。艮为山为止，乾为天为健，君子行使健德奋勇向前，被艮山止住，此时已经大有蓄积，应当停一停休整一下，因此大畜隐含止的意思。

山天大畜和风天小畜的卦画区别就是大畜为六五阴爻，小畜为九五阳爻，大畜是以柔蓄刚，小畜是以刚蓄柔。

卦德　蓄德报国　大畜卦辞不家食，提倡食禄于朝，也就是报效国家，天下为公。同时大畜是积蓄足够多了，这时要进一步畜其德，培养美好品德，积聚广博知识。

杂卦角度　大畜时，无妄灾，天雷无妄和山天大畜二卦卦形相反，互为综卦。这两卦实际上都是在讲天时之力，宣扬天道不可违。大畜是积蓄丰盛之意，这是上天的恩赐，是丰收的结果，因此是时的作用，只需接受上天的赐予即可。天雷无妄是一个天命之卦，具备天之四德，又有雷之威严，整体是一个吉卦，为什么此处说无妄为灾呢？因为，古人

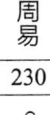

认为天道有常，天命运数非人力所能左右，亦无法挽回，因此无妄象征天道劫难，平时顺利吉祥，但如果应了劫，那就是灾，没有任何解决之道。

特殊之处　山天大畜：无。

卦辞解析

大畜：利贞；不家食，吉，利涉大川。

注释　不家食："家"为状语，表示在家。"不家食"即不在家自食，不是吃一家之饭，办一家之事，比喻报效社会和国家。

译文　大畜象征大有积蓄。顺利贞正，君子应当报效国家，如此则获得吉祥，能克服各种艰难险阻。

辨析　咱们一般说粮食、金钱的大量积蓄，是人们生存的基本需要，在这里应天老师说一个隐藏含义，大畜之所以为大，讲的其实是在生活特别殷实之后，品德学问有一个质的飞跃，这是一种为学日益的感觉。物质积蓄到一定程度之后道德品格也会获得质的提升，这就是大畜的真实含义了。

《象》曰：天在山中，大畜；君子以多识（zhì）前言往行，以畜其德。

大象辞简译　大畜的卦象是上山下天，为天隐于山之表象。天于山内，乾天为大，艮山为止，大量囤积畜养，藏止于山。君子应更多学习前贤往圣的言行举止，以此培养并蓄积美好品德和广博知识。

评述　小畜卦讲的是，最开始天地初开，初生学习饮食争讼等，经过一系列努力发展终于温饱了，然后咱们要蓄积德施，一方面积累一方面巩固自身并广泛结交。小畜卦整体而言描绘的是物质层面，但到了大畜的阶段呢，不仅同人大有，甚至临观都好几轮了，这个时候社会生产力比较发达，距离小康社会越来越近了，大有蓄积了，人们已不满足于物质了，要提高层次，因此大畜不仅是物质积蓄，更多的是在说道德品格。

爻辞解析

初九，有厉，利已。

爻位　初九当位，上应六四。

注释 已：停止。

译文 求成心切而忙于蓄积，有风险，应当及时约束自己停下来，才会获得顺利。

辨析 财富积累已经到了一定高度，应该停下来看一看了，看什么呢？看书、看好的人和事，去增进自己的德行，放慢自己，思考一下，才能走向更高。

选择 事业已经获得一个极高成就之后，再强求的话只会徒增烦恼，反而不如停下来看一看，思考一下。

九二，舆说輹。

爻位 九二居中，上应六五，此处应当论吉。

注释 輹（fù）：车厢与车轴之间连接物。

译文 将车輹取下使车子停止前进。

辨析 此处为主动停车，并不是因为车坏了或前方有障碍物，而是意识到应当停止，故而停下大车，因此论吉。主动停车的目的是避免犯错，与初九类似，停下来思考之后的路。

回忆风天小畜的九三爻，舆说辐，夫妻反目。是被动停车，是大车坏掉了，形容不顺，闹别扭两败俱伤。

选择 很多时候事情的发展都不受控制，那么想个办法让它主动停止进程是个好主意，这样能避免犯错，或避免在错误道路上走远，尤其在较为成功的阶段，更要谨慎小心。

九三，良马逐，利艰贞；曰闲舆卫，利有攸往。

爻位 九三当位，被六四乘凌。

注释 曰：语气助词。闲：通"娴"，娴熟。舆：车夫。卫：卫士。

译文 骏马风驰电掣般奔跑，保持艰苦奋斗的品德与贞正之心能获得顺利。娴熟掌握了驾车与防卫的本领，去办事很顺利。

辨析 前两个爻停止了，但山天大畜的下卦是乾天，是比较刚猛上进的，所以掌握驾车与防卫的本领去办事，往前走，疾驰。

选择 有停止就有疾驰，具备优良的硬件装备，并熟练掌握各项技能，是快速发展的前提与保障。

六四，童牛之牿，元吉。

爻位　六四当位，下应初九，出入上卦。

注释　牿（gù）：绑在牛角上使其不能触人的横木。

译文　给头上尚未长角的小牛预先装上一块横木，以防止它长出角后顶人，这是非常吉祥的。

辨析　在牛角上横绑短木，一方面防止凶牛伤人，另一方面便于系绳拉犁。因为牛是一件重要的生产资料，是财富与地位的象征，早早地就驯服一头小牛当然很高兴了。整爻实际上讲的是，为了防止牛在大了以后不好驯服而提前做些限制，同时也有未雨绸缪之意。

选择　当我们想获得某些成就或征服某项困难的时候，就要在它们还弱小的时候去搞定。

六五，豶豕之牙，吉。

爻位　六五得中。

注释　豶（fén）豕：阉割过的野猪。

译文　野猪野性十足难以驯服，因为它的獠牙非常可怕。但如果避其锋芒，不和獠牙硬碰硬，而是对野猪加以阉割，它的野性就会慢慢退化，变得温顺，吉祥。

选择　对待棘手的事物应当避其锋芒，从软弱处下手。

上九，何天之衢，亨。（卦主）

爻位　上九六位，不当位，大畜卦主。

注释　衢：四通八达的大道。天衢在此处指朝政大事。

译文　在大量蓄积财物与德行的前提下，贤能之人已经能够担负朝廷大事了。

辨析　这里实际上是将卦辞又解释了一遍，君子应当报效国家，如此能克服各种艰难险阻。上九此处已经大畜到了极点，因此可以继续上进了，这和普通的乾阳上爻不一样。蓄积最终是为了爆发，积累到最后

是为了报国。在此爻以前的贤才，即使有才也不可用，而现在贤路大开，可以得到重用了，君子才德充实，正是大有作为之时，能够实现自己的抱负了。上九和卦辞都是吉祥亨通的，都是说君子应当报效朝廷，因为大畜的结果不仅仅是蓄积财物，更是蓄止，并趁此时蓄积德行，其卦德蓄德报国也就呼之欲出了。

选择 所有的蓄积都是有意义的，最终一定会有所用，而且最好能为国所用，不要轻视蓄积的财物与德行，厚积方能薄发。

全卦过程

大畜卦	以蓄积德行为喻
上九（何天之衢）	大畜到顶点后报效祖国
六五（豮豕之牙）	棘手事物要避其锋芒，从软弱处下手
六四（童牛之牿）	对待困难的事情要在前期加以限制
九三（良马逐）	继续前进，娴熟掌握技能可办事顺利
九二（舆说輹）	当事情难以控制时，主动停止
初九（利已）	停止才能顺利

全卦选择 大畜的德行其实是很丰富的，不仅有蓄积，还有蓄止，还有蓄德，还有报国，联系起来看是君子应有的修身齐家治国平天下的修养。对照到事业上来看，先行使乾德努力蓄积财富，然后行使艮德停止观望，思考一下，接着进一步蓄积自己的德行，最终厚德载物，报效祖国、造福社会。

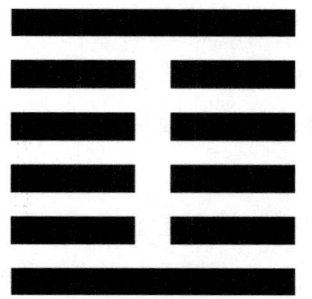

第33课　山雷颐卦，颐养以道

第二十七卦　山雷颐

卦名　山雷颐　颐为颔（hàn），即下巴的统称，如颐指气使，也有说法是面颊。颐的另一个重要含义是修养、保养，例如颐神、颐养、颐和园等。

卦画　山下有雷　颐卦从卦画形状上看，像一个张开的口，这和它的本义面颊有关，上山下雷，艮为止、震为动，表示的就是上牙堂不动而下巴一直在动，这是在嚼东西啊，吃了有益的东西才能颐养自身。回忆一下咱们学过的第二十一卦火雷噬嗑，象辞是"颐中有物曰噬嗑"，它的卦画形状象征着颐中间有一个硬物横棒，那把这个横棒取出就是我们现在学的颐卦了。

卦德　颐养以道　颐养是贯穿人类始终的基本道理，不仅要吃饱穿暖，更要培育德行，广结善缘，用正确的方法颐养，用正道的德行颐养。

卦序角度　无妄大畜颐大过，回复最初状态破除虚妄，踏实苦干获得丰收，这是无妄卦大畜卦；积蓄足够了可以养育子孙并对自己保养，也可以养育他人，这是颐卦，象征颐养；吃太饱了就行动不了了，颐养太过，颠三倒四，这是大过，象征极为过分。

特殊之处　山雷颐卦：巽宫游魂卦，卦画两阳包四阴。

卦辞解析

颐：贞吉；观颐，自求口实。

译文 颐卦象征颐养。贞正吉祥，观察颐养之道，学会自己谋求口中食物，进而掌握自养之道。

辨析 口实在这里是口中食物之意，后来发展为话柄之意，例如贻人口实。我们学过的风地观，卦德是观察进退，观在《周易》中大多指下观上，因而此处的观颐，重点在于学习领悟颐的智慧。

象辞说：天地养万物，圣人养贤以及万民。颐之时大矣哉！

前面课程中提到过时义说，明确雷地豫、泽雷随、天山遁、天风姤、火山旅有时义，其他卦也均能够根据卦德概括出时义，此处"颐之时大矣哉"，应天老师认为漏了一个义字，原文应为"颐之时义大矣哉！"此处存疑，讲解中仍按原文，以后的大过等卦也同类处理。

《象》曰：山下有雷，颐；君子以慎言语，节饮食。

大象辞简译 颐卦的卦象是上山下雷，为雷震山下之表象。上山下雷，艮山为止，震雷为动，即上止下动，咀嚼食物时上颚静止、下颚活动，因而象征颐养。君子应谨慎言语，以培养美好品德，节制饮食以养育健康体魄，养德又养身，是为颐养。

辨析 慎言语是为养心，颐养品德；节饮食是为养身，颐养身体。我们现在总教育孩子说，"病从口入"，就是说要管理节制饮食，调养身体预防疾病。唐孔颖达《周易正义》里面也说"祸从口出，患从口入"，就是说要谨言慎行，防止祸从口出；要节制饮食，防止患从口入。

爻辞解析

初九，舍尔灵龟，观我朵颐，凶。

爻位 初九当位，上应六四。

注释 尔：你的。朵颐：指鼓动腮颊嚼东西的样子。

译文 你明明有灵龟在手，可以仔细研究灵龟的颐养秘诀，却偏偏舍弃不用，观察我嚼东西的样子，想研究我的颐养道理，这是舍近求远、

舍优求劣的行为，凶险。

辨析 上古时龟是非常有象征意义的动物，尤其是活得很长的龟被称为灵龟，例如四神中的北方玄武就是灵龟，魏公曹操的诗，"神龟虽寿"，说的也是灵龟。上古时，在大衍筮法以前，占卜都是用龟壳，要么就是整个龟壳放在火上烤，要么就是用烧红的铁棍在龟壳上钻孔，再观察龟壳的裂纹来辨别吉凶。乌龟其实是非常神奇的一种动物，能够长寿，它的颐养之道可不是一般的道理，是我们人类所望尘莫及的。咱们讲颐卦，初九以灵龟为颐养之道，是非常贴切的。颐卦是朵颐一词的出处，用大快朵颐形容食物美味，吃得很开心很满足。我们生活中有很多这样的情况，明明自己占有非常好的资源却不用，反而要放大自身的劣势，羡慕别人的一点点优势。这是放弃了自身的颐养之道，凶险。

但如果继续坚守呢？那就是吉祥了，因此说《周易》是选择的智慧，而不是单纯的吉凶。人生的烦恼在于你总拿自己的短处和别人的长处相比，也就是说，有短处不可怕，认不清自己的长处或者直接放弃了自己的长处，这才真是悲哀呢。

选择 要认清并珍惜自己的优势资源与长处，不要身在福中不知福，不要一味羡慕别人的长处而放弃了自己的优势，这是舍优求劣的行为。即使自己有缺陷也不可怕，想办法弥补即可。

六二，颠颐，拂经，于丘颐，征凶。

爻位 六二中正。

注释 拂：本义是以手拂拭，轻轻擦过，在此是违背、拂逆之意。经：经常、常理。

译文 六二中正本是尊贵，却反过来向下爻初九乞求食物以获取奉养，是违背常理的，又向高丘处乞食，途中会遭遇凶险。

辨析 此处颠与杂卦传中的大过颠，是一个用法，颠倒之意。六二既中且正，位置好得不得了，却要颠颐，就是求养于下，求养于初九爻，这样的话必然产生问题。分析六二，实际上也是没有摆正自己的位置，舍己之琼琚求人之木瓜，舍己之西瓜求人之芝麻，止增笑耳。

选择 当处于优势地位拥有优势资源时，一定要善于利用，不要再无谓求助于人。同样道理，当自己能够想办法解决困难的时候，也没必要依赖别人。小朋友哭一哭能够解决问题，大人不行，因为你是六二中正之位，并不会获得同情，只会引人耻笑。

六三，拂颐，贞凶；十年勿用，无攸利。

爻位 六三凶位且不当位。

译文 违背颐养之道，是凶险的。多年都得不到颐养，没有好处。

辨析 贞在此处要辩证看，如果不违背颐养之道，是贞正的。此处十年亦为虚指，形容漫长岁月。

选择 本爻直接给出了选择，违背颐养之道凶险，坚持颐养之道贞正。养是人生中的基础需要，不能违背。

六四，颠颐，吉；虎视眈眈，其欲逐逐，无咎。

爻位 六四当位，初入上卦。

注释 逐逐：急迫的样子。

译文 反过来向下卦索取食物以获取奉养，吉祥。因为这就像老虎要扑食那样，瞪大虎眼目不转睛注视，迫切要满足自己的贪婪欲念，没有错误。

辨析 此为成语虎视眈眈的出处，像老虎要扑食那样注视着，形容贪婪地盯着，随时准备攫取。从此爻描述中可以看出，六四初入上卦，是非常渴望得到下卦震雷供养的，紧盯不放、紧追不舍。那咱们就有疑问了，为什么六四等着别人养活却还是吉爻呢？因为六四有德，咱们现在捋一下，颐卦六个爻，下卦为物质之颐养，主要是衣物、饮食、生存之养，是养人；上卦为精神之颐养，主要是学问、道德、品质之养，是养贤。贤者求人之物质，人者求贤之精神，这样的话全卦就贯通明白了。

选择 六四位居上卦，能够以智者身份向下给予智慧之光，这是比较高层次的颐养，以德养正，以德育人，是善举。

六五，拂经，居贞吉，不可涉大川。

爻位 六五居中，君位，承接上九。

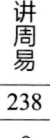

译文 违背常理，居中守正则吉祥，难以处理艰难的事情。

辨析 本爻尊位但不当位，因此无法自养，只能靠上下其他爻来供给能量，就好比某些君王，在颐养方面还是要靠诸侯与百姓。

选择 本爻位置有些尴尬，虽处尊位但自身并不强硬，需要倚仗诸侯四邻来巩固自身统治。然而处于这样的位置，本身就是实力的一种证明，只要守中，就能吉祥。

上九，由颐；厉吉，利涉大川。（卦主）

爻位 上九承接于六五，下应六三，颐卦卦主。

注释 由：源出。

译文 由上九爻来养育天下万民，虽然过程艰辛，但是结果吉祥，能够顺利克服艰难险阻。

辨析 上九为本卦卦主，是两阳之一，力量较大。整个颐卦情况较为特殊，初九上九为阳爻，有实际的养育之能，其余阴爻无法实现自养，只能靠两个阳爻养育。由颐的意思是，大家全部都源自于上九养育。通观全卦，上九好比国家，刚强健硕，养育万民；六五好比君主，居中但本身较柔顺，因此施德而不施养；六四好比诸侯，当位，施德于下同时求养于下；初九是踏踏实实工作生活的老百姓，可以自养，但又有些小心思，能得到六四的照应，学习德行；六二是民间的小头目，依靠初九供养；六三是社会闲散人员，自己不努力也没有人愿意供养他们，却能得到上九的照应而不至于饿死。

选择 上九爻既有强的实力又有好的德行，是有条件也有义务养育天下百姓的，如此做虽然会损失自身的一部分财力，但德行因此受到彰显，美名得以传扬，以后再做事会无往而不利。

全卦过程

颐 卦	以物质与精神的颐养辩证为喻
上九（由颐）	供养天下万物，虽过程艰辛但结果吉祥
六五（拂经）	尊位却违常理，靠国家百姓养，需守中
六四（虎视眈眈）	上位需要下位的供养，并能施德于下

颐 卦	以物质与精神的颐养辩证为喻
六三（拂颐）	违背颐养正道，妄图依靠掠夺，凶险
六二（颠颐）	不自养却向下乞食和向上求取，不顺利
初九（舍尔灵龟）	弃自身颐养之道不智慧，不要舍优求劣

全卦选择　颐养是贯穿人类始终的基本道理，不仅要吃饱穿暖，更要培育德行，养身和养心合起来才叫养生。同时，不要期盼别人的施舍，要力争依靠自身努力实现自养；在自己有余力的情况下，可以适当程度供养他人，颐人以物，颐人以德，广结善缘。

第34课 泽风大过，独立不惧

第二十八卦 泽风大过

卦名 泽风大过 过是度的意思，表示经过、度过，引申为过度、过分等含义。六十四卦中第二十八卦泽风大过，是上经的倒数第三卦，第六十二卦雷山小过，是下经的倒数第三卦，这是有玄机的，有区别有联系，等讲完小过后我们再来比较。过的另一个重要含义是过错。古人对君子之过也有独到而严苛的要求，《论语》中明确："君子之过也，如日月之食焉。过也，人皆见之；更也，人皆仰之。"就是这个道理。

卦画 泽灭木 大过卦从卦画形状上看，上泽下风，感觉是中间刚强，两头柔弱，有些头重脚轻的不稳之感，因此很多注疏中都比照卦辞将此种情况比喻为房屋颠倒、地基不稳、摇摇欲坠。从表象上看，巽风为木，树木本应长在水塘之上，本卦中却陷于泥淖之下了，因此说是太过了，把树木都淹没了。

卦德 独立不惧 大过卦辞描绘的房子中住的是一位超然独行、具有大智慧大勇气的君子，能坚持操守，超脱世俗，以勇制胜。他居住在危房中，却能心存崇敬，胸怀天下，不以自危为危。

杂卦角度 颐养正，大过颠。山雷颐和泽风大过二卦各爻全变，互为错卦。颐的卦画像是一张大嘴，因此要进食补养，颐养自身。颐是养，是正道的，大过头重脚轻，是颠倒的，这是正颠这两个字的含义，要结合来看。颐是吃好的东西，对自身有益的东西，目的是颐养，而大过情况是颠，吃得不好，吃对自身有毒害的东西，或者吃得太饱太过，危害到自身健康了，那就损益颠倒了。

特殊之处　泽风大过：震宫游魂卦，卦画两阴包四阳。

卦辞解析

大过：栋桡；利有攸往，亨。

注释　栋：房屋中心的正梁。桡（ráo）：指曲木，泛指弯曲。

译文　大过象征极为过分。栋梁之木弯曲了，利于前往行事，亨通。

辨析　旧时盖房子，房梁是非常重要的，甚至专门有上梁这个庄重的仪式，亲戚邻里前来观礼，说些吉祥话。对于砖木结构的房屋来说，栋梁往往是最粗、最重、品质最好的树木，一个屋子的大梁好坏就直接决定了整个房屋的结实程度与扛风抗震程度。栋梁引申为担负重任的人或事物，比如国之栋梁、栋干微桡等。

这么重要的房子栋梁弯曲了，本来是一件令人惊恐的事情，为什么反而亨通呢？要看住在这个房子中的人是谁。如果是个普通人、一个平民老百姓，他把这个房子当成全部，房子内布置得奢华得不得了，就希望两耳不闻窗外事，专心在自己的小世界里享受物质，那他肯定是非常惊恐的。如果这个房子中住的是一个有大志有大作为的君子呢，他的眼界非常高，不拘泥于眼前的物质享受，而是胸怀天下，这样的话即使房梁弯曲又有什么关系呢？苏轼《留侯论》有云："古之所谓豪杰之士者，必有过人之节。人情有所不能忍者，匹夫见辱，拔剑而起，挺身而斗，此不足为勇也。天下有大勇者，卒然临之而不惊，无故加之而不怒，此其所挟持者甚大，而其志甚远也。"豪杰之士裂缺霹雳丘峦崩摧都不带眨眼的，还怕房子倒掉吗？因为他们志在四方啊，虽然身处房舍之中，心却早已神游物外周游天下了。对于这样的君子，结果就是利涉大川，亨。

象辞说，大过之时大矣哉。

类同前文颐卦情况，应天老师认为应当是漏了一个义字。

《象》曰：泽灭木，大过；君子以独立不惧，遁世无闷。

大象辞简译　大过的卦象是上泽下风，为木淹于泽之表象。上泽下巽，巽为木，即树被淹于水泽，泽水过高才会淹过树木。君子应在事物过分反常之时仍然独自屹立，岿然不惧，隐于世间怡然自乐，不为世事苦闷烦恼。

评述　独立不惧、遁世无闷说出了儒道两家的思想精髓，儒家是入世，讲的是救人，坚持自己的正道，夷然不惧，做了就不怕，勇往直前；道家是出世，讲的是自救，坚持自己的选择，怡然自得，退了就不悔，安贫乐道。现在一些年轻人，入世不努力，时常抱怨社会不公平，身边的人这也不好那也不好，出世又舍不得，放不下各种诱惑，这样最终很容易就一事无成。所以应天老师希望各位朋友，即使做不到也不要恐惧或者抱怨，只管努力前行就好了。古人中能将独立不惧、遁世无闷两者结合到最好的，应天老师认为复圣颜回称得上一位。子曰："贤哉回也，一箪食，一瓢饮，在陋巷，人不堪其忧，回也不改其乐。贤哉回也。"连圣人都反复感慨，颜回这种品格是极为优秀的，值得学习，在此与各位朋友分享共勉，祝愿大家都能努力做到更好。

爻辞解析

初六，藉用白茅，无咎。（卦主）

爻位　初六阴爻入卦，上应九四，大过卦主。

注释　藉：做铺垫的东西。

译文　祭器下方又铺垫了柔软的白茅，慎之又慎，没有错误。

辨析　本爻讲的场景是祭祀。在祭祀中本来将祭器、供盘等器皿直接放置就行了，但为了更加尊重、更加虔诚，在下方另外垫上了洁白柔软的白茅，以确保祭器、供盘等不被玷污，不被损坏，结果自然是无咎了。本爻强调的是慎之又慎，确保万无一失。白茅本身是常规事物，但就因为铺垫在祭器下方，在祭祀过程中起到作用，因此也一同变得圣洁庄重了。

本爻之所以为卦主，一方面是因为它讲了一个大过的含义，谨慎太过、庄重太过，但因为这是祭祀需要，因此无咎。同时根据卦画，两端为阴爻，中间为阳爻，最下方的初六阴爻入卦，用阴柔的白茅做铺垫，垫起了中间的四个阳爻，虽有摇摇欲坠之感，但能确保大过而不过，确保内刚而不折，确保卦理颠倒而不倾覆，这是很大的功德。

　在进行某些神圣而重要的事情之前，应当更加怀有虔诚之心，慎之又慎，这样的话能确保万无一失。

九二，枯杨生稊，老夫得其女妻，无不利。

爻位　九二得中，承接于初六。

注释　稊（tí）：稗草。

译文　枯萎的杨树生出新的根须和枝叶嫩芽，老年男子娶了年轻女性作为妻子，没有什么不顺利。

辨析　稊的本义是稗子一类的草，此处是根的意思，即枯萎的杨树生出新的枝叶嫩芽。原本应当解释为生出新的根须，但根须是看不见的，难以去观察，因此直接解释为嫩芽。

此爻需要注意的一点是，没有明确讲吉还是凶，只是说，无不利，意思是这种现象存在，持保留意见，并不支持也不反对。为什么呢？老树新芽本是好事，但是整个树木都枯萎得差不多了，就算有新芽又能坚持多久呢？因此作者从辩证的角度去讲这么一个事情，并未置可否。有一个成语叫作梨花海棠，原本是指非常绚烂的暖春景色，后被用来形容老夫少妻。

选择　社会上虽然确实存在一些看起来不可思议的事，但是我们要正确看待，增强包容度，以更高层次的眼光去解读这种现象背后的原因，并且送上期望与祝福。

九三，栋桡，凶。

爻位　九三凶位，当位。

译文　房屋的栋梁向下弯曲了，凶险。

辨析　本爻凶位，与上下均敌比，但好在得正且与上六相应。处于四个阳爻中间部分，那真是刚强过头了。本处断语是凶，应天老师需要指出的是，不要一看凶险就怕得不得了，就算真是凶险，也是有条件的凶险，有救的凶险。观察九三位置，上应上六，因此说九三刚强过剩了，但是有上六柔爻应和，因此至少不会凶到不可收拾。九三爻辞与大过卦辞相类，而卦辞却吉祥，为什么呢？因为行使的是君子之道，因此九三只需要注意，在阳刚的时候多运用坤德，自身宽厚仁爱，不争先，就一定能逢凶化吉。

选择 刚不可久，刚极易折。在刚健的同时多实行坤道，不去一味逞强，遵守直方大的君子之道，就能回复吉祥。

九四，栋隆，吉；有它，吝。

爻位 九四不当位，下应初六。

注释 隆：向上隆起。

译文 房屋的栋梁向上隆起了，整体论吉，但也有些别的麻烦或损害，暗藏恨惜。

辨析 九四阳居阴位，虽不当位，然阴位化解过度刚强，且下应初六卦主。刚才讲的九三，栋桡，是栋梁向下弯曲，阳居阳位过于刚猛了，而且还没办法辅佐，因为越辅佐越危险。此处九四就不同了，虽然还是阳刚太过，但地位情况比九三好多了，而且是向上隆起，比向下弯曲好多了，至少没有危险了，因此整体论吉。不过九四栋梁本身也受到了损害，即使没大事，也有些别的麻烦或损害，这就是有它吝，并没有特别圆满，吉中藏凶，与九三是相反的。

选择 处于柔顺地位中的阳刚往往不会有什么灾祸，但小的麻烦与悔恨已经暗藏其中了，要仔细辨别加以规避。

九五，枯杨生华，老妇得其士夫，无咎无誉。

爻位 九五中正，被上九乘凌。

译文 枯萎的杨树生出新的花朵，老年妇女娶了年轻的男性作为丈夫，虽没有错误但也不值得赞誉。

辨析 九二与九五都得中，一个是枯杨生稊，一个是枯杨生华，类比看来就是一个是老夫少妻，一个是老妻少夫。周文王对此种行为其实是包容而不赞同，他没有表示明确反对这种行为，但是咱们现在是在大过卦中，周文王的潜台词是什么呢？九二的老夫少妻和九五的老妻少夫，都是完全抛开世俗眼光，没什么可批判的，但安安静静过好自己的日子就行，千万别过火，影响世俗伦理观。

选择 面对看似过分之事，多一些包容，只要这种行为没有给他人造成困扰和危害，或给社会道德造成困境，就应该默许，仍是送上祝福。当然，这种事本身并不应效仿，也不应赞誉。

上六，过涉灭顶，凶，无咎。

爻位 上六当位，亢位。

译文 涉水过深就会淹没头顶，凶险，最终却没有灾祸。

辨析 成语灭顶之灾正出于此，比喻毁灭性的灾难。为什么此处凶险却没有灾祸呢？因为大过中间的四爻都是阳刚，刚太过了，到了上六，柔和下来了，因此虽然有凶险，但是乘着阳刚之气一举夺之，冲破了这样的艰难险阻，最终化险为夷了。这是一种狭路相逢勇者胜的感觉，是一种气魄，非大英雄大豪杰不能使用，在生活中我们应该是什么呢？两勇相逢智者胜，两智相逢速者胜。调查清楚前因后果，妥善运用谋略，才能化险为夷，履险若夷。

大过上六爻的情况是《周易》全书中仅出现两三次的一种特例，即爻辞断语是凶，但结果其实是吉利的。应天老师认为它的意思是说，凶险啊，往前拼吧，会到达彼岸的。《周易》是辩证的，也是连贯的，不是割裂的，不是片面散断的，是能结合整体形势来分析的。大过全卦讲的都是看似过分实则能理解，因而爻辞也只是看似断语为凶，实则最后能吉。

选择 遇到困难勇往直前去克服就好了，因为此时正好具备这样的条件，前期又积蓄了太多过剩的力量，迫切需要释放一下，只要能注重谋略，坚定实行，虽有险阻却能最终成功。

全卦过程

大过卦	以某些看似过分的事例为喻
上六（过涉灭顶）	渡河水深过头了，过程凶险最终无咎
九五（枯杨生华）	老妻少夫年龄差距过头了，不置可否
九四（栋隆）	房屋内力挤压过头了，吉中藏小凶
九三（栋桡）	房屋承重过头了，再去逞强很凶险

大过卦	以某些看似过分的事例为喻
九二（枯杨生稊）	老夫少妻年龄差距过头了，但无大碍
初六（藉用白茅）	祭祀时谨慎过头了，万无一失更加吉祥

全卦选择　刚极易折是我们都明白的道理，但是大过卦巧妙地规避了这样一个问题，君子于危墙之下却独立不惧，正是因为心存崇敬、胸怀天下才能不以自危为危，同样，配上坤德以后的阳刚是非常厉害的，狭路相逢，刚柔并济，超脱世俗，无往不利。

第35课 习坎为水，坎险求生

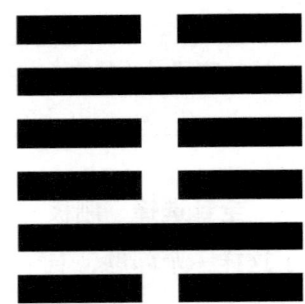

第二十九卦 习坎为水

卦名 习坎为水 《说文》中，坎为陷，它的实体形状就是低陷不平的地方，其实凸起的台阶也叫坎，如土坎、田坎等，现在常引申为坎坷、倒霉事，比如一步一个坎。习在此处的意思是重复做，因此习坎表示重复的坎险，寓意险之又险、险中有陷，重重险阻。从理论上，六十四卦中的八个经卦自身相重都应当以此命名，例如习离、习震等，但实际上除了习坎卦，其他都没有这个习字。通行解释就是险之又险，但作者的真实意图已经不得而知。

坎水离火是临观之后非常重要的两个卦，也是纯卦。先后天八卦中都是对立的，坎离比乾坤的对立性还要强很多，因为坎卦和离卦不论在先天八卦还是后天八卦中都是对立的，而乾坤两卦在后天八卦中分别代表西北与西南，并不完全对立。再者，坎水离火自身内部也是既有统一又有对立，坎水本身是万物之源，能润养万物，道理上应该是非常亲近的，却又代表险、陷；离火呢，离表示分离、离别，通"丽"时表示附丽、附着，因此说坎水离火作为非常纯粹的自然能量，本身就是一个矛盾集合体。

卦画 水洊至 习坎卦从卦画形状上看，坎上坎下，九二、九五两个阳爻陷在众阴爻中，非常艰险。上坎卦指代天上之水，如云雨霜雪等，下坎卦指代地上之水，如江河湖海等，上坎同时比喻外界之艰险，下坎比喻自身或内心之艰险。在八个经卦中，只有坎卦表示水，离卦表示火，其余木金土则分别有两个卦相对应，例如阳金为乾而阴金为兑。经卦还面临的一个问题就是，上下卦同位皆相同，因此内外卦全部爻都是互为敌应，在六爻预测中也管这种情况叫六冲卦。

卦德　坎险求生　坎卦是内外都艰险，一个坑连着一个坑，太险了，因此如何获得生存机会，稳住等待时机，最终脱险，是需要研究的重点。

卦序角度　颐大过坎离，积蓄足够了可以养育大众，但也不能颐养太过颠三倒四，这是颐卦大过卦；过则盛极必衰，衰则陷落，这是习坎为水，象征重重坎坷；有陷就有起，有水就有火，因此重回光明，这是离为火卦，象征附丽。至此，上经以天地开始，以日月结束。

特殊之处　习坎为水：纯卦。

卦辞解析

习坎：有孚，维心亨，行有尚。

注释　维：本义是系物大绳，此处为保持。

译文　习坎象征重重坎坷。有诚信，维持内心坚定信念因此亨通，这种奔流不止、坚强刚毅的行为被人们所崇尚。

辨析　坎为险陷，阳陷于阴中。但九二和九五两爻阳爻得中，阳刚坚毅，虽阳陷阴中，虽身处险中，但能够居中不偏，坚定有孚，内心亨通，以其阳刚正直克服艰险努力进取，能够为人们崇尚，成为典范。

象辞说，习坎，重险也，水流而不盈。行险而不失其信，维心亨，乃以刚中也；行有尚，往有功也。天险不可升也，地险山川丘陵也，王公设险以守其国；险之时用大矣哉！

《象》曰：水洊至，习坎；君子以常德行，习教事。

大象辞简译　坎卦的卦象是上水下水，为洪流相继之表象。上下皆水，坎又为险，乃是坎坷重重，艰难险阻接踵而来。君子应长久地保持美好德行，反复不放弃地坚持政治教化，不畏坎险重重，奋斗不息，努力不止。

评述　洊是再、仍然的意思。水洊至，指的是水流波涛一波一波前赴后继层叠而至。我们每闯过一个险，又会遇到下一个险，但也正是在这一个一个险中我们获得了成长与提高。我们在每一个险中"常德行，习教事"，成就更好的自我，不断磨砺，进而在遇到下一险之时更加从容强大，也更好地进步提升。

爻辞解析

初六，习坎，入于坎窞，凶。

爻位　初六不当位。

注释　窞（dàn）：深坑。

译文　置身于重重艰险之中，掉进了陷坑的最深处，凶险。

辨析　下卦三个爻都不当位。坎卦阴柔入卦，就好比一个不成熟的年轻人，遇到了一些困难，却没有努力去克服，无法以阳刚能量闯过去，而是试图逃避，以阴柔的方式对待，那结果只能越陷越深、越败越狠。正如两军对垒，哪一方都不能轻易退却，因为兵败如山倒，贸然退却可能会被敌人衔尾直追，损失更加惨重。

选择　事业最开始遇到的困难往往不是特别复杂，之所以觉得难是因为此时实在太弱小，应尝试闯一闯，尽所能去解决，这样才有可能进一步成长，否则会造成困难叠加，愈发艰险。

九二，坎有险，求小得。

爻位　九二得中，不当位。

译文　坎中有险，但是利用中位的优势，能够在一定程度上解决小的困难，获取小的收获。

辨析　九二实际上没有别的优势，只有一个占中，又深陷重重险境，那怎么办呢？只有保持中庸、居中的心态来对待事物，不消极等待，不盲目冒险，也不做过多奢求，而是踏踏实实根据自己的情况付出努力，谨慎谋求，因此虽然只是有小得，但是在心态上势头上却是前进了一大步。

选择　这个世界上没有谁不难，也没有哪一个人不累，我们不能一边渴求功成名就，一边盼望岁月静好。唯一的办法就是积跬步至千里，利用自身的些许优势，尝试获取小的胜利，那么最终连成一片就是大的成功。

六三，来之坎坎，险且枕，入于坎窞，勿用。

爻位　六三不当位，凶位。

注释　枕：临近。

译文　来去都是艰险，进也不得退也不得，关键问题是现在所处的位置也不安全，就离危险非常近了，掉进了陷坑的最深处，暂时先不要有什么动作了。

辨析　六三位于两个坎卦中间，终于历经千辛万苦从下卦的险中解脱出来了，结果发现前方的路更加艰险，进退两难，此时切不可轻举妄动，还是思考一下，观察一下再说吧。

前面学过那么多卦，大家回忆一下，有没有如此凶险的情况呢？像坎卦这种，上来就险之又险，每个爻还不断险阻加码的，到六三真是上天入地走投无路了。可以讲，坎卦六三，几乎是《周易》全书中最最凶险的了，为什么呢？往前走是坎险，往后退是坎险，而现在你就在深坑中，真是绝境啊！

但请一定铭记，《周易》是选择的智慧。有可能某个爻或者某个卦是无条件的好吗？很明显没有。然而，偏偏在此遇到了一个极其大的困境，怎么办呀？只能挺住啊！

选择　人生路上的沟沟坎坎往往是一环套一环，当我们深陷其中的时候，无谓彷徨挣扎只能越陷越深。正确做法是暂且什么都别做，虽然现在所处之地也不安全，但仍应当看清楚周围形势，想清楚接下来的对策，再一步步脱离险境。

六四，樽酒，簋贰，用缶，纳约自牖，终无咎。

爻位　六四爻当位。

注释　樽：酒杯。簋：食盒。纳：放入。约：简约，俭朴。牖（yǒu）：窗户。

译文　瓦缶盛着一樽酒，两簋饭，这种俭约朴素的饭食，从窗户递进来，最终没有错误。

辨析　上卦三个爻均当位。樽是酒器，咱们从影视作品中经常看见。簋是古代用于盛放煮熟饭食的器皿，往往用作祭祀器具（北京的著名夜市街叫作篢街，就是吃饭的街）。缶是古代一种大肚子小口的盛酒瓦器，比卦初六，有孚盈缶，诚信就像美酒一样，装满了瓦罐。

六四爻处在前险后险的交汇处，刚从一个劫难中逃脱，有些劫后余生的意味，也顾不上什么身份地位了，只想赶紧吃饱喝好。此处是一种比喻，在艰难困苦之际，身边还能有一些忠心耿耿的随从照顾自己的饮食，虽然他们的行为不够尊重，但在危急状况中要加以变通，因此双方都没有错误，反而因为这样的劫难进一步加深了感情。

选择　刚经历了一个大的劫难后会更加感激生存的喜悦，身外之物、繁文缛节在此时会被看得很淡很淡，如果身边还能有一些陪伴你同生死共患难的伙伴，那就真是人生大幸了。

九五，坎不盈，祇既平，无咎。（卦主）

爻位　九五当位，坎卦卦主。

注释　祇：多音字，有 zhǐ 和 qí 两个读音，此处意为大，读 qí。

译文　奔流的水陷于坎坑中，始终没有溢出，仅仅是将大坑填平，没有错误。

辨析　九五尊位，但处于坎险之中，只能自保。祇此处的意义是大，《象辞》中"坎不盈，中未大"可作佐证。九五按理来说应该是带动全体卦爻闯出坎险的，无奈险之又险，只能如孟子所言，"流水之为物也，不盈科不行"，我自己先把眼前的困难摆平再说吧！另一方面九五也不能做大、无法做大，他一做大就无法保持水流平而不盈的状态，就会产生危险，甚至危及他人。此爻之所以为坎卦卦主，是因为坎不盈是一个君子之姿，要保持自身时刻有源头活水注入，并且总是平而不盈，这也与孟子的要求相一致。

选择　危难之中的尊位要先求自保，不给他人添麻烦就是最好的帮助，如果有德有能之士能够尽所能将危难凶险多担待些，待机而后动，那么周围之人也会好过很多，为大家共同抵抗并走出困境打下良好基础。

辨析　前面学过的复卦初九"不远复，无祇悔，元吉"中的祇是尊敬的意思，讲的是内心没有悔恨。祇与祇字形相近，易于混淆，需注意。

上六，系用徽纆，寘于丛棘，三岁不得，凶。

爻位　上六当位，亢位。

注释　徽：本义是三股绳，常指代绳索。纆（mò）：绳索。寘（zhì）：通"置"，放置。

译文　用绳索重重捆绑，囚置于荆棘牢狱中，多年无法逃脱，凶险。

辨析　上六居亢位，在坎险之中冒进，最终遭遇凶险，这是因为失掉了道义，在这样一个六冲卦中不小心谨慎，最终身陷囹圄。丛棘是指代古时囚禁犯人的地方，四周用荆棘堵塞，以防犯人逃跑。此处三年是虚指，意为多年。

选择　坎险之中更要慎之又慎，一不小心就会身死道消，避免方法没有太好的，但是持中守正的品质是必须的。最终实际上是回到了坎卦卦辞，"维心亨，行有尚"。

全卦过程

习坎卦	以重重险境为喻
上六（系用徽纆）	坎险中如不能中正谨慎，会一败涂地
九五（坎不盈）	尊位在坎险之中自保，并尽量多承担
六四（樽酒簋贰）	险境之中的整顿，珍视身边忠诚的伙伴
六三（来之坎坎）	身陷险境不可轻举妄动，要谋定后动
九二（求小得）	占中后要谨慎谋求，争取不断的小胜利
初六（入于坎窞）	初入险境要尝试脱险，避免越陷越深

全卦选择　坎险能陷人，更能磨练人，那些没能杀死我的，使我变得更坚强。在坎险中多一些坚韧，多一些勇气，看清楚周围的环境，谋定而后动，只要能充分团结大家，维持正道，就不至于凶险；自保后再等待时机，最终是会成功脱险的，应当多行使坤道。

每个人这一辈子走来都不容易，都会遇到各种沟沟坎坎，应天老师想提醒大家，正是这些艰难困苦才最终玉汝于成，每一段艰苦的岁月回首看来都会是充满感悟，回忆满满。应天老师坚信一句话，现在的我们其实就是最好的自己，我们的一切经历其实就是最好的经历。

第36课 离为火卦，附丽于天

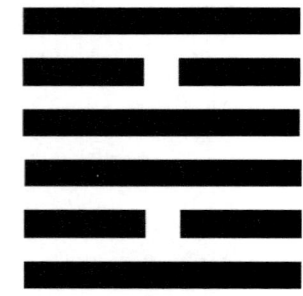

第三十卦 离为火

卦名 离为火 《说文》中直接解释离为黄鹂鸟。离在现代用得最多的释义为离开、离别，还有距离等用法；也假借为罹，遭受的意思，例如《离骚》。《周易》中最普遍的用法实际上是离通丽，附丽、附着之意，这个很好理解，离为火，火是明亮的，需要有燃烧物才能有明火，即火是附着在物体表面的。丽的繁体字是麗，上面是丽下面是鹿，它的本义是结伴成对，两只鹿并排着，美美的闪亮亮的，就是这种感觉，离火也是这种感觉。

卦画 明两作 离为火卦从卦画形状上看，上火下火，烧得旺盛，同时上火下火又互相依附，形成一个有机整体。离中虚，体现就是火苗内焰温度低，外焰温度高，象征一上一下两个阳爻。还有一句老话应天老师也经常提及，做人要实，生火要虚。做人要心中实在外表谦虚，这有点像坎水的样子了；而生火的时候，中间一定要是空的，这样才能保证空气流通进去，能把火点起来，就是这个道理。

卦德 附丽于天 离为火为日，东升西落，光明连续照耀，必须附丽依附于天空；离卦为中女，行使坤道，但也要依附于乾道，不能脱离，否则孤阴不长，因此卦德附丽于天。

杂卦角度 离上坎下，离为火和习坎为水二卦各爻全变，互为错卦。结合来看，火为炎上，水为润下，故离上而坎下。对于常规水火，在不以特殊力量辅助的前提下，我们观察火苗的跳动，总是往高处烧，即使

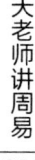

把火源颠倒过来，火苗依然是向高处烧；同样，世界上的水流总是向低处流，即使原本再低的水，只要有更下之处，也会义无反顾流下去。离上坎下是一个自然哲理，还有很多解释方法，例如离为附丽，向高处附丽，坎为险陷，向低处陷落；南火北水，因此离为火为上，坎为水为下。

特殊之处 离为火卦：纯卦。

卦辞解析

离：利贞，亨；畜牝牛，吉。

译文 离卦象征附丽。顺利贞正，亨通，蓄养母牛，吉祥。

辨析 牝牛是母牛的意思，坤卦中"利牝马之贞"也有这个字。这个牝牛和牝马有一个共同的特点，都是非常温顺驯服，但牝马是有原则的驯服，她只忠诚于自己的丈夫，只对马群中唯一的公马驯顺；而牝牛则没有这个特性，它对任何人都驯服，就仿佛这种驯顺是自身的一个本性一样，因此此处说吉，但不是元吉。

《象》曰：明两作，离；大人以继明照于四方。

大象辞简译 离卦的卦象为上火下火，为光明接续之表象。上下皆火，离火为日，接连相继，东升西落，日日如是，将光明照耀于大地。君子应持续不断地用自己如同太阳般的美好德行布施于天下四方，感动教化民众。

评述 太阳东升西落，从未停歇，将温暖与光明赠与大地，这是它的使命，也只有它能够做到。伟大的人物也是这样，他肩负着明德四方的责任与使命，这是一份责任，是能者多劳、拯救苍生的责任，更是一份光荣，离火映天，辉煌灿烂，造福四方的同时也是绽放自我，实现自我。

爻辞解析

初九，履错然，敬之，无咎。

爻位 初九当位，潜位。

注释 错：杂乱。

译文 初入社会步履慌乱，但能保持恭敬心态，没有咎害。

辨析 本卦的下三爻均当位。初九阳爻入卦，形容年轻人最开始进入社会的时候不太成熟，步履有些慌乱，但是因为能够保持谨慎、恭敬的心态，虽有些小错误但没有咎害。

选择 无咎的根本原因是敬之，而不是因为优待年轻人。傲慢无礼的人错不足惜，是没必要原谅的。

六二，黄离，元吉。（卦主）

爻位 六二中正，离卦卦主。

注释 离：依附。

译文 依附于黄色（行使坤德），元始吉祥。

辨析 离卦整体行使的是坤道，因为离卦属于中女阴卦，卦辞也是母牛。坤卦六五爻辞为，黄裳元吉，含义是穿着黄色的衣裳，是最原本的颜色。此处为黄离元吉，指的是依附在黄色上，其实就是行使坤德，厚德载物、不争先、直方大，直指目标、曲直分明、天下为公，如此方能获得最元始的吉祥。

选择 中年人在社会中行使坤道得吉。

九三，日昃之离，不鼓缶而歌，则大耋之嗟，凶。

爻位 九三当位，凶位。

注释 昃（zè）：太阳西斜。耋（dié）：古指七八十岁的年纪，泛指老年。嗟：叹词，表示忧感。

译文 夕阳西下，此时如果不敲着瓦器高歌，难免会感慨老之将至，有凶险。

辨析 古人讲耆、耋、耄、期颐都是老人，分别指六十多、七八十、八九十和百岁老人。本爻实际上是劝慰老年人的意思，只知"夕阳无限好"即可，不必在意是否"近黄昏"，乐观面对暮年。

选择 老年人与其哀叹迟暮，不如乐观看待，越感慨越老得快，自然就凶了，看开些，乐天知命反能吉祥。

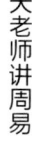

九四，突如其来如，焚如，死如，弃如。

爻位　九四不当位，惧位。

注释　焚如：心急如焚。死如：心如死灰。弃如：自暴自弃。

译文　突然间心中怒火冲天，仿佛烈火一般焚烧一切，一下子什么都不管不顾了，但这心火来得快去得也快，一会儿心急如焚，一会儿又心如死灰，一会儿又自暴自弃，给自己弄得不知所措无所适从了。

辨析　本卦的上卦三爻均不当位。此爻有两种解释方法，一种是形容烈火，突然间散发出熊熊烈火，焚烧一切，顷刻间灰飞烟灭，连踪影也找不到；一种是形容心火，解释见上。应天老师赞同后者。下卦三爻讲老中青三代，上卦转而讲内心体会了，这个体会实际上就是青年的内心，一会儿热情如火，一会儿又冰冷如水，心性是捉摸不定的。此处周文王并没有明确吉凶，但与初九敌应，被六五乘凌，与九三敌比，凶确实多些。

选择　年轻人的心态就是比较火热，比较捉摸不定，这样容易让人产生较大误解，如果能够沉稳一些就更好了。摇到本爻有可能会面对突发恶性事件，只能寄希望于稳妥度过。

引申

突如其来，表示事情在毫无防备的情况下突然发生，离卦九四正是其出处，同义词有出乎意料、从天而降、出其不意等，本身是一个中性词。降龙十八掌第七式即为此。

六五，出涕沱若，戚嗟若，吉。

爻位　六五不当位，居中，君位。

注释　涕：眼泪。沱：滂沱。戚：悲伤。

译文　眼泪哗哗流，边忧愁边哀叹，吉祥。

辨析　本爻为什么痛哭流涕反而吉祥呢？实际上是因为六五得中，行使坤道，这种流泪叹息并不是因为悲伤，而是居安思危的忧患意识，如此强烈的知忧知惧，再加上又身处尊位，是一位德高望重的君子，因此能够行事吉祥。

选择　中年人的心态就是未虑胜先虑败，能够对未来提前思考一步或几步，自然在工作生活中就会更有把握，更容易占据先机。

应天老师也奉劝各位朋友，如果你二十出头，就要以二十五岁的标准来要求自己，如果你满二十五岁了，就要想到三十岁时自己的样子，同样在而立之年就要思考中年困境，如此才能一步一个脚印前进，避开很多坎坷。但若在三十多岁的时候才想到，已经不年轻了，应该努力做点什么了，坦白说也不晚，但是会一定程度耽误人生进程，应对困境的时候会有些捉襟见肘。

上九，王用出征，有嘉折首，获匪其丑，无咎。

爻位　上九不当位。

注释　嘉：嘉奖。丑：类，相同。

译文　君主调动部队征伐，对斩杀敌首的功劳进行嘉奖，俘获敌人，没有错误。

辨析　匪其丑，不是一个类别的，即为敌人。君主为什么要出征呢？是为了正邦，为了国家百姓的利益，因此无咎描写的是王用出征这件事，并非具体的打仗过程。上九实际上是借王用出征来描写老年人的心态，一辈子功成名就了，有杀伐，有获利，就不要再纠结于点滴小事了，安享晚年吧，没有咎错。

选择　在得到结果之后，很多人明明是整体成功的，却非要纠结细节，希望事情完美。这种心态其实大可不必，因为十全九美，功成了，安心身退即可，纵有小瑕疵也不影响功绩。

离为火作为上经末卦对人生的小阶段做了收尾，全卦的过程实际上实现了一个小的圆满。坎卦表示险阻，离卦表示附丽，他们行使的是坤道，但实际上也依附于乾道，坎为月，离为日，日月都东升于地，高悬天际，因此离卦卦德附丽于天也就呼之欲出了。

全卦过程

离　卦	以老中青三代的行事与心态为喻
上九（王用出征）	老年人不要纠结完美，应安享晚年

离 卦	以老中青三代的行事与心态为喻
六五（出涕沱若）	中年人应当具备居安思危的忧患意识
九四（突如其来）	年轻人心态火热而捉摸不定
九三（日昃之离）	老年人要乐天知命
六二（黄离）	中年人应行使坤道
初九（履错然）	行差踏错可理解，保持恭敬能避免大错

全卦选择 孤阳不生，独阴不长，阴阳之间是你中有我我中有你。水为元精，火为元神，水与火之间也是如此。大家在生活中多一些阴阳相合，水火相济，自然能够刚柔并用，盐梅相成，成为国家与社会的有用之才。

第37课 泽山咸卦，天人交感

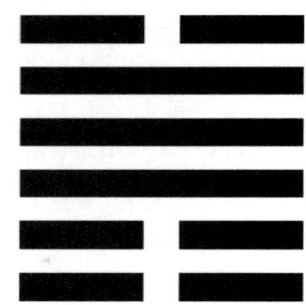

第三十一卦 泽山咸

卦名 泽山咸 咸本身是一个会意字，甲骨文咸字从戌从口，戌为长柄大斧，口表示人头，合起来是大斧砍人头，表示杀。《说文》解释为皆、悉，是一个副词，意为全、都，这也是咸在古文中的常用义。咸还有一个重要意思就是感应，也是作为下经首卦的含义。而咸与感，一个有心一个无心，实际上也是周文王用心良苦，刻意为之。有心的感应往往是人为的，比较有迹可循；而咸感重在强调天人感应，是一种介于有心与无心之间的感应，更像是一种"忽有所感"。

卦画 山上有泽 咸卦从卦画形状上看，上泽下山，沼泽下润，滋润着山体，山峰在下面承载着沼泽，向上顶起，这就是山与泽的交相感应。

兑泽为悦、喜悦，艮山为止、抑制，这种满心喜欢而又极力克制的微妙情感，正是描绘了少男少女的情窦初开，因此咱们的内外交感不仅有舒爽通泰，更多的是自矜、自重。

卦德 天人交感 咸本身就是交感，但其无心，因此咸感重在强调天人感应，作为下经首卦直接过渡到人事。

卦序角度 《周易》是以乾坤两卦统领，其上经则是以水雷屯初生和山水蒙启蒙开始的，相当于乾为天、坤为地是整个六十四卦的开门卦，而屯蒙是上经的开门卦。天地初开是乾坤，万物初生，需要启蒙，需要饮食，有了争讼，发生战争，战后亲比，小有积蓄，重新上路，经过坦

途，越过坎坷，结交朋友，获得丰收，谦虚进取，享受成果，顺势而动，治理积弊，上下临观，上和下睦，意志相合，文饰有度，去伪存真，回复正道，破除虚妄，大有积蓄，颐养自身，独立不惧，险中求生，最后达到阴阳相协，水火调和。以坎离为上经收尾，并做出生命过程的小结，因为他们在天为日月，在地为水火，在人为阴阳，在事为柔刚，实际上象征的是世间万物的一种对立统一关系，也是天地万物运行往来的规律。上经讲了天与地，讲了阴与阳，家庭社会都讲过了，因此下经将从天地交感、天人感应讲起，这才符合天道、地道、人道的三才合一，故而下经的开门卦为泽山咸卦，咸为交感，男女交感是在描述人事，青春男女的恋爱，象征感应；青春男女彼此结合，两情相悦就要结为夫妻共同生活，这是恒卦，象征长久。

特殊之处 泽山咸卦：下经开门卦，全卦中各爻均两两相应。

卦辞解析

咸：亨，利贞；取女吉。

译文 咸卦象征感应。亨通，顺利贞正，嫁娶是吉祥的。

辨析 交相感应是一件非常亨通的事情，因为意念相通、情感相通，故而顺利贞正。取通娶，注意咸卦整体并不是讲婚嫁，此处仅为比喻，适合于嫁娶，适合于办喜事，推而广之，一切喜庆之事、预有作为之事都是吉祥的，因为交感而亨通顺利，维持贞正。

引申

鲁迅先生笔下的咸亨酒店，此"咸亨"并非卦序中的"咸恒"，然同出《易经》，在此作为引申。唐高宗李治就用"咸亨"作为其年号之一。清光绪甲午年（1894 年），鲁迅堂叔周仲翔等在绍兴城内的都昌坊（今东昌坊）口开设一家小酒店。店主从《易经》坤卦之象辞"坤厚载物，德合无疆。含弘光大，品物咸亨"句中，取"咸亨"两字为店名，寓意酒店生意兴隆，万事亨通。鲁迅先生在《孔乙己》《风波》《明天》等小说中，把咸亨酒店作为重要场景，使其名扬海内外。

象辞说，天地感，而万物化生；圣人感人心，而天下和平。观其所感，而天地万物之情可见矣。

天地互相交感，万物变化生成，圣人感化人心，于是天下和平。观察所感应的方面，天地万物之情皆可以显见啊！

《象》曰：山上有泽，咸；君子以虚受人。

大象辞简译 咸卦的卦象是上泽下山，为泽被青山之表象。泽在山上，泽水下流，滋润山体，山承泽水，吸收水分，二者相互依托浸润，是为交感。君子应虚怀若谷，以包容之心对待众人，并以此德行与民众相互交感。

评述 只有虚怀若谷的人才能接收到感应，如果我们的内心被各种贪婪、罪恶、情色等欲望填满，那是不可能天人感应的。应天老师讲蒙卦时，说狂妄自大的人不可教，教不好，这种人不尊重知识，认为读书无用，不尊重师长，对周围人都嗤之以鼻不屑一顾，自己不努力又仇恨社会，羡慕别人富贵又为自己的软弱无能找理由。

爻辞解析

初六，咸其拇。

爻位 初六不当位，上应九四。

注释 拇：大脚趾。

译文 心念一动，想活动了，大脚趾就感应到了。

辨析 咸，感，以天人之感为喻，人与自然之间存在着互动的关系，与天地相参，与日月相应。《列子·周穆王》："一体之盈虚消息，皆通于天地，应于物类。"可知天人感应是发乎人体，应乎万物。

初六没有讲吉凶，阴爻以柔弱之姿入卦普遍无咎，虽不当位，然此卦上应九四，整体论吉。象辞中解释志在外，认为这是一个电光火石的念头，是思与行的结合，因此论吉。

选择 想到就去行动，是很迅速的交感。知行合一是好事，没必要空谈理想而没有实践，反而自误。

六二，咸其腓，凶；居吉。

爻位 六二中正，上应九五。

注释 腓：指代小腿。

译文 心念一动，小腿获得感应，如果急躁妄动则凶，如果居中守正，谋定后动，则吉。

辨析 腓是胫骨后的肉，亦称腓肠肌，俗称腿肚子。为什么六二中正反倒凶呢？因为感应到此，是希望停一停，应了坤卦卦辞，先迷后得主。如果贸然前进，先手行动，会造成迷失，但如果不争先，反而能得到好的结果。需要注意，此处的凶是一个有条件的凶，如果轻举妄动就凶，如果居中不动就吉祥。

选择 做事情此时正处于紧迫点，非常想往前冲一冲，但在天人感应中，发觉贸然前行并非良策，可能正有一个陷阱在等着自己，正确的做法是行使坤德，等一等、想一想，再做行动。

九三，咸其股，执其随，往吝。

爻位 九三当位，上应上六。

注释 股：大腿。例如头悬梁锥刺股，指的就是刺大腿。

译文 心念一动，大腿获得感应，充满执念地追随别人，即使前往也会感到后悔。

辨析 九三处于凶位，此时应当尤其警醒自己，日日坚持自省，不仅不应贸然前行，还跟随前行。阳爻本应当作带领而不应当后手追随，这是作为阳爻的不当行为，事后会感到后悔。

选择 办事情要认清自身所处的先后主次位置，不是说所有的后发、追随都是对的。作为君子之道的阳爻，在更多的时候应该秉承乾德，终日乾乾，奋力进取。

九四，贞吉，悔亡；憧憧往来，朋从尔思。（卦主）

爻位 九四不当位，惧位，下应初六，咸卦卦主。

注释 憧憧：来往不绝。朋：同类。

译文 心念一动，保持自身贞正吉祥，那么自然就不会有后悔了。

走马观花般往来于各路形形色色的朋友中，却很少能遇到同道挚友，可以追随自己的思绪。

辨析　憧憧有两个意思，分别是摇曳不定，如灯影憧憧；来往不绝，如人影憧憧。九四爻并没有讲感应到哪里了，结合上下文，本爻是感应到心中了。结合卦辞，取女吉，一方面讲的是婚嫁，但在此爻看来就有一种"愿得一人心，白首不分离"的感觉了，这其实是一种选择。我们在婚恋观点上，是希望如段正淳一般沾花惹草处处留情呢，还是像段誉一样痴情守候神仙姐姐一个人呢？类比到交朋友，或是很多个泛泛之交，或是一个生死知己，该怎么选择其实并没有定论，还是要遵循自己的内心。

子路曰："愿车马衣轻裘，与朋友共，敝之而无憾。"正是这种情怀，相互追随一同闯荡。当时子路与颜渊共侍孔子，孔子让他们"盍言尔志"，这是子路对自己志向的概述。子路说："我愿意将我的车马、皮衣都和朋友共享，就算用坏了也没有什么可疼惜遗憾的。"子路豪爽侠义，心胸开阔，对朋友毫不吝惜，乐于分享，也能与朋友共享快乐，相互帮助，一同前行，他的这种志向正是此爻交友观的体现。

选择　与人交朋友要保持贞正态度，要走心，不论是点头之交还是生死至交，都应当用真心实意去打动对方，对方也会用行动来回报自己。

九五，咸其脢，无悔。

爻位　九五中正，下应六二。

注释　脢（méi）：背脊肉。

译文　心念一动，脊背获得感应，不会后悔。

辨析　有个词叫脢腓，比喻不可分离的关系，正是出自《周易》咸卦六二爻和九五爻。从九四的心灵感应，到达此处脊背感应，是人心所向，极度信任，把后背交给他。九五是君位，天下百姓都向着他，他获得了感应，于是顺我者昌；如果天下百姓都逆着他，他也能获得感应，然后争取用自己的胸怀、德行感化大家，争取全天下共同的安定。这才是一个君主应有的志向，不会招致后悔。

选择　不论是否愿意归顺于你，愿意与你交朋友，都要试图感应大家的思想，用自己的德行去感化大家。

上六，咸其辅、颊、舌。

爻位　上六当位，下应九三。

注释　辅：上颚。颊：面颊。

译文　心念一动，上颚、面颊、舌头纷纷获得感应。

　　辨析　此处应当首先明辨上六爻吉凶，但作者并未给出具体判断，我们从其位置上可发现并非凶咎，最终应当是中平略吉。结合全卦就比较明显了，从九四感应到心，到九五感应到脊背，到上六，其实是将感应到的内容表达出来而已，用嘴去传达自身的思想，这也是咸感的最后一步了。动乎心，止乎言，最终咸感的心中所想，无论是交朋友还是统帅子民，都用言语表达出来了，接下来就是等待最后的未知结果。

　　选择　最终的感应通过言语表达出来了，与人交流，获取信息等最终都是通过沟通得到答案，但在沟通前又要将感应在全身上下转一圈，想好再说，语言就是最后的结果了。

全卦过程

咸 卦	以身体部位的交感为喻
上六（咸其辅颊舌）	感应终于口腔，宣告感应结果，表达思想
九五（咸其脢）	感应到达脊背，应当感化更多群众
九四（朋从尔思）	感应于心，多交朋友，交好朋友
九三（咸其股）	感应到达大腿，应当奋力进取
六二（咸其腓）	感应到达小腿，应当谋定后动
初六（咸其拇）	感应从脚趾生发，想到就去行动

　　全卦选择　干事创业中，先保证动起来，认准了就行动；边做边调整，思考以后继续行动；随即进入事业快速上升时期，要勇往直前，不要追随于人后；然后调整内心，广交朋友，交益友，进一步感化更多群众；最终用言语宣告自己的现状以及下阶段新打算，一步步走向成功。

第38课　雷风恒卦，理智用恒

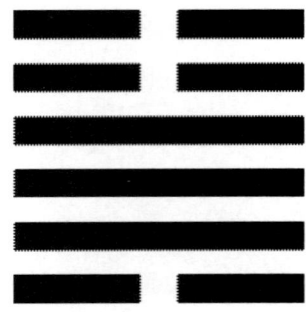

第三十二卦　雷风恒

卦名　雷风恒　《说文》中解释恒为常，永久永恒的意思。会意字中，恒为月，繁体是恆，象征着月亮处于天地之间，《诗经》中说，如月之恒，如日之升，即是如此。咱们讲易，变易，天地间的大道是变，没有永恒不变的事物，因此恒卦讲的虽然为恒常，表达出来的却是某些限定条件下的恒常。在这个世界上，永远不变的是永远在变，这是至理。

引申

北岳恒山在今山西大同境内，是道教主流全真派圣地。恒山主峰海拔2016.8米，与东岳泰山（山东泰安）、南岳衡山（湖南衡阳）、西岳华山（陕西渭南）、中岳嵩山（河南登封）并称五岳。恒字从月，南火北水，所以说恒山是北岳。

卦画　雷风恒卦从卦画形状上看，上雷下风，雷风相薄，天地间一打雷就会产生气流震荡形成风，这是恒久不变的。另一方面，震雷是动，巽风是逊，能够内心具备谦逊精神，外在不懈行动的，这不就是君子吗？所谓君子有恒，正是如此。"君子有恒"出自家人卦象辞"君子以言有物而行有恒"，泽山咸，是说少男少女的恋爱感应，雷风恒，则是长男长女的成家故事。此时长女在内卦，长男在外卦，象征了女性在内操持料理家务，男性在外务农经商从事社会工作，正是一个家庭的写照。

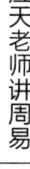

卦德 理智用恒 坚持恒德是对的，但需要有正确的立场方向，不要操之过急，万事适可而止，过程中如果发现问题要及时调整，否则就是不知变通。

杂卦角度 咸速恒久 泽山咸与雷风恒二卦卦形相反，互为综卦。一方面，感应之意如电光火石，瞬然贯通，上下通泰，故曰咸速；另一方面，咸卦上兑为少女，下山为少男，少男少女互相一见钟情，恰如阴阳二气交融，来电很迅速。感应之后能够恒久维持，少男少女进化为夫妇之道，故曰恒久。

特殊之处 雷风恒卦：下经开门卦，全卦中各爻均两两相应。

卦辞解析

恒：亨，无咎，利贞，利有攸往。

译文 恒卦象征长久。亨通，没有灾祸，顺利贞正，利于前往办事。

辨析 恒卦之所以取雷风而不取艮山，因为艮山为止，是纯静态，而雷风为动，正是应了《周易》的至理，只有变动才是永恒的。恒卦卦辞中利有攸往，描绘的也是变动之理，维持内心恒常，谦逊地去行动，才能无往而不利。

象辞说，日月得天而能久照，四时变化而能久成，圣人久于其道而天下化成。观其所恒，而天地万物之情可见矣。

日月得天才能长久地照耀，四季交替变化才能长久地运行，圣人能长久地恒守其道，天下之德风美俗才能化育而成。观察其所恒守者，天地万物的情状就可以显现了！

《象》曰：雷风，恒；君子以立不易方。

大象辞简译 恒卦的卦象是上雷下风，为风雷交加之表象。风行雷下，有雷厉风行、长相交加之象，是以恒常长久。君子应坚定不移地行于正道，树立德业，处事方正，坚守原则，不轻易改变。

评述 方，指方正的处事原则。成语立不易方来源于此，表示坚持树立德业，坚守正道，与矢志不渝意近。这里的不易其实恰恰是恒变，有人将立不易方解释为确立不变的道理，这其实误解了恒的意义。恒虽为恒常，但并非不变，尤其取雷风为动为恒卦，更是明确了这一点。不变是辩证的，是有条件限制的，坚定不移地行于正道，树立德业，方正的处事原则不可改变，而其中的细微末节则可依具体情况而变。

爻辞解析

初六，浚恒，贞凶，无攸利。

爻位 初六不当位，上应九四。

注释 浚：深。

译文 深求恒久之道，欲速则不达，凶险，继续前往没有好处。

辨析 初六入卦，此时一切都处于新的阶段，事业草创，有想法是好事，但是如果不顾及实际情况，不懂得适可而止，目标过于深远，一味蛮干，这样就违背了事物发展的规律，就会事与愿违，发生凶险。

选择 很多人只知埋头拉车，不知抬头看路，结果南辕北辙，事情越做越糟。所以即使再正确的事情，也要把握尺度。

九二，悔亡。

爻位 九二得中，当位，上应六五。

译文 悔恨消亡。

辨析 此爻只讲结果没讲过程，其实是承接于初六来讲的，是有条件的，隐含了一个得中。初爻说如果只努力而不看方向容易南辕北辙，但如果居中并行使正确的策略，就能够及时调整方向，自然能使初六迷途中知返，悔恨也就自行消除了。

选择 保持中庸之德，及时调整策略把握方向，自然能够消除后悔，更好前行。

九三，不恒其德，或承之羞，贞吝。（卦主）

爻位 九三当位，上应上六，恒卦卦主。

译文 做事情如果不能恒久地保持美好品德，会不时蒙受羞辱，结果会感到惋惜后悔。

辨析 本爻说明了恒德最重要的是安分守己，将某事情做好，有恒久方有属于自己的尊严。《论语》也对此句做了引用，"不恒其德，或承之羞"，子曰："不占而已矣"，意思就是做人办事必须有持之以恒的心态，这也是一种善易者不占。在做事情修德行的时候，如果没有恒心，做做停停，进进退退，那么最后一定没有结果，并且难以立足，结果朋友间不信任，工作中不信任，自己也不信任自己，哪里都容不下自己，深以为耻，没有安身立命的目标。

选择　做事业要有恒心，要坚持，要立长志，否则不仅别人以你为耻，自己都会瞧不起自己。

九四，田无禽。

爻位　九四不当位，下应初六。

译文　田猎而没有捕获任何猎物。

辨析　九四也是给出了结果而没有原因，结合初六来看，初六是南辕北辙，九四的爻辞是久非其位的意思。虽然在田间狩猎，但是长久地处在不属于自己的位置中，比如想猎鸟，却在水塘边，位置不对，那结果必然无所斩获。

选择　固守是好的，但要与自己的目标结合，最害怕的就是在错误的时机与场景中守株待兔，却又恒久不知悔改。虽然付出总有回报，但如果目标错了，方向反了，越努力付出就会越失败。

六五，恒其德，贞；妇人吉，夫子凶。

爻位　六五柔爻居中，下应九二。

译文　恒久保持柔顺服从的美好品德，贞正；女人可以获得吉祥，男人如果事事柔顺随和则遭遇凶险。

辨析　六五居中行使的是坤德，按理来说不论男女，行使坤德都是好事，但此处为什么女子吉祥而男子凶险呢？根据象辞，妇人吉，吉在于她能够追随男子，可理解成追随君子之道，从一而终；而男子凶是因为，他行使坤德追随女子，可理解成追随小人之道，失去了他自身的规则道义，结果自然凶险。

选择　行使坤德的重要原则是追随乾德，但如果追随的德行不正确，那么即使柔顺之道也只能越做越错、越陷越深。

上六，振恒，凶。

爻位 上六当位，下应九三，亢位。

注释 振：震动，摇摆。

译文 摇摆不定，震荡不休，凶险。

辨析 上六亢位的特性是不要过于猛烈，防止位高而无民，因此本身应当固守，宜静而不宜动。但此处振恒，像弹簧一样反反复复，还是长期以来摇摆不定，而不能坚守恒久之道，结果自然凶险。

选择 事情快要终结的时候，要坚守正道，静待结局，如摇摆不定则不恒久，结局凶险。

恒心与毅力是我们经常要遵守的一种修行美德，古之成大事者，不惟有超世之才，亦必有坚韧不拔之志。雷风恒卦提醒我们，应当理智对待恒德，什么事情该坚持恒久，什么时候该变通，都应因势利导，而不能一味坚守。

全卦过程

恒 卦	以做事的坚守恒久为喻
上六（振恒）	事情临近终局，宜静不宜动
六五（恒其德）	正确行使坤德，追随明主
九四（田无禽）	要端正位置，守株待兔也要找好目标
九三（不恒其德）	如无恒久美德，自己都会瞧不起自己
九二（悔亡）	及时调整策略，悔恨消除
初六（浚恒）	做事情要把握尺度，适可而止

全卦选择 在生活事业中，一方面要坚持恒德，在行动中持之以恒，避免三分钟热度，在道德上一以贯之，避免朝令夕改；另一方面，恒德需要有正确的立场方向，不要操之过急，万事适可而止，过程中如果发现问题要及时调整。若所有事都不分时机场合，一条道走到黑，这不是有恒心，而是不知变通。

咸恒作为下经的开篇之卦，有个很重要的特征就是，卦辞非常吉利，一个是"咸：亨，利贞，取女吉"，一个是"恒：亨，无咎，利贞，利有攸往"。但它们的爻辞却一般得很，甚至最好也不过悔亡而已，这是为什么呢？金景芳先生提出，咸、恒两卦是天地初开之后的万物，进而男女，有了生命，因此下卦实际上就是在讲人生。咱们知道，儿女子孙都是福气，谁家生了小孩那肯定是好事啊，大吉大利，因此卦辞是非常吉利的。可是人生往往是坎坷艰难难以预料的，要想实现人生辉煌，就要经历磨砺锻炼，要想成才往往要经过各种各样困难的洗礼，这就是真实的人生，因此爻辞就平平，甚至很多还是凶咎。然而人生再怎么磨难，整体却是一个吉祥的事情，如是而已。

第39课　天山遁卦，隐遁随心

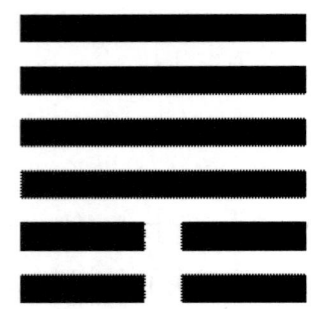

第三十三卦　天山遁

卦名 天山遁　本卦在古书中用的是遯字，现皆已简化为遁。《说文》中解释遁为迁，迁徙隐居的意思，古文中用遁多为逃遁含义，而卦中主要为隐遁之意，也是一种大智慧。大过象辞中用到，君子以独立不惧，遁世无闷，正是此卦隐遁之意的一个写照。

卦画 天下有山　遁卦从卦画形状上看，上天下山，山近于内而天远于外，故近可隐遁于群山之中，远可隐遁于九天之外。遁卦下两爻为阴爻，上四爻为阳爻，象征阴气逐渐上升而阳气逐渐退却。

卦德 隐遁随心　遁卦前几爻讲努力进取克服困难，成功之后急流勇退及时归隐，但最重要的是进可攻退可守的超然作风，进可安邦治国，退可随时隐遁，圆转自如，进退两相宜。

卦序角度 咸恒遁大壮　下经从天人感应讲起，青春男女交感恋爱，两情相悦之后结为夫妻共同生活，这是咸卦恒卦；夫妻生活需要双方互相包容忍让，遇到事情各退一步，这是遁卦，象征退避；夫妻互相谦让就能保持家庭和睦，实现家道兴旺，这是大壮卦，象征大为强盛。

特殊之处　天山遁卦：消息卦六月未，代表节气六月，即小暑开始，经大暑，到立秋之前，代表下午一点到三点之间，在地支中为未土。

卦辞解析

遁：亨，小利贞。

译文　遁卦象征退避。亨通，有小的顺利，宜于保持贞正。

辨析　遁卦的前方是阻塞，因天山遁中的山代表止，故因自身能及时退避而获得亨通，但这种行为只是一时的权宜之计，并非长久正道，故仅能获得小的顺利。

象辞说，遁之时义大矣哉。

遁卦时的意义，太大啦！

《象》曰：天下有山，遁；君子以远小人，不恶而严。

大象辞简译　遁卦的卦象是上天下山，为天遁于山之表象。山立天下，高峰入云，直插云霄，山以其高峻而不知天高地厚，势与天争高，天对山的冒犯置之一笑，以其远大宽广退避险山。君子应远离小人，不必外显憎恶之情，而是威严自矜，不可冒犯。

评述　卦辞中的亨表明了退避的智慧及亨通结果，而大象辞中则进一步解释应该如何行使遁的智慧。不恶而严，是一种自矜庄严的胸怀与智慧，一种不怒自威的翩翩风度，对待小人，远离退避即可，不必太表露憎恶之意，反而失君子风度。《论语》有云，"人而不仁，疾之已甚，乱也"，正是如此。

爻辞解析

初六，遁尾；厉，勿用有攸往。

爻位　初六不当位，上应九四。

注释　尾：此处为末尾之意。

译文　因隐遁退让而居于人后，情况不利，此时应静观情势发展，不要有什么冒进的作为。

辨析　初六阴爻入卦。本爻实际上行使的是坤德，不争先，但在事情刚起步的时候，不加分辨地迁就退让容易错失机会，丢掉先手优势。此时也要注意，再行动起来就要格外小心了，要小心占据优势的敌人给我们设下的陷阱，因此要静待时机，切忌自作聪明仓促行事。

选择 事业开始之时务必要想方设法占据先手，人生就是一个和时间赛跑的过程，任何的等靠要都不是最佳策略。万一错失先手也不要急躁，冷静对待，想清楚再行动，免中敌计。

六二，执之用黄牛之革，莫之胜说。（卦主）

爻位 六二中正，上应九五，遁卦卦主。

注释 执：本义是拘捕、捉拿，此处为捆绑。革：经脱毛、鞣制等手段处理过，并修饰整理过的动物皮，具有柔顺、不易腐烂等特点。胜：能够。说：通"脱"。

译文 用黄牛皮革制作的结实绳子进行捆绑，没有人能够逃脱。

辨析 在古代，最好的皮革是用牛皮制造而成的，而黄牛皮革又是其中最结实、最柔顺的。此处是用一个场景进行比喻，形容做事情的决心很大，并想方设法运用最好的手段来执行，或将最好的资源牢牢捆绑在自己的身边，目的是能够顺利推进。六二中正，其实从爻位角度来讲，想要捆绑住的是天之德行，因为本卦是遁，是隐遁与逃避，那么为了向前努力，就要避免初六错失先机造成的遗憾，借用天德的力量，将九五捆绑在六二身边，自强不息。

选择 事业之初如果错失先机，那么就要谋定后动，下定决心，守中持正，找机会搭上好的快速列车，将自己的利益牢牢捆绑于上，立大志并努力赶超，实现跨越式发展。

九三，系遁，有疾厉，畜臣妾，吉。

爻位 九三当位，与九四敌比，与上九敌应。

注释 系（jì）：使连接牵扯。畜（xù）：通"蓄"，蓄养。

译文 因被牵连而难以隐遁，仿佛生了疾病，将有危险，此时要畜养仆人和侍妾，使他们为我所用，最终转危为安获得吉祥。

辨析 此处畜臣妾，可以理解为准备一些后手，想一些对策，面临危难，总归是不能坐以待毙的，好在最终结果吉祥。

九三系遁，一方面是客观上被牵扯，想走走不了，因此就要面临危

险；另一方面是主观上放不下，被世俗外物所左右，被牵绊住了，想走又舍不得，因此九三是一个矛盾的过程，好在给出了解决方案。

咱们看到影视节目中，不论是好人还是坏人，遇到危难需要逃跑的时候，往往会被感情、财富等因素牵扯，想走又走不了，不走又危在旦夕，最终在无比纠结又满含恐惧的心态中，危难降临了。所以说，急难关头，能放下一切就走，道一声"留得青山在，不怕没柴烧"，然后立刻远遁的，吉祥。

选择 在身有羁绊之时会有太多考虑，此时往往难以脱身，即使遇到困难也只能硬扛。要准备一些对策，积极应对，就好比应劫，既然避不过去，就要多想些办法，勇敢闯过去。

九四，好遁，君子吉，小人否。

爻位 九四不当位，惧位，下应初六。

译文 把握好时机隐遁而无所系累、没有牵绊，行使君子之道能获得吉祥，行使小人之道则遇到否塞。

辨析 分析九四位置，处在上卦乾的第一爻，因此将要实行乾道，也是阳气较为鼎盛的一个位置。还是再强调一下《周易》中的君子之道和小人之道，并没有谁对谁错谁好谁坏，只是一个相对的概念。君子之道讲的是具备优良品德的，积极上进、阳刚拼搏的行为，小人之道指的是相对于君子之道而言，消极后进、阴柔固守的行为，并不是小人之道不好，这只是一个相对而言的结果。

君子之道就是乾道，小人之道就是坤道，这种观点显而易见是错误的，因为乾坤之道都是君子之道。那么为什么在有的爻辞中要将坤地的精神与君子区分开呢？其实仅仅是阴爻和阳爻的区别，并不是乾坤德行的区别。相比较而言，阳爻是上进一些的，阴爻是阴柔一些的，例如杂卦传最后，君子道长、小人道消，其实说的是阳爻生发、阴爻退避，但并不是乾德长而坤德消，乾坤二者是一体的，都是君子应当具备的德行。

选择 事业时机正好，此时应当把握机会勇往直前，行使君子之道，终日乾乾，奋勇拼搏，取得阶段性成功。

九五，嘉遁，贞吉。

爻位 九五中正尊位。

译文 能更加从容地退却，进可攻，退可守，贞正吉祥。

辨析 嘉为美，比九四中的好遁更好的意思，实际上九五就可以理解为九四基础上再进一步，能够更加从容、更加游刃有余地进退了。达则兼济天下，穷则独善其身。

选择 事业进一步发展，进退两相宜，顺着自己的思路，从容顺应形势，适时适度进取，没有波折。

上九，肥遁，无不利。

爻位 上九不当位，亢位。

注释 肥：宽松、富裕。

译文 行为符合天道，进退自如，从心所欲不逾矩，都顺利。

辨析 此时比九五爻的嘉遁又进一步，达到了从心所欲不逾矩的程度，即无论是进与退，都是那么自然，都能从容对待，因此不会有什么不顺利。

选择 事业到达顶峰，形势大好，继续拼搏进取再创佳绩，或者急流勇退享受成果，都可从心所欲。

引申

范蠡，春秋末期著名的政治家、实业家，出身贫贱而博学多才。因不满当时楚国政治黑暗而投奔越国，他辅佐越王勾践兴越灭吴，功成名就之后急流勇退，到齐化名鸱夷子皮，变官服为一袭白衣，与西施出姑苏，泛一叶扁舟于五湖之中，遨游于七十二峰之间。其间三次经商成巨富，又三散家财。后定居于宋国陶丘，自号"陶朱公"。

张良，西汉杰出的政治家。自从刘邦入都关中，天下初定，他便托辞多病，闭门不出。随着刘邦皇位的渐次稳固，张良逐步从"帝者师"退居"帝者宾"的地位，遵循着可有可无、时进时止的处事原则。张良深悟"狡兔死，走狗烹；飞鸟尽，良弓藏；敌国破，谋臣亡"的哲理，害怕韩信等人的命运落到自己身上，自请告退，摒弃人间万事，专心修

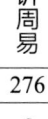

道养精，崇信黄老之学。但吕后感德张良，劝他毋自苦，张良最后听从了吕后的劝告，服人间烟火，得以善终。

全卦过程

遁卦	以隐遁的心态行为为喻
上九（肥遁）	随心所欲进退
九五（嘉遁）	游刃有余进退
九四（好遁）	把握好时机隐遁
九三（系遁）	因牵绊无法隐遁，要采取对策
六二（执用黄牛）	与上卦天德捆绑，搭顺风车
初六（遁尾）	因隐遁退让而居于人后，情况不利

全卦选择 遁卦整体是非常吉祥的，开篇两爻为阴，剩下均为阳爻，象征了事业最开始的时候虽会遇到些许困难，但只要能行使乾德努力进取，就能克服掉，到达进可攻退可守的自如境地。到达事业顶峰之后，急流勇退、及时隐遁也是一个好的选择。

第40课 雷天大壮，三落三起

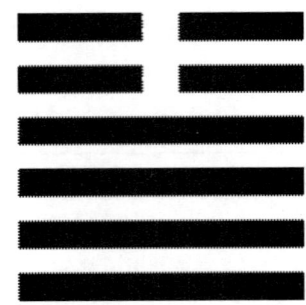

第三十四卦 雷天大壮

卦名 雷天大壮 《说文》中讲，壮，大也。可见大壮两字均为盛大之意，形容非常大，非常好，非常强盛。《广雅》说壮为健，健壮、壮士是我们今天对于壮字的主要用法。《礼记》中记载，三十曰壮，我们现在称呼三十多岁为壮年，这就是由来了。

卦画 雷在天上 大壮卦从卦画形状上看，上雷下天，形容的是天上打雷的雄浑之势，很大很壮。大壮卦上两爻为阴爻，下四爻为阳爻，象征阳气上升而阴气逐渐退去，在消息卦中是泰卦下一卦，通泰之后的大为强盛。

卦德 三落三起 大壮讲的是遭遇困境、破除困境、努力前行的道理，卦辞虽然利贞，但六个爻三次陷入困境，都要求我们能坚持住，勇敢破除困难，取得胜利。人生也是一样，纵然坎坷又如何呢？危局中求生机，困境中求突破，终能大壮。

杂卦角度 大壮止遁则退 雷天大壮与天山遁二卦卦形相反，互为综卦。雷天大壮是泰卦的下一个息卦，此时四阳两阴，天雷滚滚，光照充足，正是万物生长的最好时机，强大到一定程度就要止，防止阳极返阴，盛极而衰。天山遁是否卦的上一个消卦，此时将要遇到否塞，故而提前退去能保不失，同时，天高山远，遁逃至山中也是一个好的选择。值得注意的是，杂卦传中有两个止，大壮止遁则退，涣离节止，一个是停止，一个是节制，意义并不相同。

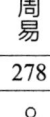

特殊之处 雷天大壮：消息卦二月卯，代表节气二月，即惊蛰开始，经春分，到清明之前，代表清晨五点到七点之间，在地支中为卯木。

卦辞解析

大壮：利贞。

译文 大壮卦象征大为强盛。顺利贞正。

辨析 六十四卦中卦辞最短的两卦，分别是十四卦火天大有的元亨和三十四卦雷天大壮的利贞。大有收获与大为强盛两个结合起来构成了乾卦元亨利贞的天德。

象辞说，正大，而天地之情可见矣。

能正其大，天地之情便可以体现了！

《象》曰：雷在天上，大壮；君子以非礼弗履。

大象辞简译 大壮的卦象是上雷下天，为雷动九天之表象。天上响雷，天雷滚滚，十分强盛。君子应在事业强盛壮大之时更加严格自我要求，守正坚贞，不合礼法之事坚决不做。

评述 古人的观念，天雷象征着涤荡一切妖邪不公之事的正义手段，是替天行道、代天执法的。因此君子应当严格要求自己，因为举头三尺有神明，如果私自逾越规则或作出不合礼法之事，老天也会看得到的。

爻辞解析

初九，壮于趾，征凶；有孚。

爻位 初九当位。

译文 阳刚强盛在脚部，如果往前走会遇到凶险，但是不要胆怯退缩，要秉承心中诚信正念勇敢闯过去。

辨析 趾是脚的意思，噬嗑卦初九我们学过。应天老师认为这一爻其实很简单，前途是光明的，过程略有曲折而已。按照息卦，是正月泰、二月大壮、三月夬、四月乾，什么意思呢？通泰后就大为强盛，经历挫折后有了决断，最后达到乾天境地。再回头看这个爻辞不就很明白了吗？心中有诚信是道德本质，虽然明知道征凶，但是还要去闯一闯，这是大壮应有的德行。从另一个角度讲，阳刚强盛只在脚部，能有多大出息呢？前方的道路还很长，不能仅仅满足于一点小小成就啊。

选择 事业已经取得一个小的阶段胜利了，但此时不能松懈，要继续前行，虽然明知道前进的路上有很多波折困难，但只要心中有诚信，行为遵守正道，就一定要勇敢拼一拼闯一闯。

九二，贞吉。

爻位 九二不当位，得中，上应六五。

译文 行使中道，贞正吉祥。

辨析 这是承接初九讲的，虽然前进路上有些艰险，但是保持诚信的话还是能获得吉祥，更何况此时还得中！

选择 事业中，居中持正能获得吉祥，既然决定往前闯，就要更加不偏不倚，更加努力行使乾德。

九三，小人用壮，君子用罔；贞厉，羝羊触藩，羸其角。

爻位 九三阳爻居阳位，过于刚强。

注释 罔：没有。羝（dī）羊：公羊。触：抵撞。藩：篱笆。羸（léi）：通"累"，缠绕，困难。

译文 在时机不成熟、条件不具备的情况下，或者说在原本舒适安逸的环境中，小人想用刚强手段去打破规则，结果就好像强壮的公羊去顶撞篱笆，羊角被缠住进退不得，非常不顺。相对的，君子以无为之心应对，结果贞正吉祥。

辨析 羝羊触藩是一个成语，出处即为此。这个爻理解起来有些困难，首先我们要明白九三爻位好不好，当位，上有应和，虽处凶位，但整体应当还好。其次我们要辨析清楚此时应该不应该用壮，即展现这种刚强的德行，根据后面羝羊触藩讲，进退两难，因此很明显此处是不应该用壮的，用壮的都是小人，目光短浅的人，行使小人之道的阴柔之人。在语境中，羊群外面的篱笆原本是保护羊群不受天敌危害的，这是它们安稳居所的外屏障，但偏偏就有一个凶悍强壮的公羊，认为自己羊角很长很粗壮，无视这种规则保护，想去挑战规则乃至破坏规则，于是就尝试着用自己的角去撞击篱笆，结果不仅没有撞开篱笆，反而角被缠在了上面，进退两难，处境非常尴尬。贞厉讲的是贞正和危险，是分开说的，因为九三爻整体论吉啊，所以说要给出选择。

为什么君子用罔而不用壮呢？一是因为时机条件不成熟，二是因为君子是采用无为之法，有所为有所不为，既符合现状条件，又符合天道形势。而小人用壮，是刻意为之，只遵循自己的意志，感情用事，甚至受到贪欲和私利驱使，而没有考虑到大的环境，因此就容易陷入困境，危害自身。

此处的小人用的就是刚强的乾德，而君子用的是不争先的坤德，因此小人和君子并不是单纯指的阴阳，也不能简单理解小人就是不好君子就是好，都是相对而言的。

选择　情势不具备之时，不要贸然用壮，否则会陷自己于进退两难之地，而应当效法坤德，宽厚处事，有所为而有所不为。

九四，贞吉，悔亡；藩决不羸，壮于大舆之輹。

爻位　九四不当位，初入上卦。

注释　决：堤岸被水冲开，决口，这里指冲破。

译文　保持贞正吉祥的品德，能够消除悔恨，篱笆冲破了就不再缠绕羊角了。将大车装上车輹部件使其更加结实坚固，这样就能够更快驾驶了。

辨析　本爻虽然位置上不佳，但能刚柔相济，因此论吉，而且此处进入上卦，震雷，要动。一方面，这只公羊在九三的时候想刚猛一把，冲动行事，结果被缠住了半天挣脱不出来，现在终于重获自由，那就爆发吧，和大车一同快速向前飞奔。另一方面，九三的时候君子无为，是因为条件不具备，有藩篱围着呢，而现在藩篱被冲破了，君子也应当积极争取，抓紧行动，顺势而为，坐上大车一同向前飞奔。

选择　事业从困境中挣脱出来后，要利用好机遇爆发性发展，如果之前因为避险而无为，此时也要积极跟上。

六五，丧羊于易，无悔。（卦主）

爻位　六五得中，下应九二，大壮卦主。

注释　易：通"场"，意为边界，此处理解为田边。

译文　羊在田边不见了，但如果保持中的品格，不会有后悔。

辨析　六五爻若解释成田边丢了羊没有悔恨，很明显不对，因为丢东西了，还是一个贵重大件，为什么会不后悔呢？六五中位，又下应九二，理应为吉。六五之所以为卦主，因为它是紧接着四阳之后的阴爻，按照乾天的理论，最后的阳爻是亢龙有悔，因为阳刚太过而招致悔恨，而此处却是无悔，这是六五特殊的地方，阳刚并没有太过，而是及时被五位上的得中的阴爻拉了回来，这个作用就很大啊！其次，六五点明了全卦的形势，波折中前进，羊丢了，但赶紧想办法，还能找回来，虽有困难但我们还是要努力向前，"虽千万人吾往矣"，无悔，这就是六五的妙处了。

选择　某些重要的东西消失于视线中，隐藏起来了，不过不要担心，仅仅是小波折而已，持中守正，仍能回复，不会有后悔。

上六，羝羊触藩，不能退，不能遂，无攸利；艰则吉。

爻位　上六当位，下应九三。

注释　遂：如愿。

译文　强壮公羊的角缠在篱笆上，没办法后退，往前进也难以如愿，挣扎半天没有任何好处，但只要能够坚持忍耐，就能渡过难关，获得吉祥。

辨析　六五讲羊不见了，上六告诉我们，原来是又去和篱笆较劲，出不来了。上六其实是进一步解释大壮卦的精髓，即大为强盛之时，同样会遇到各种沟沟坎坎，放平心态不后退，勇敢向前闯，狭路相逢勇者胜，会获得最终胜利。

选择　事业陷入两难之境时，要勇往直前，坚持到底，虽然看起来处境困难，但只有挺过去才能破除困境，最终获得吉祥。

全卦过程

大壮卦	以羝羊触藩为喻
上六（羝羊触藩）	羊角被篱笆缠住了，坚持到底能获得胜利
六五（丧羊于易）	羊找不到了，但持中能无悔
九四（藩决不羸）	利用好机遇爆发性发展
九三（小人用壮）	条件不具备，贸然用壮，进退两难
九二（贞吉）	居中持正能获得吉祥
初九（壮于趾）	小有成就，维持诚信能闯过途中难关

全卦选择　大壮卦的卦辞虽然吉祥，但六个爻三次陷入困境——最开始壮于趾而征凶，中间羝羊触藩，后来羊找不到了，再细一看是又被篱笆缠住了，都要求我们坚持住，勇敢破除困难，取得胜利。人生也是一样，纵然三落又如何呢，只要心中有信念，有正气，就能实现三起，最终大为强盛，顺利贞正。

第41课　火地晋卦，宠辱不惊

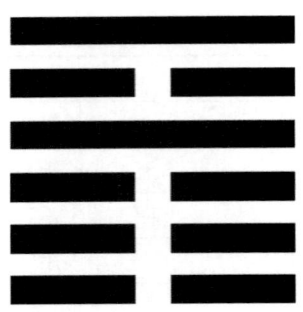

第三十五卦　火地晋

卦名　火地晋　《说文》晋，进也，日出万物进。晋字的小篆字形，如太阳升起，意指追着太阳一直前进；甲骨文中的晋字，象形为两只羽箭插在箭壶中，因此象征羽箭前飞，此二者皆可意会为一直前进之意。晋做进讲的时候有晋级、晋升、晋谒等含义。晋为今山西省简称，与晋卦没有关联，相传为周代诸侯国晋国流传而来，又有说法是晋水的因素，均可。

卦画　明出地上　晋卦从卦画形状上看，上火下地，象征光明、白昼。离火为日，象征太阳东升，故有晋之象，晋升、升进。

卦德　宠辱不惊　晋升是晋卦的主体，但要长足长进，需要抛开得失之心，埋头苦干，勇猛精进。无咎无誉，无悲无喜，踏踏实实做好自己的本分，这是一个成熟人生所应当持有的心态。

卦序角度　遁大壮晋明夷　生活中夫妻两人相互包容理解，实现家道兴旺，这是遁卦大壮卦。家和则万事顺遂，这是晋卦，象征长进；然而前进路上并不平坦，有进则有隐，有昼即有夜，这是明夷卦，象征光明受阻。

特殊之处　火地晋卦：乾宫游魂卦，全卦唯二爻当位。

卦辞解析

晋：康侯用锡马蕃庶，昼日三接。

注释　蕃庶：蕃、庶皆有众多之意，合为繁盛、众多的意思。接：

召见。

译文　晋卦象征长进。才干出众的公侯将封地治理得井井有条非常繁荣，君主很满意，赐予众多马匹等物品进行封赏，并在一天之内多次召见嘉奖。

辨析　康侯即周武王的弟弟姬封，初封于康，故称。康侯原本有封地，治理得当，民众信服，故而又得到新的赏赐。很多易学家认为此处没必要明确具体人或事，直接以才干出众的公侯指代即可。卦辞中即表达出晋卦的含义，晋升，需要说明的是，不仅仅是康侯的晋升，更是整个封地的晋升，所有百姓的晋升，是一个整体力量团结晋升的过程。

《象》曰：明出地上，晋；君子以自昭明德。

大象辞简译　晋卦的卦象是上火下地，为日升于地之表象。地上升日，太阳高悬，普照万物，是为昌荣晋升。君子应自我昭显，广施才德，教化民众，促进国家昌盛繁荣。

评述　明出地上，自身要努力作为，不懈前进，达到光耀大地、造福万物的结果。自昭明德也是如此，君子要努力奋进，修养德性，提高自我，发扬美德，以身作则，这是主观努力的一方面；在客观的一方面，当明出地上、自昭明德之后，自然成了万众瞩目的对象，此时更应严以律己，做好表率。

引申

《大学》开篇提出："大学之道，在明明德，在亲民，在止于至善。知止而后有定，定而后能静，静而后能安，安而后能虑，虑而后能得。"

大学之道，即大学的宗旨。大学一词在古代有两种含义：一是博学的意思，二是相对于小学而言的大人之学。古人八岁入小学，学习洒扫应对进退、礼乐射御书数等文化基础知识和礼节；十五岁入大学，学习伦理、政治、哲学等"穷理正心，修己治人"的学问。所以，后一种含义其实也和前一种含义有相通的地方，同样有博学的意思。道的本义是道路，引申为规律、原则等，在中国古代哲学、政治学里，也指宇宙万物的本原、个体，一定的政治观或思想体系等，在不同的上下文语境里有不同的意思。

大学之道，在于彰显光明的德行，在于亲爱民众，在于使人们达到至善的道德境界。知道自己所要达到的目标，然后才能有定力；有定力，然后才能心静；心静下来，然后才能精神安稳；精神安稳，然后才能展开思虑；展开思虑，然后才能有独到的心得。

爻辞解析

初六，晋如摧如，贞吉；罔孚，裕无咎。

爻位 初六不当位。

注释 摧：折断，破坏，此处意为阻碍。裕：富饶，另一个释义为宽大、宽容。

译文 最开始的时候，往前进又遭遇到阻碍而不得不退却，但是只要坚守贞正就能吉祥。虽然作为新人还没有树立起威望，建立起诚信的名声，但只要能宽容处事、宽厚待人，就能避免犯错误。

辨析 年轻人进入职场最紧迫的事情就是证明自己的价值，不仅来自主观压力，也是客观需要。主观上如果自己无法证明自己，工作往往会比较心虚，没有底气；客观上，领导同事都试图以各种方式考察新人，如果不抓紧一鸣惊人，很有可能将会就此沉寂，甚至丢掉饭碗。但在初入职场的时候如何打好第一场战役是非常有讲究的，如果急于求成反而会成倍放大自己的缺陷。

选择 初涉世事时不要有那么多顾虑，勇敢前进与稳步发展都是对的，要根据实际情况选择。进退起伏是常态，力争开好头，但不要将胜败看得过于重要，待人处事要宽厚诚信。

六二，晋如愁如，贞吉；受兹介福，于其王母。

爻位 六二中正，晋卦中的唯一当位之爻。

注释 兹：指代这个。介：大。王母：此处代指尊位六五。

译文 前进时充满忧愁思虑，但若能始终坚守贞正中庸之道，就能够获得吉祥，接受尊位赐予的极大福气。

辨析 六二刚刚经过初六的"晋如摧如"，前进遭到阻碍，前途坎坷，因此愁容满面。但是处中正之位，且行使坤之德行，柔和不冒进，坚守贞正之道，德行彰显，便能得到六五尊位的赏识与帮助。

选择　从初涉世事中的进退不定中解脱出来，感受到了职场艰难，于是愁眉苦脸负重前行，但若能保持中正之心，则会得到尊位的赏识，因此努力不能停，信仰不能灭。

六三，众允，悔亡。

爻位　六三不当位，上应上九。

注释　允：答应，认可。

译文　所作所为得到众人认可，悔恨消除。

辨析　虽遭阻碍，但始终坚守贞正之道，在六二时已经得到六五尊位的赏识，到现在居下卦高位，又得到了众人的认可，因此没有什么悔恨的，要继续努力，以期得到更大的晋升。

选择　职场中砥砺前行，中正的态度会收获同事的友谊与赞誉，慢慢地终于得到了众人的认可，晋升有望，初六的遇到阻碍与六二的愁眉苦脸都没有了，也没有其他后悔。

九四，晋如鼫鼠，贞厉。

爻位　九四不当位。

译文　在晋升途中如果像鼫（shí）鼠那样，身有五技而无一精通，多面手而均难以独当一面，这样虽有贞正之心，结果也绝不会好。

辨析　鼫鼠，古书中的一种大老鼠，亦称大飞鼠或五技鼠。与在地下打洞，损害农作物的根及牧草，甚至危害河堤的鼢（fén）鼠相对。《本草纲目》称："鼢小居田，而鼫大居山也。"《说文》中解释鼫鼠，能飞不能过屋，能缘不能穷木，能游不能渡谷，能穴不能掩身，能走不能先人；荀子《劝学》中也有"鼫鼠五技而穷"的故事。诗文中常用鼫鼠比喻技能多而不精者。

选择　职场中更需要一专多能的人才，努力发展一项自己的专业，对事业长期发展非常有好处。最害怕的就是急于求成，什么工作都能做但都干不好干不精，这样的话很容易被人看轻，失去在工作中的话语权。

引申

多能决定了你的宽度，是你的涉猎范围，而一专决定了你的深度，是你的晋升空间。前些年"斜杠青年"大火，于是很多年轻人纷纷去寻找自己的斜杠方向，认为能"多元开放，探索无限可能"。但实际上前提条件是你有一个挖掘精深的领域，才能为你探索下一个领域提供金钱、时间等的可能性，斜杠并非职业身份的简单堆叠，而是真正能够在不同领域与行业间自由切换，游刃有余，在拥有一个专业技能之外挖掘其他可能，并且互相打通，实现价值。

六五，悔亡，失得勿恤；往吉，无不利。（卦主）

爻位　六五得中，卦主。

译文　悔恨消除，不要过于忧虑得失，继续向上晋升是吉祥的，所有事情都顺利。

辨析　六五爻说明了晋升的精髓，抛开得失之心，勇猛精进即可。同时六五爻也概括了全卦的过程，抛开初六的退避之心、六二的愁苦之心、六三的得志之心、九四的躁动之心，甚至上九的征战之心，无咎无誉，无悲无喜，踏踏实实做好自己的本分，这是一个成熟人生所应当持有的心态。

选择　职场中后段，应秉承中庸心态，将得失看淡一些，将小利看淡一些，这样的话就能心态平和，无往不利。

上九，晋其角，维用伐邑，厉，吉，无咎；贞吝。

爻位　上九亢位，得六五承接。

注释　维：通"惟"，思考、忖度。

译文　晋升到了顶端，君主思考着各人能力素养，决定在征伐小国的战争中起用他。虽有些凶险，然整体吉祥没有凶咎，但战争终归是不值得提倡的，即使能保持贞正，以后的道路也会越走越窄。

辨析　此处实际上是以战争为喻，晋升到一定程度后，本国或者原本的圈子在资源和财富上难以满足了，势必会产生征伐，占用别的弱小者的资源环境。这样虽然解除了自身眼下困境，并且获得了不菲利益，但从长远来看，并不利于自身的可持续发展。

选择 晋升到顶端，难免侵害到别人利益，要尽量避免此类情况发生。与人方便，待人以善，这样自己才能走得更远。

全卦过程

晋 卦	以职场晋升为喻
上九（晋其角）	晋升到顶端，最好不要侵伐别人利益
六五（失得勿恤）	保持平常心，看淡得失荣辱
九四（晋如鼫鼠）	急于晋升，面面俱到但无一精通
六三（众允）	逐渐得到众人认可
六二（晋如愁如）	忧愁思虑中晋升
初六（晋如摧如）	初入职场，进进退退

全卦选择 年轻人的职场晋升较为复杂，怎样才能打响第一炮、立稳脚跟？怎样做好自己的本职工作并锻炼出更好的附加技能？晋升到一定高度后应当怎么办？晋卦给出了答案。最重要的是，要时刻保持一颗平静向善的心，胜固欣然，败亦坦荡，宽容地看待职场中的得失利弊，处变不惊，临危不乱。

第42课 地火明夷，晦明保身

第三十六卦 地火明夷

卦名 地火明夷 夷的本义是东方之人，是我国古代对东部各民族的统称，后通指外族之人，例如蛮夷、夷歌等。夷做形容词时意为平坦，例如夷坦、夷泰等；做动词时意为使……平，例如夷为平地，或受伤和消灭，如夷灭三族等。在明夷卦中，夷有损伤之意，明夷可以简易记为光明受损。

卦画 明入地中 明夷卦从卦画形状上看，上地下火，象征着太阳沉入地下，此时代表黑夜，因此光线微弱，光明受损。一说明夷为鸟名，结合全卦及各爻也可以解释通。

卦德 晦明保身 明夷象辞中是以周文王为例举证的，坤德柔顺，离火文明，说明了君子内文明而外柔顺，正应周文王德行。但周文王被囚禁以后，应用了一些非常手段才能顺利逃脱，晦其明，就是将自己身上的光芒隐藏起来，显得人畜无害，最终获救。在外界明夷的时候，君子应当出世以求明哲保身，采用类似明夷的手段，晦其明，将自身的光芒遮掩起来。

杂卦角度 晋昼明夷诛 火地晋与地火明夷二卦卦形相反，互为综卦。离火在天为日，日出地上为晋，普照大地为白昼；日隐地下为明夷，天地无光，有被诛灭的危险。

特殊之处 地火明夷：坎宫游魂卦，全卦唯五爻不当位。

卦辞解析

明夷：利艰贞。

译文　明夷象征光明受阻。保持贞正之心艰苦奋斗能够得到顺利。

辨析　明夷是太阳下山的黑夜状态，但并不是一点光芒都没有，仅仅是光芒不够强而已。无论如何，明夷还是充满希望的一卦，黑夜到了总要有天亮的时候，即使只有微光，我们也要在黑夜中摸索前行，这就是明夷本身的最重要的启示，不要放弃任何希望，并能够在绝望中寻找希望。

象辞说，明入地中，明夷；内文明而外柔顺，以蒙大难，文王以之。利艰贞，晦其明也；内难而能正其志，箕子以之。

以周文王为例举证，君子内文明而外柔顺，"晦其明"，最终获救。象辞将明夷卦上升了一个高度，一方面是指外界大环境进入黑夜，君子之道应当注意自保；另一方面是陷入困境之后，不能消极等待，而要在能力范围内，尝试用非常手段突破这个逆境。

《象》曰：明入地中，明夷；君子以莅众，用晦而明。

大象辞简译　明夷的卦象是上地下火，为日没于地之表象。火隐地下，离火为光为热为日，为地阻隔，意为光明受损被阻，是太阳自隐其光辉。君子应在治理民众时有意内敛锋芒，更显亲和柔顺，让民众在潜移默化中得到治理与教化。

评述　明夷的用晦而明是辩证的智慧，与老子的无为而治也有些相通之处。无为而无不为，是一种政治智慧与艺术，将才能与明察内敛隐晦一些，反而能够使民众感到亲和安乐，在无为中有为，在晦中明，使民众和乐，国家昌明。

爻辞解析

初九，明夷于飞，垂其翼；君子于行，三日不食。有攸往，主人有言。

爻位　初九当位，整体论吉。

注释 言：话，言语，此处特指怨言、谤言。

译文 在光明受阻的时候，要像鸟一样默默低垂翅膀迅速飞离，君子处于乱世，要想办法赶紧退避，即使多日不吃饭也要抓紧逃离。此时君子不适宜有所行动，如果参与政事，必然会受到当权者的斥责。

辨析 初九爻非常重要，直接点出了明夷的智慧，在外界明夷的时候，君子应当明哲保身，同样采用明夷的手段，晦其明，将自身的光芒遮掩起来。如果此时还不明形势，贸然入世，则容易遭难。

选择 外界形势不好的情况下，要注意保存自身实力，自晦其明，苟活的目的是为了完成更大的理想，逞强好胜则刚极易折。

六二，明夷，夷于左股，用拯马壮，吉。

爻位 六二中正。

注释 拯：本义是向上举，后多作拯救意。

译文 在光明受阻的时候，就好像左大腿受伤了一样，无法正常行走。此时如果借用好马的力量来拯救局势，是吉祥的。

辨析 有人认为"拯"通"骓"，将拯马译成骟掉的马，应天老师认为不妥。如果译为去势，更能突出顺，并不能太好地突出壮，因此此种说法不取。此爻承接上爻，君子于行三日不食，是为了逃难，逃脱乱世，在逃跑途中左腿受伤了，不能停啊，还要继续跑啊，因此借用马匹力量。

选择 保全自身要借助一些外力，甚至使用一些非常规手段，"君子生非异也，善假于物也"，逃脱之时亦然。

九三，明夷于南狩，得其大首；不可疾，贞。

爻位 九三得正。

译文 在光明受阻的时候，君子应当逃脱政治漩涡，去南方狩猎能够有大的收获，不要操之过急，贞正持久最重要。

辨析 大首，在文中应当直译为首领的头颅，即狩猎取得了大的收获。有些观点单独将南狩提出解释，以离为南，应天老师认为理论是对的，但深究南火方位没有意义，南方此处也是代指，目的是为了离开中心。

结合明夷全卦，宏观的逃脱就是到南面蛮荒之地为止了，这是下卦的运行过程，上卦讲的是心灵上的进一步明悟。

选择　外界环境不好的时候，逃脱到与世隔绝之处可以开始自己另外的事业，如此一方面保全了自身，另一方面在其他方面或以其他方式证明自己的能力，践行了自身的君子之道。

六四，入于左腹，获明夷之心，于出门庭。

爻位　六四当位，下应初九。

译文　伤痛到达左腹部，此时有了明悟，明白了明夷的道理，从正门跨出，将要有所决断。

辨析　象辞指出，君子以莅众，用晦而明，这个就是明夷的道理了，具体见六五爻。有观点认为左腹的含义是，先天八卦之离火为左，坤为腹，应天老师认为没必要深究，此处仅为比喻，讲的是伤重，接近于心脏了。

选择　身体上逃脱了，心灵上还在逐渐成长。只有全面分析内外环境与当前处境，才能真正明白自晦其明的道理。

六五，箕子之明夷，利贞。（卦主）

爻位　六五得中，全卦中唯一不当位之爻，明夷卦主。

译文　应当采用箕子这种自晦其明的做法，利于坚守贞正之道。

辨析　六五贯穿全爻，以箕子的做法为喻。讲清楚了明夷的道理。当自身才干不能为君王所用，难以施展造福社会的时候，应当不惜代价脱离出来，找到合适的地位角度去创造属于自己的价值。明夷并不是避世，而是暂时隐藏，因为今天太阳落山后，明天依旧照常升起。

选择　不论在行为上还是在心态上，在遇到困境的时候，自身才干不被赏识、无法施展时，都可以效法箕子自晦其明的做法。

引申

箕子是殷商末期贵族，与微子、比干齐名，史称"殷末三贤"。箕子佐政，而纣王荒淫无道，不听劝告。看着江山日益衰颓，他悲痛欲绝，

因此披发佯狂，隐而鼓琴，纣王见此，将他囚禁为奴。武王伐纣之时，箕子趁大乱之机逃往箕山隐居。后武王建周，求贤若渴，寻访箕子，询问殷商灭亡原因，箕子不答，又问如何顺天命而治国家，箕子遂以《洪范九畴》作答，武王大加赞赏，请箕子出山辅佐，箕子拒绝且离山东去，史称"箕子明夷"。

　　周文王当时从羑里脱困，用的是贿赂之法，其实他自己并不提倡这一做法的，只能称其为非常时期的非常之法，而不是君子之法，因此在卦辞正文中提到箕子之法，周文王本人是非常推崇的，也是认为此法值得宣扬。自晦其明的做法有些类似于三十六计中的第二十七计，并战计假痴不癫。

　　上六，不明晦；初登于天，后入于地。

　　爻位　上六当位，下应九三。

　　译文　世间不明，我亦晦暗，我要追随乾道，随太阳东升西落，白天我就显现，夜晚我就隐藏。

　　辨析　不明即为晦暗，明夷与上一卦火地晋是相连的，晋卦是太阳高悬天空，普照四面八方，大环境优越，君子应当积极努力谋求晋身之道。明夷卦太阳是沉于地下的，晦暗的原因是世事环境失道，君子应当自晦其明保存自身。

　　上六爻是对整个明夷的解释，也承接六五，讲明天道往复的道理。君子并不畏死，保存自身最主要的目的是，保存光明的道理，保存光明的希望，以后还是要再度入世的。纵观《周易》六十四卦，作出自解释的仅此一例，因此这是个值得思考的问题。应天老师认为不明晦的另一层含义是，世间不明，我亦晦暗，这是为了与世间同步，隐藏自身、保全自身。明夷其实并不是周文王所提倡的状态，因此他才会特别解释一下，为什么要明夷啊？被逼无奈！我有自己的苦衷，虽不提倡，但也写出来让大家参详，如果你们以后遇到困难了，也可以试试。

　　选择　遇到困境可以暂时退避，但并不是永远消沉，太阳落了还会升起，静待好的时机，君子仍要立志报国。

明夷卦	以乱世中如何保全自身为喻
上六（不明晦）	总结明夷道理，静等时机再度入世
六五（箕子之明夷）	像箕子一样自晦其明，能够保存自身
六四（入于左腹）	自身伤更重了，此时更加明白明夷道理
九三（明夷于南狩）	退避到极远地方，在别的方面实现抱负
六二（夷于左股）	自身受伤，要想办法借助力量退避
初九（明夷于飞）	明夷之时，君子应不惜一切隐藏退避

全卦选择　整体环境不好的时候，君子不能坐以待毙，可以采取非常手段，自晦其明而保全自身，在其他地方继续发展，以另外的方式造福社会；等到大环境恢复的时候，应当积极回到正轨，继续以更好的姿态实现自己的抱负。

第43课 风火家人，修身齐家

第三十七卦 风火家人

卦名 风火家人 《说文》中解释家为居，这说明古人对居所的重视程度，认为有了房子才能称之为家。所谓安居乐业，只有安居才能乐业。《现代汉语词典》中对家的解释为，共同生活的眷属和他们所住的地方，还强调亲人的存在。家人卦就等同于家居与亲人的结合。

卦画 风自火出 家人卦从卦画形状上看，上风下火，风吹火旺，火能生风，火借风势则举火燎天，这是一种众人拾柴火焰高的感觉，是一家人团结奋进的结果。同时，巽风为木，风火家人也表示将燃料置于火上烧烤，又借风流动补充空气，因此火种能源源不断燃烧下去，象征了氏族家人的一代代传承。

卦德 修身齐家 要想治家成功，必须先将身修好，风火家人讲家庭，实际是承上启下，先通过格物、致知、诚意、正心来修身，再接下来齐家、治国、平天下。

卦序角度 晋明夷家人睽 天道有常，日出日落，有进则有隐，有昼即有夜，这是晋卦明夷卦；日出而作，日落而息，天黑了人们就要回归家庭了，这是家人卦，象征家庭；在家千般好，出门万事难，人生难免遇到睽离之事，这是睽卦，象征乖违。

特殊之处 风火家人：全卦唯上爻不当位。

卦辞解析

家人：利女贞。

译文　家人卦象征家庭。妇女保持贞正则万事顺利。

辨析　家人卦外巽内离，分别代表长女和中女，其实是一个特别强调女性在家中地位的卦象，有新石器时代早期母系社会的影子。俗话说家和万事兴，受封建男主外女主内思想的影响，女性在家中坚守正道能够确保家庭和睦，这是万事兴旺的基础，《增广贤文》中的"妻贤夫祸少"与俗语"好妻旺三代"等均有此种含义。

象辞说，男女正，天地之大义也。家人有严君焉，父母之谓也。父父、子子，兄兄、弟弟，夫夫、妇妇，而家道正。正家而天下定矣。

男女各正其位，这是天地的大义！家人中有尊严的君主，这就是父母。做父亲的尽父道，做儿子的尽孝道，做兄长的像兄长，做弟弟的像弟弟，做丈夫的尽到丈夫职责，做妻子的尽妇道，这是每个人各守其道，因而家道得正。家道正则天下安定。

引申

氏族社会的早中期是建立在母系血缘关系上的社会组织，按母系计算世系血统和继承财产。氏族是人们赖以生存的基础，血缘关系是维系氏族成员的纽带，互相保护，分工合作。原始农业及家畜饲养出现，女子从事的采集烧烤食物及缝制衣服、养育老幼等比男子从事的狩猎较稳定可靠，妇女能提供生活来源又繁衍后代，因此在氏族公社里占有重要的地位，普遍受到重视。古老的姓氏中，如姬、姜、姚、妫、姞、安、晏、娄、嫪、妘等，多从女字旁，而姓字本身是由女、生组成，这是姓氏从女，世系按母系血缘计算的反映。

在人类历史上，母系氏族社会有六万多年的历史，而父系氏族社会只有五千年的历史。人类历史上的性别战争不仅仅是人们现今看到的男女平权，在距今约六千年前，有着更加复杂与曲折的性别较量，最后以女性主权的历史性失败而告终。现今社会还在部分地区残存着母系社会特征，例如我国云南丽江的纳西族等，这让研究妇女历史的学者看到了历史的"活化石",说明人们所说的母系氏族社会的一切并非杜撰,而是真正存在过的。

《象》曰:风自火出,家人;君子以言有物而行有恒。

大象辞简译 家人卦的卦象是上风下火,为火借风势之表象。风外火内,是外风出于内火,由内而外,而火能借风起势,燃烧甚旺,内外相成,是为家人。君子应谨言慎行,说话必有切实内容,行动必依规则而且坚持不懈,如此能培养家风,再由内而外影响社会风化。

评述 以风火喻家人,风之特性为飘忽不定,因此风贵恒定,火之特性为凭物燃起,因而火贵有物。言行举止均关乎家庭风化,需修身养性,以身作则。言之有物,行贵有恒,谨言慎行,言行合理,言行合一,先修身,才能齐家,才有治国平天下。

爻辞解析

初九,闲有家,悔亡。

爻位 初九当位,上应六四。

注释 闲:门中有木,本义为阑,指栅栏。引申有防御义。

译文 积极做一些防御性工作,建立栅栏、修整房屋,打好基础,防患于未然,保有其家,因此没有悔恨。

辨析 此爻为初爻,强调在最初就要有深刻忧患意识,不要在家中安逸度日,而是提前做好防御工作。

选择 初爻是三省自身的慎行之意,忙时需要精进,闲时需要思考,看看行为思路有没有漏洞,并及时做好防范,避免灾祸发生,治病于未病方为上上之策。

六二,无攸遂,在中馈,贞吉。

爻位 六二中正,上应九五。

注释 馈:食物。攸:连词,意为所。遂:遂行。

译文 不要想着做什么,在家中安心准备食物即可,如此能够获得贞正吉祥。

辨析 此爻六二，一方面是行中道，不偏不向，居中而稳稳当当；另一方面行使坤德，不争，驯顺于家，照顾家人。此爻为比喻，一是不仅局限于女性，不是说做饭的就是女人，或者行使坤德的就是女人，而是通指在内掌家，确保内部安定团结、根基稳定的人；二是不仅局限于准备食物，而是比喻要做好本职工作，打好基础，不要妄想妄动，不要去干其他不切实际的工作。

我们研究《周易》，发现其实通篇都是男尊女卑的思想，这其实是时代所限，属于封建糟粕，是应该审慎对待的。在今人的理解中，凡是女子或阴柔，都可以等同理解为柔弱之人、柔顺之人，或与阳刚、猛烈相对的含义，如果单纯理解为女人、小人等，就不符合当今社会时义。

选择 不要异想天开胡乱进取，应当脚踏实地做好手头实实在在的工作，行使坤德，在内掌家，确保内部安定团结，打好根基方能建筑高楼。

九三，家人嗃嗃，悔厉，吉；妇子嘻嘻，终吝。

爻位 九三当位。

注释 嗃（hè）嗃：严酷的样子。

译文 在治理家风的时候非常严肃，会产生某些后悔的事，是有些严厉了，但整体结果是吉祥的。在中国古代家庭中强调等级秩序、尊长威望，如果任凭妇人、子女等一家子嘻嘻哈哈的，家风一点都不严谨，不敬尊长，那么最终会招致悔恨。

辨析 嗃字有四个读音，除 hè 外的几个读音都表示某种声音。本爻要辩证理解，并不是说治家时严格、严酷就一定好，宽松就一定不好，而是凡事有度。如果宽松的话，不应当乱了规矩，坏了辈分，相比较而言，在治理家务的过程中，稍微严苛一些是比较好的。

选择 在治家与管理企业的过程中，都应当有张有弛，严宽有度，不是否定人性化管理，但一定注意不要失了规矩；相比较而言，稍微严苛一些是能最终吉祥的。

六四，富家，大吉。

爻位　六四当位。

译文　使家中财富增加，非常吉祥。

辨析　此处的财富，不仅是物质财富，一定要注意其中包含精神财富。所谓积善之家必有余庆正是如此，一个家庭真正富有，物质生活达到小康以上程度，家人的精神层次也要达到一定程度。

选择　建设企业应该实现精神与物质的双重建设，这也是优秀企业文化的必要性。

九五，王假有家，勿恤，吉。

爻位　九五中正，君位。

注释　假：至也，到的意思。恤：忧虑。

译文　君王到了家中，是没有忧愁的，吉祥的。

辨析　此爻争议很多，矛盾都集中在假字的解释上，列举几例。解释一，假与嘏（gǔ）通用，是形容词，大的意思。君王拥有天下的大家庭，使天下人相亲相爱。解释二，假是假借的意思。君王以身作则，以天下为家，不要忧虑，祖先是会保佑家人的。解释三，假是假如的意思。假如君王成年了，独立掌权的时候不要过分体恤家人，而应当以天下为家。应天老师综合考虑，均不取，仅供大家参考。此爻中的王，指的是阳爻，是说在外打拼的阳刚之气，回到家中就非常开心，摒除一些烦恼，融入爱的怀抱。

选择　用爱与包容治家，将家庭建设成最坚实的后盾和最温暖的港湾，爱自己、爱家人，或引申出来，爱所有人。

上九，有孚，威如，终吉。（卦主）

爻位　上九是家人卦中唯一不当位之爻，家人卦主。

译文　治家有诚信，很有威望，最终获得吉祥。

辨析　要想治家成功，必须先将身修好，修身的前提，根据《礼记·大学》记载，四个步骤是格物、致知、诚意、正心，修身的后续，是齐家、治国、平天下。因此风火家人卦讲家庭治理，其实是蕴含着丰富

的承上启下作用的，治家如治理小国，要言传身教、德行并重。

选择　治理家庭或企业，领导者要做好表率，只有做好修身养性，带头讲诚信，才能建立威望，实现好的治理。

全卦过程

家人卦	以治理家庭为喻
上九（有孚威如）	治家要诚信，才有威望统领家人
九五（王假有家）	治家要充满爱心，让家成为每个成员的避风港湾
六四（富家）	治家要积极增加财富，建设双重文明
九三（家人嗃嗃）	治家要严格一些，避免坏了规矩
六二（在中馈）	治家不要妄行妄动，应安心做好本职
初九（闲有家）	治家要打好基础，防患于未然

全卦选择　治理家庭是治理国事、管理企业等工作的缩影，需要极大的技巧，并投入大量时间精力。持家并不仅仅是女性的事情，更需要夫妻双方共同努力。治家以安全稳定为第一要务，这样才能够给各位家庭成员提供坚强有力的后备支持，更好地发展家业。

第44课　火泽睽卦，离中有合

第三十八卦　火泽睽

卦名　火泽睽　《说文》中睽为目不相视，即二目不能集中视线同视一物，引申为乖违，错乱反常、违背背离之意，用法有睽违、睽异等。睽还有一个睁大眼睛注视的意思，如众目睽睽。乖字的本义是戾，背离、违背、不和谐的意思，还有反常谬误、邪恶奸猾等意，和我们现在理解的"小兔子乖乖"中的"乖"是截然不同的。

卦画　上火下泽　睽卦从卦画形状上看，火上泽下，火曰炎上，泽中有水曰润下，则水火不调而相违背，上下两个经卦是相乖违的。火在泽上烧，无根无源，不久就会熄灭，如此结果与生火的本义也是乖违的。离火为中女，兑泽为少女，两个女孩在一起少不了产生摩擦麻烦，这是延续家人卦含义出现的问题，也是睽卦的本质。

卦德　离中有合　睽是乖违的意思，背离了正道，但悔亡两字点出，睽卦的精髓是离中有合，求同存异。虽然中女和少女两姐妹间有一些小小的争吵，然而血浓于水，她们最终仍然会和好。

杂卦角度　睽外家人内　火泽睽与风火家人二卦卦形相反，互为综卦。家人是亲友之间的团结有序，因此为内，睽是违背乖离，因此对应为外。另一方面，风火家人，火在木内，能够熊熊燃烧，火泽睽，火在泽外，孤苦无依将要熄灭，也是内外有别。

特殊之处　火泽睽卦：全卦唯初爻当位。

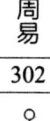

卦辞解析

睽：小事吉。

译文 睽卦象征乖违。在小的事情上能够获得吉祥。

辨析 两个女儿都是要嫁人的，女各有家，故不同行。虽然她们志向各异，矛盾不断，但毕竟是一家人，因此在小的事情上是吉祥的。

彖辞说，天地睽而其事同也，男女睽而其志通也，万物睽而其事类也。睽之时用大矣哉！

天地虽有差异，但养育万物之事相同，男女性别不同，而其心志相通，万物形形色色各有差异，而各含阴阳之事类同。睽卦所含的时用真盛大啊！

《象》曰：上火下泽，睽；君子以同而异。

大象辞简译 睽卦的卦象是上火下泽，为泽火相背之表象。火上泽下，离火炎上，泽水润下，二者互相背离，是为乖违。君子应在追求大同的同时，保留小异，能够丰富多彩。

评述 彖辞中强调其事同，而大象辞中则强调以同而异，二者都是陈述同与异之间的辩证关系，其侧重不同。其事同、其志通强调殊途同归，是以同而异的前提，只有在原则性的大方向上同才能够异。以同而异则强调小异带来的丰富多彩，正是有多种不同的组织分工，才共同成为一个国家社会。同与异并非水火不相容，从火泽睽的卦画看也是如此，火为日，泽为河海，太阳使河海蒸腾上升，形成云雨，降于大地，又汇入河海，这便是大自然的水循环，是一个有机的整体。

爻辞解析

初九，悔亡；丧马勿逐，自复；见恶人，无咎。（卦主）

爻位 睽卦只有初九当位，睽卦卦主。

译文 悔恨消失，跑掉的马无须费心寻找追逐，它自己就会回来。即使遇到敌人，只要坚持正道，不与他们同流合污，避免风险灾害的发生。也能确保自身不会有什么咎误。

辨析 为什么睽卦初爻说悔恨消除呢？睽为乖违，背离正道，但悔亡，跑掉的马能自己回来，虽与恶人同行，但同流而不合污，求同而能存异，没有咎误，虽然有凶险但都能及时避开，趋向吉祥，这也是卦辞小事吉的延伸。

选择 要善于容忍小的乖违，及时处理小的乖违。在整体稳定无恙的前提下，及时避开凶险，回复正道，如此小的乖违便不会带来大的祸患。

九二，遇主于巷，无咎。

爻位 九二不当位，得中。

译文 在小巷中碰到居高位者，没有咎误。

辨析 在小巷中碰到居高位者的情形是非常蹊跷的，肯定不合常规，此处为比喻，指发生了不平常的事情，比较罕见但又能够在一定程度理解此事的发生。面对非常规的情形，只要能保证自身中道，就能履险若夷。

选择 发生异常之事，要保持自身镇定不慌乱，德行不亏缺，如此，方能安然度过。

六三，见舆曳，其牛掣；其人天且劓。无初有终。

爻位 六三不当位。

注释 曳：拖拽。掣：拉拽。天：古代的一种墨刑，在额头上刺字的刑罚。额为天，因此也称天刑。劓（yì）：古代割掉鼻子的酷刑。

译文 出现这种情况，大车被拖曳难行，牛在前面使劲拉拽也无法前行；导致车夫额头鼻子都受伤。起初受阻，但最终有好结果。

辨析 车夫从后面拉着车轮子想阻止前进，而牛在前方却拼命拉车，这样就形成了力量上的睽违。在力量的较量中，车夫摔倒了，额头与鼻子都受了非常严重的伤。控制牛车这件事情，开始的时候非常困难，造成了上述结果，但随着时间推移，车夫慢慢熟练了驾车与控牛方法，最终还是达到了自己驾车的目的。睽卦讲的都是违背常理之事，并且怎样处理这种乖违，本爻是车夫与牛在力量上的睽违。

选择 某些事情，最开始做的时候会遇到些许阻碍，越着急想做好就越会事与愿违。但是只要能坚持一下，改善一下做事方法，运用智慧和勇气去努力征服，最终会达成自己的目的。

九四，睽孤；遇元夫，交孚，厉无咎。

爻位 九四不当位，初入上卦。

注释 元：善也。夫：阳之称。元夫可以理解为善士，也就是好心的贵人。

译文 处于乖违之境，非常孤独与自负，此时遇到一位善良的贵人，倾心交流信任彼此，虽有逆耳忠言，却句句发自肺腑，前进路上虽有坎坷，然而没有咎害。

辨析 本爻与初九卦主有照应关系，虽然是相敌应，但《周易》是选择的智慧，只要咱们自身能诚信、善良、谦和，就能受到贵人的关照。

选择 做人做事在某个阶段背离了正道，但幸运的是遇到了一些善良的贵人，能够点醒自己的错误，要对其报以信任和信心。对于逆耳忠言要虚心接受，即使错得再多，也有改正机会。

六五，悔亡，厥宗噬肤，往何咎？

爻位 六五不当位，得中，君位。

注释 厥：代词，相当于其。

译文 悔恨消除，和同宗亲友一起吃肉，同心同德，非常团结，前进路上还能有什么咎误呢？

辨析 睽卦的精髓是乖违之后又能够回归正道，离合不定，若即若离，此时已经六五爻，将要到达睽卦最终聚合的终点。

选择 睽违不久，聚合才是正道，多寻求同宗同路之人，在前进路上才能相互扶持，获得成功。

上九，睽孤，见豕负涂，载鬼一车，先张之弧，后说之弧；匪寇，婚媾；往遇雨则吉。

爻位 上九不当位，亢位。

注释 豕：野猪。涂：污泥。例如"涂炭"。

译文 处于乖违之境，非常孤僻，疑心很重。前进路上，有一只身上沾满污泥的野猪，又遇到一辆满载野鬼的车子，张满弓就准备射箭，后来又放下了弓。原来经过认真观察，发现并不是坏人，而是来与自己结婚的伴侣。于是继续前进，不久下起了雨，经过雨水的冲刷，野猪身上的污泥和车子上众人的文饰全部被洗掉了，露出本来面目，这是非常吉祥的。

辨析 睽卦上九爻是《周易》所有卦爻中最为复杂的一个场景，一个爻描述了一个独立完整的故事。

选择 乖违久了自然对很多事物充满疑心，前进路上遇到了很多可憎、可怕的事物，但我们并不惧怕一时的困难，终会等到一场大雨，去伪存真，最终达到团结聚合的成功。

睽卦每个爻都是非常有画面感的，其实都是一个小故事，这些看似乖违实则和合同心的故事，可以慢慢体味。人生中的睽违非常多，珍视睽违的同时也就更加珍惜相遇，我们生命中的每次相遇都是久别重逢，这本身就是最让人感动的。

全卦过程

睽 卦	以处理乖违之事为喻
上九（见豕负涂）	前进路上遇乖违之事，等机会去伪存真
六五（厥宗噬肤）	与同宗亲友同心同德前进
九四（睽孤遇元夫）	乖违孤独，遇到善良的贵人点醒自己
六三（舆曳牛掣）	初期的睽违使自身受伤，要调整改善
九二（遇主于巷）	发生不寻常之事，坚持中道能履险若夷
初九（丧马勿逐）	出现些小的乖违，坚持正道会自行恢复

全卦选择 人生会遇到很多睽违之事，这是生命过程必须经历的，要正确看待，在异中求同，求同又存异。要善于找出乖违之处，中正之道能使其自行恢复，就算被某些事故伤害，也要坚持下去，最终会在贵人和亲友的帮助下，等待时机走出困境。

第45课 水山蹇卦，玉汝于成

第三十九卦 水山蹇

卦名 水山蹇 《说文》中蹇，跛也。蹇字可以通俗理解为行走困难，例如蹇足、蹇驴、蹇人上天等。也有迟钝、不顺之意，例如言语蹇涩、时乖运蹇等。

卦画 山上有水 蹇卦从卦画形状上看，上水下山，山上的水，本来爬山就够艰险了，又下雨，这不是更加困难了嘛。注意此处不是山下的水，如果是水隐藏在山中，那就是山水蒙，朦胧祥和之景色。从卦德角度来看，坎水为险在外，艮山为止在内，因此是前有险阻，后无退路，进退两难，相当困难。水山蹇卦画直接点出了穷山恶水、跋山涉水、山重水复的困境。

卦德 玉汝于成 前进虽然蹇难，但这一路上与困难作斗争，披荆斩棘，险死还生，知行知止，得到很多成长。面对艰难困苦，努力去闯，尽力克服，磨练自身意志，增长了才干，修养了道德，最终自己也会成为大人物，玉汝于成。

卦序角度 家人睽蹇解 在家千般好，出门万事难，有家庭和睦也有乖违不顺，这是家人卦睽卦；居家处事相互违逆，必然引起家道维艰，这是蹇卦，象征困难；遇到困难要想办法解决，找出主要矛盾予以缓和，这是解卦，象征松懈。

特殊之处 水山蹇卦：全卦唯初爻不当位。

卦辞解析

蹇：利西南，不利东北；利见大人，贞吉。

译文　蹇卦象征困难。以柔顺宽厚不争先的坤德行动吉祥，不应畏难而止，利于出现德高望重的大人物，贞正吉祥。

辨析　蹇的基本含义是陷入困境，难以前进，还有一层引申含义，后方没有道路，退也退不得。从另一个角度来看，发现前方有坎险能及时止步，这是一种知行知止的智慧，是非常明智的行为。利西南，直译是往西南方向行走顺利，往东北方向不利。后天方位中，西南为坤东北为艮，因此很多观点认为坎卦能演化为坤卦，或者说行使坤德等，应天老师认为此处没必要使其复杂化，因为从坤地的角度来看根本解释不通。

《周易》六十四卦中，明确出现利西南的有水山蹇"利西南，不利东北；利见大人，贞吉"，雷水解"利西南；无所往，其来复吉；有攸往，夙吉"和坤为地"西南得朋东北丧朋"。而其他几个方位西北、东南、东北都不曾明确提及。究其原因，或许与商、周位置有关，西周都城在镐京（今西安附近）；殷商最开始建都在亳（今商丘北），中期后盘庚迁殷（今河南安阳）。镐京在殷西南，故有利西南不利东北之说。

西南是周的大本营方向，游子在外遇到困难，第一反应肯定是回老家想办法搬救兵。结合周文王推演八卦的时候，被纣王囚禁在羑里（今安阳汤阴县），作为阶下之囚感慨万千，悲从中来，每天望眼欲穿的就是西南，家乡的方向。从这个角度理解，就不难明白为什么卦辞中出现了若干次西南方位了。

彖辞说，蹇之时用大矣哉！

蹇卦时的作用太大啦！

引申

在前面讲过时义，广义讲，是对于整个时代、整个世界的意义。此处时用说，广义讲，是对于世事万物的指导作用。同样道理，广义理解下，六十四卦每一个都有它的时用，这就是卦德所表现出来的东西，时义为体时用为用，都对我们的工作生活乃至社会运行有很强的指导意义。

在《周易》全文中，应天老师发现明确提出过的，有三个卦具备时用：习坎为险、火泽睽、水山蹇，其他的没明确，但其实也都是有时用的，同样都可以总结成卦德。

《象》曰：山上有水，蹇；君子以反身修德。

大象辞简译　蹇卦的卦象是上水下山，为高山积水之表象。山上有水，山本险峻，又有积水，增其险阻，更加寸步难行。君子应在面临困难时，自我反省，提高品德修养，自我提升又求于己，依靠自身克服困难。

评述　既然前方艰难险阻，难以前行，那就暂时停下来，但又不是干等着无所事事，而是向内自我反省以求提升，养精蓄锐，以期更好地往前走。孟子云，"行有不得者，皆反求诸己"，即是如此。

爻辞解析

初六，往蹇，来誉。

爻位　初六是蹇卦中唯一不当位之爻。

译文　前进会陷入困境，原路后退将得到赞誉。

辨析　初六阴爻入卦往往结果不坏。能得到赞誉是因为知行知止，有自知之明，等待观察形势，知难而退。

选择　走不通的时候，知道退却是一种智慧。

六二，王臣蹇蹇，匪躬之故。

爻位　六二中正，上应九五。

注释　王臣：臣子。蹇：通"謇"，忠直貌。蹇蹇匪躬后来发展为一个成语，指臣子为君为国忠直谏净。躬：自身，亲自。

译文　臣子为了解君王的困境而努力奔走在危难之中，他是为了国家而不是自身，希望能够通过自己的忠直言行劝谏君主作出利国利民的抉择。

辨析　王臣，一种解释为君主和臣子，君主指的是九五，臣子指的是六二；另一种解释为君主的臣子，讲的单纯是六二。两种说法都有道理，应天老师结合全卦更倾向于后一种解释方法。

选择 上级领导遇到困难的时候，正是下属的作为之机，虽然这时自身处境也非常艰难，但如果能够以大局为先，充分考虑领导的权益，尽力奔走斡旋，仗义执言，解决大局危难，必能获得极好机会。

九三，往蹇，来反。

爻位 九三当位，上应上六。

译文 前进会陷入困境，于是选择原路返回。

辨析 九三位于凶位，虽当位，然过于阳刚。此时九三爻希望积蓄力量进入上卦，与初六爻的形势差不多。九三返回后本身是无咎无誉的，但是他没上去而回到了下卦中，与初六、六二两个爻亲密团结在了一起，下卦的内部力量得以壮大，是件好事。

选择 走不通的时候，知道及时退却，并能重新团结一切可以帮助自己的力量，稳固好自身根基。

六四，往蹇，来连。

爻位 六四当位，惧位。

注释 连：人拉的车子。

译文 前进会陷入困境，回来时坐着人拉的车子，是得到了九五尊位的帮扶，但整体而言进退皆难，应当原地不动，谋定再动。

辨析 往蹇来连是一个成语，指往来皆难，此为成语出处。应天老师认为，六四爻是整个蹇卦中最困难的爻了，但并没有直接说出好与坏，其实本爻虽然处于惧位，但本身当位且承接九五，故而整体来讲是好的。虽然进退两难，但原地待着并没有问题，总比习坎卦六三"来之坎坎，险且枕，入于坎窞，勿用"要好太多了。为什么此处往来皆难呢？因为六四初进坎险，往前走必然困难，后面是大山，且与初六敌应，故而进退都很困难。

选择 往前走艰险，但能得到尊位的帮扶关照，及时退回原地再做打算。此时想往回走也不好走，因此最好的办法就是原地不动，想想尊位对自己的嘱托教诲，谋定再动。

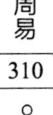

九五，大蹇，朋来。

爻位 九五中正，下应六二。

译文 困境发展到最艰难阶段，有很多志同道合之人来协助。

辨析 本爻是君位，君主遭遇危难，是非常大的困难，极为艰难的处境，是国难。好在君主能秉承中正之德，再加上原本就经常帮助别人，提携下属，为蹇卦的前几个爻做了很多帮扶，在百姓中声望很高，故而此时有众多志同道合之人前来协助。

选择 事业到了最困难的时候，应当始终秉承中正德行，如此会有众多一同受苦受难的同伴来帮助，共渡难关。同时，由于原先一直与人为善，这些受过自己帮助的人也会来回馈。

上六，往蹇，来硕；吉；利见大人。（卦主）

爻位 上六当位，蹇卦卦主。

译文 前进会陷入困境，原路返回却可以大有收获，吉祥，利于成为大人物而现世。

辨析 一路上各种艰险都过来了，到了上六仍然无法往前走，那么这个蹇卦究竟是什么含义呢？每一步都不让走，最后结果是不是空手而归呢？上六给出了答案，前进虽然困难，但回来后却很有收获啊，收获的是什么呢？恰恰就是这一路上与困难作斗争，披荆斩棘，险死还生，得到的人生成长。这么多困难，哪一个都不可等闲视之，但坚持下来以后，磨练了自身意志，增长了才干，修养了道德，这不就是最大的收获吗？利见大人，最后出现的大人物是谁呢？其实就是自己，水山蹇就是在不断面临困境，解决困境，最后获得自身成长。

选择 经历重重险阻，最终自身收获很大，成为大人物，正所谓"艰难困苦，玉汝于成"，然而前方依旧很难，仍要继续努力。

全卦过程

蹇　卦	以面对困境为喻
上六（往蹇来硕）	返回将有大的收获，艰难困苦，玉汝于成
九五（大蹇朋来）	最艰难阶段有众多志同道合之人来协助

蹇 卦	以面对困境为喻
六四（往蹇来连）	进退两难，在大人物关照下谋定后动
九三（往蹇来反）	及时返回团结大家
六二（蹇蹇匪躬）	虽自身艰险，但为领导仗义执言是对的
初六（往蹇来誉）	原路退回将得到赞誉

全卦选择 虽然前有险后有阻，但是能坚持自身德行，知行知止，适时进退，进而向君王直言进谏，退则团结同类，人生面临的艰难最终必将克服，同时将自己磨练成最优秀的人物。

引申

《行路难》是唐代伟大诗人李白的组诗作品。这三首诗抒写了诗人在政治道路上遭遇艰难后的感慨，反映了诗人在思想上既不愿同流合污又不甘独善一身的矛盾。正是这种无法解决的矛盾所激起的感情波涛使组诗气象非凡。诗中跌宕起伏的感情，跳跃的思维，以及高昂的气势，又使作品具有独特的艺术魅力，而成为后人广为传诵的千古名篇。《行路难·其一》："金樽清酒斗十千，玉盘珍羞直万钱。停杯投箸不能食，拔剑四顾心茫然。欲渡黄河冰塞川，将登太行雪满山。闲来垂钓碧溪上，忽复乘舟梦日边。行路难！行路难！多歧路，今安在？长风破浪会有时，直挂云帆济沧海。"

第46课 雷水解卦，恩威并施

第四十卦 雷水解

卦名 雷水解 解是一个会意字，《说文》为判，表示用刀把牛角剖开，即解字的最本义是解牛。解字有三个读音，做卦名时读 xiè，此读音下名词用法有官署和姓氏，动词用法通懈。jiě，凡与分开有关的意思多读此音。读 jiè 时有三个意思，古代乡举，例如解元；押送，例如押解；典当，例如解当。

卦画 雷雨作 解卦从卦画形状上看，上雷下水，雨云密布，打雷下雨，因此缓解了万物缺水的状况，促进动植物生长。雷在上为行动，水在下为坎险，即通过行动克服坎险，在自身强大的行动能力下，从险陷中闯出一片天地，顺利脱险，以动凌险。另一方面，雷为震动，水为润泽，故而恩威并施，双管齐下，刚柔并济，结合上卦蹇难的艰难困苦，如此有威严有恩泽，就能够将蹇难缓解很多，使困难的关节点松懈，再作打算。

卦德 恩威并施 雷霆是威，雨露是恩，恩威并施，刚柔并济，方能在遇到困难时尽快解决困难。

杂卦角度 解缓蹇难 雷水解和水山蹇二卦卦形相反，互为综卦。此两卦都是从本意来理解，解通懈，松散，将问题缓解；蹇是跛足行走，因此困难。

特殊之处 雷水解卦：全卦唯上爻当位。

卦辞解析

解：利西南；无所往，其来复吉；有攸往，夙吉。

注释 夙：早晨，还表示时间早。

译文 解卦象征松懈。行使柔顺宽厚不争先的坤德吉祥，蹇难已经缓解，不必专程前往，谨守自身本分职责，恢复法度，复兴大业，会吉祥如意的。此时如果有所前往，早做打算及时行动能获得吉祥。

辨析 蹇、解二卦是联合动作的，均为利西南。关于西南方位在蹇卦已详细解释过，此处不再赘述。

象辞说，天地解而雷雨作。雷雨作，而百果草木皆甲坼，解之时大矣哉。

天地阴阳交感，而雷雨大作，雷雨大作，而百果草木皆发芽生根。解卦之时的作用太大啦！

《象》曰：雷雨作，解；君子以赦过宥罪。

大象辞简译 解卦的卦象是上雷下水，为雷过雨下之表象。上雷下水，是为春雷震，雨飘飘，草木萌芽，万物舒长。君子应赦免过错，宽宥罪失，恩威并施，给罪犯改过自新的机会。

注释 宥：宽容、饶恕。

评述 此处取雷雨解卦恩威并施之德，雷雨兴，万物萌生滋长，欣欣向荣。古代帝王常以施恩为名，在皇帝登基、更换年号、册立皇后或遭重大天灾之时大赦天下，既往不咎，给罪犯重新开始的机会，在喜事时取欣荣之意，灾祸时取新象之意。

爻辞解析

初六，无咎。

爻位 初六不当位。

译文 缓解蹇难，没有咎误。

辨析 初六阴爻入卦，阴居阳位，刚柔相济，符合雷水之意，正适合解决困难，缓解灾厄，因此没有咎误。另一方面，承接蹇卦上六爻

"往蹇，来硕；吉；利见大人"，自身成为了大人物，那么再面对刚才过去的蹇难，过渡到此处雷水解，困境解决掉了，很好。

选择 双管齐下、恩威并用去解决困难，没有问题。

九二，田获三狐，得黄矢；贞吉。

爻位 九二得中，不当位，上应六五。

译文 田猎时捕获许多狐狸，又得到了象征荣誉和美好的黄色箭矢，贞正吉祥。

辨析 狐狸在中国古代文化里常常象征迷惑，例如狐媚，此处可以将狐理解为忧患困难，田获三狐即解决困难。黄为中央土的正色，为至尊之色，而矢为箭，最是刚直，因此可理解为荣誉与美好，也是中正美德。

选择 保持居中美德去解决困难，能有很多收获。

六三，负且乘，致寇至；贞吝。

爻位 六三不当位，凶位。

注释 寇：盗匪。

译文 背负着沉重东西又乘坐在华丽的大车上，招致贼寇前来，结果不好，会有悔恨。

辨析 一方面，坐在车上却还要扛着东西，这是一个非常可笑的画面，行为上比较愚蠢，思想上没有理解坐车的规则，容易招致灾祸；另一方面，负是小人之用，肩扛手抬在古代社会是地位较低的人做的事情，而乘是君子之器，只有具备一定身份地位之人才能乘坐车子，此处象征小人乘坐君子的车子，他本不应该享有这种待遇，于是招致贼寇。此爻是说内在品德气质与外在言语行为、享受的物质待遇，三者是否匹配，如果匹配，则没有问题，如果气质、行为、待遇不相符，则会显露出极不和谐的感觉，容易发生问题。

选择 要按规则行事，要做与自己身份地位相符的事情，要内在品德、外在行为、所受待遇三者匹配方才顺遂，否则就是德不配位，即使不是有心招摇过市，也会被坏人盯上，遭遇悔恨。

九四，解而拇，朋至斯孚。

爻位 九四不当位，初入上卦。

译文 可以稍微松动一下大脚趾，并且有朋友前来相助。

辨析 九四脱离坎险初入震动，想放松一下自身，但处境并不是特别好，因此只能松弛一下大脚趾，身体其他部位还要紧绷着准备下次行动，用一颗真挚诚信的心去感染别人，志同道合的朋友便会纷纷前来相助。

选择 解决一部分困难后不能掉以轻心，前面还有很长的路要走，用真心待朋友，团结更多力量共渡难关。

六五，君子维有解，吉，有孚于小人。

爻位 六五得中，与九二呼应得吉。

译文 君子对待困难的方法是行使美德，遇到束缚就缓解，遇到结点就解开，这是吉祥的，并能用诚信使小人心服口服。

辨析 本爻维字解释有争议。一种解释是维通惟，君子只有解除了危难祸患，才会有吉祥如意。这一解释有些狭隘了，应天老师认为，维字应用本义，维系、束缚。

选择 行使美德，遇到问题解决问题。处于君位要善用解，善于行使阴阳之道，善于刚柔并用恩威并施，如此才能顺利缓解矛盾困难。

上六，公用射隼于高墉之上，获之，无不利。（卦主）

爻位 上六是解卦唯一当位之爻，解卦卦主。

注释 隼（sǔn）：一种凶猛的鸟。墉（yōng）：城墙。

译文 王公在高高的城墙上射杀凶猛的隼鸟，射获成功，没有什么不顺利。

辨析 用、射二字，点明了王公射隼的时机和手段。子曰："君子藏器于身，待机而动，何不利之有？"此爻实际上也点出解卦精髓，要想成功缓解自身困境，就要利用一切有利条件，天时地利人和都顺应，这样才能无往而不利，并借此磨练自身，从中获利。

选择 寻求好的时机去解决困难，善于利用一切外部条件解决困难，

并从中磨练自身，争取利益。

全卦过程

解 卦	以缓解困境为喻
上六（公用射隼）	缓解困境要善用时机，善用工具
六五（君子维有解）	君子对待困难，遇到束缚就缓解
九四（解而拇）	缓解部分困境，团结更多朋友
六三（负且乘）	言行气质要相符才不会有灾祸
九二（田获三狐）	居中美德收获很多
初六（无咎）	阴爻入卦，刚柔相济

全卦选择 蹇卦讲的是面对困境暂时退避，在历经劫难后获得成长。解卦讲的是主动出击缓解困境，行使美德去应对困境，团结更广大的朋友，争取最好的形势，顺应天时，利用地利，形成人和，从而恩威并进解决困难。

第47课　山泽损卦，损益互见

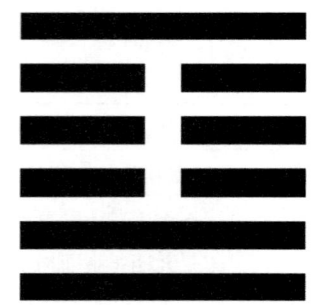

第四十一卦　山泽损

卦名　山泽损　损的本义为减少，引申为损失、损害等含义。古文中损往往与益同时出现，例如损益三友，损上益下，满招损、谦受益等。

卦画　山下有泽　损卦从卦画形状上看，上山下泽，泽不断侵蚀于山，泽水不断冲刷于山石，故而山体日渐消损。艮山为少男在上，兑泽为少女在下，二者无法交感，故阴阳否塞，徒自消损。如少男在下少女在上则为泽山咸，能够交感，获得通泰。

损卦可以看作是地天泰卦变化而成，即将内卦三爻损减由阳变阴，将外卦上爻增益由阴变阳，此为损下益上，损内益外，损刚益柔。类似说法《周易》全文尤其是《象辞》中有很多体用、主变、本互、错综等卦象用法，应天老师认为这些说法虽有一定道理，但整体而言牵强附会较多，且容易使初学者更加迷惑，反而看不清卦象真意，故舍之而不讲，在此说明。

卦德　损益互见　损卦讲减损是为了更好地增益，损、益本是一体，经常互相转化，有舍才有得。一方面，酌情在自己可以承受的范围内减损，是为了在更大的环境中获得增益；另一方面，要将多余的、不好的东西减损掉，及时增益必要的、有益的东西。

卦序角度　蹇解损益　居家生活中，其中的困境往往一个接着一个，应当找出主要矛盾予以缓和，这是蹇卦解卦；松懈下来必有所损失，这是损卦，象征减损；损而不已终有尽头以至于无法再损，此时只能增加，

这是益卦，象征增益。

特殊之处 山泽损卦：全卦中各爻均两两相应。损、益两卦是继咸恒后两个较为重要的卦象。关于为学日益、为道日损的引申，可见前文山天大畜卦辞的辨析。

卦辞解析

损：有孚，元吉，无咎，可贞，利有攸往。曷之用？二簋可用享。

译文 损卦象征减损。内心诚信，元始吉祥，没有咎误，可以坚守贞正之道，利于前去行事。用什么祭祀神灵呢？用两个食盒盛满饭食就足够了，很亨通。

辨析 簋字前文讲过，是古代用于盛放煮熟饭食的器皿，往往用作祭祀器具。古代的祭祀礼仪是非常繁杂的，有一种说法是大型的祭祀仪式讲究用八簋、六簋、四簋装满饭食来祭祀，那么此处用二簋实际上是将祭祀规格降到很低了，但是依然亨通，为什么呢？祭祀用品虽然减损了，但心中的诚信丝毫没有减损，神明依据什么来保佑万民呢？看的就是是否虔诚，内心贞正诚信、充满善意才是最重要的。

损卦具备天之四德，元亨利贞，是分散在卦辞中的，大家认真找找看。这从另一个侧面说明损是天之道，是值得人类认真学习的。

象辞说，损盈虚，与时偕行。

如月亮之或盈或虚，皆因时而进行。

《象》曰：山下有泽，损；君子以惩忿窒欲。

大象辞简译 损卦的卦象是上山下泽，为山泽通气之表象。山下深泽，二者一高一低沟通气息，泽自损以增山高。君子抑止忿怒，节制欲望，损其暴躁与邪欲而增其美好德行修养。

注释 忿：生气，恨。窒：阻塞，不通。

评述 君子效法损卦，减损忿恨和情欲，以修身养性，提高德行。惩忿窒欲后常作成语用，明代冯梦龙《醒世恒言》载，"如今听在下说一文钱小小的故事，列位看官们各宜警醒，惩忿窒欲，且休望超凡入道，也是保身保家的正理"，就是来源于此。

爻辞解析

初九，已事遄往，无咎；酌损之。

爻位　初九当位。

注释　事：祭祀之事。遄（chuán）：快，疾速。酌：斟酌思考。

译文　祭祀之事已经完成，那就快些前往做自己的事情吧，没有错误；可以慎重考虑，斟酌着损减自身利益，目的是获取其他方面的益处。

辨析　祭祀之事是非常重要的，但是如果完成了就不要再深陷其中，尽快开始新的征程。同理，人们容易在已经发生将要过去的事情上倾注太多喜悲，遇到喜事不停回想乐得停不下来，遇到大悲之事陷入其中难以自拔，还有诸多例如懊恼、期待等情绪，往往都会作用于生命很长时间。初九爻给人们的最大启示是，尽快从过去的事情中走出来。另外，做事情有舍才有得，有损才有益，酌情在自己可以承受的范围内减损，是为了更好地益，或在对自己更有意义的方面获得增益，这是一个辩证关系。

选择　及时从已经过去的事情中脱离，迅速投入新的奋斗历程，适当减损自身权益，是为了获取其他方面的益处。

九二，利贞，征凶；弗损益之。

爻位　九二得中。

译文　顺利贞正，如果前往办事则有凶险，此时不应减损，而要增益，对人对己均如此。

辨析　在讲损益两卦的时候，一些观点片面强调是自己减损他人增益或者自己增益他人减损。但其实损益本是一体，没必要分清楚是谁减损谁增益，并且在《周易》的总体智慧中，往往损就是益、舍就是得，两卦之间并不是纯阴纯阳的关系，而是阴阳互见、否泰相接。

选择　安稳持中吉祥，贸然行事凶险，此时对人对己均不适宜减损，而要想办法增益，因为损益是阴阳互现的，舍得本是一体。

六三，三人行，则损一人；一人行，则得其友。

爻位　六三不当位，凶位。

译文　三个人一同前进，由于互相猜疑、掣肘，会使某个人受到损伤；一个人独自行动，就会一心一意地寻求伙伴，最终必定能遇到一个志同道合的朋友。

辨析　此处数字三是实指，损卦是上下卦各爻两两相应的，本爻是解释这种现象，也可以引申为阴阳、内外、否泰、损益等两两相对的现象。

选择　仔细分析自己的团队或周围的朋友，如果太多则互相制约，应当减少一些，剔除一些损友，使团队瘦身；如果较少，则事业难以获得有效支撑，就应当再结交一些，精选一些益友，使团队充实。

六四，损其疾，使遄有喜。无咎。

爻位　六四当位。

译文　减损自身恶习缺陷，很快就有喜庆之事到来，没有咎误。

辨析　此爻中，疾是指坏毛病、性格弱点。因此六四爻讲的其实是一个改正缺点、增加优点的过程，改过为损，补之为益，有过则改过，补过为善。

选择　善于自励自省，及时改正自身缺点，增加优点，则很快就有喜庆之事到来。

六五，或益之十朋之龟，弗克违，元吉。（卦主）

爻位　六五得中，尊位，损卦卦主。

译文　有人送来一只价值十朋的大象龟，不好推辞，因送礼人的态度极其坚定，只好收下，坦然接受，大吉大利。

辨析　十朋之龟，据《汉书·食货志》记载，古代的龟甲是能够作为货币使用的。龟甲有四个品级，最值钱的叫元龟，是一种长一尺二寸的大龟，价值十朋，抵二十个贝钱。损卦各爻都是在说自我减损的道理，到达六五尊位的时候，这些不断的减损有了作用，获得了众人的认可和上天的眷顾，故而数次小损换来一次大益，这也是损益互相转化的道理。

选择 前期的自愿减损、自我付出有了效果，获得了从上到下的认可，取得了实实在在的增益之处，坦然受之即可。

上九，弗损益之；无咎，贞吉，利有攸往，得臣无家。

爻位 上九不当位，亢位。

译文 不是减损，而是增益，没有咎误，贞正吉祥，此时前往办事会非常顺利，能够惠及天下，让所有人不分姓氏种族共同受益。

辨析 本爻又将九二的弗损益之重复一遍。得臣不是在身份地位上得臣，而是在损益之道上得臣，即让天下都受益。

上九爻实际上是经过全卦各爻减损之后，一并增益回去，与六五类似，六五是众人增益自身，上九是自身增益众人。

选择 抱有惠及众人、天下为公的大志向，在明白损益之道后能够让大家都受益，会万事顺遂。

全卦过程

损 卦	以损益互见为喻
上九（得臣无家）	民心所向，惠及万方
六五（十朋之龟）	数次小损换来大益
六四（损其疾）	减损自身弱点
六三（三人行则损一人）	剔除损友，补充益友
九二（弗损益之）	安稳持中吉祥，贸然行事凶险
初九（已事遄往）	祭祀之事已毕，尽快开始新的征程

全卦选择 损益为天道，有舍才有得，要将多余的、不好的东西减损掉，及时增益必要的、有益的东西。在做人处事交朋友上都应当遵循损益之道，正确看待舍与得的关系，损益与舍得均本一体。小损能获得大益，一方面使自身更加优秀，另一方面争取到了民心，于己可得十朋之龟，于人可惠及万方。

第48课　风雷益卦，益人利己

第四十二卦　风雷益

卦名　风雷益　益字最初是溢的本字，表示水涨。益的重要义项是增益，例如延年益寿、大有所益等。益做形容词时意为有益，如益鸟；做副词时意为更加，如精益求精；做名词时意为好处、益处等。

卦画　风雷　益卦从卦画形状上看，上风下雷，说卦有云，帝出乎震，齐乎巽，这说明风、雷是万事万物初生、成长的重要阶段，因此风雷有益，促进生长。巽风为长女，震雷为长男，男孩女孩恰风华正茂，正是身心成长发育的最佳时期，因此为益，需要不断增益，还要互相增益，方能成为栋梁之才。还有一种传统的说法是，益卦为否卦变化而成，将上卦乾减去一个九四阳爻变为六四阴爻，增补到下卦坤地，由初六阴爻变为初九阳爻，此为损上益下是也，这是天之道，损有余，补不足。

卦德　益人利己　益卦将增益，要先一定程度减损自身，增益别人，行善积德，必将获得来自别人的增益，因此益人与利己也是一体。

杂卦角度　损益盛衰之始　山泽损与风雷益二卦卦形相反，互为综卦。损卦为损失，为衰弱的开始；益卦为增益，为兴盛的开始。

特殊之处　风雷益卦：全卦中各爻均两两相应。

卦辞解析

益：利有攸往，利涉大川。

译文　益卦象征增益。利于前往办事，利于解决困难。

辨析 益卦是《周易》中为数不多的直接点明办事顺利的卦象。

象辞说，益动而巽，日进无疆。天施地生，其益无方。凡益之道，与时偕行。

增益动而顺，日日增进无穷。天施阳气而地生万物，其效益无尽。凡增益之道，皆与时并行。

《象》曰：风雷，益；君子以见善则迁，有过则改。

大象辞简译 益卦的卦象是上风下雷，为雷风相薄之表象。风在雷上，雷响而狂风怒号，风动而震雷滚滚，二者相互激荡，交相增益。君子应看见美善的行为就向它靠近，有了过错迅速纠正，既趋善又避错，二者并行，更加增益自身美好品德。

评述 此处将自然现象引申于人生修养，以雷风相薄为楷模，见了善就来学，向善靠近，这里是一个增益的意思。此句与"择其善者而从之，其不善者而改之"有异曲同工之妙。

辨析 有则改之，无则加勉。对别人给自己指出的缺点错误，如果有就改正，如果没有，就用来提醒自己不犯同样的错误。《论语·学而》曾子曰："吾日三省吾身"。宋朱熹《集注》："曾子以此三者日省其身，有则改之，无则加勉，其自治诚切如此，可谓得为学之本矣。"

爻辞解析

初九，利用为大作，元吉，无咎。

爻位 初九当位。

译文 利于借此时机大显身手，大展宏图，这件事从最开始就是吉祥的，没有咎误。

辨析 狂风激雷是自然现象，风雷相薄相增益是天道，因此益卦初九爻讲的也是一个大的事件。为什么利用为大作呢？因为这是一件于国于民都有利的事情。成功并且做大的事情，往往都是因为它的着眼点非常高。凡是能做得起来的事业，能够大作的项目，都是利国利民的大好事。

选择 如果这件事是好的、善的，能够为百姓谋福祉为社会做贡献的，那就放开手大干一场吧，会非常吉祥的。

六二，或益之十朋之龟，弗克违，永贞吉；王用享于帝，吉。（卦主）

爻位　六二中正，益卦卦主。

译文　有人送来一只价值十朋的大宝龟，使自身得益极多，不好推辞，因为送礼人的态度极其坚定，坦然受之吧，因为这种事情在任何时候都是贞正吉祥的。君王如果用这个大宝龟祭祀祖先神明，会如愿以偿获得吉祥的。

辨析　此爻与损卦六五"或益之十朋之龟，弗克违，元吉"很相似，损卦六五，讲的是自身经过不断的小的损失，这叫酌损，收获了大的益处，就是这个大宝龟，这说明前期的自愿付出得到了别人的认可，讲的是一个损益之道。

本爻讲的实际上也是损益之道，得到非常贵重的大宝龟，是别人主动给的，心甘情愿，我们接受它是因为德行中正，心安理得，这是益。用大宝龟祭祀祖先神明，是为了保佑自身顺利，更是为了保佑天下万民顺利平安，获得福祉；为了风调雨顺、国泰民安，将自己的得益又奉献给百姓，这是损。联想到我们生活中也是如此，吃亏是福，不断奉献最终会得到别人的馈赠，这是由损及益；富裕起来以后不忘回馈社会，不忘回报生命中的贵人，这是有益有损。故而杂卦中说，损益盛衰之始。

选择　坦然接受别人对自己的馈赠，增益自己，要借此作出更多利国利民的大好事，正确理解、平衡损益之道。

六三，益之用凶事，无咎；有孚中行，告公用圭。

爻位　六三不当位。

注释　圭：本义是古代帝王或诸侯在举行典礼时手持的一种玉器，长条形状，上端三角，下部方形，此处指代象征虔诚信义的圭玉信物。

译文　增益他人，帮助其渡过危难和灾厄，不会有错误，要满怀诚意地按照中庸之道行事，凭借圭玉信物去晋见王公贵族。

辨析　六三爻讲的其实也是损益平衡之道。六三是承接九二说的，九二获得了大宝龟，那么一方面祭告神明，一方面应当帮助他人，解人危难，保全自身，这就是咱们所说的赠人玫瑰手有余香了，助人不仅自身愉快，还能够得到王公贵族的赞誉与信任。另外，帮助别人实际上是行善积德的一种重要方式，将自己的人力物力财力通过某种形式发散出去，可以很大程度上减少自身祸端，积善之家必有余庆，要广结善缘。

选择　在自身时间金钱允许的情况下，多帮他人，广结善缘，如此自身能够避祸，也能够得到贵人的认可。

六四，中行告公从，利用为依迁国。

爻位　六四当位。

注释　依：倚仗，仗恃。

译文　采取温和宽厚的中庸态度行事，此时有事求告于王公的话，会得到顺从的反馈，此时最有利于借重王公的威望来决策迁国迁都这样的大事。

辨析　在古代，尤其是上古时期，迁国或迁都是一件大事。那个时候生产生活都是极其依赖当地自然环境资源的，在某个地方建都以后，需要兴建王业，去周边山林田野中打猎，采摘，刀耕火种。上古时期地广人稀，因此把某个地方的自然资源消耗差不多了之后，收成也就相应减少了，怎么办呢？迁都吧。迁都以后，旧的环境得以休养生息，对新的环境能够开发利用，王公贵族可以继续享福了，百姓可以继续生活下去。因此，迁都在上古时代，在很大程度上是一件利国利民的大喜事。

选择　用温和中庸的态度来获取贵人的支持，借势决策某些互惠互利的重要事宜，自身诚信品德贞正则自有福报，还能利国利民。

九五，有孚惠心，勿问元吉：有孚惠我德。

爻位　九五中正，尊位，下应六二卦主。

译文　虔诚地怀着一颗使天下人受惠的仁慈之心，不用占卦问卜就知道是大吉大利，将心比心天下人必然也都虔诚地怀着施惠于我、感我恩德的心愿。

辨析　本爻实际上讲的是上位者和百姓之间的互相增益、互相诚信，所谓临观之义或与或求，是益卦发展到极致后的结果。

选择　处于尊贵位置，仍能保持诚信，善待周围人，那么必然会获得身边这些亲友同事的积极回馈。

上九，莫益之，或击之；立心勿恒，凶。

爻位 上九不当位，亢位。

译文 没有获得增益，反而有些人来攻讦自己，原因是自身德行没有长久保持，这是非常凶险的。

辨析 本爻凌驾于君王之上，不能长久保持原本爱国爱民的仁心，立心不正，德行有亏，因此不仅无法获得增益，反而会遭受他人非议。

选择 此时立身不正，再加上如果不能长久以诚待人，不能坚持做到帮助别人，那么自身不仅难以再获得增益，甚至遭受祸端。

全卦过程

益 卦	以益人利己为喻
上九（莫益之）	如果不能恒常诚信，会遭受祸端
九五（有孚惠心）	诚信善待周围人，也将收获他人回报
六四（中行告公从）	获得贵人支持，借势决策重要事宜
六三（益之用凶事）	帮助别人解厄，获得贵人垂青
六二（十朋之龟）	接受大宝龟，为了百姓福祉用之祭祀
初九（利用为大作）	利国利民之事，可以大显身手

全卦选择 能够益人才能获得别人的增益，明白损益的道理，适当减损自己来增益别人，帮助别人渡过困难，这是行善积德，也是改善自身运气。互惠才能互利，能得到大家支持认可，借此广交朋友，甚至获得贵人的垂青，在自己困难时也会收获大家的无偿帮助。

第49课 泽天夬卦，君子夬夬

第四十三卦 泽天夬

卦名 泽天夬 夬的本义是将水流分开。夬字相关的组词有刚夬、夬决、夬夬。夬在卦象中的用法为，通决，决断、拿定主意的意思。

卦画 泽上于天 夬卦从卦画形状上看，上泽下天，表象为湖水蒸发天上，即将化为大雨倾盆而下。乾天为刚健，兑泽为和悦，这表示君子内心方正而外表平和，实际上是心中已经有了决断，但是外表上看起来愈发淡定从容。夬卦下五爻为阳爻而上爻是唯一阴爻，象征阳爻层层决断，将阴爻排挤在外。

应天老师认为夬卦是非常写实的一种状态，因为现实生活中正是如此。在生活中偶尔会遇到特别困难的时刻，不是普通的向左走向右走的选择，而是那种非常重大的影响人生走向的甚至是生与死的抉择。如果大家经历过的话，回忆一下，就是这种心态历程，前期会非常忐忑，心急如焚，整个人像热锅上的蚂蚁一样坐卧不宁，茶饭不思，几乎要崩溃；等到做出决断以后临近选择的时候，整个状态都轻松了，虽然内心依旧翻滚，但面上看起来已经非常平静了，甚至有灿烂和煦的感觉。这就是夬卦的状态，外和悦而内刚健。

卦德 君子夬夬 虽然前行会遭遇困难，但明白小人之道终将消亡，君子之道必然胜利，要行果决之心，做决断之事，有勇气有毅力去行动。

卦序角度 损益夬姤 满损而谦益，学损而道益，这是损卦益卦。事物增加到一定程度后，就仿佛水满而溢出，需要当机立断疏导泄洪，这是夬卦，象征决断；决断之后将一切身心重担放下，继续前行，将会遇见新的人或事，这是姤卦，象征相遇。

特殊之处 泽天夬卦：全卦中上爻是唯一阴爻，消息卦三月辰，代表节气三月，即清明开始，经谷雨，到立夏之前，代表上午七点到九点之间，在地支中为辰土。

卦辞解析

夬：扬于王庭，孚号有厉；告自邑，不利即戎；利有攸往。

注释 扬：宣扬。戎：战事。

译文 在君主的宫廷中公开宣扬上位势利小人的罪过，诚心实意号令，告诫人们危险依然存在；接着，向国人揭露小人的罪过，此时时机未到，力量未积，还不利于立刻发动战争，但是利于积累力量，等待时机。

辨析 夬卦象征决断。夬卦的卦形特点是五个阳爻将上爻阴爻层层排挤，逐步驱逐，但从另一个方面，也可以认为上爻阴爻身居高位，对五个阳爻逐一压迫。在此处将阴爻理解成小人之道，处在比君位还高的位置，可以理解有势力，典型的势利小人，他把持了朝政和国家的话语权，压迫着君主、大臣乃至黎民百姓，弄得所有人都敢怒不敢言，只能屈服于其淫威之下，这就是夬卦卦辞的初始环境了。

从消息卦角度理解，夬卦之后即为纯阳乾卦，因此即使存在小人之道也难以长远，马上就要穷尽，这就是小人道忧的原因。

《象》曰：泽上于天，夬；君子以施禄及下，居德则忌。

大象辞简译 夬卦的卦象是上泽下天，为泽聚于天之表象。泽于天上，是为泽水蒸发升腾于天，后即聚云化雨倾注下落，快速果决。君子应果断地布施恩泽于天下万民，如果只是居于高位，自积修德却不施恩布德，必然会遭到憎恨。

评述 居德则忌，就是能力越大、责任越大，有德君子就应当承担起更多的社会责任，这是时代赋予君子的使命。应天老师认为应从正反两个方面来理解这个事情，一方面，如果咱们是个普通人，遇见有德行

的君子，咱们不对他们提出过多要求，等闲视之，平等看待，己所不欲，勿施于人；另一方面，如果咱们是有德君子，那么咱们要努力做好自身，努力施德于民众，及时回馈社会，免得遭人非议。

爻辞解析

初九，壮于前趾，往不胜为咎。

爻位 初九当位，潜位。

译文 前进的脚步很强盛，但贸然前行难以获得胜利，会遭遇咎害。

辨析 需要指出的是，雷天大壮在消息卦中恰为夬卦前一位，因此有一些学者认为此处的壮即为大壮卦，此种说法供参考。初九阳爻入卦，不免有些刚强，因此告诉大家，最开始的时候不要太激进，要看清形势，不能胜任就适可而止，知行知止才是大智慧。

选择 事情开端大家都摩拳擦掌，想大踏步前进一展前程，然而要记住看清前路，掂量好自己能否胜任，免遭咎害。

九二，惕号，莫夜有戎，勿恤。

爻位 九二得中。

注释 惕：戒惧。莫夜：莫，古同暮，莫夜即夜晚。

译文 忽然听到惊慌呼叫，深夜里出现兵革之事，不要忧虑。

辨析 不要忧虑的原因是，九二位居中位，行中道能够在夜战中有惊无险、化险为夷。

选择 事业中会遭遇意外之事，首先保持稳定不慌乱，积极解决问题，保持中道能够平稳度过。

引申

《五代史》中记载了一则与泽天夬卦有关的例子。在五代后唐的明宗时期，有一个很大的官员路晏，晚上去厕所时看到有一个人藏在里面。路晏心中惊诧，就取来灯察看。这个人对路晏说："我是受人指使来刺杀你的，但我看你办事公正，所以没忍心下手。"说完之后，收起宝剑就走了。但路晏却受到了惊吓，一晚未睡。为了防患于未然，第二天召董

贺来占筮，得到了泽天夬卦，其动爻为九二爻。于是董贺说："从卦象看，确实有危害你的危险存在，但这个危险已经过去了，只要你坚守中正，就不用担心。"最终路晏没有再遇到这样的祸事。泽天夬卦的九二爻有"惕号，莫夜有戎，勿恤"的爻辞，这是在发出警告，在晚上将有敌人进犯，但不用担忧。路晏确实经历了有惊无险的一夜，所以危险已过，只要继续坚守九二爻位于中位的中正之道，就不需要为此而担忧了。

九三，壮于頄，有凶；君子夬夬独行，遇雨若濡，有愠，无咎。

爻位 九三凶位，上应上六。

注释 頄（qiú）：颧骨。夬夬：果决的样子。濡：沾湿。愠：恼怒。

译文 在应对事物的过程中，怒容满面会有凶险，不如行使君子之道飘然离去，毅然决然独自前行，虽然遇到大雨湿了衣裳而感到恼怒，但终究没有咎害。

辨析 頄此处引申为面部，壮于頄是颧骨强盛，意为怒容满面。

选择 事业中遇到困难，与其大发雷霆或手足无措，不如勇敢面对并想办法独自解决。虽然在前行途中会遭遇困难，但行使君子之道，有勇气有毅力去面对并克服，最终会好的。

九四，臀无肤，其行次且；牵羊悔亡，闻言不信。

爻位 九四不当位，惧位。

注释 次且：同"趑趄"（zījū），犹豫不进的样子。

译文 九四爻描述了这样一幅画面，一个人的屁股受伤了，走起路来趑趄趑趄，因此他就有些犹豫不进了，这时旁边有一位智者奉劝他，将羊牵紧看牢了以免招致后悔，这个人听到了劝告却并不相信。

辨析 此处虽然没有说吉凶，但九四惧位，上下皆敌比，与初九敌应，肯定是比较差劲的。

选择 自身状态不好的时候不要强撑，要及时调整，休息或退却，听人劝吃饱饭，不重视周围人的意见建议会招致后悔。

九五，苋陆夬夬，中行无咎。（卦主）

爻位 九五中正尊位，夬卦卦主。

译文 自身为苋陆一般的草中柔弱者，却能做出果决的样子，去努力进取，这是因为能恪守中庸之道，没有咎误。

辨析 苋是苋属植物的泛称。苋陆，草本植物，生命力强，分布广泛。王弼注："苋陆，草之柔脆者也。"

九五爻处于阴阳转换之际，体现了夬卦的精神，苋陆夬夬，以柔弱之姿行君子之事，虽千万人吾往矣，也应和了卦辞扬于王庭，孚号有厉，同时为上六刚决柔做准备。

选择 柔弱者更要果决进取，方有可能成功，以柔弱之姿去战胜强敌，最主要是恪守中道。

上六，无号，终有凶。

爻位 上六是夬卦唯一阴爻，当位。

译文 沉默了，既不嚎啕大哭也不虚言欺骗，最终将面临全体共同的抉择，小人之道走向消亡。

辨析 我们体会夬卦的精髓，体现在夬决，刚决柔，是五阳代表君子之道驱逐上六阴爻代表的小人之道。上六是吉是凶呢？应天老师认为是六十四卦中很少见的，文字为凶，表意为吉，这从夬卦整体的推演可以得出。上六的结果对小人是凶，对君子、对国家社稷与黎民百姓，是吉。这就是夬卦的终了，要辩证看待。

选择 对治理者来说，小人之道将要消亡，君子之道最终获得胜利，要秉承决断精神，坚持中道，除恶务尽，团结好的亲近之人，驱逐不好的人，齐家、治国、平天下。

全卦过程

夬 卦	以驱逐阴气的刚决柔为喻
上六（无号）	奋进时彻底，君子之道最终胜利
九五（苋陆夬夬）	柔弱时果决，恪守中道能以弱胜强
九四（其行次且）	疲惫时善从，状态不好更要善听人言
九三（壮于頄）	愤怒时毅然，不怨天尤人而努力奋进

夬 卦	以驱逐阴气的刚决柔为喻
九二（莫夜有戎）	意外时稳定，积极解决平稳度过
初九（壮于前趾）	开始时慎重，看清形势不贸然前行

全卦选择　在创业的过程中，不可避免遇到困难，还有很多负面情绪、阴柔小人等在阻碍事业的进程。如何应对呢？开始时慎重，意外时稳定，愤怒时毅然，疲惫时善从，柔弱时果决，奋进时彻底，对集体而言这是健康蓬勃的大势，对个人而言，及时清除负面思想，果敢修炼自身，让伟光正扬于王庭。

第 50 课　天风姤卦，不忘初心

第四十四卦　天风姤

卦名　天风姤　《广雅》中解释姤为遇，实际上是通"遘"，在《周易》古体书中也做遘字讲，遘就是遇到的意思。姤是一个生僻字，与邂逅的逅在字形字义上都很接近，实际上可以理解为，逅是指没有预约的遇见，偶然的相遇；而姤更偏重于事先有约的相遇，或者说是预料之中的相遇。为什么呢？一方面姤卦为十二消息卦中的一卦，讲的是寒来暑往天时变化，这是不可更改的自然规律，姤为一阴初生，这种一阴遇五阳的遇见是既定的。另一方面，姤还指男女相遇相合，这是人伦之大事，是不可更改的自然法则，姤字用女字旁也有这方面的因素。

卦画　天下有风　姤卦从卦画形状上看，上天下风，风是流动性最强的事物，能够鼓动一切因缘际会。从人伦角度讲，乾天为父，巽风为长女，那天风姤是不是可以理解成一个爸爸对女儿无微不至的爱呢？总说女儿是爸爸的小棉袄，那么这个姤，这种相遇，就是两世缘分的不期而遇了。

姤卦上五爻为阳爻，而初爻是唯一阴爻，象征一个阴爻与五个阳爻的相遇，也是一个女子与众多男子的相遇。

卦德　不忘初心　姤卦初爻阴柔，象征着自己的初心，一路走来虽有坎坷，有态度的转变、权力的交接、状态的低迷、地位的变化、等待的隐忍，等等，但始终初心未改，砥砺前行，成功后再与初心相遇，也是自我重逢。

杂卦角度　姤遇，柔遇刚也；夬决，刚决柔也，君子道长，小人道忧也。泽天夬与天风姤二卦卦形相反，互为综卦。姤卦是初爻阴爻遇上五个阳爻，象征小人遇上君子，弱者遇上强者，柔弱遇上刚强；夬卦是五个阳爻决断上爻阴爻，象征君子的处世之道得到伸张，小人的处世之道趋向衰微。

特殊之处　天风姤卦：全卦中初爻是唯一阴爻，消息卦五月午，代表节气五月，即芒种开始，经夏至，到小暑之前，代表中午十一点到一点之间，在地支中为午火。

卦辞解析

姤：女壮，勿用取女。

译文　姤卦象征相遇。阴柔之道正在逐步壮大，阳刚之道要顺应天时慢慢退去，不要无谓留恋，不要再与阴柔之道发生纠葛了。

辨析　姤卦最基本的情况是个消息卦，是一阴正面相遇五阳。阴爻初生，正在逐步成长壮大，因此为女壮，女象征的是阴爻。五个阳爻将要逐步消退，这是不可抗拒的天时，不要再过多留恋了，因此勿用取女。

象辞说，天地相遇，品物咸章也。刚遇中正，天下大行也。姤之时义大矣哉！

天地相遇，万物都有纹路。九五阳刚居中得正，大行于天下。姤卦之时，所含意义太大啦！

《象》曰：天下有风，姤；后以施命诰四方。

大象辞简译　姤卦的卦象是上天下风，为风行天下之表象。风吹天下，无所不至，又让万物相遇。君子应颁布命令，传告于四面八方，君子和百姓因政令下达而相通，美好政令如风扬于四海。

评述　象辞的另一种理解方法是，天风姤，因缘际会，于是马上发布消息，昭告天下，万物得时，该生长就生长，该开花就开花，该结果就结果，万事万物按照原本的规律运行，这就是姤的时义。

爻辞解析

初六，系于金柅，贞吉；有攸往，见凶，羸豕孚蹢躅。

爻位　初六不当位，姤卦唯一阴爻。

注释　金：金属。柅（nǐ）：此处为挡住车轮使其无法转动的木块，可以理解为车闸。蹢躅（zhízhú）：徘徊不前的样子。

译文　将金属车闸系紧，不让车子往前行走，这是贞正吉祥的。如果此时贸然前行，将会出现凶险。现在是事业最开始的时候，就好比一头野猪被捆住而不能前行，心中有诚信，脚步却要慢一些，不要着急往前走，多权衡，多徘徊。

辨析　此爻是阴爻初生，各方面条件都不具备，阴气非常弱小，因此咱们应当止住步伐，停止冒进。绑上坚固的车闸，紧急关头就可以让车轮与车闸"相遇"，使狂奔的车子刹住。引申为遇到强硬的对手或难以克服的困难时，不要去硬碰，应该用柔韧的手段牵制对手并化解困难，达到以柔克刚的效果。

选择　事业初期，如果各方面条件都不具备的话，就应当原地停止，徘徊一下，不要贸然向前发展。如果遇到难以克服的困难，不要去硬碰，应尝试发扬坤德，以柔克刚。

九二，包有鱼，无咎；不利宾。（卦主）

爻位　九二中位，姤卦卦主，承接于初六。

译文　阴阳二气在此处包容相遇，初爻女子与众多男子也在此处相包容，大家一团和气坐在一起吃饭，有鱼有肉，宾主尽欢，没有咎误。阴阳二气在九二中位是共同的主人，实际上是不分宾主的，因此也不利于以此招待其他宾客。

辨析　《周易》全书出现包字次数不少，例如蒙卦九二的包蒙（包容蒙昧者）、泰卦九二的包荒（包容广大的山川）、否卦六二的包承（包容承担）和六三的包羞（包容珍馐）等，包字均为包容含义，同时也是一种阴包阳、阳包阴的互相融通。

九二爻是刚柔转换之际。本爻是初六阴爻与五个阳爻相接的爻，阴阳二气在此处相遇，因此二者应当在此互相包容，这是从姤卦整体过程的角度来讲；另一方面，九二得中，因此我们要判定出，二者的相遇是轻松愉快的，而不是你死我活的。此爻解释起来非常拗口，但整体来讲是一个阴阳二气的包容心态。

选择 事业进行到一定程度，就会发生柔弱与阳刚的交替，新与老的碰撞、小人之道与君子之道的更迭，不要大惊小怪，这是一种自然的交替，要包容处之、开心以对，以平常心去看待。

引申

鱼在此处一个方面可以理解为实指，中国人在吃饭会餐的时候，有没有鱼往往是这顿饭是否重要、是否正式的一个标志，这也是一种吉祥的风俗，年年有余；另一方面，鱼在此处也是一个虚指，是遇的含义，是姤遇，是阴阳际会，而且是非常吉祥的相遇，是阴阳二气的自在交替，这是一种和谐的状态。《诗经》中鱼的意象也经常出现在婚恋求偶主题中，如《陈风·衡门》中以吃鱼比喻娶妻，以食欲象征爱欲；再如我们非常熟悉的"关关雎鸠，在河之洲。窈窕淑女，君子好逑"，其实雎鸠就是一种食鱼为生的水鸟，在河之洲鸣叫捕鱼，正如同君子对窈窕淑女的追求与渴望。此外，在民俗中，鱼产卵多，因此常常被看作繁殖生育的象征，借鱼来祈求多子多孙，童子抱鱼、鲤鱼戏莲多用于婚配场合，也普遍用于各种吉祥喜庆场合。

九三，臀无肤，其行次且；厉，无大咎。

爻位 九三当位，凶位。

译文 九三爻描述了这样一个场景，一个人屁股受伤了，走起路来趔趔趄趄，因此他就有些犹豫不进了，但大形势又推动他不得不前行，历经艰险，虽然路上有小的坎坷，却没有大的咎害。

辨析 此处与夬卦九四"臀无肤，其行次且；牵羊悔亡，闻言不信"有相通之处。

选择 阴阳交替完成后，自身状态处于较为虚弱的情况下，此时砥砺前行，虽然会遇到小坎坷，但是不会有大的咎害。

九四，包无鱼，起凶。

爻位 九四不当位，下应初六。

注释 起：本义是由躺而坐，由坐而立，引申为产生，发生。

译文 阴阳二气共存包容之心却无法相遇，那也就不能一起吃鱼吃肉了，初爻女子与四爻男子遥相呼应却无法在一起，四爻虽高但并非遥不可及，这是心态上的问题，这种不和谐的状态将要产生凶险。

辨析 九四虽然与初六遥相呼应，然而中间隔着九二、九三两个阳爻，因此期待相遇而不可得，这是一种微妙的情感。九四初入上卦，有一种位高而无民的样子，脱离了百姓，这也是阴阳二气难以相遇的原因。

选择 事业的发展没有达到很高的层次，然而此时却在心态上远离了初衷，行为上脱离了周围人，这是凶险的。

九五，以杞包瓜，含章，有陨自天。

爻位 九五中正。

注释 杞：茄科，落叶小灌木。章：优秀的文采与品德。陨：从高处坠落。

译文 用杞的藤条包裹着瓜，如同优秀的文采品德含而不露，瓜熟蒂落从天而降，这是上天赐予。

辨析 杞有两种解释，枸杞或者杞柳，二者都有很长的藤，这个藤将瓜包裹得浑然一体。含章的意思是含而不露，在坤之六三出现过，含章可贞。

在九五爻中，阳气发展成熟，因此一切事情都水到渠成；另一方面，姤卦为消息卦中的午月，也就是阴历五月，恰逢瓜熟蒂落的时节。

选择 事业发展较为顺利，性格品行也日臻圆熟，虽然优秀的理念含而不露，但时运来临，好的机会自会从天而降。

上九，姤其角；吝，无咎。

爻位 上九不当位，亢位。

译文 阴阳二气在角部遥遥相对，这是另一种形式的相遇，行未遇而心相遇，形未遇而意相遇，有小的不足，没有大的咎害。

辨析 姤卦在消息卦中是乾卦的下一卦，乾卦的亢位是亢龙有悔，亢在最高处最尖端的地方，实际上就是在角部。同样，此处姤遇在角部，可以看作对乾卦的遥相呼应。

选择 事业发展到顶端，又回味起自己的初心，想起了当初的阴柔状态，这一路走来有小的调整，然而初心始终未改。

全卦过程

姤 卦	以阴阳相遇的柔遇刚为喻
上九（姤其角）	阴阳二气遥相呼应，以意想通，初心未变
九五（以杞包瓜）	发展顺利，好品德含而不露，时运来临
九四（包无鱼）	阴阳二气远望不能相遇，因为脱离群众
九三（臀无肤）	阴阳初交替，即使自身虚弱也砥砺前行
九二（包有鱼）	阴阳二气包容交替，尽欢，不分宾主
初六（系于金柅）	最初阴气弱小，应停止，权衡后行动

全卦选择 在事业中不可避免要经历各种阵痛，有态度的转变、权力的交接、状态的低迷、地位的变化、等待的隐忍，等等，最终实现目标后回头看，到底与自己的初心偏离了多少呢？实际上，世事变幻，风云莫测，想好了就去干，没必要计较得失，也不用在意坎坷，不忘初心，砥砺前行，结局会好的。

世间所有的相遇都是久别重逢，回望初心，也是相遇年轻的自己。愿我们每位朋友都能够不忘初心，自我重逢。

第51课　泽地萃卦，凝心聚力

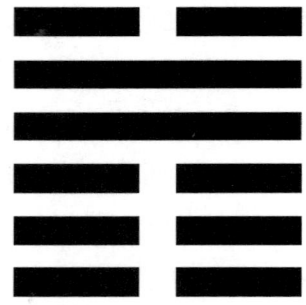

第四十五卦　泽地萃

卦名　泽地萃　萃在《集韵》中解释为草盛貌，《广雅》解释为聚，这两个一个是本义，一个是用法，合起来就是萃字了。我们讲荟萃就是会集的意思，萃萃是指聚集的样子，出于其类、拔乎其萃，意指品行、才干大大高出同类而拔尖，这其中萃字的意思均为聚集。

卦画　泽上于地　萃卦从卦画形状上看，上泽下地，象征地上溪流汇聚成泽，泽水滋润万物，又使得地面草木丛生，鸟兽聚集，草木茂集，这是动植物的萃聚之象。

卦德　凝心聚力　兑泽为喜悦，坤地为柔顺，象征了君子品德，内里柔顺，外表和悦，因此能吸引价值观相符、世界观相近的广大人才，这是同心同德、合心合意者的萃聚之象。聚力更要凝心，如果身边围绕了很多人但大家不齐心无法相互感应，那就虽无大错但也不会特别顺利。

卦序角度　夬姤萃升，刚柔相遇、时序相接是天道循环，有刚对柔的决断，也有柔对刚的初心，这是夬卦姤卦；不断遇见新的人和事，喜悦的志趣相投，柔顺的言行相从，志同道合者聚集在一起，这是萃卦，象征聚合；人才荟萃而事业顺利发展，步步高升，这是升卦，象征上升。

特殊之处　泽地萃卦：无。

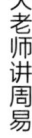

卦辞解析

萃：亨，王假有庙，利见大人，亨利贞；用大牲吉，利有攸往。

译文　萃卦象征聚合。亨通，君王到了庙中参加祭祀活动，利于见到萃聚于此的众位大人物，也利于出现德高望重之人，是亨通顺利贞正的。以牛羊为贡品举行大的祭祀活动，吉祥，利于前往办事。

辨析　此处王假有庙与家人卦九五爻的王假有家意思类似，假是至、到的意思。因此王假有家是君王到了家中，王假有庙是君王到了宗庙中。另有种说法是，此处的王特指周文王自己，供参考。

在古代社会中，宗庙是祭祀或商议族中重大事件的地方，往往只有大人物才能到宗庙里去，本卦卦辞明显是在宗庙中进行祭祀活动，因此宗族中的大人物都聚集在那里了，所向披靡的人心也聚集在那里了，这是萃。祭祀的时候用大牲，指的是牛羊供品，而萃卦上兑下坤，在动物中恰巧分别指代羊和牛，这其实也是一种荟聚天下万物的代表，因为祭祀用的就是天下万物，牛羊就是这许多事物的代表。总结起来，萃卦卦辞中，荟聚的是人才，荟聚的是人心，荟聚的是万事万物。

《象》曰：泽上于地，萃；君子以除戎器，戒不虞。

大象辞简译　萃卦的卦象是上泽下地，为地上有湖之表象。泽在地上，河海汇聚于地上之泽，若只汇聚而堤坝不固，将堤坝溃决，水泻四处，因此需要修筑堤坝。君子应修缮兵器，戒备因聚合而产生意外的动乱变故。

注释　除：修整，整治。戎：兵器。戒：提防，警惕。不虞：没有料到的事，意外的事。

评述　有人将除戎器解释成除去兵器，这明显错了，如果放下武器那不就成投降派了吗？还怎么戒不虞呀！

爻辞解析

初六，有孚不终，乃乱乃萃；若号，一握为笑；勿恤，往无咎。

爻位　初六阴爻入卦，不当位但无大碍。

注释 握：抱拳。

译文 心中有诚信但不能坚持一以贯之，已经聚集起来的众人发生了小的骚动混乱，但好在最终仍能聚集在一起。众人都作出喧哗呼告的样子，但遇到心意相通之人则相互抱拳一笑置之。用不着有忧虑，前往行事不会遇到灾祸。

辨析 此处的乃乱乃萃是递进关系，中间有混乱但仍能聚集。握在此处并不是握手，因为握手礼是西方传来的礼节，我国古代并没有，有的只是作揖，我国古代两个人如果握手，往往是在相互较劲，此处不做过度解读，将握作为抱拳来理解。

应天老师此处给大家说一下抱拳的手势，也就是道家的拱手。右手拇指指尖置于无名指根部，其余四指轻握形成虚眼，左手拇指插入其中，左手四指顺势抱于右手外侧。大家尝试做一下，可以从正面观察，此时左右手的形状恰似一个阴阳鱼太极图。

选择 如果心中的诚信不能保持始终，就会使已经聚集起来的众人中产生混乱，这时要尽快宣扬共同的价值观，重新统一大家的思想认识，方能没有咎误，方能继续前行。

六二，引吉，无咎；孚乃利用禴。（卦主）

爻位 六二中正，上应九五，萃卦卦主。

注释 引：牵引。禴（yuè）：古同"礿"，祭名，夏商时在春天举行，周代在夏天举行，相对简单。

译文 非常吉利，并附带着周围事物共同吉祥顺利，没有咎误。只要内心怀着虔诚，即使举行微薄的禴祭即春祭（古代四季祭祀之一），也能带来吉祥。

辨析 引吉指的是六二连同着初六与六三都吉利，同时上应九五，充分团结，都很吉祥。此处之所以为卦主，其一是能够牵引大家共同吉祥，体现了萃聚，再者与卦辞王假有庙中的祭祀含义相对应。

选择 位于中正之位时要亲比周边的人，争取获得他们的支持。心中保持诚信的话不用太在意形式上的东西，有中正、有诚信，又能够得道多助，办事情会非常顺利。

六三，萃如嗟如，无攸利；往无咎，小吝。

爻位 六三不当位，凶位。

译文 相聚但不能获得感应因而心中嗟叹，做事情不顺利，（保持巽顺之心的话，）前往行事会有些小麻烦，但不会遇到灾祸。

辨析 六三爻有聚集的愿望，但是又没有与他相应和的上爻，初六、六二都是阴爻，可分别与九四、九五相应，因此六三爻只能很不甘心地嗟叹。

选择 相聚时因为没有共同语言而心中孤独，朋友很多但无法感应彼此，此刻应当保持巽顺之心才不会对自己造成伤害。

九四，大吉，无咎。

爻位 九四不当位，惧位，承接于六三，下应初六。

译文 处于非常吉祥的境地，想行动却仅能勉强没有咎害。

辨析 这句话有一些不同的理解，普遍的说法是，大吉大利而没有灾祸，但其实大吉和没有咎害是两个不同的意思。九四承接六三，下应初六，因此非常吉祥，这是静态的大吉；但九四居于惧位且不当位，如果想行事想成事的话还是会有小吝，不会非常顺利，只能说是整体上没有咎害而已。

选择 处于吉祥所在，但也不可轻举妄动。

九五，萃有位，无咎，匪孚；元永贞；悔亡。

爻位 九五中正，尊位。

译文 处于尊位能够集聚最广大的人心，没有咎害，但暂时并没有取得大众的心悦诚服；如果能从此时此刻开始行使贞正德行并永不背离，那么就不会再有后悔了。

辨析 注意此处是有位，并没有提出当位，因此是新居其位，空有其位，并没有将德行品格施与大众，并没有获得众人诚心实意的认可，还需要接下来不断用真诚与贞正之心来感染大家。本爻讲述了新居高位的尊主应如何巩固政权的道理。

选择 新居高位只是在形式上聚集众人，而并没有在思想上与众人同步，因此接下来需要更加诚心以待，知行共聚。

上六，赍咨涕洟，无咎。

爻位 上六当位，亢位。

注释 赍（jī）：送人东西。咨：商议，询问。赍咨：叹息、嗟叹的样子。涕：今指鼻涕，古多指眼泪。洟：鼻涕。

译文 唉声叹气，哭哭啼啼，不会遇到灾祸。

辨析 上六承接九五说，但此时处于亢位，失去了贞正之心，更加不能获得众人的认可了。聚集在身边的人大多是为了追随君主自身的身份地位，却无法与之进行心灵上的碰撞，因此哀叹哭泣。上六与六三不相应，情况差不多，好在当位，因此没有咎害。

选择 原本处于尊位就与大家貌合神离，现在被架空，更加没有真心朋友了，只能哀叹难过，但若此时认清形势，从德行到位置坦然接受，平和与大家相处，就会慢慢融入众人，萃聚人心。

全卦过程

萃 卦	以聚集众人为喻
上六（赍咨涕洟）	哀叹哭泣，虽相聚但人心不齐
九五（萃有位）	尊位聚集众人，贞正之心获得以诚相待
九四（大吉无咎）	静态大吉，行事有小吝
六三（萃如嗟如）	聚集一起，却因没有志同道合者而叹息
六二（孚乃利用禴）	中正之道聚众人，举行微薄禴祭也吉祥
初六（乃乱乃萃）	聚集的众人有小混乱，需尽快统一思想

全卦选择 一个好汉三个帮，事业的进展过程中，有志同道合者的帮助是必不可少的。我们在选人用人的过程中要避免团队各人离心，否则即使身边围绕了很多人也无法相互感应，那就虽无大错但也不会特别顺利。要统一大家的思想，以诚待人，以贞正之心待人，才能够使团队凝心聚力，创造辉煌。

第52课　地风升卦，顺时以信

第四十六卦　地风升

卦名　地风升　升是现代汉语的常用字，有容量单位和向上、提高两个主要含义。升在做向上讲时异体字是昇，可见其本义为日上，形容太阳冉冉升起，有火地晋的感觉。《诗经·小雅》中讲，如月之恒，如日之升，可见升字本身就隐含有太阳之含义。《周易·序卦》中指出，聚而上者谓之升，又有疏注解释，升者，登也，故升字在六十四卦中可以理解为宏观与具体的向上、提高。

卦画　地中生木　升卦从卦画形状上看，上地下风，坤为土地，巽为木植。升卦从卦画形状表明，想要上升必须有深层的土壤，必须深深扎根吸取养分，根扎得越深越牢，就越有利于上升。高升是外在表象，内里是有基础、有涵养的。从卦德角度看，巽风为谦逊，坤地为柔顺，内谦虚而外柔顺，此为晋升之道。

卦德　顺时以信　升卦是植物扎根于泥土深层，奋力上升之象，如果外能行使坤德，顺应天意，顺从民意，内能行使巽德，诚信谦逊，必然会获得众人拥护，获得晋升。

杂卦角度　萃聚升不来　泽地萃与地风升二卦卦形相反，互为综卦。这两卦也是从本义角度来讲，萃是聚合之意，故萃聚；升是上升的意思，是一个由此到彼的过程，而来是一个由彼到此的过程，这就是升不来的意思。

特殊之处　地风升卦：无。

卦辞解析

升：元亨，用见大人，勿恤，南征吉。

译文　升卦象征上升。元始亨通，善于运用天时地利人和，可以出现德高望重的大人物，不必忧虑，向南方发展获得吉祥。

辨析　升卦是事物发展的基本规律，万事万物都是要生长的，都是要向上的，这是不可阻挡的意志，因此是最为原始的亨通。此处是《周易》全文中唯一出现的"用见大人"，而其余都是"利见大人"，有什么区别呢？升是天时，但想晋升也不是一件容易的事，草木之间也存在竞争。在原始森林中，长得高的树木获得的光照就多，扎根深的植物获得的水源就多，因此要各凭本事来争取。用是运用之意，用的是手段、措施甚至是谋略，结合天时规则来竞争上升通道，竞争好了就能够"见大人"。从结果角度来讲，用还指实践、创造，开创了一番事业，因为评价是否为大人物一定要有一些标准，是否做出了丰功伟绩，是否做出了有益于人民、有益于社会的功业，而不是看他的权力与地位，这也是用。还以原始森林中的"大人物"作比喻，根深叶茂是用天时，可以争取到更多的资源，这是原因，反过来又能促进这些植物长得更高、扎根更深，这是结果，最终形成一个"用见大人"的闭环。这就是"用见大人"的奥秘。"勿恤"是没有忧虑，但是要想上升肯定是要绞尽脑汁的呀，为什么没有忧虑呢？仍是回到了升卦的本质，是需要顺天应人的，因此没必要有过多忧虑，原本就非常亨通。"南征吉"是一个虚指，向南方发展有利于事业，但并非绝对，仅仅从后天八卦角度来解释，地风升，坤地为西南，巽风为东南，其共同的方位是南方，因此说南方为升卦的有利方向。不必太纠结于字面意思，如果从概率的角度来讲，追求的是机会均等，在此处仅仅出现了南方吉祥，那么东西北呢？都没有提到，不符合概率均等。就好比以前咱们辨析过的"利西南"，而从来没有出现过东北、西北、东南等方位，最终给出的结果为，"利西南"仅仅代表周文王家乡的方向。

《象》曰：地中生木，升；君子以顺德，积小以高大。

大象辞简译　升卦的卦象是上地下风，为地上高树之表象。风上地下，而巽风又象征高大树木，因此也为树生长于地上之象，意为上升。君子应行使坤德，顺应自然规律，培养美德，积累小的美善德行，以成就高大的声望事业。

爻辞解析

初六，允升，大吉。

爻位 初六不当位，承接九二。

注释 允：诚信。

译文 凭借诚信来上升，并以此作为继续上升的基础，大吉大利。

辨析 初六阴爻入卦，以柔顺之姿作为上升的基础，这也是应了象辞中的"柔以时升"，这个基础是非常厚重稳固的。

选择 人生发展历程中，诚信才是上升的最牢固的基础，如果同时具备坤德，那更是无往而不利。

九二，孚乃利用禴，无咎。

爻位 九二得中，承接于初六，上应九五。

译文 只要内心怀着虔诚，行使中道，即使举行微薄的禴祭也能带来吉祥，没有咎误。

辨析 本句与咱们刚刚讲的萃卦六二"引吉，无咎；孚乃利用禴"极为相似。九二爻同样强调的是，诚信为升的基础，此时举行禴祭，是为了下一步的升做准备，有喜可望，是好事。

选择 在上升过程中，心中有诚信则不用太在意其他形式上的东西，得中又有信，举行禴祭是为了顺应天意，更好地预期将来的发展，不会太久即能获得成功，这是可以预见的好事。

九三，升虚邑。

爻位 九三当位，上应上六。

注释 虚：通"墟"，土丘。虚、邑二字连用，指的是村落。

译文 在诚信德行的铺垫下，美德已经得到了村落众人的普遍认可，职务地位上升到村镇级别了。

辨析 本爻虽没有明确提出吉凶悔吝，但观察爻位关系后整体论吉。初六与九二将升的基础打得非常好非常牢固，因此虽然九三处于凶位，但是论吉，是不用怀疑的。升虚邑，有人解释为，上升到空旷的城邑，如入无人之境。此种解释无法表明升的过程，并且难以论吉，故不取。

选择 初期美好品德的铺垫起了作用，升到了某一个位置，不必怀疑自身能力，还要再接再厉。

六四，王用亨于岐山，吉，无咎。

爻位 六四当位。

译文 周文王在岐山举行祭祀活动，吉祥，没有咎误。

辨析 周文王的祭祀是顺从天的意志的，是顺从民意的，甚至也顺从了各地诸侯的意愿，是符合大众利益的，因此能够得到百姓拥护，为下一步的升做准备。

在随卦上六中出现了"王用亨于西山"，是普遍意义的君主在西山祭祀。此处的王特指周文王，因为岐山是西周的发祥地，也叫西岐（今宝鸡市岐山县）。有一个典故叫凤鸣岐山，指的是周朝即将兴盛前，岐山有凤凰栖息鸣叫，人们认为凤凰是由于周文王的德政才来的，是周兴盛的吉兆。

一般辞书对凤凰的解释是：祥鸟，雄曰凤，雌曰凰，天下有德乃现。传说周文王在岐山时，有凤凰来附近，后人便附会成因周文王有德故有凤来仪，为周取代商在舆论上造势。

选择 如果外能行使坤德，顺应天意，顺从民心，内能行使巽德，诚信、谦逊，必然会获得百姓拥护，获得晋升。

六五，贞吉，升阶。（卦主）

爻位 六五得中，不当位，下应九二，升卦卦主。

译文 贞正吉祥，乘势沿着台阶稳步上升。

辨析 升阶是即将身居高位，要登堂入室的意思，因此象辞说，大得志。但需要注意，此处是升阶，是即将身居高位，还不是真正的九五之尊。此为升卦卦主，一方面是全卦升的结果，再者与卦辞"用见大人"

相通，运用天时规则来竞争上升通道。

选择 事业发展非常顺利，一路高升即将进入尊位，这是扎根深、品德厚、顺民心、顺天时的共同结果。

引申

"升阶纳陛，弁转疑星"，这句话出自《千字文》。此处即是与本爻相同的升阶。中国古代的建筑，无论厅堂屋舍还是亭台楼阁，都是建在一个高出地面的台基之上，故堂前有阶，要进入堂屋必须升阶，所以古人有升堂之称。升阶是一阶阶登上去，纳陛也是用脚蹬着一步步走上前。阶和陛都是台阶的意思，普通的台阶就叫阶，帝王宫殿的台阶就叫陛。皇室宫殿的台阶，通常九阶为一组，所谓"天子之陛九级"。臣子站在陛阶之下向天子奏事，自称陛下，意为"在陛下者告之"，就是站在台阶底下的我有事要奏报，所以其实并不是称皇帝为陛下，他是陛上。《千字文》中"升阶纳陛"的意思，就是一步步拾阶而上，登堂入殿了。

上六，冥升，利于不息之贞。

爻位 上六当位，亢位。

注释 冥：昏冥，不明，不清楚。息：生长。

译文 在昏暗幽冥中应当停下脚步暂时不要再上升了，已进入尊位，应当加强自己的诚信品德，不再执意生长，而是减损自身弊端，如此才能获得顺利，才有利于之后进一步上升。

辨析 此爻下应九三，因此整体来讲是非常好的含义。这句话有一个理解是，在昏暗幽冥状态下依然上升，只有坚持不懈地保持纯正品性，才能获得好的结果。应天老师不同意此观点，因为周文王的本意是，六五爻已经升到尊位了，暂时不要再升了，否则就会引发亢位效应，产生不好的结果，这才是正确的解释。此处与亢龙有悔有异曲同工之妙，都没有明确给出吉凶，而是给了一个选择，在上升到一定程度之后，各方面外界条件暂时不具备了，那么就应该等一等停一停，巩固一下自身，这样非常顺利。

选择 事业上升到很高的高度，此时要分析一下当前形势，不要再盲目前进，要停下来减损自身，将弊病改掉，将陋习割除，并且进一步丰富完善自身品德，以期再动，获得下次提升。

引申

据说拿破仑有这样一句名言："不想当将军的士兵不是好士兵。"这句话的基本意思就是说，人一定要有远大的理想，一定要有上进心并踏实努力，不能得过且过混日子。

应天老师对此有新的理解，所有想当将军的士兵都适合当将军吗？在职场中有个彼得定律，由美国学者劳伦斯·彼得提出。每个组织都由各种不同的职位、等级组成，各人隶属于其中某个等级。业绩出色的雇员会被晋升，直到被调到一个他无法称职的位置。这种现象很常见，一名称职的教授被晋升为大学校长后却无法胜任；一名优秀的运动员，被提升为主管体育的官员后却无所作为。彼得定律是几乎每个企业都会遇到的头疼问题。该定律又得出彼得推论：对组织而言，每个岗位都趋于被一个无法承担其责任的员工所占据；对个人而言，即使再怎么努力，也有永远都爬不上去的高位，或是爬上去却无法胜任的高位。化解彼得定律的办法，对企业而言，改变单纯通过贡献而晋升的途径；对个人而言，升到一定高位后，要进行德才与性格的跨越式再进步，从而适应新的岗位。

从这个角度来讲，不想当将军的士兵不是好士兵，意义主要在于理想信念，主要在于为当将军而付出的不懈努力。

全卦过程

升　卦	以地位上升为喻
上六（冥升）	幽冥状态停止上升，扬长补短，以图再动
六五（升阶）	用见大人，即将登堂入室步入尊位
六四（王用亨于岐山）	顺天意，在升的过程中顺天应人
九三（升虚邑）	顺民心，上升到了某个位置
九二（孚乃利用禴）	品德厚，诚信贞正，很快会上升
初六（允升）	扎根深，诚信是一切上升的基础

全卦选择 社会、企业、人生都有持续上升的过程，积蓄美好品德，夯实现有根基，以诚信作为晋升的倚仗，不断根据当前形势减损自身弊病，增益优势，这是积小以高大的道理，也是顺应天意、顺时以信，不断寻求自身晋升和突破的道理。

火地晋、地风升、风山渐三卦都是讲前进、晋升的，其中火地晋讲的是日月晋升，是三卦中最好的一卦。辨析来看，火地晋倾向于质变的晋升，地风升倾向于量变的积累，风山渐倾向于扭转颓势的缓慢蓄积，各自有各自的应用场合，要区别对待。

第53课 泽水困卦，乐观坚强

第四十七卦 泽水困

卦名 泽水困 困是一个会意字，甲骨文字形从囗（wéi），象征房间四壁，里边是生长的树木，本义为废弃的房屋，《说文》解释困是故庐。困是现代汉语的常用字，主要有几个释义：一是艰苦处境，如困厄、困窘、困兽犹斗；二是穷苦艰难，如困难、穷困；三是包围，如围困；四是疲乏，如困倦等。困在卦辞中意为困境。

卦画 泽无水 困卦从卦画形状上看，上泽下水，沼泽浮于坎险陷阱之上，一不留神就会陷入其中困住，难以自拔，因此是困境。这个困境与坎险不同，相当于暗的困境，表面上看不出来什么，一不留神就会陷入其中落入险境。从卦德角度看，内里艰险，外表喜悦，能在困境中保持和悦风骨，真是大丈夫所为也。

卦德 乐观坚强 困卦不仅指困境，还表示更普遍的穷困，因此要体会泽的喜悦和水的艰险，提高修养眼界，淡然面对生活中的沟沟坎坎，从而愉悦潇洒、乐观坚强地应对困境。

卦序角度 萃升困井 志同道合者从形式上相聚，从心灵上相合，众人拾柴，事业高升，这是萃卦、升卦；不断上升则不断遇到新的困窘，道路终有尽头，这是困卦，象征困境；困在高处就要从源头想办法，不断向下打井汲水以养，以期相遇相通，这是井卦，象征不竭。

特殊之处 泽水困卦：无。

卦辞解析

困：亨；贞，大人吉，无咎；有言不信。

译文　困卦象征困境。亨通，贞正，有志向有修养、利国利民的大人物获得吉祥，没有灾祸，处于困境中的言论承诺很难令人信服。

辨析　泽水困卦是比坎险卦、蹇难卦更具有普遍意义的一卦，因为困不仅代表困境，也表示穷困，是人生在世非常容易遇见的情形。

此处是大人吉，并不是单纯说大人物、成功人士，而应当理解为有理想有抱负，能够为百姓谋取福祉、为社会创造价值的人物，他们能够被百姓所拥护、被大众所认可，这才是真正的大人物。反过来一个人有再大的本事，他只为自己一家一户，只为自己一个人，或者做的事是与大众的利益背道而驰的，那他就不是大人物。

生活总是起起伏伏，不可避免要遇到各种困境，但我们有没有可能通过不断提高自己的精神层次，趋吉避凶将这些困境完全规避过去呢？答案是几乎不可能的。其实，越是高层次高境界的人，就越不在意眼前的沟沟坎坎，等闲看待，这就是人生，这就是生活，起落不定恰恰是生活的常态，都是正常范围允许的，这才是真正大人物的心态。所以说泽水困，喜悦与艰险，这就是大人物的对待方法了，任你是天大的困难，谈笑间灰飞烟灭，很愉悦很潇洒，真是令人神往啊。

以上，是泽水困卦传达给我们的卦德精髓，困卦是困境，但苦难对于优秀者来说恰恰是试金石、磨刀石，经过苦难才能凤凰涅槃，蜕变成大人物，获得吉祥。

《象》曰：泽无水，困；君子以致命遂志。

大象辞简译　困卦的卦象是上泽下水，为泽中无水之表象。水困泽下，无法上升，是为困境。君子应在面对困境的时候宁可舍弃生命也要致力于实现远大志向。

注释　致命：舍弃生命。

评述　有这样一个典故，出自《论语》：在陈绝粮，从者病，莫能兴。子路愠见曰："君子亦有穷乎？"子曰："君子固穷，小人穷斯滥矣。"

讲的是孔子在陈国断了粮，跟随的人都很疲累，不能起身。子路愤愤不平地对孔子说："难道君子也有穷困的时候吗？"孔子说："君子能安守穷困，但小人穷困便会胡作非为。"

君子能在穷困时坚守心中道义，积极自救，不断努力而改变当下困境；小人则不同，一旦穷困就会丧失人格，丧失最基本的道德标准，甚至为非作歹，这就是"滥"。孔子的话，其实是对卦辞中大人吉的一个佐证。我们即使在穷困的时候，也不能丢掉心中理想，也不能改变正义本色。

爻辞解析

初六，臀困于株木，入于幽谷，三岁不觌。

爻位　初六阴爻入卦，不当位，朋比九二，上应九四。

注释　觌（dí）：相见。

译文　屁股受到杖刑，陷入困境，无法自由行走，退避到幽深的山谷中隐居，多年都不见外人。

辨析　株木，一说枯死的树木，一说木桩，一说刑杖，一说楮树，意思都是行动上受困了。三岁不觌，在后文丰卦中也将出现，为虚指，可以理解很久不见面的意思。

初六未明确吉凶，从语义推断并非好事，也给出了避祸的办法。被困住了，那就隐居起来，不见外人，一方面避免遭受进一步伤害，另一方面积累自身，想办法尽快脱困。

选择　初涉险境，受到了伤害，无法自由进出了，相当于被困住了，要行使阴柔坤德隐藏保全自己，此爻虽凶但实际结果无大错，既是避免遭受更多伤害，也是隐居起来谋定再动。

九二，困于酒食，朱绂方来，利用享祀；征凶，无咎。（卦主）

爻位　九二居中，困卦卦主。

注释　绂（fú）：古代系印纽的丝绳，亦指官印。

译文　隐居时将自己陷入酒肉食物中，这时接到了要被提拔的消息，如果去祭祀，去做利国利民的大事是非常顺利的。但此时条件并不成熟，贸然大展拳脚会遭遇凶险，把握中道能避免受到咎害。

辨析 朱绂是最上等的饰带，说明即将得到重用。从九二爻可以看出，困卦描写的是一个有志向有抱负有才干的人，最开始的时候因为某种原因去深山避祸，此时获得了君主的征召又要出来做事了，但根基不稳，各方面条件都不具备，因此只能做些大而化之的工作，而不能做太露锋芒的事情，还是要以保全自身为上。大家想一想，周文王被困在羑里的时候，是不是也是这样子呢？困于酒食，等待机会。

本爻讲困于酒食，并不是沉溺于享乐，也不是被酒食困扰的意思。结合来讲，实际上是一个有为青年，处在困境中，不得施展拳脚，条件不具备并且周围限制因素很多，"有言不信"，没人把你当回事，所以只能借酒浇愁，消磨时光了。这是一种人才被埋没的困惑，也是志向理想无法施展的困窘。九二爻作为卦主，相当于对卦辞的"大人吉，无咎；有言不信"作出解释，也充分体现了卦德的乐观坚强，永远不放弃希望，永远对未来抱有美好愿望。君子以致命遂志，这就是位于困境中的坚守。

选择 困境之中要保全自身，更要收藏自己的愿望与理想，可以另外一种方式洒脱生活，怡然而自得其乐，不要被困境消磨了原本的心态，丧失了对未来的美好追求。另一方面，刚刚从困境中走出，不要贸然有大动作，仍要稳扎稳打免受其害。

六三，困于石，据于蒺藜；入于其宫，不见其妻，凶。

爻位 六三不当位，凶位，乘凌九二。

注释 据：靠着，倚仗。

译文 被困在乱石之中，被荆棘缠绕住了，回到家中，自己的妻子又不见了，凶险。

辨析 此爻是困卦最凶之处了，虽比坎卦六三略好些，但更为具象化，把凶险之事说得更具体，属于非常有画面感的凶。坎卦六三是怎样的凶呢？是一种空间上的凶，进退不得，前面后面都是凶险，并且现在就处于深坑中。困卦六三是时间上的凶，当下被困住，被缠绕动弹不得，好容易挣脱了，还有接踵而来的凶事，家人也处于险地中。只能拼命稳住!

选择 人在不得志之时，容易遭受雪上加霜的困境，此时要更加警醒自己，不要怒火攻心，避免遭受更大的损失。

九四，来徐徐，困于金车，吝，有终。

爻位 九四不当位，下应初六，朋比六三。

译文 想帮别人脱困，缓慢而从容地前来，是因为被困在金属车子中身不由己，事情有些波折艰难，但最终会有好结局。

辨析 九四初入上卦，此时终于跳脱坎险。上卦为兑，五行属金，此处金车仅为金属车子的意思，并不是豪华的金饰车子。九四与初六相应，此处的来，是为了帮助初六和六三脱困。

选择 初步脱离险境，想去帮助仍处于险境中的朋友们，却发现自己面临的形势也不是特别乐观。但此时还是要勇于助人，积极与人为善，虽然会遇到小的波折，但整体结果是好的。

九五，劓刖，困于赤绂；乃徐有说，利用祭祀。

爻位 九五中正，尊位。

注释 劓刖（yuè）：古代酷刑，割鼻断足。说：通"悦"，喜悦。

译文 脱出险境后全身上下都受到了一些损伤，鼻子也破了，腿也瘸了，此时走到了尊贵的位置上，但又因为心态没调整过来，陷入了享乐的困境，缓慢地处理事情能够逐渐体会到喜悦，此时利于去做利国利民的大事，真正发挥自己的才华了。

辨析 对赤绂的理解要结合九二的朱绂，从官位讲略差一些。在颜色上朱是红色的本色，赤比朱要浅一点鲜亮一点。

选择 脱困之后有些小损伤在所难免，要正视现状，平和对待，积极调整适应，此时在尊贵的位置上，要避免享乐主义，要顺天应人，做利国利民之事，积极开创造福百姓的事业。

上六，困于葛藟，于臲卼；曰动悔有悔，征吉。

爻位 上六当位。

注释 葛：多年生草本植物，茎长。藟（lěi）：藤。臲卼（nièwù）：惶惶不安。

译文 被困在缠绕的葛藤中，十分惶恐不安，行动之中造成了过失非常悔恨，那么就赶紧去反省自己，纠正自己，及时忏悔，有错能改，此时前往行动办事非常吉祥。

辨析 上六已经彻底脱离下卦坎险，站在上卦兑悦顶端，此时虽处亢位，但行事方面再也不需像九二那样小心翼翼了。

选择 脱离困境迫切想大展拳脚，但往往容易陷入新的困境造成悔恨，要及时警醒自己，善于总结失败的教训，总结悔恨的原因，纠正改正，并在接下来的行动中减少悔恨发生。

困卦总体并没有想象中那样凶险。卦辞是"亨；贞，大人吉，无咎"。初六没吉凶，但避险了；九二是"利用享祀；征凶，无咎"，六三是"凶"，确实挺凶；九四是"吝，有终"；九五是"乃徐有说，利用祭祀"；上六是"有悔，征吉"。大家综合看，只有一个是纯凶，其他都是有条件有选择的，这说明只要能稳定住，并积极应对，都还好。

全卦过程

困 卦	以有志青年摆脱困境为喻
上六（困于葛藟）	脱险后要避免陷入新的困境造成悔恨
九五（困于赤绂）	脱困之后要正视小损伤，避免享乐主义
九四（困于金车）	想帮助同伴却有些波折，但最终顺利
六三（困于石）	雪上加霜的困境，要避免造成更大损失
九二（困于酒食）	困境中乐观等待，机会来时不妄动
初六（臀困于株木）	初涉险境受伤，行使坤德保全自己

全卦选择 人生的困境一个接着一个，困卦的意义是非常重大的。在困境中要时刻保持乐天知命的态度，保有一颗赤子之心，这样会让艰难的生活轻松许多，也更容易渡过困境。即使是大人物，在困境中也是被别人瞧不起的，"有言不信"就是这个道理，要积极摆脱困境，走向新

生。在走出困境的过程中，要注意保全自己，做好本分，多行善事，并想方设法避免陷入新的困境。在跳出困境之后要戒骄戒躁，积极调整，保持恒久警惕，继续坚强奋进，最终会取得胜利。

第54课　水风井卦，汲水不竭

第四十八卦　水风井

卦名　水风井　井在金文中是一个井口中有一个点的样子，表示其中有水，用桶打水，是人工挖成的能取出水的深洞。井字还有秩序之意，如井然、井井有条等。井卦反映了古代社会的劳动生活，是自然条件与人类社会的相互依存关系。井水无穷无尽，源源不断养育着人们，因此君子也应当效法这种美德，不辞辛劳为民众谋福祉。

卦画　木上有水　井卦从卦画形状上看，上水下风，是水风相通之意，井卦代表源源不断，上面有水供人饮用，下方有风不断将更深层的水汲取出来，这就是井之不竭。巽风为木，从实体形象来讲，古代建造水井，是挖出深洞，再用石块垒成井壁，用以分隔井水和四周的泥土、植物，木在水下，水在井中。

卦德　汲水不竭　井的功用是取水，无论世事变迁，井的本体和其用处恒常不变，对外物得失无咎无誉，对百姓平等相待，源源不断地提供甘甜井水，广济万民。

杂卦角度　井通，困相遇，泽水困与水风井二卦卦形相反，互为综卦。困卦泽漂水上，泽水下渗，坎水上涨，二者交相流通变化，故而困相遇；井卦在卦气中代表节气五月的中上旬，正值万物生发之际，下方巽木要苗壮成长就需不断将水分由根部抽到顶端，木体相通上下流动，故曰井通，同时井为汲水通道，也是水气上下流通。从字形角度讲，"困"围在旧屋中，造成记忆中的人和事相遇；"井"两横两竖相交，交者通也，往来顺畅。

特殊之处　水风井卦：无。

卦辞解析

井：改邑不改井，无丧无得，往来井井。汔至，亦未繘井，羸其瓶，凶。

注释　丧：失去。井井：洁净不变的样子。汔（qì）：动词，使水干涸的意思，此处为副词，几乎差不多的意思。繘（jú）：井上汲水的绳索。羸：瘦弱，作动词时通"累"，缠绕、困住的意思。

译文　井卦象征不竭。城镇迁徙了居民也更改了，但城镇中的水井是没有办法迁徙和更改的，不论社会如何变迁，这口井没有失去什么也没有得到什么。人潮涌动来往频繁，这口井永远都是它本身，总是这么洁净不变。某人在井边打水，将要把一桶水打上来了，水桶在尚未离开井口的时候，与绳子缠绕在了一起，这是凶险的预兆。

辨析　上古时生活的稳定性比较差，人们逐水草而迁徙，因此城镇的改变非常频繁，国都也会时有迁移，此处的"改邑不改井"实际上是特定历史环境下的一种社会行为。

井卦卦辞非常长，实际上表达了井德的三个方面："改邑不改井"，不论世事怎么变迁，井就在那里，无悲无喜，这是一种恒常；"无丧无得"，不论外物怎么变化，井并不在意得失，无咎无誉，这是一种自如；"往来井井"，不论谁来打水都能获得养育，无增无减，这是一种博爱。后面讲了一个打水遇到小波折的事情，本质上只是小的不顺，但这个打水者没有领会到井德，忘记了井水的养育之恩而去怨怼这个事情，这样就比较凶险了。

《象》曰：木上有水，井；君子以劳民劝相。

大象辞简译　井卦的卦象是上水下风，为水顺木上之表象。水在风上，巽风为木，是说水分沿着树的根茎向上运输到树冠，就像井水被汲引到地面一样。君子应不辞辛劳地为民众操劳，劝勉民众互相帮助，君子是井，能够源源不断地为民众谋福，也能劝勉民众互相帮助，成为树干中的水滋养树冠，使之枝繁叶茂。

评述 劝相（xiāng）是劝助、劝勉的意思。孔颖达疏："君子以劳来之恩，勤恤民隐，劝助百姓，使有成功，则此养而不穷也。"

爻辞解析

初六，井泥不食，旧井无禽。

爻位 初六不当位，承接九二。

译文 这口水井非常老旧，历尽沧桑，井底淤积了很多污泥，其中的井水汲取上来也不能供人饮用，城镇人迹罕至，连飞鸟都不来了。

辨析 初六阴爻入卦，反映一种时过境迁的景象——一个荒弃的城镇被世界万物所遗忘，也被时间抛弃了。

选择 如果久不修身，则会被亲友舍弃，最终失落于时光。修身重在勤洗污染，去除私欲。本爻同样预示某样东西年久失修，已不堪使用了。

九二，井谷射鲋，瓮敝漏。

爻位 九二中位。

注释 谷：井中容水之处。射：捕捉。鲋（fù）：鲫鱼等小鱼。瓮：此处为汲水的容器。敝：破旧。

译文 老井失修，井底水眼被当作捉鱼的场所，井台边汲水的容器也破旧漏水了。

辨析 九二与九五敌应，此处整体不吉。九二爻的水井虽然还是年久失修，没起到它应有的汲水功能，但此时比初九爻多了一些人气，已经有人来井底抓鱼了，但他没有主动维修水井，没有让井应有的功用发挥出来，这是不正确的行为，也是非常可笑的。

选择 修身要认清自身优劣，想清楚自己的发展目标，观察发现更有意义的事情，要正确修行好的德行，不要舍本逐末。

九三，井渫不食，为我心恻；可用汲，王明并受其福。

爻位 九三当位，上应上六。

注释 渫（xiè）：淘去污泥。恻：悲痛。汲：从井里打水。

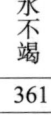

译文　将老井底部污泥挖走淘净，井水干净了，暂时不去饮用，因为我的心为这口水井隐隐作痛；赶快汲取井水尽情享用吧，君王显明，重用人才，这是大家共同的福气。

　　辨析　卦中这口井时间非常久了，养育过很多人，但是因为时代变迁而被遗忘搁置，这相当于是哺育了很多儿女的母亲被遗弃，这件事情本身就令人非常心痛。对于这口井本身，珠玉蒙尘，是特别希望被人挖掘，进一步为社会为百姓贡献力量的，因此水井被淘洗干净重新启用，是水井的幸运，也是百姓的幸运。所有这些都是因为有明君，求贤若渴，能够重用人才，全国上下都享受到了由此带来的恩惠。

　　选择　修身完毕要赶紧投入造福社会的行动。从企业领导人的角度，要积极发掘每个人才身上的闪光点，唯才是举，这是用自身的德行与福报去影响大家。

　　六四，井甃，无咎。

　　爻位　六四当位，承接九五。

　　注释　甃（zhòu）：用石头或砖块修缮井壁。

　　译文　进一步修缮水井，用砖石垒砌加固井壁，没有咎害。

　　辨析　六四初入上卦，在井卦居中部位，比较关键，还需要再稳一稳沉淀一下，既是对水井本身的等待，继续修缮，并等水沉淀好了更加清冽，又是对人才的稳定，等更好修身之后才能担当大任。

　　选择　进一步固本培元，进一步修德创业，随着美德的不断提升，要更加注重身心平衡，更好地惠及百姓。

　　九五，井冽，寒泉食。（卦主）

　　爻位　九五中正，尊位，井卦卦主。

　　注释　冽：水清。

　　译文　井水清澈明净，就像甘甜凉爽的山泉一样可供天下人饮用。

　　辨析　越是干净清澈的水，越给人一种寒凉的感觉，这说明井中的水已经达到了非常高的品质，也说明这个人才的进德修业达到了较高的地步，有很深的内涵，已经可以独当一面，发挥重要作用了。

选择 修德达到较高地步，可以发挥重要作用了。从企业领导人的角度，用中正美德提拔贤能，现在也到了收获阶段。

上六，井收，勿幕；有孚，元吉。

爻位 上六当位，下应九三。

注释 收：收获。此处指水井工事已成，成功从水井中汲水。幕：覆盖。

译文 在水井中汲水完毕，不需要盖上井口，内心怀着诚信厚德，元始而吉祥。

辨析 一方面，水井已经淘洗干净，它能够自己不断净化水质，象征着自我成长、自我过滤，因此不需要覆上盖子加以保护；另一方面，水井蒙尘许久，养育万民之心尚未完成，因此敞开井口是为了方便更多人汲水。

选择 修德完成，既要自我成长、自我过滤、自我保护，免遭污染，又要敞开胸怀广济万民，而不是敝帚自珍。

全卦过程

井 卦	以老井新生为喻
上六（井收勿幕）	汲水完毕，自我过滤，广济万民
九五（井冽）	井水极好，可堪重用，引贤聚能
六四（井甃）	继续修缮，加固井壁，修德创业
九三（井渫）	淘洗淤泥，心中恻隐，贡献力量
九二（井谷射鲋）	井眼捉鱼，功用偏差，舍本逐末
初六（井泥不食）	水井老旧，不堪使用，人迹罕至

全卦选择 井卦指代了因故蒙尘不被重用的青年，需要通过一步步进德修业来凤凰涅槃，完成自身的飞跃。从最开始久不修身被人遗忘，到决定转变，想清目标、认清自身，到初步改进后的造福社会，并在干事创业中提升美德，最终实现完美转变，起到了不可替代的重要作用，造福更多百姓。

第55课　泽火革卦，应人于革

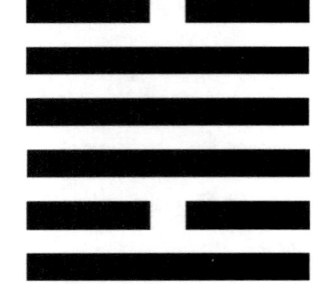

第四十九卦　泽火革

卦名　泽火革　革本义是去了毛经过加工后的兽皮。革字是现代汉语常用字，还有改变，如改革、革命；取消，如革除、革职等含义。咱们讲的变革经历了血与火，实际上是从泽火革中引发，在卦中是革故鼎新之意。

卦画　泽中有火　革卦从卦画形状上看，上泽下火，联合鼎卦上火下木，其实就是烹煮食物之象，水在火上烤，木在火下烧，吃饭引发变革。从革字本义来理解，古代人加工皮革的工艺流程是，先将兽皮放在外面的泽水中浸泡，然后取来架在炉火上烤，某些优质的皮革还需要煮沸，煮制器具就是下一卦鼎卦了。

卦德　应人于革　变革要成功，必须顺乎天而应乎人，上顺天时下应人心，将文明传播于天下，使百姓得利而喜悦。

卦序角度　困井革鼎　在高处尽头遇到新的困境，就要向下打井汲水以养，以期相遇相通，这是困卦井卦；井道无穷，不可能一成不变，井水养贤，也会引发社会变革，这是革卦，象征革故；去除旧的就要建立新的，推翻旧王朝就要建立新政权，鼎为立国重器，这是鼎卦，象征鼎新。

特殊之处　泽火革卦：全卦唯四爻不当位。

卦辞解析

革：己日乃孚，元亨，利贞，悔亡。

译文　革卦象征革故。在己日变革旧的事物，能够使百姓深信不疑，

进而获得他们的拥护。这种变革元始亨通，顺利贞正，所有悔恨都将消除。

辨析 孚在此处为相信并拥护之意。所谓己日，是虚指，表示的是最合适、最恰当或最周全的日子，确保这天变革最易成功。

从古至今任何变革都是伴随巨大风险的，但凡大的变革，都是崭新的没有经验可以借鉴的，都是与悔紧紧相连的。要正确行使天之四德，行使诚信美德，放眼天下，依靠民众，将悔的可能性降到最低，即使有悔，也能够及时消除。

革卦卦辞有很多需要辨析之处，首先是天之四德，元亨利贞。六十四卦中有八个卦具备天之四德，革卦是最后一个。既然称之为天之四德，很显然，乾卦的元亨利贞是大德，是没有任何缘由的，其他卦的四德都是有局限性的，或者说是使用起来有限制。在革卦中，元亨利贞的使用限制就是己日变革才能获得民众信服，其他日子都不行，当然这也是一个代指。

有人认为此处应为"巳"，并且指代为祭祀的祀，应天老师多方查了资料，认为不妥。一方面，纵观《周易》原文，没有出现过与地支相关联的语句，因此巳作为地支不妥；另一方面，此处当作祭祀也不对，因为祭祀在古代是一件大事，是所有事情都需要为之让路的事情，在此时全国上下都想着一心一意保稳定，诚心诚意祈求上苍祭拜祖先，究竟是谁敢冒天下之大不韪来发动变革呢？

此处用为天干己，其实《周易》全书中还有两次类似用法，分别是蛊卦卦辞"元亨，利涉在川；先甲三日，后甲三日"和巽卦九五爻辞"贞吉，悔亡，无不利；无初有终；先庚三日，后庚三日，吉"。己土为十天干第六位，代表阴土，象征着田园，河边的湿土，是肥沃的、温润的，而且伸缩自如的。有一种说法备查，己土位于第六位，开始转入第二个五，这是五行转换之功，二五相合为阴阳之道曰合十，也就是合适。己日同时承担五行与阴阳转换，且为中间湿土，故而最适合变革，因此"己日乃孚"，又"元亨，利贞"，在非常适合变革的己日加上诚信，加上四德，那么一定是悔恨消除，无往而不利了。

象辞说，天地革而四时成，汤武革命，顺乎天而应乎人，革之时大矣哉！

天地之气变化而四时形成，商汤、武王起兵征伐前朝暴君，上顺天时，下应人心。革卦时的作用太大啦！

彖辞中有几个需要着重解释的地方。水火相息是从《象辞》泽中有火演变而来，一方面讲变革本身就是水与火的较量，需要经历血与火的考验；另一方面，水火在角力的时候，中间有一个短暂的平衡，这就是息，就是水火既济这一刹那，变革就成功了，就实现从一端到另一端的转变了。二女同居，兑泽为少女，离火为中女，二者志向不同要求也不同，所谓同性相斥，如果强行居住在一起则不可避免会发生冲突，实现转变分化，这也是革。汤武革命，此处为革命一词的出处，本义指变革天命，后词义扩大，泛指重大革新，不限于政治。汤是中国历史上第二个统治王朝商朝的开基者商汤天乙，他曾经领导商部族和其他诸侯反抗夏朝桀的残暴统治，运用战争的暴力手段，建立起新的统治秩序。武是指周武王，他领导商王朝的诸侯国推翻了商纣王的统治，建立西周。这两次王朝更迭合称为"汤武革命"。顺天应人，是革卦象辞提出，与大有卦象辞"君子以遏恶扬善，顺天休命"不谋而合。顺天应人虽解释起来比较简单，上顺天时，下应人心，但内涵十分丰富，是后世统治者治国理政普遍遵循的准则。

《象》曰：泽中有火，革；君子以治历明时。

大象辞简译　革卦的卦象是上泽下火，为火煮泽水之表象。火在泽下，是烹煮之象，泽水中有食物，经火烧煮由生变熟，是为变革。君子应根据变革的规律来撰订历法以明辨四季变化。

评述　本处象辞实际上侧面补充了彖辞"天地革而四时成，汤武革命，顺乎天而应乎人"一句，是为新政权制定规范。

爻辞解析

初九，巩用黄牛之革。

爻位　初九当位。

注释　巩：本义是用皮革捆东西，引申为结实，使牢固。

译文　用黄牛皮制成的皮革来牢牢捆绑。

辨析　黄牛之革在遁卦六二"执之用黄牛之革，莫之胜说"出现过，指的是最结实最柔顺的皮革。初九爻是说，改革之前，面对积垢极深、弊端很多的现状，任务之繁重可想而知。此时应当积极选贤任能，遴选最优秀的人才去踏实工作，黄牛之革是皮革中最好的，在此特指有能力有使命感的得力人才。然而改革时机尚不成熟，因此选拔出人才后不可轻举妄动，要先行隐忍，等待有利时机。

选择　要发动改革，首先要选拔贤能人才，去遴选最优秀的、有能力且有使命感的人才，然后隐忍，静待改革时机。

六二，已日乃革之，征吉，无咎。（卦主）

爻位　六二中正，革卦卦主。

译文　在已日发动变革，无往而不利。

辨析　本爻再次解释了卦辞，"得中正"说明了变革的顺天应人。

选择　人才贤能，时机成熟，品德中正，发动变革。

九三，征凶，贞厉；革言三就，有孚。

爻位　九三当位，凶位，得六二承接，上应上六。

注释　就：本义为到高处去住，引申为靠近、趋向。三就：再三斟酌，反复磋商。

译文　随着改革的深入，渐渐触犯了一些人的利益，此时如果过于激进就会出现凶祸，内心贞正但是行为有危险。变革的问题讨论了多次才开始行动，变革的言论多次考察才予以公布，这样谨慎的行为获得了民众的信任。

辨析　此时改革已经推行了一段时间，涉及诸多人的切身利益，改革的阵痛在这个阶段更加明显。此处"征凶"，反对派顽固反抗，如果不顾这些现实问题，而继续高歌猛进，甚至打压反对意见，就会出现不和谐的对立状况。

选择　改革深入之后牵涉面越来越广，此时要多方考虑，谨慎行动，方能获得民众广泛认可和追随。

九四，悔亡，有孚改命，吉。

爻位　九四爻是革卦中唯一不当位之爻。

译文　悔恨已经消亡，仍旧需要百姓的信任以革除旧的事物，这样做是吉祥的。

辨析　九四是接着九三讲的，经过慎重抉择，变革已经发生，那么现在就要着手建立新的纲纪与规章制度了，不破不立、破而后立，革故获取了百姓的信任，现在就要善用这份信任，去鼎新。

选择　变革发生后要善用百姓信任，制定好新的规章制度，为下一步鼎新做好准备。

九五，大人虎变，未占有孚。

爻位　九五中正，尊位。

译文　改革成功，君主做了很多利国利民的大好事，成为伟大的人物，像猛虎一样威严并获得了百姓的认可。君主的美德已经光耀天下，不需要占卜，一定能得到百姓的信服拥护。

辨析　《周易》中的大人物并不是讲位高权重的人，而是有益于人民有益于国家的人。

选择　改革成功，上下一心，利国利民，改革者具备乾卦天德，中正且诚信，获得百姓拥戴。

上六，君子豹变，小人革面；征凶，居贞吉。

爻位　上六当位，下应九三。

译文　改革成功后社会风貌发生了大的改观，君子更好了，在君主的感召之下更加体恤百姓，善于为民服务，起到了社会中坚的作用；小人改好了，在君主的感召之下洗心革面，开始积极为社会建设贡献自己的力量了。此时不要再有什么大的动作，否则会招来不必要的凶祸，保持贞正、维持现状能够获得吉祥。

辨析　改革影响了很多人，君子即在改革前为百姓做实事做好事的人，小人则相反，是在改革前为乱为害、鱼肉百姓的人，君子的变化比小人要小一些，但共同点是向着好的方向去变化。豹子比虎小一些，威

势上也要弱很多，这是比较九五与上六中君王与君子的区别。洗心革面是一个成语，出处为《周易·系辞上》："圣人以此洗心，退藏于密"和《周易·革》："君子豹变，小人革面"，意思是清除旧思想，改变旧面貌，比喻坏人彻底悔改。

选择 革故成功并鼎新，影响到社会方方面面，君子更加努力拼搏为民服务，后进者在感召下洗心革面，也开始积极贡献力量。此时暂且不宜再有大动作，应维持现状，巩固改革成果。

全卦过程

革　卦	以改革故旧为喻
上六（小人革面）	改革影响深远，应维持现状，巩固成果
九五（大人虎变）	改革成功，改革者获得百姓拥戴
九四（有孚改命）	善用百姓信任，制定好新的规章制度
九三（革言三就）	改革深水区，要妥善考虑各方利益
六二（己日乃革之）	品德中正时机成熟，发动改革
初九（巩用黄牛之革）	改革之初选拔人才，静待时机

全卦选择 改革是长期而艰苦的工作，要上顺天时，下应人心，很难一蹴而就。首先应肯定改革，在矛盾激化、弊端凸显时勇于改革；其次要选定对的时机与好的人才进行改革，君主也要以身作则并使用正确改革方案，充分考量多方利益，避免急功好利过于激进，这样才能保证改革的成功，保证社会民生的平稳过渡。

第56课　火风鼎卦，凝命于鼎

第五十卦　火风鼎

卦名　火风鼎　鼎的本义是烹煮食物的器皿。经过历代引申，鼎卦逐步表意为立国重器，是政权的象征，例如刻有表彰人物的文字的祭器鼎彝，王权至高无上、国家统一昌盛的象征九鼎，意指国运的鼎祚等。此外，鼎字还有三方并立，如鼎足之势；大，如鼎力支持；正当，如鼎盛之年等含义。在卦中是革故鼎新之意。

卦画　木上有火　鼎卦从卦画形状上看，上火下风，巽风为木，联合革卦上泽下火，其实就是烹煮食物之象，木在火下烧，水在火上烤，吃饭引发变革。鼎字是烹煮食物的器皿，也是传国祭祀的宝器，在卦画中，火风是一个鼎的象形，初爻阴爻象征鼎之足，二、三、四三个阳爻象征鼎之体，五爻阴爻象征鼎之耳，上爻阳爻象征鼎之盖。从卦德角度来讲，离火文明，巽风谦逊，革故鼎新的做法就是善行君子谦逊之风，将文明传播于天下，这都是变革之源。

卦德　凝命于鼎　鼎卦为建立新制度，一方面鼎器为社稷重器应对之有所寄托凝结，另一方面君子应当先正位，再凝命，以鼎器坚定安身立命之心，认清现状，追逐理想，努力奋斗。

杂卦角度　革去故鼎取新　泽火革与火风鼎二卦卦形相反，互为综卦。革卦是改革故旧，推陈出新的意思，故曰去故；鼎卦是火借风势，烧煮食物的意思，现吃现煮的菜肴非常新鲜，于是称为取新。鼎在古语中常与"革"互用，也是变革的意思，例如唐李商隐《赠送前刘五经映

三十四韵》"鼎新麾一举，革故法三章"；唐徐浩《谒禹庙》"鼎革固天启，运兴匪人谋"等。故而可以这么理解，革故鼎新此处用的是互文手法，其实都是去故取新之意，此处为成语出处。革故鼎新指去除旧的，建立新的，多指改朝换代或重大变革等。

特殊之处 火风鼎卦：全卦唯三爻当位。

引申

相传，夏朝初年，大禹划分天下为九州，令九州牧贡献青铜，铸造九鼎，象征九州。商代时，对表示王室贵族身份的鼎，曾有严格的规定：士用一鼎或三鼎，大夫用五鼎，诸侯用七鼎，只有天子才能用九鼎，祭祀天地祖先时行九鼎大礼。因此，鼎很自然地成为拥有政权的象征，进而成为传国宝器。定鼎是全国政权建立的代名词，九鼎则为王权至高无上、国家统一昌盛的象征。战国时，秦、楚皆有兴师到周王城洛邑求鼎之事。周显王时，九鼎没于泗水下，之后不知所踪。后世帝王非常看重九鼎的权力象征与意义，如武则天、宋徽宗等，均曾重铸九鼎。

卦辞解析

鼎：元吉，亨。

译文 鼎卦象征鼎新。元始吉祥，亨通。

辨析 鼎卦是在革卦革故之后的鼎新，因此一切都是崭新开始的、吉祥亨通的。君主带领群臣，祈福上天和祖宗保佑，礼仪官员将鼎架好，烹煮食物，以祭享天地宗庙，祈望未来风调雨顺、五谷丰登。

《象》曰：木上有火，鼎；君子以正位凝命。

大象辞简译 鼎卦的卦象是上火下风，为木上燃火之表象。火在风上，巽风为木，火燃于木上，是要烧火用鼎器烹煮食物。君子应像鼎一样端正稳重，正守其位，完成使命。

评述 凝，凝聚，是一种静止的状态，是鼎之三足凝聚起来的力量。凝命即立命，君子应当先正位，凝命，之后安身，立业。正位就是摆正自己的位置，认清现状，设定理想；凝命就是按照现状发展，向着理想努力；安身就是过上自己想要的生活；立业就是从事自己喜欢的事业。这几者都是相互的。

引申

北京科技大学校训是"求实鼎新"。"求实"，意为坚持从实际出发，通过客观冷静的研究，探求对客观事物的正确认知，代表了学校恪守学术规律、追求科学真理的价值取向。"鼎新"，语出自《周易》杂卦"鼎，取新也"，意为树立新的标准、风气等，体现了学校坚持与时俱进、不断开拓创新的精神特征。"求实鼎新"合并使用，既是对学校学风严谨、崇尚实践优良传统的传承，也是对全体北科人实事求是、敢为人先、勇于创新的激励和号召，更是学校深化改革、科学发展、不断铸就新辉煌的有力宣言。

爻辞解析

初六，鼎颠趾，利出否；得妾以其子，无咎。

爻位 初六不当位，承接九二。

注释 否：本义为闭塞，阻隔不通，此处指污秽之物。

译文 鼎器倾翻了，本为不吉，却借此顺利倾倒出其中沉积的污秽之物，反为吉祥；同样道理，娶了一个妾室本不如正房喜庆，却在不久后生了一个儿子，这又非常吉利了，整体而言没有咎害。

辨析 初六爻阴柔入卦，讲的意思是一贵一贱互相转化，不需因贵而喜，也没必要因贱而悲；虽暂时遇到一些看似不正常、不好的事情，却意外得到了顺心顺意的转化，这都是吉祥的。

选择 在建立新政过程中，不可避免发生一些波折，然而塞翁失马，贵贱、喜忧在满足一定条件下，是会向着相反面转化的，从长远来看这些波折或许反而有利，因此不用太过在意。

九二，鼎有实；我仇有疾，不我能即，吉。（卦主）

爻位 九二不当位，得中，鼎卦卦主。

注释 实：本义为财物粮食充足，此处指食物。疾：通"嫉"，嫉炉。即：靠近。

译文　鼎器中盛满了烹饪的食物，就好比一个人有实实在在的才干，我的政敌、反对者非常嫉妒我的才干德行，想要中伤我，但这种攻击性言论既无法靠近我也不能改变我什么，因此吉祥。

辨析　此处用来比喻一个人有真才实学。仇，仇敌，此处为政见不合的对立面。九二其实是分别行使了离火文明之德与巽风谦逊之德，这样虽然对立者嫉妒我的品德修养，却没有任何意义，因为我作为谦逊君子，始终做好自己的本分，既不会被外界环境所左右，也不会因世俗毁誉而随波逐流。

选择　有德有才之人被人记恨中伤是很正常的事情，不要太在意，泰然处之，文明且谦逊，能使敌人的阴谋不攻自破。

九三，鼎耳革，其行塞，雉膏不食；方雨亏悔，终吉。

爻位　九三是鼎卦唯一当位之爻。

注释　塞：被阻挡。雉：野鸡。膏：肥肉。

译文　为了搬运方便，鼎器耳朵发生变化，无法将插杠插入其中了，这就造成了鼎器无法挪移。鼎中有肥美的野鸡肉和汤，但因为搬动困难而无法食用，下了雨使得悔恨消除，因为此时鼎器下方的火被浇灭了，最终获得吉祥。

辨析　本爻在"方雨亏悔"一句有争议，主要是对"方"理解不同，有的解释为等到，有的为地方，有的为刚刚，有的为正当，等等，均有道理，好在其余句子没有异议，且不管何解释都不影响整体意思。

鼎耳坏了本就不顺，偏巧吃饭时又下大雨，真是祸不单行，然而这样一场雨反而帮助我们解决了眼前的棘手问题，也很好。

选择　在鼎新的过程中遇到困难，同时又发生了一些别的不顺事情，却意外解决了当前遇到的棘手问题，算是意外之喜，整体上有得有失，败中有救。

九四，鼎折足，覆公餗，其形渥，凶。

爻位　九四不当位，被六五乘凌。

注释 竦（sù）：鼎中的食物，泛指佳肴美味。渥：沾湿。

译文 鼎器足部折断，将其中为王公大臣准备的美味食物倾覆了出来，现场一片狼藉，鼎身也被沾湿污秽了，凶险。

辨析 九三爻鼎耳坏了，幸亏下雨导致火灭，我们本应当赶紧享用美食，却没想到九四时候鼎足也坏掉了，这下鼎中美食全部倾覆，原先的所有努力都白费了，基业毁于一旦，非常凶险。

选择 在建立新政权的过程中遇到重大困难，原先的努力毁于一旦，非常凶险，要注意防备，问题出在根基上，也有可能是原先的肱股之臣发生了变化。

六五，鼎黄耳金铉，利贞。

爻位 六五得中，不当位。

注释 铉（xuàn）：古代举鼎器具，状如钩，铜制，用以提鼎两耳。

译文 为鼎器配上象征尊贵的黄色鼎耳，并使用了非常贵重的金属铉器来提鼎，顺利贞正。

辨析 接着刚才说，鼎耳坏了，食物也倾覆了，白做了，很凶险很倒霉，此时赶紧做出补救措施，将鼎耳修好，同时也隐含着将鼎足补好了，为的是能够继续使用。

选择 鼎新过程中遇到困难，此时亡羊补牢，重入正轨。在原先坏掉的鼎器上装配了最好的配件，可以担当大用了。

上九，鼎玉铉，大吉，无不利。

爻位 上九亢位。

译文 为鼎器配上贵重的玉石铉器来提鼎，非常吉祥，没有什么不顺利。

辨析 原本在六五的时候就已经配备了金属的铉器来提鼎，此时又配备玉石铉器，是不是多余了呀？其实不是的，因为鼎器是非常重要的，象征着国家社稷，而铉器象征着国家的有用人才，是用来安邦立国的。金刚玉柔，六五阴爻居阳位，故用金，上九阳爻居阴位，故用玉，二者皆象征刚柔相济的功用。

选择　为鼎器多配一副铉器，作为备用，更是对基业的慎重与尊重。同理在新政权建立后，要注重人才的培养，做预备、接续之用，既是未雨绸缪也是刚柔相济。

全卦过程

鼎　卦	以用鼎烹饪为喻
上九（鼎玉铉）	更加慎重，做好预备人才培养
六五（鼎黄耳）	把鼎器坏的部分补好，可以担当大用了
九四（鼎折足）	重大困难，功业尽毁，问题出在根基上
九三（鼎耳革）	遇到连续困难，却误打误撞败中有救
九二（鼎有实）	被人嫉妒中伤，泰然处之获得吉祥
初六（鼎颠趾）	发生波折别太在意，可能反为好事

全卦选择　鼎可祭祀，是为庄重；鼎有三足，是为稳重；鼎能烹，是为养贤；鼎能煮，是为变革。在改革旧制度之后要建立新政权，不可避免遇到非常多的波折，要正确看待，积极应对，即使被人中伤也要泰然处之，让敌人无处着力。要稳定根基以防事业倾覆，要及时修补纰漏以防事业陷入困境，要及时培养合格人才与后备人才，为事业打下全方位根基。

第57课 震为雷卦，所挟甚大

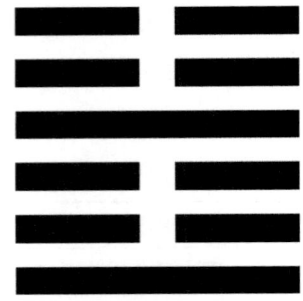

第五十一卦 震为雷

卦名 震为雷 震的本义即为雷，疾雷。在现代汉语中，跟巨大颤动相关的工作都可用震，剧烈颤动，如震撼、地震；情绪过分激动，如震惊、震怒等。震和振在颤动意义上的区别，相对来说，震的动大一些，不规则性更强一些。"震旦"一词是古印度人对中国的称呼，常见于佛教典籍，在此特别提出。

卦画 洊雷 震为雷卦，从卦画形状上看，震上震下，有惊雷滚滚之势。震卦仰盂，一阳生于二阴之下，动而上进，有震动之象，并含惊惧之意，故曰震。上震比喻天雷，下震比喻人心，咱们讲天雷具有警醒惩罚的威严，于是乎天雷鼓动，震动的是人心。

卦德 所挟甚大 震卦是惊雷滚滚，在这种时候，大部分人都表现为惊惧，只有沉着冷静、从容不迫才能解决问题。每临大事有静气，这种人必然不是等闲之辈。

卦序角度 革鼎震艮 事物更迭变化，革故鼎新，推翻旧王朝建立新政权，这是革卦鼎卦；新的朝代建立需要长子执器，举行祭祀需要长子主持，震为长子，这是震卦，象征震动；事物不能终动，有动必有止，知行知止方能动静相宜，这是艮卦，象征抑止。

特殊之处 震为雷卦：纯卦。震为雷与艮为山两卦是下经损益之后较为重要的两卦。

卦辞解析

震：亨。震来虩虩，笑言哑哑；震惊百里，不丧匕鬯。

注释 虩（xì）虩：形容恐惧的样子。哑（yā）哑：笑声。匕：古代指勺、匙之类的取食用具。鬯（chàng）：古代祭祀、宴饮用的香酒。

译文 震卦象征震动。亨通，当惊雷震动之时，天下万物都感到恐惧，然而君子却能安之若素，言笑如故；即使雷声震动惊恐百里，主管祭祀之人也能够从容不迫，手中的勺子与美酒都没有掉落。

辨析 震卦的象征意义有二，起因都是惊雷滚滚，造成人内心惊惧。一方面形容大丈夫，猝然临之而不惊，无故加之而不怒，惊雷在上，仍能谈笑风生镇定自若。君子在做大事的时候，更加需要谨慎平稳的心态，卦中在主持祭祀之时，遇到震惊百里的大雷，能够不丧匕鬯，这说明这位祭祀官是非常稳的，有着无比强大坚毅的内心。另一方面形容普通民众，在听到惊雷之时，心中必然是震惊的，对任何一个人，突然之间头顶一个大雷，完全不怕一点感觉都没有也是非常困难的，这个雷起到了震动灵台、涤荡心灵的作用，一惊、一惧，随即思考于心，莞尔一笑，生活还是照常继续，只不过在心中已经有了一个小的震动、小的觉悟、小的升华了。

《象》曰：洊雷，震；君子以恐惧修省。

大象辞简译 震卦的卦象是上雷下雷，为震雷滚滚之表象。两雷相重，是远近鼓荡，巨响连连。君子应具备惊恐之心，体悟道理，反省自身，修身立德。

注释 洊：再，屡次，接连。

评述 震在人伦中为长子，长子执器，一般可为祭主。这里是说君子在恐惧中得到了反省，得到了修行，所以能够在恐惧中修行反省的人，就可以出任祭主，担当大任。与《彖辞》恐致福异曲同工，都是经历恐惧可致福祥。

爻辞解析

初九，震来虩虩，后笑言哑哑，吉。（卦主）

爻位 初九当位，震卦卦主。

译文 惊雷震动，万民恐惧，随后认真思考，反省自身，震有所得，带来了幸运与福气，于是安之若素，言笑如故，非常吉祥。

辨析 初九爻比卦辞多了一个"后"，是时间推断；多了一个"吉"，是断辞。此时是震动的开始，是冷不防的，因此这个震动给人的心灵震撼要更强一些。震卦初九爻是六十四卦中唯一一个特例，某一爻爻辞小象辞与其卦辞象辞几乎完全相同。初九爻与卦辞的不同之处是，卦辞讲的是天下万物惊恐的同时，君子言笑如故，而初九讲的是天下万物的先震动，再惊恐，再有所得，最后开心地笑，这是一个事件发展的过程。

选择 某件大事发生，有震动，有反省，有所得。

六二，震来，厉；亿丧贝，跻于九陵，勿逐，七日得。

爻位 六二中正。

注释 亿：安定。贝：代指金钱。跻（jī）：升。九陵：陵为山，此处指高山峻岭。

译文 惊雷震动，对于阴柔之人有危难，为了获得安全稳定，放弃了大量金钱，攀登到高高的山岭上躲避，不再去想自己的损失有多少也不去追逐，七天之后能够失而复得。

辨析 九陵、七日中的数字均为虚指。陵意为大土山，而九为阳数之极，因此九陵是极言山之高大，喻指高山峻岭。七日得，指过了一个日序周期就失而复得了，形容失而复得之速。

选择 某件大事发生，对自己的安全有威胁，要敢于破财消灾、明哲保身，最终还是会失而复得的。

六三，震苏苏，震行无眚。

爻位 六三不当位，凶位。

译文 惊雷震动，使人心惊胆战，甚至能够将假死之人震醒，在震

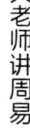

惧中谨慎行事，不会有过错或灾祸发生。

辨析 死而复生谓之苏。"苏苏"是苏醒、复活之意，比喻震雷连环，一串接一串地使人心惊胆战。但六三之下是阴爻六二而没有发生乘凌，上承接九四阳爻，故而能够在震惧中谦虚谨慎，也就无眚了。

选择 某件大事发生，使人心惊胆战，但如果能够在惊惧中谨慎从事，没有什么过错，也不会有灾祸。

九四，震遂泥。

爻位 九四不当位，惧位。

注释 遂：本义亡，逃跑。

译文 惊雷震动，房顶上的泥灰纷纷掉落。

辨析 九四居阴位，阳刚之德不足，所以即使六三在惊惧中慎行来到了九四，也会因德行不足，无法消除惊雷震动的影响，房顶上的泥灰都掉落了。

选择 某件大事发生，在各方面都造成影响。

六五，震往来厉；亿无丧，有事。

爻位 六五得中，与六二敌应。

注释 有事：在古文中是一个特殊用法，特指祭祀这件事。

译文 惊雷震动，来来回回反反复复，对于阴柔之人有危难。此时已经做好了迎接雷震的准备，在安全稳定得以保障的前提下，没有损失金钱，可以去祭祀。

辨析 比较看来，六二是"震来厉，亿丧贝"，此处是"震往来厉；亿无丧"。为什么六二损失金钱而六五没有呢？六五处尊位，又以柔德谦德处之，比在六二下位之时已经积累了德行和经验，内心贞正虔诚，能够比较自如地处理大事了，泰然处之，言笑自若，因此无丧。

选择 某件大事发生，来来回回影响深远，却不会对自己的人身与财产造成什么损失，利于去举行祭祀之类的大事。

上六，震索索，视矍矍，征凶；震不于其躬，于其邻，无咎；婚媾有言。

爻位 上六当位，亢位。

注释 索索：恐惧的样子。矍（jué）矍：仓皇不专心的样子。

译文 当惊雷震动的时候，感到恐惧，双眼看东西也惊惶不安，此时去做大事会有凶险。当雷震还没有到达自己身上而仅仅只是震动到周围人的时候，就早做戒备，谨慎行事，则不会受到咎害；涉及婚配之事则将会产生言语纷争。

辨析 打雷的时候虽然非常害怕，但终究没有劈到自己身上，是因为吸取了邻居的教训，因而最终无咎。

此处突然讲到婚媾之事有些莫名其妙，其实仅仅是一种比喻，因为古代的结婚是比较复杂的，讲究三书六礼（即聘书、礼书、迎书和纳采、问名、纳吉、纳征、请期、亲迎），因此婚媾是要提早很久筹备的一件大事。婚媾有言，就是比喻原先筹备许久，原已定好的一件大事出了波折，有了争议。

选择 某件大事发生，惊慌失措，好在事先在他人身上吸取了类似的教训，早做防范，最终没有咎害。原先谋划已久的一件大事产生了波折，有了争议，要妥善应对。

全卦过程

震卦	以惊雷震动为喻
上六（震索索）	从旁吸取类似教训，及早防范无咎
六五（震往来）	自身没受影响，利于做祭祀之类的大事
九四（震遂泥）	某件大事发生，在各方面造成影响
六三（震苏苏）	在惊惧中谨慎从事，没有过错
六二（震来厉）	勇于破财消灾，最终会失而复得
初九（震来虩虩）	有震动，有反省，有所得

全卦选择 在某件大事突然发生的时候，要具备大勇者泰然处之、言笑自若的品质，猝然临之而不惊，无故加之而不怒。在抵抗住最开始的惊惧愤怒之后，静下来想一想对策，看看有没有避免或改进的方法，或破财消灾，或知过能改，谨慎行事不会有灾害，最终有所得，有觉悟，笑对天威。

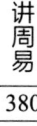

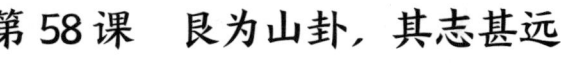

第58课　艮为山卦，其志甚远

第五十二卦　艮为山

卦名　艮为山　现代汉语中，艮字可以发 gěn 音，指食物不易嚼烂，方言中也指言语坦率行为固执，例如这个人真艮。

卦画　兼山　艮为山卦，从卦画形状上看，艮上艮下，有绵延不绝之势。艮卦覆碗，一阳生于二阴之上，动终有止，有抑止之象，并含回望之意，故曰艮。下艮比喻山体，上艮比喻人心，行走在茫茫苍苍的大山中，远眺是山，回望也是山，这就是典型的行路难了。

卦德　其志甚远　艮卦为抑止，但并非不前进，而是适时停止，更好地看清形势、看清前路，实现远大志向，知行知止，动静得宜，方能稳步前行，前景光明。

杂卦角度　震起艮止　震为雷与艮为山二卦卦形相反，互为综卦。震雷初爻为阳，为行动的起始，艮山上爻为阳，为行动的终止。在卦义上，震为动，艮为止，可以直解。

特殊之处　艮为山卦：纯卦。

卦辞解析

〔艮〕：艮其背，不获其身；行其庭，不见其人，无咎。

译文　艮卦象征抑止。背部是人身上相对容易静止的地方，因此抑止背部的活动，空乏自己的心灵，忘掉自己的身体；行走在庭院中，如入无人之境，此时忘掉大千世界的纷争烦扰，心如止水，遁入无相之境，

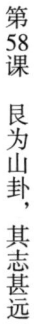

没有咎误。

辨析 此处疑为脱简，没有卦名，类似的情况还有天泽履、天地否、天火同人几卦。

静止是一种状态，身心静止实际上就是物我两忘。艮卦卦辞有些禅的意味，理解起来有些费劲，此处应天老师借用《金刚经·第十四品》中的说法："无我相，无人相，无众生相，无寿者相"，大家可以共同参详。我相是可以证明自身存在的感受，人相是领悟道理并能自由取舍的境界，众生相是万事万物的有情与觉知，寿者相是菩萨、天地，乃至一切万物的本体。

此处上来就讲艮其背是有道理的，因为人身上的其他地方，脸腹手脚等，要么就是具备标识性的，比如咱们辨认一个人，看他的脸，看他的正面身体就能看出来，这是带有可区分性的；要么就是能够活动的，比如手、脚，都是能够大幅度做动作的，这与艮山的形象不一致。还有一种说法是，艮山是静止，而身上凡是带器官的地方，眼耳口鼻等，都是有六感的，而背上的感应最弱，有感则有欲望，有知有识有欲，与艮止的精髓背道而驰，故而只能艮其背。此种说法可以作为参考。咱们总说父爱如山，背影如山，或许就有类似道理吧。

《象》曰：兼山，艮；君子以思不出其位。

大象辞简译 艮卦的卦象是上山下山，为重峦叠嶂之表象。两山重叠，艮山为止，同时抑止行动与本性。君子应端正思想，抑制不正当的的妄念，不要超越本分。

评述 此处兼山与刚刚讲的洊雷类似，都是二经卦相重。洊雷为震下震上，两雷重叠，震为动，因此雷震不断，是以心动恐惧；而兼山为艮下艮上，两山相重，艮为止，镇压停止，是以心静抑止，不起邪欲，不出其位，安分守己。

爻辞解析

初六，艮其趾，无咎，利永贞。

爻位 初六阴爻入卦。

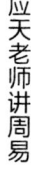

译文　抑止脚部的活动，没有咎误，有利于长久坚守贞正之道。

辨析　千里之行，始于足下。不让脚运动了，那其实就是止住了，不去征也不去往也不去涉大川了，结果是无咎。事业的第一步是非常重要的，定好方向才能避免南辕北辙，避免在错误的道路上越走越远，因此说，出发前止住了，想一想，该怎么办，往哪个方向走，这能避免一些错误。

选择　行动开始前停一下，定好方向策略，避免错误发生。

六二，艮其腓，不拯其随，其心不快。

爻位　六二中正。

注释　拯：援救，救助。

译文　抑止小腿的活动，停止前进，却无法挽救其追随者的贸然前行，虽然自己成功止住了，但心中不高兴。

辨析　六二的位置非常好，又处于阴柔状态，因此本身是吉祥的。六二想挽救的其实是九三，因为九三阳居阳位，有些过于刚猛了，这样就很容易冒进，盲目追随，很容易犯错误。

选择　行动中要适当停止，并在自身占据有利位置时，让团队中的其他人不冒进，这是带领团队共同进步的道理。

九三，艮其限，列其夤，厉薰心。

爻位　九三当位，凶位。

注释　限：据《释文》引马融"限，要也"，"要"即"腰"。列：通"裂"。夤：通"䐊"，夹脊肉。薰：通"熏"。薰心，形容因贪图财利等外部欲望而心中焦灼，迷住心窍。

译文　抑止腰部的活动，但是因为前进的欲望太强了，前后拉扯之下，脊背的肉都撕裂了，冒进的欲望使自己内心焦灼。

辨析　九三阳居阳位，有些过于刚猛了。

选择　行动中应当知行知止，此时已经有团队领导或智者劝阻要停一停，应该听从，如果一味遵照内心欲望冒进，身心都会受到伤害。

六四，艮其身，无咎。

爻位 六四当位，进入上卦。

译文 抑止上身的活动，没有咎误。

辨析 九三阳居阳位过于刚猛，因此连脊背的肉都被撕裂了，到了六四阴居阴位，更加懂得止的智慧，主动抑止。此处"艮其身"与卦辞中的"不获其身"有些许差别，卦辞中已经进入物我两忘的境界，眼前并无欲望纷扰，而此处有欲望诱惑，刚刚经历九三的"厉薰心"，主动做出努力抑止，克制欲望，抑止上身的活动停止向前。

选择 行动中停住了，观望一下是好事。

六五，艮其辅，言有序，悔亡。

爻位 六五得中，尊位。

注释 辅：泛指口部与面颊。

译文 抑止口腔的活动，慎言慎行，说话有条有理，悔恨自然会消除。

辨析 颐卦的象辞是慎言语、节饮食，就是慎言慎行的道理。自古以来，病从口入、祸从口出是人们应当遵守的教诲，应天老师在这里希望大家能够二思而行，三思而语，避免不必要的误会。

艮卦与前文的泽山咸很相似。回忆咸卦的感应顺序，分别是：咸其拇，感应从脚趾生发，想到就去行动；咸其腓，感应到达小腿，应当谋定后动；咸其股，感应到达大腿，应当奋力进取；朋从尔思，感应于心，多交朋友，交好朋友；咸其脢，感应到达脊背，应当感化更多群众；咸其辅颊舌，感应终于口腔，宣告感应结果，表达心中所想。可以将二者结合对比来看。

选择 行动到了关键地步，要更加注意言行。

上九，敦艮，吉。（卦主）

爻位 上九不当位，艮卦卦主。

注释 敦：厚道。

译文 抑止心中的邪欲与妄念，以敦厚笃实的言语行为去成就人生，是吉祥的。

辨析 到达最高位，止住了，此处也是对前面数次停止的小结。此时实际是抑止内心中不好的想法，培育敦厚德行，最终获吉。

选择 行动中要止住非分之想，以努力奋进、谦虚厚重的态度去面对。

全卦过程

艮 卦	以抑止行动为喻
上九（敦艮）	抑止内心，消除妄念，敦厚德行
六五（艮其辅）	抑止言语，君位更应慎言慎行
六四（艮其身）	抑止上身，谋定后动
九三（艮其限）	抑止腰部，不听劝会造成身心伤害
六二（艮其腓）	抑止小腿，带动团队停止
初六（艮其趾）	抑止脚部，定好方向

全卦选择 震卦的震动是为了反省自身，更好地前进；艮卦的抑止，是为了看清前路，更好地发展。因此讲，不是不前进，而是要等待机会适时前进。古往今来，真正的豪杰，无不是知行知止，时行时止，动静不失其时，言行不失其位，恰恰就是因为所挟甚大、其志甚远，最后的结果必然是其道光明，成为豪杰丈夫。

第59课 风山渐卦，渐进积累

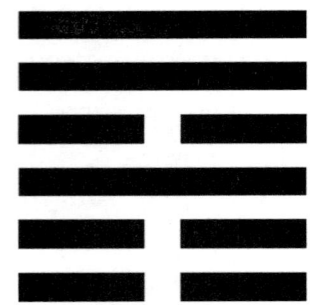

第五十三卦 风山渐

卦名 风山渐 渐在古代指渐水，即今新安江及其下游钱塘江。渐字两个读音，音 jiàn 时是副词，意为慢慢地、渐渐地，例如逐渐、渐变等；音 jiān 时是动词，意为浸染、流入，例如渐染。有一种说法是，渐字描写了古代制造车子的工艺，在做车轮的过程中，先把木头放入水中使之浸润，然后再用斧子截取劈制，因此渐字有车有水有刀斧，此种说法供参考。渐卦读音历来没有什么争议，取去声，表示渐进。

卦画 山上有木 渐卦从卦画形状上看，巽上艮下，取其风在山间，缓缓吹拂渐进之象，巽风本为迅疾，遇到艮山为止，达到了渐的效果，让其放慢速度，渐行渐止。同时，巽风为木，山上有木，经过不断生长，经年累月积累，变成茂密森林。因此渐卦是一个量变的过程，一木不生，何以成树林？

卦德 渐进积累 鸿雁缓飞，最主要是渐进积累。过程中乾坤刚柔相济，该隐忍退避之时暂时以柔顺居之，该奋进勃发之时则果决以乾健行之，如此方能不断积累自身，以量变促质变，化蛹成蝶，凤凰涅槃。

卦序角度 震艮渐归妹 动如疾雷止若高山，知行知止方能动静相宜，所挟甚大，其志甚远，这是震卦艮卦。停止下来后要继续谋求发展，缓步前进，这是渐卦，象征渐进；前进必有所归处，就好比风遇到山后变慢环绕，找到了自身归宿，这是归妹卦，象征婚嫁。

特殊之处 风山渐卦：艮宫归魂卦。

卦辞解析

渐：女归吉，利贞。

译文　渐卦象征渐进。就如同女子出嫁那样，按照婚嫁的礼节循序渐进，就会得到吉祥，顺利贞正。

辨析　古代女子在出嫁后以夫家为家，因此称出嫁为女归，这与下一卦归妹是相同道理。

《象》曰：山上有木，渐；君子以居贤德善俗。

大象辞简译　渐卦的卦象是上风下山，为高山大树之表象。风在山上，巽风为木，是逐渐从小树生长为高大树木的过程。君子应像小树逐渐成长一样，循序渐进，积累善行贤德，改善社会风俗。

评述　观物取象，反求诸身，君子依山上有木、木渐生长之象悟得循序渐进之理。先贤德后善俗，即先提升自我再改良社会，由己及人，此是横向的渐；无论是贤德还是善俗，都应当遵循循序渐进的原则，由小及大，积少成多，此是纵向的渐。

爻辞解析

初六，鸿渐于干；小子厉，有言，无咎。

爻位　初六阴爻入卦。

注释　鸿：鸿雁，大雁。干（gān）：涯岸，水边。

译文　鸿雁缓飞到涯岸水边。此时的情况，象征着刚刚嫁过来的新媳妇有危险，产生言语争执或者受到言语中伤，此时如果能秉承坤德，不争不抢，厚德载物，就能够没有灾祸。

辨析　小子厉，从字面上理解是年幼无知的小孩子，在《周易》中，小子与大人相对，实际上象征的是小人之道，是阴柔的德行，是坤道，结合渐卦全篇来讲，此处译成新媳妇是恰当的。渐卦在初六、九三、九五三个爻中除了讲鸿雁的情况之外，还象征性讲了一些夫妇生活的情况，如果将此爻中的"小子厉"理解为，鸿雁遭受到年幼无知、品行不良之人的指责戏弄，从文理上是可以的，但从整个渐卦过程来看是不太适当的。

选择　前进过程中要放低姿态，放缓脚步，即使遭受一些困难或非议，也不要改变自己的初衷，产生怨怼，这样的话不会带来灾难。反之，如果因此而怨恨，那么就会陷自身于无谓之争。

六二，鸿渐于磐，饮食衎衎，吉。

爻位　六二中正。

注释　磐：磐石。衎（kàn）：和乐愉快。

译文　鸿雁缓飞到安定稳固的磐石之上，休憩饮食一番，非常和乐愉快的样子，吉祥。

辨析　鸿雁再往前飞，此时的位置很好。象辞中提到"不素饱"，这说明鸿雁此时安定和乐是有原因的，起到了他在中正位置上应有的作用，能够很好地应和九五，没有尸位素餐。

选择　前进过程中要适当休息，充分发挥中正之德，保持安定和乐的心态，因时因地起到自身应有的作用，即使刚刚遭受挫折困难，也要保有一颗赤诚之心。

九三，鸿渐于陆，夫征不复，妇孕不育，凶；利御寇。（卦主）

爻位　九三不当位，凶位，渐卦卦主。

译文　鸿雁缓飞到平整的陆地之上。此时的情况，象征着丈夫出征而不复还，妻子怀孕而不生产，凶险，然而能以阳刚之猛烈，占据险要，利于抵御盗贼侵犯。

辨析　此处的鸿渐于陆，其实并不是大陆，而是一座远离大陆的孤岛，这样的话易守难攻。在象辞解释中，丈夫出征不回和妻子怀孕不生都是怪异现象，主要是因为离开了同类，变得形单影只，失去了后援，此时只能依靠自己的力量来处理事情了。

九三爻是渐卦中唯一的凶爻，起到了全文承上启下的作用。

选择　前进过程中要注意紧密团结同伴，不要落单，否则容易遭受意想不到的灾害。如果真的陷自己于孤独境地了也不要慌张，此时要越发自强自立起来，背水一战，胜利的希望很大。

六四，鸿渐于木，或得其桷，无咎。

爻位 六四当位，与上下皆朋比。

注释 或：通"惑"，迷惑。桷（jué）：横平树枝。

译文 鸿雁缓飞到高树之上，有些困扰，但随即非常幸运地找到了一个稳固的横平枝丫，得以休整，没有咎误。

辨析 鸿雁是在水边长大的，不太擅长在高高的树木上休息，因此他有些迷惑，但非常幸运的是找到了一个能够供他休息的非常稳固的横枝，这就是全句的背景原因了。

选择 前进过程中要适当休息，并找到合适于自己的休憩场所，这样才能保证没有灾祸。

九五，鸿渐于陵，妇三岁不孕；终莫之胜，吉。

爻位 九五尊位，中正。

译文 鸿雁缓飞到丘陵山冈上。此时的情况，象征着妻子多年都没有怀孕，但丈夫已经回来，终究还是如愿以偿怀上孩子，吉祥。

辨析 九五爻中最容易误读的是，"终莫之胜"，最终还是没有战胜，最终还是没有怀上孕，但断辞为吉，自相矛盾。正确理解是，"终莫之胜"的是前半句所说的"不孕"，也就是说怀上孕了，结果吉祥。

选择 前进过程中遇到非常大的困难，而且是困扰多时的困难，要善用乾德，对生活始终怀有信心，最终吉祥。

渐卦其实有两条线索，一条是鸿雁缓飞，一条是女子出嫁。鸿雁缓缓地越飞越高，这是一层含义。女子出嫁后"小子厉"，新媳妇受到一些为难、指责或非议；"饮食衎衎"，慢慢适应后过上安定祥和的生活；"夫征不复，妇孕不育"，丈夫出门打仗了没回来，妻子怀孕了难以生产，说明遇到了很大困难，此时更应当自强自立，努力求生；"或得其桷"，生活充满了迷惑，非常幸运的是，能够找到安稳之处歇歇脚；"妇三岁不孕，终莫之胜"，多年还是没有怀孕，此时丈夫已经回来了，因此最终喜得贵子；到最后，"其羽可用为仪"，夫妇二人过上了和平宁静幸福美满的生活。

上九，鸿渐于陆，其羽可用为仪，吉。

爻位　上九不当位，敌应九三，尢位。

注释　仪：法度、礼仪。

译文　鸿雁缓飞到陆地之上，漂亮的羽毛可以作为典礼上美好的装饰品，吉祥。

辨析　此时鸿雁又回到了陆地之上，但心境已经不一样了，出去飞了一圈再回来，感觉非常踏实安稳。

选择　前进过程中历经艰险磨难，最终到达胜利彼岸，要庆祝一下，回顾过往，提升心境，踏实前行。

引申

陆羽，字鸿渐，唐代茶学家。据说陆羽是个弃婴，从小被收养在寺中，他用《易》自占，得渐卦，于是定姓为"陆"，名"羽"，取"鸿渐"为字，皆出自渐卦上九爻。陆羽喜吟诗读书，学习茶道，笃行不倦，最终著《茶经》，成为一代茶圣。他的人生经历似乎正契合他的名字，"鸿渐于陆"，鸿雁自带超然，降于陆地，就是说陆羽虽为弃婴，但其实天分极高，落于人间；"其羽可用为仪"，鸿雁羽毛华美，也随着"鸿渐于陆"而飘飘留于陆上，正喻陆羽才华横溢。

全卦过程

渐　卦	以鸿雁和新妇为喻
上九（鸿渐于陆）	陆地，幸福生活
九五（鸿渐于陵）	丘陵，否极泰来
六四（鸿渐于木）	高枝，迷惑休息
九三（鸿渐于陆）	孤岛，遇到困难
六二（鸿渐于磐）	磐石，稳定生活
初六（鸿渐于干）	水边，刚刚出嫁

全卦选择　以鸿雁缓飞象征人事，最主要的是渐进积累，积累到一

定程度就能苦尽甘来，量变达成质变。生活中有困难的时候要善用刚柔之道，明晰进退之理，遇到指责要善于隐忍，遇到困难要勇于克服，如此方能不断积累自身，最终实现华丽蜕变。

第60课 雷泽归妹，安守幸福

第五十四卦 雷泽归妹

卦名 雷泽归妹 《说文》中解释归为女嫁，即女子出嫁。妹的本义是女弟，即比自己小的妹妹，在卦辞中为少女的称谓。因此归妹卦整体来讲就是少女出嫁的含义，象征婚嫁。婚嫁为什么要用归字呢？因为商朝有这样的习俗，凡是女子嫁给了较高级别的大臣，那么她的妹妹也要跟着一起嫁过去，如果妹妹还小，那就等到能够出嫁的时候再嫁过去。说"归"，其实隐含着归家的含义。

卦画 泽上有雷 雷泽归妹从卦画形状上看，上震下兑，内心有喜悦，外在有行动，描绘了即将过门的新媳妇在出嫁途中的心态。震雷是长男，兑泽是少女，二者的人伦表象也象征了婚嫁的事实。

卦德 安守幸福 家庭或事业中有时会出现一些意外的惊喜或收获，但惊喜有可能会变成惊吓，收获也有可能是暂时的小得而无法坚持到最后。因此要正确判断，保持贞正之心，方能善始善终。

杂卦角度 渐女归而待男行，归妹女之终也，风山渐和雷泽归妹二卦卦形相反，互为综卦。渐卦和归妹卦要结合来理解。归妹是指少女出嫁，是一个重大的转变，截然不同两种新旧状态之间的切换，是旧的终结和新的开始。渐卦是渐进的意思，原本指大风吹到山林中变成了徐徐微风绕山而行，引申为前进途中的归宿。相当于一个少男，在等待少女嫁过来的过程中，男方需要完成六礼。因此说"渐女归，待男行"，意思就是，少女正在归妹途中，就等男方完成六礼，就可以拜堂成亲了。从广义理解，渐卦讲的是渐变，而归妹卦讲的是突变，其实是一个量变与质变的关系。

特殊之处　雷泽归妹：兑宫归魂卦。

引申

周制婚礼是华夏婚礼的原型，此后的汉族婚礼多是在周制婚礼的基础上逐渐演变。完整的婚礼包括婚前礼、正婚礼和婚后礼。仪式全程庄重典雅，充分体现了中华婚典文化的古韵之美。婚前礼包括纳采、问名、纳吉、纳征、请期等礼仪。正婚礼包括：亲迎；妇至成礼；合卺（卺是一种葫芦瓢，合卺指喝交杯酒）；馂（jùn）余设袵（馂是熟食，袵是衣襟，馂余设袵即合床礼）等礼仪。婚后礼包括妇见舅姑、舅姑醴妇、妇馈舅姑、庙见成妇等礼仪。后世谈婚论嫁，"六礼"常和"三书"一起搭配出现，但"三书"并非周制婚礼的内容。

卦辞解析

归妹：征凶，无攸利。

译文　归妹卦象征婚嫁。有所行动则凶险，没有不顺利，但无利可图。

辨析　《周易》六十四卦卦辞中往往都是吉、利、贞等，像归妹卦辞这样全盘否定，明确告诉你不好的，除归妹之外也就只有天地否"否之匪人，不利君子贞，大往小来"和山地剥"不利有攸往"这两个特例了。而且否剥两卦虽为凶险之意，但也没有归妹卦这第凶险。

谈婚论嫁本是好事，是皆大欢喜之事，为什么会出现征凶呢？征的最基本含义就是远行。婚嫁是好事，全家的大喜事，此时就不要干别的节外生枝的事情了，所有家族中的人都老老实实在家待着，共同把婚嫁这件事完成，否则就会引来凶祸，一点好处都没有。

《周易》中的所有卦爻辞，都是吉中藏着凶，凶中透着吉。除了天德之外，剩下的吉祥都是有原则的吉，如果不遵守这个原则那肯定会惹来凶祸。同样，所有的凶都是在某种状态下凶。这就是趋吉避凶的选择与智慧。明白了事情发展的走向，就尽量去避免凶祸，向着吉祥的方向去。

《象》曰：泽上有雷，归妹，君子以永终知敝。

大象辞简译　归妹的卦象是上雷下泽，为泽上响雷之表象。上雷下泽，震雷为长男，兑泽为少女，震雷以其长者之威，安排少女出嫁。君子应明白破坏夫妻和谐的因素并加以避免，永远地保持夫妻琴瑟和谐。

注释　知：懂得。敝：破旧、坏。

评述　此处敝指的是淫乱之行等破坏夫妇和谐的因素，君子应当明白此理，更应保持贞正之心，自觉抑制不当欲望，维护婚姻和睦，保持夫妇之道。

爻辞解析

初九，归妹以娣，跛能履，征吉。

爻位　初九当位，潜位。

注释　娣：古代姐妹共嫁一夫，幼为娣，长为姒。

译文　嫁出的少女作为偏房，好像腿脚瘸了却奋力行走的样子，努力前进能获得吉祥。

辨析　初九从两个方面理解，从少女角度，有强求的含义，可能目前婚嫁条件不具备但她却急切要嫁过来，这件事其实是不好的，但是如果少女自身非常愿意努力争取，结果论吉。从婚嫁角度，这桩婚姻并非珠联璧合，而是存在较明显的不和谐之处，但是如果夫妻双方能够在婚姻生活中互相扶持相敬如宾，那么最终也能履险若夷。

选择　事业发展之初发现存在一些问题，此时预感到以后或许会有麻烦，但是如果本身能够秉承天德，一往无前去克服困难，不断努力去提高自己，最终的结果是吉祥的。

九二，眇能视，利幽人之贞。

爻位　九二得中，上应六五。

译文　瞎了一只眼勉强还能看，处境原本是非常凶险的，但是少女在婚嫁中能够秉承中道保持贞正，效仿隐士言行，谦虚谨慎地去行动，结果是贞正顺利的。

辨析　"眇能视"与"跛能履"均在履卦六三"眇能视，跛能履。履虎尾咥人，凶；武人为于大君"中出现过。"幽人"在履卦九二"履道坦坦，幽人贞吉"出现过，是隐士的意思。或许可以认为，天泽履与雷泽归妹之间，存在着千丝万缕的联系，也许是乾天代表父亲而震雷代表长子的继承关系吧，《说卦传》也说过，震雷发展到极致就是乾天。

选择 事业中存在一些凶险之处，需要效法古贤作为，保持谦虚谨慎的言行，结果是贞正顺利的。

六三，归妹以须，反归以娣。

爻位 六三不当位，凶位。

译文 婚嫁中的少女期盼成为正室，结果还是作为偏房。

辨析 须字的解释是有分歧的，一种说法是帛书版本的《周易》，里面用的不是须字，而是嬬（rú），指妾。然而做妾解释并不十分符合原文逻辑，应天老师此处采用通行的解释方法，须做动词时在字典中多为等待、停留之含义，此处可以理解为等待并引申为期望。

六三爻是整个归妹卦的分野，前面都是正常的男婚女嫁，到此突然话锋一转，妹妹胃口提高了，不甘心就这样做偏房，要做正室，于是接下来就想出了一折延迟婚期的戏码，这是属于强求了，也是为后来婚姻的凶祸埋下了伏笔。

选择 事业进程中总希望能有最好的结果，可是往往努力之后才发现难以获得圆满，一方面是自己条件不具备，另一方面是过于贪心，最终只能退而求其次追求一个差不多的结果了。

九四，归妹愆期，迟归有时。（卦主）

爻位 九四不当位，被六五乘凌，惧位，归妹卦主。

注释 愆（qiān）：罪过、过失，耽误。

译文 出嫁的少女因故耽误了婚期，于是延迟婚嫁，等待好的时机再出嫁。

辨析 结合六三来看，少女错过婚期很有可能是自己一厢情愿，仍然对正房之位不死心，于是想自己把握一下命运。

选择 事业进程中或者会遇到比较好的机会，姑且等待一下无可厚非，需要注意两点：一是不要强求这种机会，有可能这个机会本不属于你，强求也强求不来；二是争取机会本没有错，注意结合自身的当前处境，不要耽误自己。

六五，帝乙归妹，其君之袂，不如其娣之袂良；月几望，吉。

爻位 六五尊位，不当位。

注释 袂（mèi）：衣袖，袖口。望：月圆。望日为夏历每月十五，天文学上指月亮圆的那一天。

译文 帝乙为百姓安定而和亲，将姐妹俩嫁给了西伯侯，这次是少女出嫁作为新娘，姐姐的衣裳没有新娘妹妹的衣裳制作精良。将近十五了月亮也快要圆了，吉祥。

辨析 在古人的思维中，月亮将圆不圆的时候是最好的，因为完全圆满了之后就将迎来亏损了。《周易》六十四卦中这种戒盈戒满的思维处处体现，例如乾卦的亢龙有悔，否泰转换的否极泰来，大过卦的颠三倒四，损益转化的盛衰之始，等等。本爻字面意思是吉祥的，但为接下来的凶咎埋下了伏笔。

选择 事业进展过程中某件我们极力争取的事情达成了心愿，但是不要得意，因为有名无实，目前仅是小小的虚荣而已，如果此时仍不知收敛，仍在玩弄手段，之后必然会遭遇凶咎。

上六，女承筐，无实；士刲羊，无血。无攸利。

爻位 上六亢位。

注释 承：在下面接受，托着。刲（kuī）：刺杀。

译文 女子托着筐篮，里面空空荡荡没有实物；男子宰杀羊，却没见出血，比喻做事情没有收获，没有利益。

辨析 上六爻是六十四卦中非常典型的特殊情况，表面上看起来没什么，实际结果却非常差。结合前文来看，相当于最后竹篮打水一场空，做了很多心机准备却没有得到最终的利益，最开始的小心愿也没有达成。上六爻并不是凶险，只是无所得而已，然而在实际预测中，相当于前期所做都白干了，因此从结果角度讲就非常之差。

　事业到最后有可能会竹篮打水，因此在开始的时候应该打好根基，进程中不应有过多不切实际的非分之想。

咱们总结一下归妹卦的过程。卦辞说归妹，要嫁小女儿了，因此不要节外生枝；随即归妹以娣，嫁作偏房不如意，但是这位少女努力争取的话能够获得吉祥；接下来要保持中道，谦虚谨慎地说话办事能够获得顺利；归妹以须，少女自己想做正房；于是就找个理由延迟了婚期，这是不合时宜的非分之想，也正是这时的节外生枝，为之后的悲剧埋下伏笔，此处承接上下为卦主；帝乙归妹，少女仍然嫁做偏房，但是获得了一时荣光，在婚礼上把姐姐压下去了；月圆之后将要缺损，最终结果是少女什么也没得到，不仅没获利，而且多年执念功亏一篑。

《周易》的卦辞是周文王写的，爻辞是周公写的，周文王的父亲是帝乙归妹的主人公并且也是受益者，但是为什么在卦爻辞中并没有将之描写得非常幸福美满呢？周文王并没有用赞美的口吻去叙述这件事情，对帝乙归妹这件事是持保留态度的，甚至是在揭露其阴暗面。然而在前文的泰卦六五中，是"帝乙归妹，以祉元吉"。这两处是情感上的前后矛盾。时过境迁，我们现代人很难理解周文王或周公当时的处境，只能从字里行间去揣摩文字的指代意义了。

另说一句，商朝中，商王武乙、文丁、帝乙、帝辛即纣王是一脉相承的，在帝乙归妹的典故中，究竟是帝乙嫁了妹妹给周文王之父季历，还是武乙把商王室宗族之女大任嫁给季历，这个是有些争议的。然整体不影响卦爻辞解读，也不影响前文对吉凶的判断。

全卦过程

归妹卦	以少女出嫁为喻
上六（女承筐无实）	做事情没收获，竹篮打水一场空
六五（帝乙归妹）	终于大婚，新娘礼服精良程度超过姐姐
九四（归妹愆期）	少女延迟出嫁，等待良机希望受宠
六三（归妹以须）	少女期待成为正室，条件却不具备
九二（眇能视）	婚嫁中存在波折，要保持中道谨言慎行
初九（归妹以娣）	婚嫁之初不太和谐，需要双方努力争取

全卦选择 在发展事业的过程中，要以平顺为主，不要节外生枝，最开始肯定会遇到一些小的波折，要保持中正之心努力前行。事业中会有一些机会，但要判断这个机会是不是真正的机会、是不是属于自己。不要强求抓不住的机会，以免最后竹篮打水一场空，这会使原本步履维艰的事业雪上加霜。

第61课　雷火丰卦，以人为本

第五十五卦　雷火丰

卦名　雷火丰　《说文》中解释丰为豆之丰满者，它的古体字是豐，其实就是象征豆子长出了芽，变成豆芽，变胖了。因此咱们今天用丰组词，多为丰富、丰满、丰厚等，丰最重要的含义是茂盛与高大。丰在古字中也做豐，为行礼之器，本义是古代盛酒器的托盘。豆是象形字，是古代盛器。

卦画　雷电皆至　丰卦从卦画形状上看，上雷下火，天雷地火，既是自然界的盛大景象，也是人伦中的原始欲望。火为电，雷电交加，这是天罚之象。丰为丰盛广大，因此好的方面是大人将出，神明将至，天下万物即将获得快速生长的机会；丰为礼器，因此差的角度是世事多舛，人心多恶，雷电皆至予以警告，告诫世人要谦恭守礼。

卦德　以人为本　一方面"丰多故也"（《杂卦传》）象征亲友相投的热闹场景，有同心同德之人才有盛大事业；另一方面守江山更难，事业盛大后要更加稳住，懂得取舍，回归初心，以人为本，紧密亲比臣民，避免失掉民心，成为孤家寡人。

卦序角度　渐归妹丰旅　少女出嫁，少男完成六礼，礼成而婚，生活缓慢向前发展，互为归宿，这是渐卦、归妹卦；少女嫁给长男，有了好的依靠，生活非常丰盛，前景非常远大，这是丰卦，象征盛大；盛况过后是一种冷落与孤寂的情感，仿佛黑夜中举火上山，是一种羁旅之象，这是旅卦，象征远行。

特殊之处 雷火丰卦：无。

卦辞解析

丰：亨，王假之；勿忧，宜日中。

译文 丰卦象征盛大。亨通，君主自身达到了盛大丰满的程度并能够带动天下共同盛大丰满；不必忧虑，君主亲临就好比太阳位居中天，光芒万丈。

辨析 此处"王假之"，与萃卦卦辞"王假有庙"和家人卦九五爻"王假有家"意思类似，假为至、到的意思。君主亲临，于是就不必忧虑了，因为有君主坐镇大殿，就好比太阳高悬，还会有什么险难、咎害呢？此处理解"王假之"，一方面是实指，君主亲临解决危难；另一方面是虚指，君主自身达到了盛大之境地，于是可以更好地治理国家、统帅臣民了。整体是非常亨通的。

象辞说，日中则昃，月盈则食，天地盈虚，与时消息，而况于人乎，况于鬼神乎？

太阳过中午就会日影倾斜，月亮在十五盈满之后就会亏蚀，天地之间的盈满亏虚，都随着时间的变化消失或生长，更何况是凡人呢？更何况是鬼神呢？

《象传》给我们提供了另外一种思路，"宜日中"，宜于在丰满盛大之时处理事情，因为天地盈虚不定，故而应当在最强大、最圆满的时候去治国理政。咱们讲《周易》全文都是戒盈的，亢龙有悔，盈不可久，大抵都是这个含义，那为什么此处强调要在最盈的时候处理事情呢？其实戒盈并不是不要圆满，其深层有两个含义：一个是要不断圆满、更加圆满，这样的话才能越来越好，愈发精深；另一个是要延长圆满的时间，飞龙在天之后的亢龙有悔是事物发展的必然，要辩证认识这种现象，戒骄戒躁，努力进取，积极维持，尽所能使飞龙在天的时间更久一些。盈亏四时是天地之道，也是鬼神之道，是不可更改的。

《象》曰：雷电皆至，丰；君子以折狱致刑。

大象辞简译 丰卦的卦象是上雷下火，为雷电辉映之表象。火在雷下，离火也可代表闪电，震雷鸣，闪电亮，声势浩大。君子应像雷电一样威严光大，审理案件和动用刑法都光明正大，威震天下。

注释 致：施加，施行。

评述 折狱是判决诉讼案件，前文贲卦象辞为"君子以明庶政，无敢折狱"，是相同用法。雷火丰，雷为威严，火为明丽，故而此处引申到公正执法的事件中，君子要明察秋毫，是非分明。

爻辞解析

初九，遇其配主，虽旬无咎，往有尚。

爻位 初九当位。

注释 遇：主动拜见或等候。配主：相合的伙伴，地位相当之人。旬：十日。尚：推崇，赞美。

译文 主动前往，遇见了与自己地位相当且志同道合的伙伴，虽然相处不久仅有十日，但彼此都礼让谦恭，没有咎误，前往办事会受到尊敬重视。

辨析 初九爻讲了一个势均力敌的道理，比如下棋，双方都是高手才能够赛出风格赛出水平，才能够玩得尽兴乃至惺惺相惜。对手如此，同伴也类似，同行者要具备同样的价值观世界观，大家见识能力都在一个基准面上，这样才能走得更远。这就是配主的意思，咱们在找搭档甚至选对手时，要找合得来的。

象辞中讲过"旬灾也"，咱们要辩证理解，并不是说时间上超过了就会有灾祸，而是如果这种势均力敌的对峙，或是同心协力的共事被打破了均衡，就会有灾害。《周易》全文讲的，其实都是均衡，我们在为人处事中，也要有中观的态度，不左不右，不偏不倚，话分两头说，事分两面看。

选择 盛大事业的开端是好的合作伙伴，寻找与自己谈得好、合得来的合伙人是重中之重。

六二，丰其蔀，日中见斗，往得疑疾；有孚发若，吉。

爻位 六二中正。

第61课 雷火丰卦，以人为本

注释　蔀（bù）：搭棚用的草席，引申为遮盖。斗：北斗星。

译文　盛大的光明被草席遮盖了，就好比在明亮的白天，高悬天中的太阳遇到了日食，天空晦暗，连北斗七星都看得见了。如果贸然前往行事会有被猜疑的隐患，幸而自身由内向外散发着至诚至信之心，能够获得信任，吉祥。

辨析　咱们讲丰卦的卦辞就是宜日中，象征君主亲临天下，那么此时太阳的光明受损，也是前后照应之意，象征君子处事遇到困难。

本身以一片赤诚之心去寻求交往，但是外部的光明被蒙蔽了，很容易受到怀疑，不过内心的光明却遮掩不住，而以从内到外散发出来的气度折服了对方，获取信任。

选择　盛大事业的进行过程中不可避免遇到挫折，不论外界环境怎么险恶，始终保持自己心中的火不熄灭，保证自己心中的光不黯淡，方能照亮自己，同时照亮别人，照亮前进之路。

引申

日食又叫日蚀，月球运动到太阳和地球中间，如果三者正好处在一条直线，月球就会挡住太阳射向地球的光，月球身后的黑影正好落到地球上，这就是日食现象。古人奉太阳为"万物之阳"，受天人合一思想影响，认为日食是"凶兆"，是君王不道，政局紊乱的象征。民间有"天狗食日"说法，说是天狗恶神故意破坏万物赖以生存的太阳，因此古人遇到日食，都要采取"救日"行动。"救日"的礼仪很是丰富，主要有：（1）祈祷，告上天忏悔其罪，请求赦罪；（2）击鼓祈祝等，是告知上天的呼号，或是驱走恶神的阵势；（3）击鼓、放鞭炮等行为，属于驱赶恶魔的仪式。

九三，丰其沛，日中见沫；折其右肱，无咎。（卦主）

爻位　九三当位，丰卦卦主。

注释　沛：本义为水势湍急或水草茂盛，此处通"旆"，旌旗。肱：上臂，也可泛指胳膊。沫（mèi）：通"昧"，微睹不明。

译文　盛大的光明被旌旗完全遮盖了，就好比在明亮的白天，高悬天中的太阳遇到了日全食，天地漆黑无光，连微小的星星都看到了。右上臂受伤折断，却没有灾祸。

辨析 此时的情况正应了"天地变色，日月无光"这句话，所有的外界都晦暗不明，很像咱们讲过的"明夷，不明晦"。要在晦暗中保持坚贞之心，"举世皆浊我独清，世人皆醉我独醒"，这是非常困难的。因此君子要自晦其明，外面那么黑暗，内心要有光，有美好的向往，但外表上可以暗一些，不要让自己太显眼了，保存好心中的光明种子，待时而动成就大事。九三爻的情况呢，丰其沛，全部被遮住了，大家想，这个时候适合于成事吗？明显应该假痴癫明哲保身。于是乎，手臂断了，这个断手臂的行为到底是君子本人为了保护自己而自断手臂，还是在黑暗世界受到的伤害，不得而知，不过结果反而为好事，因为这样就可以保全自身了，可以潜龙勿用了，于是乎，无咎，没有灾祸！

丰卦用日食做比，六二是遮住一部分，九三就是日全食全部盖住了，那么九四爻呢？所谓月盈而亏，太阳是不可能永远被遮住的，九四是到了日食的下半程了。

选择 盛大事业在进行中，某段时间外界环境非常恶劣，此时不要轻言放弃，要保留好心中的梦想，同时适当舍弃一些，或者壮士断腕迎合，以保全自身为上。

九四，丰其蔀，日中见斗；遇其夷主，吉。

爻位 九四惧位，不当位。

注释 夷：平。夷主，即明主。

译文 盛大的光明被草席遮盖了，就好比刚经历了日全食，天空晦暗，能够看到北斗七星。然而光明马上就要大放于天下，遇到了明主赏识，是生命中的贵人，吉祥。

辨析 夷在此处意为平正，夷主为明主，与初九的"配主"类似，即拥有优秀德行的君子，此处可以理解为贵人，能够帮助自己、提拔己身之人。

选择 盛大事业经历挫折之后，即将迎来光明，得遇生命中的贵人，经过蛰伏以后即将爆发，但仍要低调行事。

六五，来章，有庆誉，吉。

爻位 六五尊位，不当位。

注释 章：文采，比喻天下俊美之才。

译文 有美德的贤能之士来辅佐，会有喜庆的美誉，吉祥。

辨析 此时需要注意，自己本身经过了前一段世事晦暗的磨练，已经成长为非常贤明的君主了。之所以能吸引良才美质前来投靠，是因为自己就是优秀的领导者，这种福庆、美誉、才干都是从被遮蔽了光明的过程中激发磨砺出来的，有来章，而自身就是含章。

选择 盛大事业走上快车道，四海归心，八方来贺，俊美之才都来辅佐，享有美誉，此时要谨记中道，切不可得意忘形，贪功冒进。

上六，丰其屋，蔀其家，窥其户，阒其无人，三岁不觌，凶。

爻位 上六当位，亢位。

注释 阒（qù）：寂静。

译文 楼宇房屋非常高大，遮住了居室，从门户向内窥视，寂静无人，乃至多年都见不到有人活动，凶险。

辨析 三岁不觌，在泽水困初六爻也出现过。

丰是茂盛高大的意思，因此丰卦六个爻不断推进自身的事业，想变得盛大，并更加盛大。然而高而无位，位高无民，万事万物到了一个极点之后就会走向反面，丰卦也不例外。拼命扩大自己的房屋，说明上六居位太高了，与下不交，将自己隐藏在了云端，互相都看不见，因此失了人心，非常凶险。

同样道理，打江山难，守江山更难。在经历生死血火考验之后，天下平定，志得意满，于是大兴土木，享用华服美食，恣意纵情，这就是丰其屋。多形象呀，盖了豪华的宫殿，却与臣民离心离德，别人都见不到他，"阒其无人"，成了真正的孤家寡人，这不就是凶险的结局吗！

选择 盛大事业取得了很具体的成果，此时要稳住脚步，以防亢龙有悔，一方面要懂得取舍，不要一味勇猛精进，不要只追求盛大而忘记初心；另一方面要继续保持谦卑，紧密团结臣民，避免失掉民心，成为

孤家寡人。

全卦过程

丰 卦	以盛大事业的进程为喻
上六（丰其屋）	一味盛大，脱离群众，孤家寡人
六五（来章）	德行中正，俊美之才纷纷投靠
九四（遇其夷主）	困难即将过去，遇到贵人
九三（丰其沛）	日全食而举世晦暗，要明哲保身
六二（丰其蔀）	遇到困难，要保持心中的光
初九（遇其配主）	脾胃相投的合作伙伴

全卦选择　在盛大事业的进程中，一定要亲力亲为，切实体会，最初找到好的合作伙伴，奠定事业根基；遇到挫折时要隐忍并坚持，保有梦想；形势恶劣时要壮士断腕保全自身；遇到贵人时要不卑不亢；四海相投时要确保自身先具备美好的品德，并持久对人才予以吸引；最后避免脱离民众，防止位高无民。

第62课　火山旅卦，羁旅孤苦

第五十六卦　火山旅

卦名　火山旅　《说文》中，军之五百人为旅。旅在古代还表示一种祭祀，如旅祭是祭祀山川之礼，不需要登上峰顶，只需在山脚某个相对高坡上举火设坛，望山祭拜即可，火山旅的说法即由此而来。今天，旅字有旅行、军旅等含义。此处用在卦中，为羁旅之意，象征远行。

卦画　山上有火　旅卦从卦画形状上看，上火下山，一方面取旅祭之义，如《商书·禹贡》中"蔡蒙旅平"之"旅"也是这个意思；另一方面表示人在旅途中生火取暖、埋锅做饭的场景。暗夜中举着火把在山上行走赶路，也体现了一种清冷孤寂的氛围。离卦明丽依附，火能顺从着山，也体现了出门在外应当放下身段，减少暴戾脾气，和气保身的含义。

卦德　羁旅孤苦　身处客乡孤独辛苦，往前看感慨路途遥远艰辛，回头望感伤离家孑然孤寂。羁旅漂泊中要努力历练成长，既是期望获得立身之处，也是为了终有一天功成名就，衣锦还乡。如若沉浸于羁旅孤苦不求上进，则只能在旅途中漂泊如浮萍，在孤苦中郁郁不得志。

杂卦角度　丰多故，亲寡旅，雷火丰和火山旅二卦卦形相反，互为综卦。丰卦是天雷动地火，一派热闹景象，象征情性相投、行止易近的老朋友多年之后再见时的热烈场景，故而丰多故。有人认为，天雷地火非常危险，容易引发事故，这是典型的望文生义了。旅卦的含义是，外界场面非常火热，游子孤身一人，独在异乡为异客，动静对比之下游子更加落寞，周围没有亲人，也没有知心朋友，故而亲寡旅。

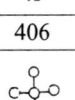

特殊之处　火山旅卦：无。

卦辞解析

旅：小亨，旅贞吉。

译文　旅卦象征远行。小有亨通，在旅途中坚守贞正能获得吉祥。

辨析　羁旅本身并不是很吉利的含义，如果不是迫不得已，谁愿意出门呀！但为什么说小亨呢？很多时候古人的旅行也是迫不得已，其中有一部分不好的，但也有一部分是漫游追求机会和理想的，因此旅卦整体而言还是抱有美好愿望的。在他乡要谨言慎行，明哲保身，维持中道，格外注意自身的道德修养与为人处事，这样才能够获得吉祥。

古人有一句话讲，在家千般好，出门万事难。出门旅行或者客居他乡的羁旅非常辛苦危险，到了一个人生地不熟的环境中，稍有不慎就会有生命危险。大家还可以自行想象一下古时候旅行的困难：吃饭不习惯，有地域差异；衣着冷暖需要适应，还要随身背着衣物；客栈不方便，不容易找到；用具方面，趁手的都要自己随身带，想来也知非常不方便；出行全靠两腿，马车那是富贵人家的享用，而且并不多……

此处务必辨析一下旅卦的本意，是羁旅，而不是旅游，前者是长久客居他乡，后者是在旅途中游览、观光、娱乐。从心境上，羁旅是空虚寂寞冷，还有对家乡的思念、对自身前程的迷茫和对所处环境的无助与无力之感；旅游是开心愉快舒适惬意，吃吃玩玩，以游为主，或者为了转换心境，或者为了品尝美食，等等，两者是绝对不能混为一谈的。

象辞说，旅之时义大矣哉！
行旅之时的意义，太大啦！

《象》曰：山上有火，旅；君子以明慎用刑而不留狱。

大象辞简译　旅卦的卦象是上火下山，为举火上山之表象。火在山上，是旅人行于山上，手举火把，照亮前路，是行旅之象。君子应谨慎地动用刑罚，明察断狱而不稽留案件。

评述　羁旅既有停留之意，又有行走之意，是一个矛盾集合体。同样此处，对于狱讼案件，一方面要谨慎处理防止冤错，另一方面要及时

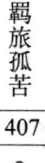

决断避免拖延。

爻辞解析

初六，旅琐琐，斯其所取灾。

爻位 初六阴爻入卦。

译文 旅途中充满烦心之事，使得旅人自身疑虑不定，担心因为自己的言语行为不够谨慎而招致灾祸。

辨析 琐字本义为玉相击发出的细碎声音，此处琐琐连用，为疑虑不定之意，借指旅途中的琐碎烦心之事。象辞中提到"志穷灾"，说明人穷志不可短，即使处在羁旅之中，也要堂堂正正顶天立地，而不可自轻自贱，以免招致无妄之灾。

选择 到达陌生环境，或陷入不利境地时更要自强自立，不要因为暂时的困境而磨灭了自己的理想。自助方能天助，如果自怨自艾，别人更不会帮助你了，反而会让形势更加凶险被动。

六二，旅即次，怀其资，得童仆，贞。

爻位 六二中正。

注释 次：旅行时居止之处所。即：靠近。

译文 旅途到达寄居之处，身上有些钱财，找到了仆人照顾自己，能够坚守贞正之道。

辨析 此爻其实是说了几个连续动作，到达旅舍，带了钱，得人关照，坚守正道。当然，最重要的是坚守正道，有志向有骨气有人格，是六二爻既中且正的结果。

选择 在陌生环境中要坚守正道，妥善运用财力物力，寻找到托身之所和扶助之人。

九三，旅焚其次，丧其童仆；贞厉。

爻位 九三当位，凶位。

译文 旅途中的暂居之所失火，因为旅人自身的不当言行而伤害了童仆，于是童仆与旅人各奔东西，此时会出现危险。

辨析　泽水困卦的卦辞是，有言不信，可以作为此处参照理解。在困境中，即使是大人物的言行都变得那么不可信任，失去了往日应有的分量，小人物的忠诚度也变得非常低，因此更要注重团队团结合作，否则即使是小小的言行不当，也很容易造成离心离德的局面。

选择　在陌生环境中更要依赖我方人员合力，尤其是在遇到困难的时候，千万不可因自身言行不当而造成团队分崩离析。

九四，旅于处，得其资斧，我心不快。（卦主）

爻位　九四不当位，初入上卦，旅卦卦主。

注释　资斧：利斧，借作钱财、旅费。

译文　旅途到达异乡终于有了相对正式的栖身之所了，安顿下来以后获得了盘缠，但心情仍然不愉快。

辨析　处，相对正式的栖身之处，比六二的"旅于次"，环境要好一些，居住要长久一些。为什么安顿下来以后并且还得到钱财了，心中仍不愉快呢？这就要回到旅卦的卦辞含义来讲了。旅卦是羁旅，古代游山玩水吃吃喝喝的旅游是很少的，大部分旅途都很艰苦。这位旅人想到了踏上羁旅的原因，必然是有些悲从中来，随即想到旅途过往遭遇的困难与今后寄居生活的孤苦冷寂，越想越难受，因此"我心不快"，人之常情也。

选择　在陌生环境中往往困难阻力都会成倍增加，因此心境容易失衡，心神容易失守，慢慢走到相对安全的位置后，要及时调整自己的心态，抓紧积累，为下一步应对做好准备。

六五，射雉，一矢亡；终以誉命。

爻位　六五得中，不当位，与九四上九均朋比。

注释　亡：丢失，此处是耗费的意思。

译文　射中野鸡，却也损失了一支箭，好在最终获得了相应的美誉与爵命。

辨析　此爻实际上是羁旅之人经过自身的不懈努力，获得了旅居之处德高望重之人的赞誉。

选择 陌生环境中经过不断努力，总算能够基本适应了，并在事业上有了小的成就，得到了大人物的赞誉肯定。

上九，鸟焚其巢，旅人先笑，后号咷；丧牛于易，凶。

爻位 上九不当位，亢位。

译文 鸟的巢穴失火被烧掉，旅途之人先是获得了高位而喜悦，后又因遭遇祸事而痛哭，就好比在田边丢了牛，非常凶险。

辨析 大壮卦六五爻曾讲过丧羊于易的故事，此处丧牛于易也类似。本爻可以结合旅卦全文来理解，旅人安定后的住所失火了，或者因为某种原因失去了，这样他即使得到了当地尊者的认可赞誉，却还是因为损失了自身的根基而极度悲伤，同时他的财物也损失很重，凶险。

选择 陌生环境中要尤其小心谨慎，否则一不留神就会功亏一篑满盘皆输，过往的一切努力全都白费。

全卦过程

旅 卦	以羁旅遇事为喻
上九（先笑后号咷）	始终贞正，否则很容易功亏一篑
六五（终以誉命）	经过不懈努力，有了小成就
九四（旅于处）	相对安稳有了栖身之处，仍很焦虑
九三（旅焚其次）	尤其是遇到困难时，更应团结善待大家
六二（旅即次）	旅途中寻找到托身之所和扶助之人
初六（旅琐琐）	旅途之初更应自强，免遭无妄之灾

全卦选择 旅行在陌生环境中，最紧要的是谨言慎行，保持正固，时常怀有一颗贞正之心。出门在外困难必不会少，因此一定要艰苦奋斗，自立自强，人善天不欺，人勤天不负。旅途中应当妥善运用财力物力，善待周围之人，将自己安定下来后才有希望获得一定程度的成功。总体来讲，羁旅必然艰难困苦，也希望旅人能因此而成长蜕变。

第63课 巽为风卦，逊顺有时

第五十七卦 巽为风

卦名 巽为风 巽字的解释一般有两种，一是巽风，一是通"逊"，谦逊、逊顺之意。巽与艮一样，属于《周易》八卦的特形字，表示风、逊顺、巽入、消散、东南方等含义。

卦画 随风 巽为风卦从卦画形状上看，巽上巽下，在外为巽风，是无孔不入的细雨和风，在内为逊顺，是谦逊与柔顺的统称。君子之行，对外谦逊，使人如沐春风，同时要内在柔顺并行使坤德。巽卦卦象为随风，指的是随从，一阵接一阵的不停息之风，一方面是风力虽然不大，但是生生不息，另一方面也表示随和、顺从、谦逊之意。也有一种说法是，外巽之风为罡风，强度很大，但是飘在九天，无法实现其具体功用，而内巽之风为和风，正是对应了"随风潜入夜，润物细无声"之意，慢慢浸润到人们的心田中。

卦德 逊顺有时 一方面巽德要恒常保持，逊顺同时要努力发展自身，积极达到主观目的；另一方面逊顺有度，过度柔顺会造成犹疑不决，如身处高位后仍过分逊顺会招致凶祸。

卦序角度 丰旅巽兑 婚姻稳定的丰盛生活和羁旅孤苦交相对照，象征了人生喜悲，洞房花烛的喜悦与远走他乡的窘况诠释了生活不易，这是丰卦旅卦；旅途孤独寂寞，需要进入某个避风的港湾，为巽入，这是巽卦，象征逊顺；和悦谦逊的品格能够迅速融入社会交际，为大家带来愉悦，这是兑卦，象征喜悦。

特殊之处　巽为风卦：纯卦。

卦辞解析

巽：小亨，利有攸往，利见大人。

译文　巽卦象征逊顺。做人谦逊谨慎会有小的亨通且能相对持久，利于前往办事，并有可能成为德高望重的君子。

辨析　为什么说巽风是小亨通呢？因为巽风是相对比较柔顺的风，并且不像其他卦象那样具备实体性，例如乾天刚健、坤地宽厚，又或者震雷暴躁、艮山稳固，等等。对于和风来说，小亨就是非常好的结果了，虽然小亨，但如果能绵绵不绝、绵延不断地小亨，这是不是也是非常棒的结果呢？这就是巽卦小亨的含义了，随风潜入夜，润物细无声。

《象》曰：随风，巽；君子以申命行事。

大象辞简译　巽卦的卦象是上风下风，为和风连连之表象。内外皆风，互相跟随，是为顺从。君子应当如同和风柔顺，申明谕旨，下达命令，施行政事。

评述　申，意为表达，说明，此处有安身立命的隐喻，是立在逊顺之德上，并以此团结民众，颁布指令。君子效仿巽卦，风行而无所不入，且有潜移默化之效，因此下达命令施行统治能够顺天应民，无所不至，在煦日和风中实现政教风化。

爻辞解析

初六，进退，利武人之贞。

爻位　初六不当位，承接九二。

译文　逊顺过度，缺乏自信，进退失据，利于勇敢尚武之人，利于坚守贞正刚强之道。

辨析　初六阴爻从卦画形状上有一种犹犹豫豫、进退迟疑的感觉。阴爻入卦往往比较吉祥顺利，但此处因为巽风本身是阴柔的，再遇到阴爻，就显得过于柔了。世界上的事情就是如此，如果原本就是男生，再非常刚强就会显得比较躁动，容易出危险；对女生而言，过于柔媚会显

得太过娇气了。在社会中，真正优秀的职员往往是略带阴柔的男同事或略显阳刚的女同事就是这个道理，阴阳互补才是最好的。

选择 事业的开端要刚强一些，这样有一种刚猛奋进之感。另外，对于原本就阴柔的事物，再行使坤德容易进退失据，要适当加一些阳刚，如此阴阳平衡互为调和，利于更好地开创事业。

引申

"三思后行"这句话形容做事谨慎，小心稳妥，常作为劝谏。这句话在演变过程中与原典含义有所出入，原文出自《论语·公冶长》：季文子三思而后行。子闻之，曰："再，斯可矣。"孔子认为季文子过于谨慎，考虑太多，所以说何必三思？再思即可。只要借鉴了以往的经验就可以了，无需过于纠结谨慎。三思而后行，是一种仔细谨慎的做事风格，本无咎，但应把握度，三思太过可能会陷入纠结而无所行。

九二，巽在床下，用史、巫，纷若吉，无咎。（卦主）

爻位 九二得中，巽卦卦主。

注释 史：祝史，司祭祀之官，据说能够一定程度沟通神明。

译文 逊顺退让在床下，退无可退地位极低，此时又希望能够与高层九五沟通，于是通过祝史、巫觋（xí）等频繁往来传递消息，这是某种形势下的无奈之举，吉祥，没有咎害。

辨析 古代称女巫为巫，男巫为觋，合称巫觋，后亦泛指以装神弄鬼替人祈祷为业的巫师。

九二的行为非常逊顺，但是又把自己降得过低，并且放弃了自身与高层直接对话的权利，这究竟是为了什么呢？首先这种行为属于谦虚过头了，是此人有意而为之。其次咱们要猜想一下他这个行为的原因，很有可能是为了避祸，于是将自己隐藏在尘埃里，又或者是时机不到，于是通过中间人来传达自己的政治主张。但不论如何，此人保全了自己，并且达到了目的，因此结果是吉祥的。

需要注意，兑为泽卦在《说卦传》中本来就有巫的含义，因此巽卦九二爻是与兑卦相联系的。九二本身，并不能单纯从床下、祝史、巫觋等词汇来判定凶险，而爻辞最终给出的结果也是吉祥的。

选择　事业进行过程中，如果时机不对或者形势有害，要适当隐忍，表现得更加逊顺，更加不起眼，在保全自己的同时通过适当途径达到自己的目的，也可适当求助高层。

九三，频巽，吝。

爻位　九三当位，凶位。

注释　频：通"颦"，皱眉。

译文　皱眉装出谦逊的样子，会有祸患。

辨析　九三处在下卦上位，此时的逊顺可能就不完全是发自内心了，甚至有些骄傲自得的成分了，因此是皱着眉假装出谦逊的样子，会有祸患。

选择　随着事业的发展，逊顺之德不能很好保持，有些骄傲自满了，这样的话容易遭遇困难或凶险，反之如能恒常则顺利。

六四，悔亡，田获三品。

爻位　六四当位。

译文　悔恨消除，田猎时有多种收获，品质也很好。

辨析　接着九三来看，现在继续行使逊顺之德，那刚才的小吝悔恨自然就没有了。三品是中国古代的一个特有用法，往往代指上中下三品，比如品评国画时有三个等级，即神品、妙品、能品；比如品评政事时的三个等级，王者之政化之、霸者之政威之、强者之政胁之，等等。对于猎物而言，三品可以理解成祭祀之品，即祭祀天地；敬献之品，即敬献君王；宴客之品，即宴请宾客。需要明确的是，但凡事物能够入品，那就一定是品质极佳的好东西，对于本爻而言，肯定在田猎中获得的不是普通猎物。

选择　保持逊顺，能够避免做出后悔的事，并且能够得到很多好处，甚至立下功劳。

九五，贞吉，悔亡，无不利；无初有终；先庚三日，后庚三日，吉。

爻位　九五尊位，中正。

译文 贞正吉祥，悔恨消除，万事都非常顺利。在事业的进程中，开端往往非常困难，并有可能造成不好的结果，但随着时间推移，慢慢体会与调整之后，发现了事物运行的周期，最终还是达到了自己的目的，在庚日的前后附近，吉祥。

辨析 "无初有终"四个字曾经在火泽睽六三爻"六三，见舆曳，其牛掣；其人天且劓。无初有终"中出现过。"先庚三日"一般有两种理解方法，理解是作为周期理解，分别为丁戊己庚辛壬癸共七日；另一种是作为具体的日子来理解，分别为丁日和癸日。总归来讲，庚日是一个虚指的时间，理解为某个吉祥的日子即可。

选择 保持逊顺最终能够获得吉祥，虽然在事业初期会遇到某些波折，但在最终的某个应期之日，一定会获得成功。

上九，巽在床下，丧其资斧；贞凶。

爻位 上九不当位，亢位。

译文 逊顺退让在床下，退无可退地位极低，金钱甚至地位都损失了，即使守正也非常凶险。

辨析 关于上九的凶险，有两种理解。一是，事业一步步获得成功，上九虽然亢位，但也不至于如此谦逊，此时行为与地位、环境不相符合，因此招来祸端。二是，上九在事业最终，是处在亢位阶段，谦逊没错，但是如果自轻自贱、丧失人格品德，那么祸患也就随之找上门来了。讲巽风，要谦虚谨慎、柔顺宽厚，但是这一切的前提是要正固，有人格、有骨气，如果连这些最基本的条件都丧失了，那还怎么称之为君子呢？

选择 君子的外在要与自己的身份地位相匹配，要始终保持正固品德，不要自轻自贱。一个阶段就应当做一个阶段的事情，未发迹之前不应当炫耀显摆，成功之后没必要过度逊顺。

全卦过程

巽 卦	以逊顺态度为喻
上九（丧其资斧）	地位不相称的过度逊顺会招致凶祸
九五（无初有终）	保持逊顺能最终获得吉祥

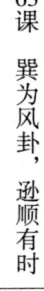

巽　卦	以逊顺态度为喻
六四（田获三品）	回复逊顺能够立功得利
九三（频巽）	逊顺之德没保持，容易遭遇凶险
九二（巽在床下）	形势不明时逊顺一些，先隐藏自身
初六（进退）	阴柔时再阴柔行事，容易犹豫不决

全卦选择　逊顺是君子之德，但在行使巽风之德时需要注意：一是不要过度柔顺，容易造成犹疑不决；二是逊顺的同时要努力发展自身，积极达到主观目的；三是巽德要做好保持，有始有终；四是逊顺有度，要兼顾自身的地位实力与品质德行。

第64课 兑为泽卦，言悦以诚

第五十八卦 兑为泽

卦名 兑为泽 《说文》解释兑为说，八卦中代表沼泽，还有说话、喜悦、少女等含义。兑字在现代汉语中还有交换，如兑换；与液体掺兑，如勾兑等含义。从字形上看，兑字是张口的样子，因此一张口就是说话，就是喜悦，古汉语中"说"和"悦"很多时候能互通，就是来源于此，它们都能用兑来表示。

卦画 丽泽 兑为泽卦从卦画形状上看，兑上兑下。外兑为说，将心中所想表达出来，内兑为悦，将口中所讲呈现于内心。兑卦是一个内外相连的有机整体，心口一体，言行一致，大抵就是这种感觉。之于君子，内心喜悦，外表和悦，心与口能发生共鸣，这是表里如一之象。需要注意的是，兑卦卦象为泽，但表意并非艰险，八卦中表示险的是坎水，因此有些时候在卦象解释中水与泽是通用的，比如泽火革，解释称水在火上烧；比如山泽损，解释为泽水侵蚀山体，等等。

丽泽中的丽，是依附的意思，咱们前面在讲解离火卦的时候，说过离为丽，其中有一个意思就是附着。丽泽的意思是二泽相附丽，上泽下泽，交相浸润，互有增益。

卦德 言悦以诚 外兑为说，内兑为悦，而二泽相丽。首先是以言表悦，内心喜悦而又溢于言表，内在美德外显施德，内外亨通畅达；其次是言以悦心，必为利贞之言，而不应谄媚奸邪。此外，二泽相互附丽，交相浸润，即要求心口如一，言行一致。

杂卦角度　兑见巽伏　巽为风与兑为泽二卦卦形相反，互为综卦。兑卦阴爻在外阳爻在内，显现出外柔内刚的喜悦，因此兑见；巽卦阴爻在内阳爻在外，表现出谦卑顺从的意愿，因此巽伏。兑见巽伏从卦象角度也能够理解，兑卦象征泽，虽然内有艰险，但外表看来平平无奇，就在原地清晰可见；巽卦象征风，来去无踪飘乎不定，是一种潜伏的状态，草木随风而偃，也具备倒伏之意。

　　特殊之处　兑为泽卦：纯卦。

　　这是六十四卦中最后一个八纯卦，八纯卦，第一卦乾为天，天行健；第二卦坤为地，地势坤；第二十九卦习坎为水，水洊至；第三十卦离为火，明两作；第五十一卦震为雷，洊雷；第五十二卦艮为山，兼山；第五十七卦巽为风，随风；第五十八卦兑为泽，丽泽。

卦辞解析

　　兑：亨，利贞。

　　译文　兑卦象征喜悦。心口一体、言行一致会处事亨通，顺利贞正。

　　辨析　为什么兑卦表象是沼泽，却卦德喜悦呢？孔颖达《周易正义》中解释说："泽以润生万物，所以万物皆说；施于人事，犹人君以恩惠养民，民无不说也。"又有解释："惠施民说，所以为亨。以说说物恐陷谄邪，其利在于贞正。"讲的是泽卦之所以亨通，是因为对万物的润泽使其喜悦，对百姓的恩惠养育使其喜悦，而在施与过程中务必注意不要仅仅以小恩小惠来取悦人，更要以优秀品德去感染人，以优秀言行去教化人，以优秀精神去鼓舞人，这是其保持贞正的原因，也是兑德言悦能够顺利施行的基础。

　　象辞说，说以先民，民忘其劳。说以犯难，民忘其死。说之大，民劝矣哉！

　　若说服民众于先，民众可以忘记劳苦。说服民众渡过难关，民众便会忘记死亡。说服的力量太大啦！民众是被劝服的呵！象辞中将兑德由喜悦进一步解释为言悦，就是对万民加强引导，产生劝勉，让民众能够产生积极向上的情绪，甚至为民族大义舍生忘死，这就是兑德的宣传之

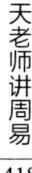

功了，内心喜悦，外在言说，合为言悦。

《象》曰：丽泽，兑；君子以朋友讲习。

大象辞简译　兑卦的卦象是上泽下泽，为渊泽并连之表象。二泽相连，相互流通，非常欣悦。君子应与朋友共同讲习学问，学习交流，互相受益，众人欢乐。

评述　《论语》有云："学而时习之，不亦乐乎？有朋自远方来，不亦说乎？"此处既是讲习学问又是与朋友共，两悦皆得；众多朋友共同讲习，丽泽，众乐乐，善矣！

爻辞解析

初九，和兑，吉。

爻位　初九当位。

译文　用平和喜悦的态度对待他人，吉祥。

辨析　初九象征事业的最初始阶段，此时的和颜悦色是一种端正行为。

选择　事业开始要更加注意和悦待人，和气生财，和顺求官，打好基础以求做大做强。

九二，孚兑，吉，悔亡。（卦主）

爻位　九二得中，兑卦卦主。

译文　心中诚信待人和悦，吉祥，悔恨消除。

辨析　诚信是事业做大做强的基础，也是能够和悦待人的基础，心中有诚信的人风光霁月胸怀天下，吸引世间英雄归附。诚信也是和悦长久保持的基础，李白《酬崔五郎中》中"海岳尚可倾，口诺终不移"一句，讲的就是诚信使感情长久的道理。

兑卦九二爻讲诚信，其实不仅要诚信还要谦逊柔顺，这实际上是与巽为风卦有关系的。在巽卦九二爻辞出现了巫字，是与兑卦相关联的，兑卦巽卦互为综卦，也互为支撑。

与人交朋友，最开始的时候最好能以平常心开头，比如请客吃饭，如果是可交的好朋友，第一次千万注意不要去吃特别贵的餐饭，一方面会给彼此造成经济与思想上的负担，另一方面下次聚会不好再加砝码，容易造成生疏冷落的错觉。待人处事，最重要的是心诚，先交心，然后才能和悦相对，长久相处。

选择　诚信是事业做大做强的基础，也是能够和悦待人的基础，事业初端要贯彻诚信准则，如此方能和睦喜悦，长久发展。

六三，来兑，凶。

爻位　六三不当位，凶位。

译文　前来谋求和悦，凶险。

辨析　对六三爻可以这样理解，前来谋求和悦，说明缺乏诚信，再者行为上也不够正当，是一种做作的谄媚求悦，没有发自内心，因此结果凶险。

选择　喜悦要发自内心，与人交往要真诚相待，谄媚求悦或不当言行会招致凶险。

九四，商兑未宁，介疾有喜。

爻位　九四不当位，惧位。

注释　商：商榷。介：阻隔。疾：本义为疾病，引申为分歧。

译文　商榷喜悦之事，原先未果之事安宁平息掉了，阻隔分歧并形成初步统一意见，得到喜庆结果。

辨析　九四爻上升到兑卦上卦，从心中喜悦慢慢向言语和悦过渡，此句商讨喜悦之事，其实也可以理解为和颜悦色地对待事物，言悦处理事情，这样就很容易将原本难办的事克服掉，最终获得的不仅是个人的喜悦，也是事业的喜庆。

选择　事业进行中要秉承内外均喜悦的德行，和颜悦色去对待，高高兴兴去商量，努力用真诚的言行消除分歧，获取成功。

九五，孚于剥，有厉。

爻位　九五中正。

译文　原本有诚信，后来这个诚信被剥落了，有危险。

辨析 《周易》全文中，九五爻凶险的不多见。细看来，兑卦为少女，是较为阴柔的，此处阳爻处于阳位过于刚强，言语行为上有些过激了，并且没有坚守诚信底线，因此最后有危险。

九二爻是孚兑，此处为孚剥，二者敌应。

选择 事业到达最强盛的时候，不要忘乎所以得意忘形而丢掉诚信的本色，这样会产生危险。

上六，引兑。

爻位 上六当位，亢位。

译文 引诱别人共同欢悦。

辨析 这种欢悦的行为偏离了正德，并不是光明正大的品行，因此有可能导致凶险。事业成功之后是应该享受一下生活，但务必注意不要陷入享乐主义的泥潭，更不应当用糖衣炮弹去腐蚀身边之人。

注意，上六爻的解释还有一种不同的意见，是引导大家和睦相处，然而综合九五爻辞与上六位置，引诱之说更靠谱一些。

选择 事业取得一定成就之后，没必要也不应当呼朋引伴耽于享乐，这种欢悦不会长久，也有悖言悦之德。

全卦过程

兑 卦	以诚信言悦为喻
上六（引兑）	有所成就之后不要陷于享乐
九五（孚于剥）	失去诚信本色会产生危险
九四（商兑）	用真诚言行消除分歧，获得成功
六三（来兑）	谋求和悦，但务必注意是出自真心
九二（孚兑）	诚信待人是和睦喜悦的基础
初九（和兑）	事业初端和悦待人

全卦选择 兑卦整体是亨通顺利的，爻辞之中有些小的坎坷，但其目的是指导大家去规避而不是听之任之。只有坚守中正之道才能平稳顺利，言语上的喜悦和内心中的喜悦都是以诚信为基础的，或者再引申一步，以诚信与逊顺为共同基础。

第65课　风水涣卦，破而后立

第五十九卦　风水涣

卦名　风水涣　涣意为流散，简单理解就是向四处散开的意思，做形容词是水盛大的样子。需要注意的是，涣字能同时表示涣散和盛大两种相反的词义，可以理解为，卦名中的涣散是先涣散再聚集的含义，有不破不立的意味。

卦画　风行水上　涣卦从卦画形状上看，上风下水，取义有二。一是风在水面吹，使得水纹涣然流散；二是巽风为木，象征舟行水上，取舟楫四散流通之象。涣卦的状态是偏向比较好方面的，从卦德角度讲，心中有坎险外表很逊顺，这是一种什么样的状态呢？心里绷得很紧，表面看来却若无其事，这是一个人在生命中历经重重坎坷磨难之后才能有的状态。涣散的前一卦是兑悦，因此涣散的结论整体向好，是和悦后的身心舒缓，也是一种艰难险阻后的和悦涣然。

卦德　破而后立　风水涣，心中有坎险外表很逊顺，这是历经磨难后的舒缓与和悦，是对外的涣散，对内的凝聚，先涣散后重聚，破而后立，是艰难险阻后的身心舒缓、和悦涣然。

卦序角度　巽兑涣节　内心谦逊外表柔顺，是逊顺，内心喜悦外表言说，是言悦，两种德行都是君子所为，这是巽卦、兑卦；和颜悦色能够使人心悦诚服，至交好友之间的两心相悦能够使烦闷与忧愁消散，这是涣卦，象征涣散；涣散的水波终要停止，任何事物也不可能永远处在离散状态，会受到各种节制，都要有度，这是节卦，象征节制。

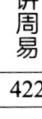

特殊之处　风水涣卦：无。

引申

风水学也叫堪舆术，或称卜宅、相宅、图宅、青乌、青囊、形法、地理、阴阳、山水之术。相传风水的创始人是九天玄女，比较完善的风水学问起源于战国时期。"风水"一词最早见于晋代郭璞所著的《葬书》："气，乘风则散，界水则止；古人聚之使不散，行之使有止，故谓之风水。"古人认为，万事万物由气聚而生，气散而灭。既灭之后，其灵气随风飘散，往往会聚集到山坳水角，对人类吉凶发挥影响。风水本质是研究人类赖以生存发展的微观物质，如空气、水和土，宏观环境如天和地的学说，核心思想是人与大自然的和谐。

卦辞解析

涣：亨，王假有庙，利涉大川，利贞。

译文　涣卦象征涣散。亨通，君王到宗庙进行祭拜，利于进行重大行动或解决重大难题，顺利贞正。

辨析　王假有庙的原因是什么呢？为了共同的目的与共同的信仰，祈求上苍，使得人心不至于涣散，或者是将原本涣散了的人心重新凝聚，大家能够同心同德开创事业。人心齐而泰山移，于是"利涉大川"，能够克服所有艰难险阻。注意，风水涣卦原本就有水上行船之含义，困此坚守贞正之道，渡过大江大河在此顺理成章。涣卦卦辞可以参考对比萃卦"亨；王假有庙，利见大人，亨利贞，用大牲吉，利有攸往"。

《象》曰：风行水上，涣；先王以享于帝、立庙。

大象辞简译　涣卦的卦象是上风下水，为风拂水面之表象。风吹水上，吹皱一池春水，风会将水吹散，是为涣散。君子应像先王一样通过祭天、建庙来归合天下人心。

评述　风行水上荡起阵阵涟漪，似乎已经将水吹散。但涟漪中湖水仍聚，涣中为合，形散神聚。先王正是观此"风行水上"之象，因此效仿涣卦，祭祀天地、修建庙宇以归合天下人心，对于看似都为独立个体的民众，以"享帝""立庙"这种精神信仰的方式收合民心，凝聚众力。

爻辞解析

初六，用拯马壮吉。（卦主）

爻位　初六不当位，承接九二，涣卦卦主。

译文　位居阳位，凭借柔顺坤德去拯救涣散的马群，使之盛大团结，吉祥。

辨析　初六阴爻入卦，承接九二阳刚，定下了涣卦的吉祥总基调。坤卦的顺从是柔顺并且贞正，体现在仅仅顺从于乾卦的忠贞态度，那么此处，柔顺的马群可能发生涣散的危险，而出手拯救的恰恰为健壮的乾卦。

初六爻还有一种观点认为，是"用拯马壮，吉"，在涣散困难即将到来之时，依靠健壮的好马来拯救自己，弥补自身力量的不足以期顺利渡过难关，是吉祥的。此种说法备考。应天老师赞同第一种说法，其突出了涣散与盛大的对立关系。

选择　目前的事业可能发生涣散的危险，既然认识到了，就应当一方面君位行使乾德去积极处理，着手救助，另一方面臣位行使坤德积极协同配合，刚柔并济，最终挽狂澜于既倒。

九二，涣奔其机，悔亡。

爻位　九二得中，不当位。

注释　机：通"几"，几案、小桌子，比喻人之日常安身处。

译文　处在即将涣散之时，要迅速脱离险境，奔赴到安全的地方，悔恨消除。

辨析　九二爻是涣散事件的开端。虽然说不破不立，但是在破的时候，往往会出现较大范围的改革阵痛期，会对当事人员造成一定程度的损害，甚至还有可能危及生命，因此咱们要在涣散之时先确保自身。

选择　涣散的目的是为了更好重聚。在涣散到来之时，要积极保全自身，想办法到相对安全之处，躲避可能发生的灾害。

六三，涣其躬，无悔。

爻位　六三不当位，凶位，上应上九。

译文　处在涣散之时，首先要将自己身上的错误缺点涣散掉，这样就不会有什么后悔。

辨析　本爻是为了接下来的破而后立做准备，自身借着涣散的契机寻求脱胎换骨的转变。

选择　处在涣散之中，同时也是凶险之中。要做到"吾日三省吾身"，将自己身上的错误缺点涣散掉，为涣散后的重聚或者接下来更好发展做准备。

六四，涣其群，元吉；涣有丘，匪夷所思。

爻位　六四当位。

译文　将朋党小群体涣散掉，这从根底上是至为吉祥的。将涣散掉的众人重新凝聚起来，组成像小山一样的大群体，这样大家能够同心同德，稳固向前了。这种破而后立的思路不是常人所能想到的。

辨析　涣卦的卦辞"王假有庙"和象辞"享于帝，立庙"，综合理解理解涣卦的本意是，君主为了使天下太平、全民团结，避免人心涣散，去修建宗庙并祭祀，因此我们一定要明确涣卦的吉凶表意。首先，涣散的结果，是对外的涣散，对内的凝聚；其次，涣卦整体是吉祥的含义，最终还会重聚。

此句为成语匪夷所思的出处，指言谈行动离奇古怪，不是一般人根据常情所能想象到的。

选择　继涣散掉自身错误缺点之后，该涣散各自为政的小团体了，目的是让大家拧成一股绳，重新凝心聚力发挥更大效用。

九五，涣汗其大号，涣王居，无咎。

爻位　九五中正，承接于六四。

注释　大号：指帝王的旨意、号令。

译文　像挥发身上的汗水一样发布重大的命令，涣散君王的住所、疏散君王的积蓄，目的是聚拢民心，这样做没有错误。

辨析　涣汗，形容涣散的行为就像人出汗一样，发汗了无法收回，与覆水难收类似。

选择　继小团体涣散掉之后，新的集体组建起来了，此时涣散已经完成，不再需要总指挥了，故而要涣散掉君主的住所，并将财富重新分配，目的是勠力同心，踔厉奋发，共谋发展。

上九，涣其血，去逖出，无咎。

爻位　上九不当位，亢位。

注释　血：指代伤害。

译文　涣散伤害，将所有忧伤的事情都抛诸脑后，没有咎误。

辨析　互相批评，自我完善，自我革新，改掉旧毛病，建立好习惯，以更好的状态再开始。

选择　一步步完成了旧事物的涣散工作，重建即将开始，在过程中谨遵刚柔并济之道，没有伤害，没有忧虑，没有错误。

全卦过程

涣　卦	以重聚之前的逐步涣散为喻
上九（涣其血）	涣散完成，没有伤害与忧愁
九五（涣汗其大号）	涣散君主的住所，目的是聚拢民心
六四（涣其群）	涣散掉小团体，为凝心聚力做准备
六三（涣其躬）	凶险之中，可借此涣散掉自身缺陷
九二（涣奔其机）	即将涣散，到安全之处躲避
初六（用拯马）	点出涣散危机，需要刚柔并济去拯救

全卦选择　在事业进行到某个阶段时，由于积弊太深，需要将原先功业推倒重建，实现破而后立。在涣散过程中要谨遵坤道维持自身贞正，遵守乾道勇于开拓进取。破而后立不可避免会遇到改革的阵痛，要保全自身，并借此机会涣散掉缺点错误，依照自己、团体、上层的顺序逐步完成涣散过程，为事业重建做好准备。

第 66 课　水泽节卦，知时守度

第六十卦　水泽节

卦名　水泽节　《说文》解释节为竹约，大意为竹子有节，竹节能够约制竹子的生长。卦名是用节字最基本的含义，节制。此外节字作为现代汉语常用字，还有连接处（如关节）、历法分节（如节气）、纪念日（如节日）、礼度（如礼节）、音乐用法（如节拍）、操守（如高风亮节）、节约（如节省）等用法。仔细品味，事实上这些用法也多是从竹节约制中引申出来的。

卦画　泽上有水　节卦从卦画形状上看，上水下泽，坎水与泽水相互依存，共荣共生，有节制的含义，在现代社会中也可以解读为节约用水。沼泽有一个功用是存水、蓄水，能够容纳多余的水，具备自我调节的能力。泽上有水不断注入，沼泽通过自身的蓄积和排解能力对水体进行节制，对水源进行节约，这是我们理解节卦卦画的方法。

卦德　知时守度　节卦有两层含义，一是无论做任何事都要有度，节制；二是在节制这件事情本身，也要有度。综合讲就是既不能不节制，也不能节制过分。万事有度这是正确的行为准则，但万物有时也是正确的天地法则，要善于抓住转瞬即逝的时机。

杂卦角度　涣离节止　风水涣和水泽节二卦卦形相反，互为综卦。涣卦是风从水面吹，水波粼粼，不断凝聚而又四下离散，因此为涣离，咱们讲涣散的本义也是分离使四处散开。节卦象征着泽上有水，此时不必再增添水了，应当止水，否则会造成满溢，因此为节止，同时节字也有制约停止的意思。

特殊之处　水泽节卦：无。

卦辞解析

节：亨，苦节不可，贞。

注释　苦：程度副词，很、甚。

译文　节卦象征节制。亨通，过分节制不提倡，应当持正、适中。

辨析　节卦有两层含义，一是无论做任何事都要有度，都要适当，都要刚柔相辅，过和不及都不对；二是在节制这件事情本身，也要有度。咱们提倡生活要节制，但并不是说像苦行僧一般的节制。同样，提倡慎言语，但不是不说话，不说话是闭口禅；提倡节饮食，但不是不吃饭，不吃饭是辟谷；提倡少逸豫，但不是不享受，不享受就是真正的苦行僧了。《周易》全文都提倡中道，这就是对度的把握：刚是好，但不要过刚，柔也好，同样不应过柔。简而言之，任何事情超过这样一个度都不好。《周易》不提倡过度，过度就是亢，卦画中的上爻就是亢位，亢位往往不太吉祥。本卦的亢位"苦节，贞凶，悔亡"恰为卦辞再现。应天老师认为，判断一个人精神层次的高低，其实就看他是否持正适中，不偏不倚。

象辞说，天地节，而四时成。节以制度，不伤财，不害民。

天地的阴阳之气互相节制，而四时的变化才形成。圣人以制度节制，不损伤财物，不妨害民众。

《象》曰：泽上有水，节；君子以制数度，议德行。

大象辞简译　节卦的卦象是上水下泽，为泽中蓄水之表象。泽上有水，应防泽水四处流散，是以建筑堤坝节制泽水。君子应制定礼数仪节与典章制度，思量道德行为。

注释　数：礼数，仪节。议：通"仪"，忖度。

评述　孔颖达《周易正义》曰，"水在泽中，乃得其节"。君子制定法度标准，不以规矩不能成方圆，方圆是受规矩限制，但更重要的是，方圆正因规矩才得以存在。自由往往存在于一定的束缚中，社会昌明必定存在于规章法度之中。

爻辞解析

初九，不出户庭，无咎。

爻位　初九当位。

译文　不要超出制度节制的范围，没有灾祸。

辨析　不出户庭并不是不迈出庭院的意思。《西游记》中，孙悟空要到远处化缘，就用金箍棒在地上画一个圈，这样子妖怪进不去，并且叮嘱唐僧："不出户庭，无咎。"与此爻道理类似。

此句在《系辞》中亦得到了孔圣的解读（详细译文见最后一课）。

选择　处世办事，万事有度，在事情发展过程中，不要超出某种节制，否则会遭受咎害。

初九，不出门庭，凶。

爻位　九二不当位，得中。

译文　在处事之时，如果拘泥于某种约束，会凶险。

辨析　九二爻与初九爻存在某种联系，同时也是一个度的区分。门与户的区别是，单扇门曰户，两扇门曰门，也即院内小屋的门曰户，院墙的大宅门曰门。

为什么说初九要谨遵制度不可逾矩，而九二却鼓励大家打破制度，勇于走出去呢？这实际是一个时机的问题，同时结合了度与时来看。万事有度是正确的行为准则，万物有时也是。初九处在事物最开始的阶段，称为"初难知"，我们很难判断事情发展的走向，此时不应该冒进，而应老老实实规规矩矩地在制度中做好本分。九二是事物获得一定发展并取得一定成果，处于臣位，此时为了更好的发展，或者获得更多的资源，就应当勇于打破常规，求新求变，避免固步自封原地踏步。大家注意到，初到某地，难以判断吉凶，此时就是处在初九的位置。等到在一个地方时间一长，或者建立了一定的基础之后，就不能再在原地被动等待了，而要抓住当前时机，主动出击，寻求新的突破。

同样初九和九二还在户与门上作出区别，前者是相对小的空间，后者是相对大的概念，这其实也是给了我们一种暗示，生活中的琐事细节要中规中矩，而在大事来临之时要求新求变。

　　选择　事情发展到一定阶段之后不能再墨守成规，此时已有成果，应打破固有思路，抓住新的时机，走出去看一看，力争取得新的突破或获得更多资源。

　　六三，不节若，则嗟若，无咎。

　　爻位　六三不当位，敌应上六，凶位。

　　译文　如果不能节制守度，则势必嗟叹后悔。如果在事情刚有凶险预兆的时候就能够反省，那么没有祸患。

　　辨析　此处无咎是很多人难以理解的，其实六三爻也说明了度和时机。虽然最开始没有把握正确的度和时机，但能够及时悔改，此时是一种亡羊补牢的行为，因此无咎。

　　选择　在事情发展过程中没有很好地节制守度，造成损失，但若能及时悔改，也是没有灾祸的。当然最好是能够在最初就把握好度与时，悔改只是亡羊补牢的行为而已。

　　六四，安节，亨。

　　爻位　六四当位，初入上卦。

　　译文　安顺、泰然地实行节制，亨通。

　　辨析　象辞曰"'安节之亨'，承上道也"，就是说六四当位，顺承九五尊位，尊上也能得上之佑护，因此可以"安节"。六三正是阳爻居阴位，不行柔顺之德，是以"不节"。

　　选择　不以节制为苦，不以节制为负担，而能将节制当作一种生活习惯安顺实行，这是一种境界。

　　九五，甘节，吉，往有尚。

　　爻位　九五中正，尊位。

　　译文　以平和甘美的方式去节制自己的言行，吉祥，前往办事会受到尊敬重视。

　　辨析　清代李光地编撰的《周易折中》指出，咸苦酸辛是味之偏，只有甘是味之中，这也对应了五行所在。中医讲甘味属和，是能够调和五味的一种味道。五行对应五味，水是北方，咸味；火是南方，苦味；木是东方，酸味；金是西方，辛味；土是中央，甘味。

选择　事业发展取得成功，此时中正，应当遵守适当节制的原则，知时守度，调和自身言论德行，平和行使节制之德。

上六，苦节，贞凶，悔亡。（卦主）

爻位　上六当位，卦主。

译文　过分节制是不提倡的，会发生凶险，如果及时悔改，则悔恨消除。

辨析　苦节与卦辞一样，是过分节制，苦是程度副词。贞在《周易》中有两种解释方法，分别为占卜和贞正，此书强调易理哲学智慧，将《周易》中的贞都解释为贞正、正固了，因此会出现某些语境下贞是占卜之意的情况，跳过了不做解释，对大意没有影响。悔亡的通行解释是悔恨消除，此句却不好理解，如果解释为"苦节对社会没有危害"或"苦节也有可取之处"之类，与全卦主旨矛盾。应天老师姑且认为是中间有错简或者作者在此处做了省略，揣摩其原意为，如果及时悔改，悔恨就会消除。

上六与六三相敌应，表明不节制和过分节制都是错误的行为，应当寻求中道，安节和甘节。本身九五已经在尊位了，节制知时守度很好，到亢位反而节制过了，就好比君王每天穿打补丁的龙袍，吃粗茶淡饭，没必要，止增笑耳。

上六爻实际是卦辞"苦节不可贞"的再现。此处与巽卦上九"巽在床下"的过分逊顺不谋而合，都是没有弄清楚当时当地所处的位置。

选择　人生需要适度节制自身的欲望与行为，但绝不是禁欲苦行。事业发展到较高程度之后，要保持艰苦奋斗克勤克俭的作风，而不应过分，要因时因地做出适度节制。

全卦过程

节 卦	以适度节制为喻
上六（苦节）	过分节制凶险，要及时悔改
九五（甘节）	平和，节制，吉祥
六四（安节）	安顺，节制，亨通
六三（不节若）	不节制是不对的，要及时悔改
九二（不出门庭）	把握时机，打破常规，寻求突破
初九（不出户庭）	万事有度，没有凶险

全卦选择 人生的各项进程中，充满了诱惑与欲望，如果不能够加以节制，就会陷入逸豫享乐的深渊。同样，万事万物都有自己的度，在处世办事中不能无度，也不能过度，而应当在对的时机做对的事，用合适的方法做合适的事，把握好进退之间的尺度，知时守度方能进行最正确的选择。

第67课 风泽中孚，诚信立身

第六十一卦 风泽中孚

卦名 风泽中孚 《说文》与《尔雅》中解释孚就是信，中孚可以简单解释为，心中诚信，孚字做动词和名词都是相信、信用的意思。孚字为鸟抱子之象，还有一种说法可以参考，中孚是"鸟之孚卵，皆如其期不失信也"，古人很早就发现鸟每年都会在固定时节孵化繁殖，从不失信，卵成而生出小鸟，这是明明白白信守承诺之事。

卦画 泽上有风 中孚卦从卦画形状上看，上风下泽，取微风轻拂、泽被苍生之象，这是诚信的力量。分析卦画，仿佛一个放大的离为火，外部是四个阳爻，中间是两个阴爻，将外实内虚的道理表现得很突出。古语说，虚心竹有低头叶，傲骨梅无仰面花。中孚卦将谦逊的道理融在卦画中，而谦逊正是自信的基础，所谓"中有玉者外必辉，中有诚者外必孚"，竹子内部虚心，外形却高高挺立坚强无比，正是中孚卦的写照。另外，中孚卦画还有舟楫之象，大家看这个卦画是不是像条船呢？泽上有风，是最后横涉大川的工具，目标是达到终点，经过小过卦，抵达既济卦。

《周易》六十四卦可以说是将诚信贯穿始终的，从第五卦水天需开始，等待需要诚信，争讼需要诚信，亲比需要诚信，小有积蓄也需要诚信，等等，直到六十四卦即将结束的时候，仍要以诚信为舟，渡过最后的关口，到达胜利的彼岸。经统计，《周易》经部中，卦辞中出现孚字的有需卦、讼卦、观卦、习坎卦、损卦、夬卦、革卦、中孚卦等，爻辞出现孚字的更多。

卦德 诚信立身 心中有诚信，以诚信贯穿始终，并能以中孚之德影响众人的，一定是德高望重的君子，是非常吉祥的。

卦序角度 涣节中孚小过 和颜悦色使人心悦诚服、忧愁消散，将涣散的人心通过规章制度集结起来，知时守度，实现破而后立，这是涣卦、节卦；处世办事把握好分寸有利于取信于人，事物的度也是其提升自身信念的好途径，这是中孚卦，象征诚信；中孚卦内阴外阳，外实内虚，是船的形象，心中有自信而顺水行舟，过于顺利了，做小事吉祥而无法办大事，这是小过卦，象征略微过分。

特殊之处 风泽中孚：艮宫游魂卦，卦画四阳包两阴。

卦辞解析

中孚：豚鱼吉，利涉大川，利贞。

注释 豚：小猪。

译文 中孚卦象征诚信。诚信施及万物，连小猪和小鱼这些动物都能感受到诚信，被诚信感化，这是非常吉祥的，利于通过大的艰难险阻，顺利而贞正。

辨析 豚鱼吉还有一种说法，以猪和鱼祭祀非常吉祥，做参考。此处豚鱼受到诚信感化只是一个比喻，和古代沉鱼落雁、闭月羞花的传说类似。豚鱼吉是说，用至诚至信的态度去对待别人，能够收获别人对你的认同，也能够获得别人对你的诚信反馈。

象辞说，"利涉大川"，乘木舟虚也。

上巽为木，下兑为泽，木在泽水之上，乘木舟之象；从六爻看，中孚上下为阳爻，故实，中间为阴爻故虚，外实中虚，故有舟虚之象。

《象》曰：泽上有风，中孚；君子以议狱缓死。

大象辞简译 中孚的卦象是上风下泽，为舟行泽上之表象。风吹泽上，大泽上吹拂着和风，比喻广施诚信之德。巽风为木，木刻为舟，也象征诚信之船即将渡河。君子应广施信德，以德行教化民众，审议案件，如已受教化，可宽缓死刑。

评述 孔颖达《周易正义》曰："风行泽上，无所不周；其犹信之被物，无所不至"，就是说君子广施信德，无所不至，众人受教，风化向好。既已广施德行，民众教化，那也可考虑"议狱缓死"了，毕竟狱和死目的都是使民众向善，维护社会秩序，既然目的已达到，就不必再施以残酷手段。

爻辞解析

初九，虞吉，有它不燕。

爻位 初九当位，上应六四。

注释 虞：驺（zōu）虞，一种野兽，是非常有诚信的义兽，此处为安稳之意。它：指示代词，别的，相对之意。燕：古同"宴"，安闲，安乐。

译文 像驺虞义兽一样坚守诚信，安稳吉祥，反之，不能诚信守法，则不会得到安乐。

辨析 初九以阳爻入卦，应当守正勿动，暂时克制前进欲望，抵制诱惑，安于初位，坚守诚信才能吉祥。

选择 为人处世，从政经商，都要以诚信立身，如果背离了诚信德行，就会遭受凶咎。

九二，鸣鹤在阴，其子和之；我有好爵，吾与尔靡之。（卦主）

爻位 九二中位，中孚卦主。

注释 阴：不见阳光之处，古代通指山北水南。爵：盛酒的礼器，形似雀，青铜制，有流、两柱、三足，用以温酒或盛酒，盛行于殷商和西周初期。靡（mí）：本义为浪费，有奢靡、美盛之意，此处是喝酒的意思。

译文 鹤在山的北面鸣叫，小鹤与之鸣叫应和，我有醇香的美酒，希望与你共同畅饮。

辨析 鹤在中国传统文化中有较高的地位，特别是丹顶鹤，是长寿、吉祥和高雅的象征，常与神仙联系起来，又称为仙鹤。鹤属于秋性之鸟，据传遇到八月霜降之日就会鸣叫，有人称之为信鸟。此处仙鹤在幽静处鸣叫，展现的是一种隐居的态度，代表的是高洁之士。其子和之，也未必非要解释为小鹤，也有可能是它的伴侣或同伴，两鹤相对应和，互相答对，是一种诚信之态。

《周易》全文，此处最为和谐。此句描绘了一幅乡里融洽、家人和谐的画面，百姓之间、亲友之间互相发出真心的应和，没有尔虞我诈，而是朴素而至诚至真的情感交流。周文王很难得地举出了一个至善至美的例子，表达的是美好的感情，同时也让人心中非常舒服，能够身临其境感受到这种共通的喜悦。

周文王在《系辞》中对此爻作出评价，讲的是诚信君子应当言行一致。"君子居其室，出其言善，则千里之外应之，况其迩者乎？居其室，出其言不善，则千里之外违之，况其迩者乎？言出乎身，加乎民；行发乎迩，见乎远。言行，君子之枢机。枢机之发，荣辱之主也。言行，君子之所以动天地也，可不慎乎！"说的是君子待在家里发出善美的言论，就算是千里之外的人也会闻风响应兴起，何况是接近他的人呢？如发出不善的言论，则千里之外的人也会认为不对而违背他，何况是接近他的人呢？言语是从本身发出，而能影响于百姓，行为是在近处作用，而显现于远处。言行是君子的要枢，其作用决定了光荣或受辱。言行正是君子感动天地之由，可以不谨慎吗？

选择　诚信君子应当言行一致，言必信，行必果，如此才能引得同类纷纷效仿，之后能结交到更有意义的至交好友。

六三，得敌，或鼓或罢，或泣或歌。

爻位　六三不当位，凶位。

注释　敌：劲敌，也可指生活中的难事。鼓：鼓舞，斗志昂扬。罢（pí）：通"疲"，疲惫之象，精神萎靡。

译文　面对强劲的敌人，大家不能诚信相处，团结一致，有人斗志昂扬，有人精神萎靡；有人因失败而哭泣，有人因胜利而高歌。

辨析　六三爻处在不太好的位置，乘凌九二，敌比六四，说明当前的形势是内忧外患，外部有敌人，内部互相掣肘勾心斗角。这样的话虽然爻辞中没有明确给出吉凶，咱们也可以断定，六三的结果是不太好的。

选择　事业发展到某个阶段的时候，内部人心涣散，私念四起，多方钻营，言行无常，失掉了最基本的诚信品质，无法团结相处，虽然眼下没有明显祸端，但终究徒劳无益。

六四，月几望，马匹亡，无咎。

爻位 六四当位，下应初九，承接九五。

译文 月亮将圆而未盈，好马失掉了与之共同拉车的匹配，但由于此时处在即将圆满的阶段，又有尊位提携，因此暂时没有咎害。

辨析 马匹，不是现在的马匹一词的含义，而是两个单音节词的组合，指马的匹配，有可能是这匹马的配偶，更大可能是与之一同拉车前进的马匹伙伴。六四无咎，还有一个很重要的原因在于九五尊位的提携，九五有诚信并且能够带动大家一同遵守诚信。

选择 一方面，受到尊位提携，虽有凶事但没有大的咎害；另一方面，要保持自己的不盈之心，既要诚信也要谦逊。

九五，有孚挛如，无咎。

爻位 九五尊位，中正，承接于六四。

注释 挛（luán）：维系，牵系。

译文 诚信的德行牵系天下，就仿佛与别人紧紧握手并互相帮助，没有咎误。

辨析 此处与小畜卦类似，上九"月几望君子征凶"，而九五"有孚挛如富以其邻"，也是九五爻的诚信之德牵着大家共同进步。

选择 事业功成名就，处于尊位，自身要坚守诚信，同时也要用中孚德行感染身边的人，让大家都以诚信相应和。

上九，翰音登于天，贞凶。

爻位 上九不当位，亢位。

译文 鸡叫声响彻天宇，但这种声音一是非常虚妄，不够信实真切，二是德不配位，并非仙鹤之类登天之禽，有些名不副实，因此结果凶险。

辨析 《礼记·曲礼下》载，"凡祭宗庙之礼，羊曰柔毛，鸡曰翰音"，因此之后以翰音为鸡的代称。翰音于天是个成语，与滥竽充数意思相近，此爻即为出处。鸡非能登天之禽，翰音怎能闻于天？

翰音登于天作为中孚卦的收尾，与卦辞豚鱼吉相照应。卦辞讲的是，如果有诚信，即使猪鱼之类冥顽之物都能够被感化；上九爻讲的是，如果失掉诚信，即使声音闻天，亦是华而不实，德不配位。还有一种说法是，此爻与九二鸣鹤在阴相呼应，说此处翰音指代的是仙鹤，如此解释难以通顺。应天老师认为，上九是普通的雄鸡，而并非九二中的仙鹤，因此才会出现贞凶，如果是仙鹤鸣叫，普天周知，就应当是吉祥了，因为仙鹤具备诚信之德，并且能够一叫百应，传播中孚德行。

选择　亢位的时候，要认真掂量德位是否相符。再者，如果不能保持诚信，那么就算自身做出很多努力，鸣叫之声达到天际，也是名不副实徒有其表，起不到应有作用，反而会遭受凶咎。

全卦过程

中孚卦	以诚信立身为喻
上九（翰音登于天）	如无恒信，即使登天，也是德不配位
九五（有孚挛如）	处于尊位要广施诚信感染众人
六四（马匹亡）	诚信谦逊，即使有凶事也没咎害
六三（或鼓或罢）	如失掉诚信品质，日后会徒劳无功
九二（鸣鹤在阴）	诚信君子言行一致，能结交到好朋友
初九（虞吉）	诚信立身吉祥，否则不吉

全卦选择　心中有诚信，以诚信贯穿始终，并能以中孚之德影响众人的，一定是德高望重的君子，是非常吉祥的。反之，立身不诚，诚信不持久，不能广施诚信的，会遭受咎害。

第68课 雷山小过，确保无失

第六十二卦 雷山小过

卦名 雷山小过 在学习第二十八卦泽风大过中讲过，过是度的意思，表示经过、度过，引申为过度、过分等含义。因此小过的含义与大过类似，是略微过分之意，其区别在于程度不同。前文提到过，《周易》全文六十四卦中，上经的倒数第三卦是泽风大过，下经的倒数第三卦是雷山小过，后文会有二者的比较。再引申一步，上经以两个纯卦习坎为水和离为火关门，下经以水火二卦的复卦水火既济和火水未济关门，这也是有寓意的。

卦画 山上有雷 小过卦从卦画形状上看，上雷下山，一动一止是动静相宜之象，象征行动不能过度，要有时行时止、知行知止的智慧。在山中听到打雷，雷声通常会比在平地上听到的要剧烈一些，但又不至于造成灾害，因此象征小过，是小有过越，略微过分。小过卦两个阳爻夹在四个阴爻之中，阴多阳少，因此小事可为，但不可冒进，只能小心翼翼度过，做事情要把握好尺度，稍不留神就会逾越规矩。小过卦虽然说的是略微过分，但它的真实含义是不要做任何过分的事，因此才在卦辞中声明，可小事不可大事，因为这个阶段已经坐在中孚的舟船之上准备渡江了，稍有过失就有可能舟毁人亡。小过的卦画是放大的坎卦，也可以抽象理解成，中间两个阳爻是小舟，航行在外部阴爻代表的茫茫大江之上。回忆泽风大过卦，是两阴爻包裹四阳爻，因此为阳刚太过，形成了上下颠倒的局面。

卦德 确保无失 小有过越，还没酿成大错，但千万不可大意，不可冒进，以防造成更大失误，应当更加谨慎小心、把握分寸，尽量做到万无一失。

杂卦角度 小过过中孚信 雷山小过与风泽中孚二卦各爻全变，互为错卦。大过在杂卦中解释为颠，是过分得太狠了以至于颠倒了，相当于超出了事物的限度而发生了质变。而小过仅仅略微过分，处在量变的阶段，因此大过为颠，小过为过。小过与中孚两卦的杂卦都是从字词本义来解释的，中孚为信。

特殊之处 雷山小过：兑宫游魂卦，卦画四阴包两阳。

卦辞解析

小过：亨，利贞；可小事，不可大事；飞鸟遗之音，不宜上，宜下，大吉。

译文 小过卦象征略微过分。亨通，顺利，贞正，对个人而言，生活工作都是好的顺利的，涉及社会、国家之类的大事则不易成功。飞鸟从头顶飞翔而过，所去不远尚有余音袅袅，不宜往上飞，应当往下飞，能获得很大的吉祥。

辨析 小过是略微过分了一点点，整体而言还是在掌控之中的，或者说只要略微调整一下就没问题，因此亨通，顺利，贞正。注意此处没有元始之意，也就是说小过不具备完整的天德。

如何区分小事和大事呢？是不是日常的鸡毛蒜皮是小事，考学、就业、结婚生子是大事呢？其实并不是这样的，第一，人生中的大事是有数的，每一件大事一定是极其重要的转折点，《周易》中的卦辞没必要以此作比，因为这种事情的重要性是毋庸置疑的。第二，《周易》智慧中，小与大往往体现在个人与集体、社会、国家的区分。在处理家国大事的时候，尤其要慎重、精准，不增不减、不偏不倚才是应有的态度。国家大事如有小过，影响会很深远，失之毫厘，谬以千里。

往下飞能获得吉祥，是因为鸟在空中飞翔有一个极限高度，而且在过高的地方飞会消耗更多的体力。反之，鸟的巢与食物都在下方陆地或树木上，因此向下飞实际上是杜绝更大的冒险，是能够获得安全的。

小过是略微过分，整体吉祥。因此孔子也说："人非圣贤，孰能无过。"可见即使是文圣，也不会太在意苛求生活中的小过，因为过而能改，善莫大焉呀。参考大过卦辞：大过，栋桡，利有攸往，亨。

《象》曰：山上有雷，小过；君子以行过乎恭，丧过乎哀，用过乎俭。

大象辞简译　小过的卦象是上雷下山，为山上响雷之表象。雷在山上，震雷响于山上，其响过于寻常，是为小有过越。君子可以在行事上稍微地过于恭敬，在丧事上稍微地过于悲哀，在用度上稍微地过于节俭，略微过分有利于匡正俗弊。

评述　《论语》有言，"过犹不及"，说的是不及与过分都不好。但根据文圣的思想境界，咱们可以推断一下，他并不那么反对小不及与小过，甚至偶尔小不及与小过一下也无妨。

爻辞解析

初六，飞鸟以凶。

爻位　初六不当位。

译文　飞鸟向上强飞将会遇到凶险。

辨析　小过卦是在中孚之后的，中孚的上九爻为翰音登于天，是飞鸟在天上飞的象，那么此时飞鸟以凶，是做出了承接。凶的原因，一是飞鸟违背了卦辞宜下不宜上之意；二是违背了小过，略微过分的含义，一心想积极进取，快速取得应有之义，因此凶险。

初爻象征事物开端，好比年轻人刚刚进入社会，往往会比较急迫证明自己，行为上有些过激，思想上容易好高骛远。因此可以初步判断，此时的飞鸟是想向上飞的，在地位上想向上爬，在思想上想赶紧向前进步，再结合卦辞来理解，就很容易明白其凶险之处。

选择　事业之初不要急于求成、好高骛远，不要总想着一步登天，要放低姿态，稳固蓄积，慢慢发展。

六二，过其祖，遇其妣；不及其君，遇其臣，无咎。（卦主）

爻位　六二中正，小过卦主。

注释　祖：先祖。妣：原指母亲，后称已经去世的母亲，例如先妣、如丧考妣等。考原指父亲，后多指已去世的父亲，如先考。妣祖二字以词的形式出现的时候，指的是祖父和祖母辈及以上祖先。

译文　在礼仪法度方面，不向祖父禀告而直接禀告给祖母，是小过，但这是家事，不会有什么大危害。遇到国家大事，必须向君主禀告，这是礼法，是绕不过去的，除非在无法上达天听之时才能够向臣子禀告，此时没有咎误。

辨析　祖的本义是始庙，是一个与祭祀有关的词汇，也可以用作祖父及其同辈人的概念，也可以用作先祖的概念。本爻实际上是卦辞可小事不可大事，不宜上宜下的再现。

选择　生活中的礼法遇到特殊情况可以略微逾矩，但社会中的规章制度无论如何都不要违背。结合事业发展，要慎重考量哪些事是可以小过的，偶发无妨，哪些事是严禁碰触的，一经发现就立刻严肃处理，要将规矩定清楚，将道理讲明白。

九三，弗过防之，从或戕之，凶。

爻位　九三当位，凶位。

译文　没做过分的事情也要加强防范，迷惑中跟随别人会受到戕害，凶险。

辨析　九三是阳爻处在阳位上，但有些过分阳刚了。本爻中，弗过是没有过分，没有过失，但处于凶位，要加强自身防范。

选择　小过只适合偶尔为之，但并不提倡，生活工作中的大部分情况都要循规蹈矩。然而，即使不逾矩也要加强自身防范，因为风险和危机会不期而至。

九四，无咎，弗过遇之；往厉必戒，勿用永贞。

爻位　九四不当位，惧位。

译文　没有咎误，没做过分的事却遇到了这样的时机，如果把持不住超过了原有的度会遇到灾害，应当戒除冒进的思想，不要做过分的事，永远贞正。

辨析 厉是祸患危险之意，相比凶、咎而言，程度略低一些。本句的意思就是，我自己不做过分的事，规规矩矩，偏巧人家要来找我，招惹我，那我应不应该受到引诱而出了规则的圈子呢？不应该，而应当维持真我，保持贞正，这样的话就会永远吉祥。

选择 生活工作从不逾矩是好事，即使有诱惑也不应该放弃心中的道德标尺，即使别人挑拨，也不要冒进甚或越过规矩，否则会造成凶险，会让自己后悔的。

六五，密云不雨，自我西郊；公弋取彼在穴。

爻位 六五不当位，尊位。

注释 弋（yì）：系有绳子的箭，如弋罗，指箭和网。此处做动词，用带绳子的箭射猎。

译文 西郊一带浓云密布，但雨没有下来。风从我所属的西郊刮来，所以甘霖不降，德泽不施。因为风从西向东刮，把西郊的积雨云给吹散了。在这种风雨欲来的天气中，王公们努力履行使命，用带着绳子的箭射猎，获取那些藏在洞穴中的野兽。

辨析 象征小有积蓄的风天小畜卦辞是，"亨；密云不雨，自我西郊。"本卦为雷山小过，在事情发展到六五尊位的时候，实现了小畜。结合小过爻辞的发展来看，按照年轻人的事业进程，初爻讲最开始要慎行防凶；上爻讲成熟时如果小过会有凶险；二爻讲社会中的礼法；三、四两爻讲事业中要弗过，也是避免小过；此爻可以认为是事业发展到成熟时，小有积蓄，此时仍要小心翼翼，避免过分行为，怎样做呢？王公亲自去射猎，躬亲示范；将野兽堵在巢穴中，再去射猎，这时定能功成；用带着绳子的箭去射猎，确保万无一失。

此句有些拗口，仍然是小心谨慎，避免小过之意。

选择 事业进程小有蓄积，此时更要言行慎重，凡事躬亲，办事采用多重保险，确保万无一失。

上六，弗遇过之；飞鸟离之，凶，是谓灾眚。

爻位 上六当位，亢位。

译文 没有遇到这样的时机，但行为上却大大超过一定的度了。飞鸟陷入罗网，凶。这就是极大的灾祸了。

辨析 小过是生活中偶尔小过，无妨，在一些无关紧要不伤大雅的事情上，小过是没关系的。但要讲究一个时机，某些时候可以小过，某些时候就不能小过。好比节卦中讲的那样，万事有度，过与不及都是不好的。在某些特殊场合或特殊事件中，例如安全和保密，就不能小过，即使小小逾越也不可以，这仍是一个时机和程度的结合问题。

选择 事情发展到了即将穷尽的时候，更应秉承小过的德行，即可小事不可大事、不宜上宜下、贞正之道，此时时机不佳，不应有过分言行，否则会罹受灾难。

全卦过程

小过卦	以略微过分的事情为喻
上六（弗遇过之）	没有遇到合适时机就大大逾矩，凶险
六五（取彼在穴）	小有积蓄之时更要确保万无一失
九四（弗过遇之）	没有超过，即使遇到诱惑也要守规矩
九三（弗过防之）	没有超过，要进一步加强防范
六二（不及其君）	小事或可略微逾矩，大事必严守法规
初六（飞鸟以凶）	事业之初不要急于求成向上强飞

全卦选择 小过卦之前为中孚，象征舟楫，表示即将渡河，下一卦为既济，表示渡河成功。小过实际上就是正在渡河的卦象，虽然名为小过，在字里行间透露出的含义却是小心谨慎，务必确保万无一失。在生活工作中，要时刻讲究礼法，最开始要慎行，最后要防凶，经常防止小过，平稳顺利为上。就算真的小过，也要坚守正道并分清时机场合，过而有时，可小不可大，宜下不宜上。

第 69 课　水火既济，功成业就

第六十三卦　水火既济

卦名　水火既济　既的甲骨文字形左边是食器的形状，右边像一人吃罢而掉转身体将要离开的样子，故而既的本义是食既，吃过饭的意思。既的表意是动作已经完成，因此既济的意思是渡河完成。济的本义是济水，古代四渎之一，发源于今河南省济源市西王屋山，原在山东境内与黄河并行入渤海。后因黄河改道，下游被黄河淹没，现在黄河下游的河道就是原来济水的河道。济在后世引申为过河、渡河之意，例如同舟共济；济还有帮助的意思，例如救济、悬壶济世等。济在本义济水的时候音 jǐ，在做渡河之意时音 jì。水火既济在现代也可直接作为成语使用，表示阴阳相合、万事融通，或表示办事顺利、大功告成。

卦画　水在火上　既济卦从卦画形状上看，上水下火。上卦坎水有润下之势，下卦离火炎上之势，水火相交同处，相互接济，因此是既济。如此，火不灭而水不涸，水得火之温而不过寒，火得水之凉而不过热，相辅相成，阴阳相交，各得其所，为成事之象。既济卦还有一种画面感很强的解释方法是，用火煮水，水中有食物，食物烹煮完毕就可以食用了，象征事情已经成功。

卦德　功成业就　渡河完成，水火相合，成事。

卦序角度　中孚小过既济未济　中孚卦象征诚信，其卦形内阴外阳，外实内虚，是船的形象，心中有自信而顺水行舟，过于顺利了，做小事吉祥而无法办大事，这是小过卦的略微过分。舟行河上到达彼岸，《周易》

卦序也即将到达终点，这是既济卦，象征成功；天意是无穷无尽，前事的成功仅仅是后事的开始而已，这是未济卦，象征新生。至此，天地开而万物生，未济终而入循环，《周易》卦序结束。

第六十三卦是水火既济，第六十四卦是火水未济。这两卦是全篇的末卦，也就是关门卦，其重要程度不言而喻。《周易》以乾坤开门，这是天地定位；上经以坎离结尾，这是水火不相射。下经以咸恒开始，这是天人交感，全篇以既济未济结尾，这是水火融合，盐梅相成。

如何理解坎水离火呢？可以理解为阴阳，阴水阳火抑或阳水阴火。水火没有明确阴阳对应，或者说二者原本就是阴阳一体的，因为水为润下，性阴柔，而坎卦为阳卦，火为炎上，性阳刚，但离卦为阴卦；可以理解为日月，水为月之精，火为日之精；可以理解为冬夏，冬为坎水，夏为离火，坎为冬至，离为夏至；可以理解为男女，女性阴柔如水，男性热情如火，等等。那么如何理解既济未济呢？下经天人交感，三才融合，水火二者仿佛阴阳二气，在六十四卦大循环后，最终实现水火既济，水润下火炎上，两者相互交融，相互辉映，象征事业成功；火水未济，阴卦在上、阳卦在下，阴阳消长，刚柔各行其道，象征新的开始。

特殊之处　水火既济：关门卦，全卦各爻均当位，全卦中各爻均两两相应。

引申

唐太宗问大臣许敬宗："天下洪流巨谷不载祀典，济水甚细而尊四渎，何也？"许敬宗答曰："渎之为言独也，不因余水独能赴海也，济潜流屡绝，状虽微细，独而尊也。"济水虽然细微，却能独流入海，济水这种不达于海誓不罢休的顽强精神，就是它始终位列四渎的原因。四渎是我国古代对江、河、淮、济四条有独立源头且能奔流入海的大河的称呼，即长江、黄河、淮河、济水。四渎中唯济水独清，亦称大清河，自古文人墨客多自比之。

卦辞解析

既济：亨小，利贞；初吉终乱。

译文 既济卦象征成功。亨通，即使是柔小者，即使是小事，全部都能亨通，顺利贞正，开始是吉祥的，最终会出现混乱。

辨析 亨小与小亨是两个意思，此处需要注意。亨小其实就是亨通，只不过是多强调了一句，即使是柔小者也能亨通，即使是小事也能获得亨通，因此实际上亨小比亨还要好一些。初吉终乱的原因是，功成名就之时吉祥，随着社会发展会产生积弊，因此最终会出现混乱，有些类似蛊卦的过程，风平浪静的社会环境往往会掩藏一些弊病，时间长了越积越多就会显露出来，这就是蛊。此处既济卦辞"初吉终乱"其实也是为下文既济变未济、全爻当位变全爻不当位埋下伏笔，表示新的混乱开始了，穷困的新生开始了。

整体而言，从卦序角度也可以明白此种道理，任何一种状态均不可能长久维持，例如《序卦传》载："物不可以终通，故受之以否"；"物不可以终否，故受之以同人"；"物不可以终过，故受之以坎"；"物不可以终遁，故受之以大壮"；"物不可以终壮，故受之以晋"；"物不可以终难，故受之以解"；"物不可以终动，止之，故受之以艮"；"物不可以终止，故受之以渐"；"物不可以终离，故受之以节"，等等。

《象》曰：水在火上，既济；君子以思患而豫防之。

大象辞简译 既济的卦象是上水下火，为水火接济之表象。水在火上，坎水润下，离火炎上，二者相交接济，阴阳糅合，最终回归太极本原。君子应在事成之后保持戒惧，思考可能出现的祸患，提前防备，防患于未然。

注释 豫：通"预"，预先，事先。

评述 整体是防微杜渐之意，是对卦辞"初吉终乱"的告诫。初虽吉，但应看到隐藏的祸患，居安思危，预先防备，才能避免终乱，才能善始善终。

爻辞解析

初九，曳其轮，濡其尾，无咎。

爻位　本卦各爻全部当位，全部两两相应，全部两两朋比。

译文　拉住车的轮子，使其缓缓行驶；小狐狸渡河时沾湿了尾巴，只能慢慢游过，如此则没有灾祸。

辨析　本爻所用的两个比喻都说明，在事情最开始的时候，应当降低速度，谨慎从事，以确保自身安全为上。此处之所以说是濡湿了小狐狸的尾巴，是根据下一卦未济卦辞"亨；小狐汔济，濡其尾，无攸利"而来。通常狐狸渡河时是将尾巴翘起来的，因为沾湿之后会大大降低速度。但在此处结合全卦来看并不差，甚至有好处。

选择　事业之初谨慎对待，刻意让自己慢下来，不要急躁冒进，不会有灾祸，这样的开端是有意义的。

六二，妇丧其茀，勿逐，七日得。

注释　茀（fú）：本义为草多，此处指代乘坐的车子前面的遮帘。

译文　车子前的遮帘丢失了，以至于这辆车子无法供妇人乘坐了，但不用去寻找，若干天之后会失而复得。

辨析　妇人的德行如同六二阴爻一样，柔顺而又贞正。车帘丢失，她并不急于寻找。另外，车帘丢失象征处事不顺或前往办事受阻，由于自身能守中持正，几天之后就会遇到解决困境的好时机。

选择　事业遇到一时困难，守中持正，保持自身美好品德，稍作等待，自然会有贵人相帮，或者有好的机遇主动送上门来。困难迎刃而解，事业获得平稳过渡。

九三，高宗伐鬼方，三年克之；小人勿用。

译文　殷高宗武丁征伐地处西北的鬼方国，三年（通常三年虚指多年，不过经查，此处确切的时间就是三年）战争方始平定。在治国理政中不要任用阴柔小人。

辨析　小人与阳刚相对，与君子相对，有可能品行不坏，但达不到乾健坤顺的君子德行，在能力品质上比大人、君子略差一些，仅此而已。

殷高宗武丁，子姓，名昭，商朝第二十三代君主。他勤于政事，任用刑徒出身的傅说及甘盘、祖己等贤能之人辅政，励精图治，使商朝政治、经济、军事、文化得到空前发展，史称"武丁盛世"。武丁对鬼方（匈奴的祖先）的战争特别激烈，持续时间也很长，前后达三年之久，最后以商朝胜利而告终。

选择　事业进程中，需要为了某个战略目标而进行一场较为持久的艰苦卓绝的战斗，那就放手去做吧，踏实努力，选用最合适的人才，最终会获得成功的。

六四，繻有衣袽，终日戒。

注释　繻（rú）：彩色的丝织衣物。袽（rú）：烂衣服或破旧棉絮。

译文　穿着华丽衣服，同时还备有破旧衣服，这是为了渡河期间替换备用与防风保暖。渡河危险，要整天保持戒备，防止灾祸。

辨析　关于"繻有衣袽"的解释有很多争议，例如：华丽衣服会变成破旧衣服；脱下华丽衣服换上破旧衣服；华丽衣服下是破旧衣服，形容俭而不奢等。但总体来说，不影响整体理解。这句话想表达的含义在后半句，为了防止灾祸发生而整日保持戒备。

选择　事业进程中要经常保持戒备，防止意外灾害的发生，在先期工作中应当做好准备，留有余量，居安思危。

九五，东邻杀牛，不如西郊之禴祭，实受其福。（卦主）

译文　东边邻国杀牛宰羊举行盛大的祭祀，效果却不如西边邻国简薄的禴祭。这是因为西边邻国在祭祀中选取了正确的时机，祭祀过程非常虔诚且注重礼节，并能让百姓在生活中享受到实实在在的福祉。

辨析　既济卦主。此句东邻、西郊二者皆为比喻义，用以区分二者做法，并不是单纯从文字上来讲东边的盛大祭祀和西边的微薄祭祀。也有一种说法是，东邻为殷商，西郊比喻西岐，则东邻虽举行盛大的祭祀但平时不修德政，因此无用。西岐虽然祭祀简薄，但周文王平日勤政爱民，百姓安居乐业，因此更能享受到福祉。

选择 事业中，选取合适时机，比自身付出多少更为重要，同时也要注意在平时勤修德政，敬业爱民。当然，自身的虔诚态度和踏实努力是必不可少的。

上六，濡其首，厉。

译文 小狐狸在渡河时弄湿了头，危险。

辨析 上六以阴爻居上位，即将完成之时却松懈下来，没有守持正固，谨慎前行，不仅有可能前功尽弃，而且自己也会陷入危险。唐太宗问魏征："帝王之业，草创与守成孰难？"亦是此意。前期草创拼搏难，守成也难，尤其在即将完成之时更要小心谨慎，事情成功之后依然要慎行守成。

选择 事业后期要更加小心谨慎，否则一着不慎容易造成满盘皆输。此时相当于渡河中后期，这种风险若发生了是难以承受的。

全卦过程

既济卦	以渡河为喻
上六（濡其首）	后期务必更加谨慎
九五（东邻杀牛）	虔诚努力不可少，合适时机更重要
六四（繻有衣袽）	保持戒备，居安思危且预留后手
九三（高宗伐鬼方）	为某个战略目标而艰苦奋斗
六二（妇丧其茀）	遇到困难保持中正，自会平稳度过
初九（曳其轮）	最初不要冒进

全卦选择 水火既济象征功成业就，各爻位仍是老生常谈，初爻潜位不要冒进，二爻臣位保持中正，三爻凶位踏实努力，四爻惧位防患于未然，五爻君位守持正固，上爻亢位慎行防凶。水火既济是《周易》卦序的圆满，也是我们心中梦想的圆满，应天老师祝愿大家踏实努力，谦虚进取，最终达成人生水火既济的盛大局面。

第六十四卦　火水未济

卦名　火水未济　未是未完成，因此未济就是渡河尚未成功，在船上的人仍需努力，在全卦中的表意象征是新的开始。

卦画　火在水上　未济卦从卦画形状上看，上火下水。上卦离火本就为上而继续炎上，下卦坎水本就为下而继续润下，水火背道而驰，不能互相接济，因此是未济。注意，此处与否、泰二卦类似，泰卦地在上天在下，地往下沉，天往上浮，于是天地相交，万事通泰；否卦天在上地在下，天愈发高而地愈发远，天地不交，因此万物否塞。每一个人在社会上都要寻找适合自己的位置，找到了就会产生满足感、幸福感，这是既济；反之，就会在一种穷困窘迫的状态中继续挣扎，这是未济。因此我们可以认为，火水未济作为六十四卦最后一卦，是充满希望的新生。

未济是既济卦画的颠倒，象征了已经渡至对岸的船重新摆渡回到原点，开始新的生命历程。咱们说《周易》的周字，本义是周朝，也表示易道周普，容纳天下万物。在此表示周而复始之意，乾坤定位开辟天地，火水未济获得新生，这是宇宙的大循环。

卦德　新的开始　重新回到渡河原点，水火背离，天地初开。

杂卦角度　既济定未济男之穷　水火既济与火水未济二卦卦形相反，各爻全变，同时互为综卦和错卦。既济卦最显著的特点是，三个阳爻分列初、三、五三个阳位上，三个阴爻分列二、四、上三个阴位上，各归其位，是六十四卦中唯一一个全爻当位的卦。既济象征了万事功成，天地万物均能各安其位，各谋其事，从此进入了一种井然有序、特别稳定的状态，因此既济定。未济卦与之相反，三个阳爻分列二、四、上三个阴位上，三个阴爻分列初、三、五三个阳位上，均为错位，是六十四卦中唯一一个全爻均不当位的卦。未济象征了天地逆序，混沌初始，万事万物都处在错误的时间与错误的地点，需要切实努力，竭尽全力去扭转这种错位结果，因此"未济男之穷"，是人生境遇穷困窘迫之意。

同时互为综卦、错卦的卦对有四对，分别为：否泰反其类，随无故蛊则饬，渐女归待男行归妹女之终，既济定未济男之穷。互为错卦的卦对有四对，分别为：乾刚坤柔，离上坎下，大过颠颐养正，小过过中孚信。剩下的二十四个卦对均互为综卦。

特殊之处　火水未济：关门卦，全卦各爻均不当位，全卦中各爻均两两相应。

卦辞解析

未济：亨；小狐汔济，濡其尾，无攸利。

注释　汔：本义为水干涸，做副词意为几乎，差不多。

译文　未济卦象征新生。亨通，小狐狸渡河快到对岸了，被水沾湿了尾巴，不是十分顺利。

辨析　本卦卦辞说在快要渡河成功之时尾巴沾湿，没有好处，其实是进一步说明了居安思危、防微杜渐的思想，这种对危险或困难的认识，不论在事情开始，还是将要结束的时候，都是极其重要的。渡河时尾巴湿了，但并不代表事情就要失败了，而是在快要结束的时候要注意防范危险。如果能扛住，就能渡河成功大获全胜；即使真的没扛住，也仅是没有百分百顺利，没有什么凶咎。

未、济两个字从字面上解释为没有渡河成功，那为什么说亨呢？其实周文王的本意并不是未济亨通，而是六十四卦中所描述的万事万物周而复始的发展变化规律，如果能遵循这种规律就亨通。为什么在上一卦已经水火既济了，已经到达河对岸了，在这一卦小狐狸又出现在大河中，是快要到达还没到达的状态吗？从两个方面来分析，第一，既济卦的末尾是濡其首，并没有明确表示小狐狸已经渡河成功；第二，渡河仅仅是一个比喻，象征了事物发展的终结。可以这样来理解现在小狐狸的状态，在既济卦中，从实际层面，已经渡河成功，功德圆满；在未济卦中，从理念层面，小狐狸永远在渡河的路上。就好比我们的人生一样，只要活着，永远都在砥砺奋进的路上，克服一个又一个困难，收获一次又一次成长。

未济各爻都不当位，其实人生的成功也是这样，就是把一件又一件混乱如麻、错综复杂的事情给理顺，各归其位。

《象》曰：火在水上，未济；君子以慎辨物居方。

大象辞简译　未济的卦象是上火下水，为水火相射之表象。火在水上，二者相互厌弃，阴阳不交，无法接济，需要拨乱反正使它们各正其位，重回既济。君子应审慎地分辨各种事物，让它们都处在适当的位置，发挥应有的作用，这样才能让事情大成。

评述　此为成语辨物居方出处，孔颖达疏："辨别众物，各居其方，使皆得安其所。"方在此处为方位之意，居方，意为处在各自的方位，各居其所。

爻辞解析

初六，濡其尾，吝。

爻位　本卦各爻全不当位，全部两两相应，全部两两朋比。

译文　小狐狸在渡河时弄湿了尾巴，略有遗憾。

辨析　初六阴爻入卦。未济卦象征事业的崭新开端，下卦处于坎险之中，此时明知道前途艰辛，又抵受不住对未来的殷切期盼，于是冒险前往，没有做足充分准备就急于渡河，未竟全功，有些遗憾。

注意，水火既济卦的初九爻是："曳其轮，濡其尾，无咎"。作为与本卦初爻的对比学习，意义有异同。既济卦初九的濡其尾并不差，是降低速度谨慎前行；未济卦初六的濡其尾是小遗憾，是急躁冒进的结果。

选择　事业的全新开始，前路非常长，不要着急冒进，不要过于热切或强求，否则定会遭受损失，会有遗憾后悔。

九二，曳其轮，贞吉。

译文 拉住车的轮子，使其缓缓行驶，贞正吉祥。

辨析 九二爻与既济卦初九爻道理类似，慢一些，谨慎从事，确保自身安全为上，此处可以作为初六爻冒进行为的缓和或补救措施。

选择 事业之初，慢慢来，如履薄冰方能平稳度过，如之前有冒进行为，此时可以缓和稳固，作为补救。

六三，未济，征凶，利涉大川。

译文 事情未完成，但如果继续前往办事有凶险。此时处于坎险最上端，要想彻底解决当前困境，只能明知山有虎，偏向虎山行。虽凶险但若勇于前往，结果有利于通过大的艰难险阻。

辨析 六三凶位。可以将六三爻理解成在渡涉大江之时遇到了逆风狂浪，怎么办呢？继续往前凶险，也不可能后退了，江面茫茫哪里都是凶险，硬着头皮往前闯是唯一生路。于是又讲"利涉大川"，走过去，前面是片天，拨开云雾见日明了。

此处两个层面：第一，处于坎险中，未济，新的开始，想往前走，但遇到困难，于是结果是征凶，强行往前走会遇到凶险。第二，即将脱离坎险，此时已经箭在弦上不得不发，是受到家国大业的感召，如果这个困难不克服，我们的事业就永远没办法获得成功，因此只能以必死之心闯过去。尽管中间很可能非常凶险，但最终结果会遇到吉祥，成功渡过。

人生中有很多不得不做、必须勇敢面对的处境，有勾践王的卧薪尝胆，忍过去就能获得生机；有楚霸王的破釜沉舟，走过去前面就是胜利，等等。汉高祖的鸿门宴，关云长的单刀会，都是九死一生，知其不可为而为之，此为大豪杰，在生死关头的十字路口，置之死地而后生，最终成功渡劫。

选择 事业进展过程中面临了巨大困难，如能闯过则成功，若失败则满盘皆输。如果此时已经没有别的办法迂回，那就做好万全准备，调整心态，中正平和，勇敢踏上征途吧。

九四，贞吉，悔亡；震用伐鬼方，三年有赏于大国。

译文　贞正吉祥，悔恨消除，以雷霆万钧之势讨伐地处西北的鬼方国，三年激战取得胜利，被封为一个大国的诸侯。

辨析　九四惧位。此句以事喻理，经历鬼方战役胜利，得到巨大封赏，比喻在事业过程中，以具备贞正之心为前提，经过某个艰难困苦的事件，最终获得成功，并获取巨大利益。既济卦九三爻也是引用了征伐鬼方的事例，讲的是选用最合适最得力的人才。

选择　自身贞正，能够获得艰难困苦战役的胜利，虽时间较长，但最后能获得巨大收益。

六五，贞吉，无悔；君子之光，有孚吉。（卦主）

译文　贞正吉祥，没有悔恨，这是君子应当具备的美好品德。石中有玉外必辉，内有诚信外必孚，这是吉祥的。

辨析　未济卦主。在未济卦不断开创的事业中，形成了君子的特有品德，勇气、信心、诚信、智慧、坚韧、善良、宽厚、细致、谦逊、和悦等美好的德行，形成了非常成熟的人生观世界观价值观，具备了极其有效的思维方式，各方各面都做好准备了，此时已经能够独当一面，成为大人物了，有利于持久开创更伟大的事业。

选择　事业进程中，克服一个又一个困难，自身获得了巨大成长，成为伟大的统领者，利于接下来进一步开创事业。

上九，有孚于饮酒，无咎；濡其首，有孚失是。

译文　充满诚信，有对胜利的信心，也有对众人的信任，共同举起酒杯庆贺胜利，没有咎误。但是需要注意节制，不要沉迷于逸豫，不要贪图安乐，否则就会像小狐狸在渡河之时沾湿了头部一样，即使心中有诚信，也会损害君子德行，有违正道。

辨析　上九六位。有孚失是，可以理解为有原则但不遵守。

选择　事业获得初步成功，自身成长为大人、君子，是好事，可以庆贺，并用诚信进一步感化众人。但如果不加节制，或逸豫或过度，心中有诚信但行事逾矩，则有碍事业的进一步发展。

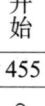

既济是渡河，未济是既济的颠倒，二者互为综卦、错卦，可以理解为从河对岸又渡回来，因此未济上九也表示回渡到了终点，也是一个小的圆满，是非常值得庆贺的事。但一定要注意，不要被成功迷惑了，要永远保持心中美德，永远谦虚进取，以取得更大的成功。因此我们可以理解，既济与未济本为一体，开始与结束存乎一心，来回渡河，不断获得新生和成功，这就是我们的人生，总会取得新的进步。

全卦过程

未济卦	以新的开始为喻
上九（有孚于饮酒）	成功庆贺，注意节制
六五（君子之光）	飞龙在天，利见大人
九四（有赏于大国）	辛苦闯关，收益巨大
六三（未济征凶）	在劫难逃，迎难而上
九二（曳其轮）	稳住脚部，如履薄冰
初六（濡其尾）	前路很长，不要冒进

全卦选择 火水未济是《周易》末卦，也是留给我们很大想象空间的一卦。在生活中有很多无法避开的困难事情，那就只能积极上前战斗了，等克服这种巨大困难之时，既获得了可观收益，自身也会快速成长并成为大人物。我们的人生通过不断战胜小困难，越走越好，越走越正，取得最终圆满。

至此，六十四卦结束。《周易》的学习，其实也就像火水未济的道理一样，永远在路上。"怕什么真理无穷，近一寸有一寸的欢喜"，应天老师祝愿每位热爱学习，愿意成长进步的朋友，都能从《周易》六十四卦中找寻到属于自己的道，获得各自独有的妙手偶得或厚积薄发的成长。

第71课 弥纶天地，序卦串讲

　　咱们讲过，《周易》分《易经》和《易传》两个大部分，《易经》就是我们通行所说的六十四卦，以乾坤开始，既济未济结束。需要注意的一点是，从严格意义上来说，经部其实只有卦名、卦画、卦辞和爻辞，其他的彖辞、象辞都是后人为了阅读方便，将《易传》中的《彖传》《象传》拆开添加进去的。《易传》也称《十翼》，相传是文圣孔子及其弟子所著，应天老师对此持保留态度。《十翼》就是十本书，分别是《彖传上》《彖传下》《象传上》《象传下》《系辞传上》《系辞传下》《文言传》《说卦传》《序卦传》《杂卦传》。

　　《序卦传》是对《周易》六十四卦推衍关系的总括，它依据卦名的含义，把六十四卦看作一个或相因或相反的因果联系序列而加以诠释。《周易》以乾坤开篇，序卦也从天地说起，以"有天地，然后万物生焉。盈天地之间者，唯万物"来说明乾坤两卦居于首位。然后讲述万物生长的过程、事物变化的因果关系及物极必反或相辅相生的运动规律，以此解释六十四卦排列的次序，以"物不可穷，故受之以未济终焉"来解释最后一卦未济。

　　需要说明的是，《序卦传》总结六十四卦的因果关系链，大部分都较为片面，解释方法以偏概全，不能以此完全代替六十四卦的卦序思想，仅能作为参考。而且《序卦传》成书相对《易经》《易传》及其他较晚，甚至有学者认为其汉代中期方才成书，其言辞的思想性与《易经》差距很大，因此我们姑且观之。

　　《序卦传》的原文如下：

有**天地**，然后万物生焉。盈天地之间者唯万物，故受之以**屯**。屯者，盈也；物之始生也。物生必蒙，故受之以**蒙**。蒙者，蒙也；物之稚也。物稚不可不养也，故受之以**需**。需者，饮食之道也。饮食必有讼，故受之以**讼**。讼必有众起，故受之以**师**。师者，众也。众必有所比，故受之以**比**。比者，比也。比必有所畜，故受之以**小畜**。物畜然后有礼，故受之以**履**。履而泰然后安，故受之以**泰**。泰者，通也。物不可以终通，故受之以**否**。物不可以终否，故受之以**同人**。与人同者物必归焉，故受之以**大有**。有大者不可以盈，故受之以**谦**。有大而能谦必豫，故受之以**豫**。豫必有随，故受之以**随**。以喜随人者必有事，故受之以**蛊**。蛊者，事也。有事而后可大，故受之以**临**。临者，大也。物大然后可观，故受之以**观**。可观而后有所合，故受之以**噬嗑**。嗑者，合也。物不可苟合而已，故受之以**贲**。贲者，饰也。致饰然后亨则尽矣，故受之以**剥**。剥者，剥也。物不可以终尽，剥，穷上反下，故受之以**复**。复则不妄矣，故受之以**无妄**。有无妄然后可畜，故受之以**大畜**。物畜然后可养，故受之以**颐**。颐者，养也。不养则不可动，故受之以**大过**。物不可以终过，故受之以**坎**。坎者，陷也。陷必有所丽，故受之以**离**。离者，丽也。

有天地，然后有万物；有万物，然后有男女；有男女，然后有夫妇；有夫妇，然后有父子；有父子，然后有君臣；有君臣，然后有上下；有上下，然后礼义有所错**咸**。夫妇之道，不可以不久也，故受之以**恒**。恒者，久也。物不可以久居其所，故受之以**遁**。遁者，退也。物不可以终遁，故受之以**大壮**。物不可以终壮，故受之以**晋**。晋者，进也。晋必有所伤，故受之以**明夷**。夷者，伤也。伤于外者必反其家，故受之以**家人**。家道穷必乖，故受之以**睽**。睽者，乖也。乖必有难，故受之以**蹇**。蹇者，难也。物不可以终难，故受之以**解**。解者，缓也。缓必有所失，故受之以**损**。损而不已必益，故受之以**益**。益而不已必决，故受之以**夬**。夬者，决也。决必有所遇，故受之以**姤**。姤者，遇也。物相遇而后聚，故受之以**萃**。萃者，聚也。聚而上者谓之升，故受之以**升**。升而不已必困，故受之以**困**。困乎上者必反下，故受之以**井**。井道不可不革，故受之以**革**。革物者莫若鼎，故受之以**鼎**。主器者莫若长子，故受之以**震**。震者，动也。物不可以终动，止之，故受之以**艮**。艮者，止也。物不可以终止，故受之以**渐**。渐者，进也。进必有所归，故受之以**归妹**。得其所归者必大，故受之以**丰**。丰者，大也。穷大者必失其所居，故受之以**旅**。旅而无所容，故受之以**巽**。巽者，入也。入而后说之，故受之以**兑**。兑者，说也。说而后散之，故受之以**涣**。涣者，离也。物不可以终离，故受之以**节**。节而信之，故受之以**中孚**。有信者必行之，故受之以**小过**。有过物者必济，故受之以**既济**。物不可穷也，故受之以**未济**终焉。

《序卦传》是对卦序的一种解释，下面应天老师再给大家用通俗易懂的解释方法捋一遍卦序。复习一遍卦序歌：

乾坤屯蒙需讼师，比小畜兮履泰否，同人大有谦豫随，蛊临观兮噬嗑贲，剥复无妄大畜颐，大过坎离三十备。咸恒遁兮及大壮，晋与明夷家人睽，蹇解损益夬姤萃，升困井革鼎震继，艮渐归妹丰旅巽，兑涣节兮中孚至，小过既济兼未济，是为下经三十四。

小過既濟兼未濟　　是為下經三十四

艮漸歸妹豐旅巽　　兌渙節兮中孚至

蹇解損益夬姤萃　　升困井革鼎震繼

咸恒遯兮及大壯　　晉與明夷家人睽

剝復无妄大畜頤　　大過坎離三十備

同人大有謙豫隨　　蠱臨觀兮噬嗑賁

乾坤屯蒙需訟師　　比小畜兮履泰否

上下经卦变歌（朱熹《周易本义》）

所谓周道尊尊，故以乾天坤地开卦，象征**刚健天道**和**柔顺地道**，咱们经常说的乾刚坤柔、乾健坤顺即是如此，**卦德分别是终日乾乾、厚德载物**。所谓"天尊地卑，乾坤定矣，卑高以陈，贵贱位矣"，此时天地初开，万物始生，一切都处在艰难蒙昧的状态，这是**水雷屯卦，象征艰难，卦德是初生艰难**。万物初生之后，各方面条件都不成熟，因此需要施以德行教化，这是**山水蒙卦，象征启蒙，卦德是蒙以养正**。迷蒙之时容易陷入饥渴的困惑之中，迫切需要别人的指引和帮助，这是**水天需卦，象征等待，卦德是等待观望**。需同时还代表饮食，在物质不丰富的社会环境中，为了吃饭容易产生争执，这是**天水讼卦，象征争讼，卦德是及时止讼**。及时止讼是智慧，但在生存面前争执往往解决不了问题的根本，会产生进一步的争斗，这是**地水师卦，象征战争，卦德是忧惧战争**。战争结束后新的局面产生了，众人纷纷向新首领表示亲近，这是**水地比卦，象征亲比，卦德是团结亲比**。新首领制定了新的规则，鼓励大家发展生产，公平竞争，一部分勤劳者先富起来，这是**风天小畜，象征小有积蓄，卦德是蓄积德施**。生产力逐步发展后，需要用道德礼仪来规范和制约人们的生产生活，这是**天泽履卦，象征履行，卦德是履险若夷**。礼法明晰则社会清明，明礼之人亦心情舒畅，这是**地天泰卦，象征通泰，卦德是通泰广大**。正如分久必合，合久必分，通泰始终是暂时的、局部的，社会还是存在很多弊端，这是**天地否卦，象征否塞，卦德是否极泰来**。否极泰来之后造成四方之人归顺，和睦相处，这是**天火同人，象征和睦相处，卦德是同心同德**。同心同德之后团结到了最广大的力量，四海清平，八方来贺，这是**火天大有，象征大有收获，卦德是富不忘本**。获得事业上的丰收之后要追本溯源，回馈曾经帮助过自己的天德，这是**地山谦卦，象征谦逊，卦德是谦之又谦**。谦虚使人进步，从而走向更大的成功，成功后可以好好歇歇，享受一下，这是**雷地豫卦，象征逸豫，卦德是逸豫忧虑**。安享生活而能不忘忧虑，高贵者具备谦和风骨，能始终虚心纳谏，这是**泽雷随卦，象征随和，卦德是顺天休命**。随和是需要原则的，如果内里变质，虽然外表仍随，但此时已经发展成为事端，这是**山风蛊卦，象征惑乱，卦德是德行治弊**。蛊是外表看起来正常，内里有弊病，需要有大智慧大勇气来治弊，于是出现君临天下，来治理社会、光复好的德行，这是**地泽临卦，象征督导**，卦德是智信监临。治理好了以后能够体察民情，观察百姓的生活状态，缓解百姓的疾苦，这是**风地观卦，象征瞻仰**，卦德是观察进退。有临有观，上情下愿，意志相合，这是**火雷噬嗑，象征上下咬合**，卦德是惩戒合德。但万物如果毫无原则地附和，又容易生出事端，因此需要修饰一下再附和，这是**山火贲卦，象征文饰**，卦德是文饰有度。装饰过头容易迷失自我，因此需要剥掉伪装，去伪存真，这是**山地剥卦，象征剥蚀**，卦德是应对剥蚀。此时已经回复真我了，返回到最开始的状态，这是**地雷复卦，象征回复**，卦德是回复正道。最初的状态是最根本的现实，没有任何虚妄，这是**天雷无妄，象征破除虚妄**，卦德是以正避祸。没有妄念，踏实苦干，迎合天时，获得丰收，这是**山天大畜，象征大有积蓄**，卦德是蓄德报国。积蓄足够了可以养育子孙并对自己保养，这是**山雷颐卦，象征颐养**，卦德是颐养以道。吃太饱了就行动不了，颐养太过，颠三倒四，这是**泽风大过，象征极为过分**，卦德是独立不惧。过则盛极必衰，衰则陷落，这是**习坎为水，象征重重坎坷**，卦德是坎险求生。有陷就有起，有水就有火，因此重回光明，这是**离为火卦，象征附丽**，卦德是附丽于天。

上经以天地开始，以日月结束，非常好。

上经讲了天与地，讲了阴与阳，家庭社会都讲过了，因此下经将从天地交感、天人感应讲起，这才符合天道、地道、人道的三才合一，故而下经的开门卦为**泽山咸，象征感应**，卦德是天人交感。青春男女彼此结合，两情相悦就要结为夫妻共同生活，这是**恒卦，象征长久**，卦德是理智用恒。夫妻生活需要双方互相包容忍让，遇到事情各退一步，这是**遁卦，象征退避**，卦德是隐遁随心。夫妻互相谦让就能保持家庭和睦，实现家道兴旺，这是**大壮卦，象征大为强盛**，卦德是三落三起。家和则万事顺遂，夫贵妇贤，这是**晋卦，象征长进**，卦德是宠辱不惊。然而前进路上并不平坦，有进则有隐，有昼即有夜，这是**明夷卦，象征光明受阻**，卦德是晦明保身。日出而作，日落而息，天黑了人们就要回归家庭了，这是**家人卦，象征家庭**，卦德是修身齐家。在家千般好，出门万事难，人生难免遇到睽离之事，这是**睽卦，象征乖违**，卦德是离中有合。居家处事相互违逆，必然引起家道维艰，这是**蹇卦，象征困难**，卦德是玉汝于成。遇到困难要想办法解决，找出主要矛盾予以缓和，这是**解卦，象征松懈**，卦德是恩威并施。松懈下来必有所损失，这是**损卦，象征减损**，卦德是损益互见。损而不已终有尽头，以至于无法再损，此时只能增加，这是**益卦，象征增益**，卦德是益人利己。事物增加到一定程度后，就仿佛水满而溢出，需要当机立断，疏导泄洪，这是**夬卦，象征决断**，卦德是君子夬夬。决断之后将一切身心重担放下，继续前行，将会遇见新的人或事，这是**姤卦，象征相遇**，卦德是不忘初心。喜悦的志趣相投，柔顺的言行相从，志同道合者聚集在一起，这是**萃卦，象征聚合**，卦德是凝心聚力。人才荟萃而事业顺利发展，步步高升，这是**升卦，象征上升**，卦德是顺时以信。不断上升则不断遇到新的困窘，道路终有尽头，这是**困卦，象征困境**，卦德是乐观坚强。困在高处就要从源头想办法，不断向下打井汲水以养，以期相遇相通，这是**井卦，象征不竭**，卦德是汲水不竭。井道无穷，不可能一成不变，井水养贤，也会引发社会变革，这是**革卦，象征革故**，卦德是应人于革。去除旧的就要建立新的，推翻旧王朝就要建立新政权，鼎为立国重器，这是**鼎卦，象征鼎新**，卦德是凝命于鼎。新的国家建立需要长子执器，举行祭祀需要长子主持，震为长子，这是**震卦，象征震动**，卦德是所挟甚大。事物不能终动，有动必有止，知行知止方能动静相宜，这是**艮卦，象征抑止**，卦德是其志甚远。停止下来后要继续谋求发展，缓步前进，这是**渐卦，象征渐进**，卦德是渐进积累。前进必有所归处，就好比风遇到山后变慢环绕，找到了自身归宿，这是**归妹卦，象征婚嫁**，卦德是安守幸福。少女嫁给长男，有了好的依靠，生活非常丰盛，前景非常远大，这是**丰卦，象征盛大**，卦德是以人为本。盛况过后是一种冷落与孤寂的情感，仿佛黑夜中举火上山，是一种羁旅之象，这是**旅卦，象征远行**，卦德是羁旅孤苦。旅途孤独寂寞，需要进入某个避风的港湾了，为巽入，这是**巽卦，象征逊顺**，卦德是逊顺有时。和悦谦逊的品格能够迅速融入社会交际，为大家带来愉悦，赏心悦目并且清心悦耳，这是**兑卦，象征喜悦**，卦德是言悦以诚。和颜悦色能够使人心悦诚服，至交好友之间的两心相悦能够使烦闷与忧愁消散，这是**涣卦，象征涣散**，卦德是破而后立。涣散的水波终要停止，任何事物也不可能永远处在离散状态，会受到各种节制，都要有度，这是节卦，象征节制，卦德是知时守度。处世办事把握好分寸有利于取信于人，事物的度也是其提升自身信念的好途径，这是**中孚卦，象征诚信，卦德是诚信立身**。中孚卦内阴外阳，外实内虚，是船的形象，心中有自信而顺水行舟，过于顺利了，做小事吉祥而无法办大事，这是**小过卦，象征略微过分，卦德是确保无失**。舟行河上到达彼岸，《周易》卦序也即将到达终点，这是**既济卦，象征成功，卦德是功成业就**。天意是无穷无尽，前事的成功仅仅是后事的开始而已，这是**未济卦，象征新生，卦德是新的开始**。

下经以天地交感开始，以水火相容结束，非常好。

《周易》全篇以乾刚坤柔开始，以水火既济结束，以蒙昧草创开端，以未济新生收尾，很深刻。

《周易》全文以天地统领，天地初开是乾坤，万物初生，需要启蒙，需要饮食，有了争讼，发生战争，战后亲比，小有积蓄，重新上路，经过坦途，越过坎坷，结交朋友，获得丰收，谦虚进取，享受成果，顺势而动，治理积弊，上下临观，上和下睦，意志相合，文饰有度，去伪存真，回复正道，破除虚妄，大有积蓄，颐养自身，独立不惧，险中求生，最后达到阴阳相协，水火调和。以坎离为上经收尾，并做出生命过程的小结，因为在天为日月，在地为水火，在人为阴阳，在事为柔刚，实际上象征的是世间万物的一种对立统一关系，也是天地万物运行往来的规律。

《周易》下篇则以天地交感开始，有天地，然后有万物；有万物，然后有男女；有男女，然后要媾和。于是天人交感，结为夫妻，包容忍让，家道兴旺，万事顺遂，遇到困难，回归家庭，有些坎坷，家道维艰，缓和矛盾，减损自身，益人利己，疏导泄洪，遇见新人，凝心聚力，步步高升，新的困窘，汲水不竭，革去故旧，鼎立新政，所挟甚大，其志甚远，缓步前进，找到归宿，前景远大，清冷孤寂，避风港湾，融入社交，忧愁消散，万事有度，诚信立身，顺水行舟，功成业就，新的开始，最后重新进入周而复始的大循环。以"既济未济"为《周易》全篇的结尾，是水火既济的阴阳调和，更是火水未济的刚柔相背。火炎上而水润下，在未济卦中，火越来越上，轻清之气上浮为天，水越来越下，重浊之气下沉为地，这是天地即将初开的预兆，大循环之后全部重新开始，又回到最初，新的乾坤。

第72课　道神德行，系辞选编

　　《系辞》是《易传·十翼》中思想水平最高的作品，引用了不少孔子的论述，并经过儒家的整理，可以说是先秦儒家认识论和方法论的集大成。《周易》上升为系统完整的哲学，很大程度上得益于《系辞传》。

　　"系"为系属之义。孔颖达疏："系属其辞于爻卦之下。"《系辞》为《周易》经文之外全书原理的通论，比较重要，其中还阐释了八卦来源、占筮方法、圣人四道、乾坤德性、九宫含义等。

　　本书最后一课节选《系辞》中的优美语句，以飨读者。

　　天尊地卑，乾坤定矣。卑高以陈，贵贱位矣。动静有常，刚柔断矣。方以类聚，物以群分，吉凶生矣。在天成象，在地成形，变化见矣。

　　译文　天道是尊崇的，高高在上的，地道是跟随天道的，相对较为卑微，是位于低下之处的，《易经》中乾卦为天为高为阳为刚为男，坤卦为地为低为阴为柔为女，这两种代表性象征因此确定。天地间万事万物都是从低下以至高大，杂然并陈，象征着《周易》中的卦象，从初爻开始，经历二、三、四、五爻，达到上爻，尊贵与卑贱就在各个爻位之中对应了。天地间万事万物有动有静，动中有静，动极必静，静极必动，二者互相转化之常态，象征了刚与柔、阴与阳的关系，阴阳刚柔之间的道理也可因此而断定。天下人天下物天下的各种道理与事物，同类别同宗族或者有共同理想信念的聚集在一起，相互形成小群体以区分彼此。君子之聚是志同道合，所生的是吉事，小人之聚是臭味相投，所兴的是凶事，也因此而分出了吉凶善恶。乾卦象征天道象征时间，在天成就日月星辰风雨雷电的现象，坤卦象征地道象征空间，在地成就山川河岳动物植被的形态，易道能够贯穿连接天地，这人世间万事万物错综复杂的变化，也因此而显现出来。

是故刚柔相摩，八卦相荡，鼓之以雷霆，润之以风雨；日月运行，一寒一暑。

译文　于是乎天地间的阴阳二性、刚柔二义相互切磋磨砺，八卦所代表的天地水火雷风山泽这八个基本物象相互震动激荡，产生了世间万物。按照后天卦序的排列，最开始的时候是以雷霆之威鼓动万物生机，以风雨之气润泽万物成长，离为火为日，坎为水为月，天地日月的运行形成了人间的昼夜寒暑。

乾道成男，坤道成女。乾以易知，坤以简能。

译文　乾卦为阳代表天道，也是男性的象征；坤卦为阴代表地道，也是女性的象征。乾为天，昭然运行于上而昼夜分，是容易让人知晓的；坤为地，浑然承载于下而生万物，是以简易为其功能的。

圣人设卦观象，系辞焉而明吉凶，刚柔相推而生变化。

译文　历代圣人根据天地形象设置先天八卦，根据万物变化创作六十四卦、三百八十六爻与卦名卦象，又做出了用以解释卦和象的卦辞、爻辞拴系在其后，使人明白吉凶的趋向；根据阴阳刚柔的切摩推荡，通过卦变模拟出万事万物产生的变化。

《易》与天地准，故能弥纶天地之道。

译文　《周易》的道理真是广大呀，是与天地间的道理相等同的，所以，《周易》作为天地人三才的和谐统一，是天文与地理的补充与升华，是人世间的道理，也是治理天地、贯通天地的一项准则。

此处可以将《周易》理解成宇宙间最高的标准、最高的逻辑，故能"弥纶天地之道"。"弥"就是画一个圆圈，因为圆周形无所不包。"纶"

就是在这个圆的外面，再捆上一条带子，一直一横。相当于包含了宇宙间万事万物的所有法则了。

仰以观于天文，俯以察于地理，是故知幽明之故。原始反终，故知死生之说。

译文 向上则观察日月星辰和风雨雷电的运行道理，向下则观察山河土地与动植物产的环境法则，所以能知晓昼夜之间光明与幽暗的缘由。探究事物发展的始末，所以能知晓死亡与生命、存在与灭亡相循环的道理。

旁行而不流，乐天知命，故不忧。神无方而《易》无体。

译文 《周易》的道理能遍行天下而没有流弊，通易道者能乐于听从天道的安排，安守自身命运，没有任何忧虑。《周易》呀真是太广大了，象征了天下万物，弥纶了天地之道，其精神是没有具体道理可言的，其实质也是没有具体事物可以比拟的。

一阴一阳之谓道。继之者善也，成之者性也。仁者见之谓之仁，知者见之谓之知，百姓日用而不知，故君子之道鲜矣。

译文 阴阳二性的相反相生，循环往复而生生不息，是宇宙万事万物盛衰存亡的根本，这就是本质的道。继承这种阴阳之道的是世人的善心善举，成就这种阴阳之道的是世人的道德本性。对天地大道，每个人的见解都是不同的，仁德之人看到了以仁入道，智慧之人看到了以智悟道。百姓日常受用，遵循《周易》的道理而体验天地大道，却并不知晓具体的阴阳道理，这是一种知其然而不知其所以然的状态，能够准确理解应用，并升华到天地之道的人，真是太少了。

显诸仁，藏诸用。

译文 从内向外的阴阳之道能够显现出来，表现为仁爱；从外向内的君子之道与小人之道是蕴藏于自身德行中的，表现为处世办事的方法。

富有之谓大业，日新之谓盛德。生生之谓《易》。

译文 万事万物的具足富有，就是伟大的事业了，学问德行的日新又新，就是盛明的德行了。生生不息，不断有变化，不断产生新事物，这就是《易》。

夫《易》广矣大矣，以言乎远则不御，以言乎迩则静而正，以言乎天地之间则备矣。子曰："《易》，其至矣乎！"

译文 易道真是又广博又宏大呀！用来说明遥远的事情是没有止境的，用来形容临近的事情就安静端正地放置在我们面前，用来表述天地之间的各种道理，是完备而没有遗漏的。孔子说："《周易》，真是一种道的伟大呀！"

成性存存，道义之门。

译文 这种伟大的道能成就万物之性并保全之，使得万物不失其性，这就是智礼仁义信的门户了。

言行，君子之所以动天地也，可不慎乎！

译文 言语与行动正是君子能够撼天动地的凭借，怎么能不谨慎呢？

二人同心，其利断金。同心之言，其臭如兰。

译文 如果两个人能够齐心协力，就好比锋利的宝剑能够斩断最坚硬的金属；如果能精诚团结，心意相通而互相投合，气味犹如兰草的芬芳。

贵而无位，高而无民。

译文 过于尊贵而没有相应的职位与之匹配，过于高高在上而不与民众打成一片从而失掉民心。

乱之所生也，则言语以为阶。君不密则失臣，臣不密则失身，几事不密则害成。是以君子慎密而不出也。

译文 祸乱之所以会产生，是一步步因言语而起。君主说话不周密就会失去臣子的忠心，臣民说话不周密就会失去生命，任何微小的事情不周密都会损害已成之功业，所以君子应当在处世办事中慎重周密，而不超出制度的节制。

显道神德行，是故可与酬酢，可与佑神矣。子曰："知变化之道者，其知神之所为乎。"

译文 《周易》能够将万事万物的至理与神妙之处显扬出来，能够将其品德与行为规律传扬出去，所以可以纵横四海，酬酢于人世，可以得到神明的庇佑，甚至能够反过来引导神明了。孔子感慨："能够通晓《周易》变化道理的人，那不就可以达到神明的境界，知道天地万事万物的行为道理了吗？"

《易》有圣人之道四焉：以言者尚其辞，以动者尚其变，以制器者尚其象，以卜筮者尚其占。

译文 《周易》中阐述了圣人的四种道行品德：在言语方面是崇尚《周易》中的卦爻之辞，在行动方面是崇尚《周易》中的卦变之理，在制器方面是崇尚《周易》中的卦爻之象，在卜筮方面是崇尚《周易》中的占卜方法。（四种圣人之道：一是察言，二是观变，三是制器，四是卜占）。

夫《易》开物成务，冒天下之道，如斯而已者也。

译文 研读《周易》，能够通晓万物的道理并按这道理行事，从而获得成功。

圣人以此洗心，退藏于密，吉凶与民同患。

译文 圣人根据这种道理来洁净自己的心志，退却之后则隐藏到隐蔽的地方，无论吉祥还是凶险都与百姓共同忧虑。

是故易有太极，是生两仪。两仪生四象。四象生八卦。八卦定吉凶，吉凶生大业。

译文 于是易之大道，是先有混沌太极，再产生阴阳两仪，再推生太阴、少阳、少阴、老阳四象，进而化生乾兑离震巽坎艮坤八卦，最终推定吉凶，形成盛大之业。

河出图，洛出书，圣人则之。

译文 相传龙马背负河图从黄河中跃出，神龟背负洛书从洛水中爬出，伏羲大神获得灵感，效法其象推导出了八卦变化。

是故形而上者谓之道，形而下者谓之器。化而裁之谓之变，推而行之谓之通，举而错之天下之民谓之事业。

译文 所以超乎形体之外的就叫作道；在形体之下，有形具体的就叫作器。性质或形态改变而且去除一部分就叫作变；推行而且发挥它，叫作通；发起且安置天下的百姓，叫作事业。

八卦成列，象在其中矣；因而重之，爻在其中矣；刚柔相推，变在其中焉；系辞焉而命之，动在其中矣。

译文 八卦之中，乾坤相对，震与巽相对，离与坎相对，兑与艮相对，八卦对待成列，八个卦两两相重，成为六位的卦，是为爻。阴阳两爻，递相推移，宇宙间的千变万化，都在其中了。各卦各爻，圣人都系以文辞，分别指出吉凶的征兆，于是人间变动的规律都在其中了。

黄帝、尧、舜垂衣裳而天下治，盖取诸乾、坤。

译文 黄帝、尧、舜遵循变通的道理，垂衣拱手，不费力气就使国家得到治理，安享太平，大概取自乾卦坤卦。

天下同归而殊途，一致而百虑。

译文 天下人走不同的路，但都将归往同一个地方，经过多种考虑最终也到达同一个目的。

君子藏器于身，待时而动，何不利之有？

译文　君子隐藏才能，收敛锋芒，等待时机发动，有什么不利呢？

小惩而大诫，此小人之福也。

译文　如果受到小的惩罚就能够得到教训，以后行事谨慎避免犯大的错误，这是小人的福气。

善不积不足以成名，恶不积不足以灭身。

译文　善行不积累就不足以成就好名声，恶行不累积也不足以灭亡自身。

君子安而不忘危，存而不忘亡，治而不忘乱，是以身安而国家可保也。

译文　要居安思危，君子安乐时不能忘记危险，生存的时候不能忘记灭亡，安定时不能忘记变乱，这样才能够本身安定，国家常保。

德薄而位尊，知小而谋大，力少而任重，鲜不及矣。

译文　德行浅薄却身居尊位，才知狭小却谋划大事，力量小却担当重任，很少不会导致祸患的。

君子上交不谄，下交不渎，其知几乎？

译文　君子向上结交上级不谄媚，向下结交下级也不轻慢，他是知道事件的预兆吗？

君子安其身而后动，易其心而后语，定其交而后求。君子修此三者，故全也。

译文　君子在安定自身之后才行动，平和心境后才说话，建立信誉确定交情后才对他人有所求。君子由于遵循这三条规则，所以事事周全，没有什么过失。

《易》之为书也，广大悉备。有天道焉，有人道焉，有地道焉。兼三才而两之，故六。

译文 《易经》这本书啊，内容广大，包罗万象，什么都包括进去了，里面有天道、有人道、有地道。八卦符号中，兼有天地人三才，两卦相重，因此就有了六爻。

最后再节选部分《说卦》。《说卦》是《易传》中最为古老的篇章，是先秦时期和《周易》并行使用的具有工具书性质的筮法书篇，相当于对《周易》占卜物象的解释说明。《说卦》的取象在第3课讲过，此处不赘述。

昔者圣人之作《易》也，幽赞于神明而生蓍，参天两地而倚数，观变于阴阳而立卦，发挥于刚柔而生爻，和顺于道德，而理于义，穷理尽性，以至于命。

译文 昔日圣人创造《周易》，凭借幽深智慧而受神明帮助，创出用蓍草进行占筮的方法，取天数三和地数二来建立阴阳奇偶卦爻之数，观察天地万物阴阳之变推演卦形，发挥刚柔两性而产生阴爻阳爻的变迁，应和顺从其规律原理，以此为依据制定道德道义来治理天下，穷极世间之理，尽究万物之性，直到通晓天命运行之道。

昔者圣人之作《易》也，将以顺性命之理，是以立天之道曰阴与阳，立地之道曰柔与刚，立人之道曰仁与义。兼三才而两之，故《易》六画而成卦。分阴分阳，迭用刚柔，故《易》六位而成章。

译文 昔日圣人创造《周易》，应和顺从万物的性质和命运变化的规律，用来确立的天道有阴阳，地道有柔刚，人道有仁义。兼合天地人三才又加以重复，因此《易经》也就变成了六爻而为一卦了。六爻有阴有阳，刚柔相济，仁义相合，所以《易经》之卦有六位才成章理。

天地定位，山泽通气，雷风相薄，水火不相射，八卦相错。

译文 天地共同确定上下位置，山泽一高一低交流沟通气息，雷风兴动虽各在异方却能交相潜入应和，水火虽异却不相互厌弃。八卦就是这样既对立又统一，既矛盾又和谐地相互错杂。

　　雷以动之，风以散之，雨以润之，日以烜之，艮以止之，兑以说之，乾以君之，坤以藏之。

　　译文　雷用来鼓动振奋万物，风用来步散流通万物，雨用来润泽滋养万物，太阳用来干燥万物，艮山用来抑止万物，兑泽用来喜悦万物，乾天用来君临统治万物，坤地用来归藏包容万物。

　　帝出乎震，齐乎巽，相见乎离，致役乎坤，说言乎兑，战乎乾，劳乎坎，成言乎艮。

　　译文　主宰自然生机的天帝让万物萌生于震雷（象征东方与春分），生长整齐于巽风（象征东南和立夏），纷相显现于离日（象征南方和夏至），致力用事于坤地（象征西南和立秋），成熟欣悦于兑泽（象征西方和秋分），交配结合于乾天（象征西北和立冬），劳倦休息于坎水（象征北方和冬至），成功结束又即将重生于艮山（象征东北和立春）。